Franz Josef Floren

Sozialer Wandel in Deutschland

Best.-Nr. 23978 3

Verlag Ferdinand Schöningh

Sozialwissenschaften

Franz Josef Floren	**Soziale Gruppe und Individuum 1** (Best.-Nr. 23932-5)
Franz Josef Floren	**Soziale Gruppe und Individuum 2** (Best.-Nr. 23933-3)
Alfred Bellebaum	**Soziales Handeln und soziale Normen** (Best.-Nr. 23934-1)
Winand Breuer	**Friedenssicherung im Ost-West-Konflikt** (Best.-Nr. 23935-X)
Alfred Bellebaum	**Abweichendes Verhalten** (Best.-Nr. 23936-8)
Karl Ernst Edinger	**Sozialstruktur – soziale Ungleichheit – soziale Schichtung** (Best.-Nr. 23984-8)
Gerald Braun	**Nord-Süd-Konflikt und Dritte Welt** (Best.-Nr. 23940-6)
Uwe Taenzer	**Der Betrieb als ökonomisches und soziales System** (Best.-Nr. 23942-2)
Georg Aehling	**Grenzen des Wachstums?** (Best.-Nr. 23943-0)
Rudolf Hamann	**Politische Sozialisation** (Best.-Nr. 23946-5)
Gerald Braun/ Karl Hillebrand	**Dritte Welt** (Best.-Nr. 23947-4)

Neue Reihe:

Franz Josef Floren	**Wirtschaftspolitik im Zeichen der Globalisierung** (Best.-Nr. 23989-9)
Helmut Trost	**Europa 2000 – Die wirtschaftliche, politische und soziale Entwicklung der Europäischen Union** (Best.-Nr. 23885-X)
Peter A. Schröder/ Hans-Peter Viechtbauer	**Sozialpolitik. Beispiel: Politik für alte Menschen** (Best.-Nr. 23921-X)
Gerald Braun/ Karl Hillebrand	**Multikulturelle Gesellschaft in Deutschland** (Best.-Nr. 23977-5)
Franz Josef Floren	**Das politische System der Bundesrepublik Deutschland** (Best.-Nr. 23910-4)
Franz-Josef Bölting	**Rechtsextremismus, Gewalt und Fremdenfeindlichkeit Wahrnehmungen – Hintergründe – Entscheidungen** (Best.-Nr. 23887-6)
Winand Breuer	**Partizipation im Parteienstaat** (Best.-Nr. 23888-4)
Franz Josef Floren	**Sozialer Wandel in Deutschland** (Best.-Nr. 23978-3)

Umschlagfotos: Siemens-Pressebild (o.); Norbert Simianer, Ostfildern (u.)

Dieses Werk folgt der reformierten Rechtschreibung und Zeichensetzung.

Gedruckt auf umweltfreundlichem, chlorfrei gebleichtem Papier mit 50 % Altpapieranteil.

Printed in Germany. Gesamtherstellung: Ferdinand Schöningh.

Druck 5 4 3 2 1 Jahr 03 02 01 00 99

ISBN 3-506-23978-3

Inhaltsverzeichnis

Zur Einführung

Das vorliegende Arbeitsbuch löst den in dieser Reihe seit 1988 erschienenen Band „Moderne Industriegesellschaft und sozialer Wandel" von Konrad Böttcher ab. Er enthält – nach einem einleitenden Kapitel, das der schülerorientierten Annäherung an das Thema „Sozialer Wandel" dienen soll – in Kap. II eine kurze, auf wesentliche Aspekte konzentrierte Darstellung des sozio-ökonomischen *Wandels zur Industriegesellschaft* und eine Beschreibung der *Wohlstandsentwicklung in der Bundesrepublik und der DDR.* Daran schließt sich – in Anlehnung an R. Geißler – ein *Vergleich der Entwicklung* in beiden Teilen Deutschlands *nach der Wiedervereinigung* an. Er orientiert sich am theoretischen Konzept der *Modernisierung,* das zuvor etwas genauer vorgestellt wird.

Einen Schwerpunkt (Kap. III) bildet sodann die umfassende Analyse des *Strukturwandels der Familie,* zu dessen Deutung die Theorien der *Individualisierung* und der *sozialen Differenzierung* vorgestellt und in einer Reihe unterschiedlicher, z.T. kontroverser Stellungnahmen zur *Gegenwarts- und Zukunftsbedeutung der Familie* diskutiert werden.

Kapitel IV befasst sich mit dem viel diskutierten *Wertewandel* in Deutschland, insbesondere den *unterschiedlichen Forschungsansätzen* zur Erfassung und Bewertung dieser wichtigen Dimension des sozialen Wandels.

Im letzten Kapitel (V) wird aus den zahlreichen Typisierungen gegenwärtiger und zukünftiger Gesellschaftsentwicklung das Konzept der *„Informationsgesellschaft"* herausgegriffen und im Hinblick auf seine Merkmale, seine zukünftigen *Chancen und Risiken* eingehend untersucht und erörtert.

Der vorliegende Band deckt den einen Teil der Inhaltsaspekte ab, die das Lernfeld V (Gesellschaftsstrukturen und Sozialer Wandel) der neuen Richtlinien für das Fach Sozialwissenschaften in Nordrhein-Westfalen ausmachen. Für den anderen Teil der inhaltlichen Aspekte dieses Lernfeldes (Sozialstruktur, soziale Ungleichheit) steht in dieser Reihe der Band „Sozialstruktur – soziale Ungleichheit – soziale Schichtung" von Karl Ernst Edinger zur Verfügung.

Der inhaltliche Aufbau des vorliegenden Bandes ermöglicht eine voneinander unabhängige Behandlung einzelner Kapitel. Das Materialangebot zu den einzelnen Themen garantiert ausreichende Auswahlmöglichkeiten und Schwerpunktsetzungen für Leistungs- und Grundkurse.

Für Fragen und kritische Hinweise (gerichtet an den Schöningh-Verlag, Jühenplatz am Rathaus, 33098 Paderborn) sind Herausgeber und Verlag jederzeit dankbar.

I.

Sozialer Wandel im Bewusstsein der Menschen

„,Früher, ja früher, da war alles noch ganz anders.' Diesen Satz kennen wir von Menschen, die sich gern an einen vergangenen Abschnitt ihrer eigenen Lebensgeschichte erinnern. Sie tun dies meist in Momenten, in denen ihnen bewusst wird, dass sich im Umgang mit anderen Menschen einiges verändert hat. Ihre Wahrnehmung richtet sich auf Kommunikationsformen in allen gesellschaftlichen Bereichen, sei es in der Familie zwischen Eltern, Großeltern und Kindern, in nachbarschaftlicher Beziehungen, mit Freunden und Bekannten, am Arbeitsplatz mit Kolleginnen, Kollegen und Vorgesetzten oder mit Verwalterinnen und Verwaltern der staatlichen Bürokratien.
Zu der Feststellung, dass sich innerhalb einer bestimmten Zeitspanne etwas verändert hat, tritt zumeist auch eine Bewertung dieses Vorgangs. Für manche war früher vieles einfacher, gemütlicher, bequemer, direkter oder liebevoller; kurzum, die Menschen, die sich wehmütig an eine vergangene Phase ihrer Lebensgeschichte erinnern, fühlten sich in ihrem damaligen sozialen Umfeld wohler. Andere hingegen haben die vergangenen Zeiten in unangenehmer Erinnerung. Jüngere Menschen, die in die veränderten Zustände von klein auf hineingewachsen sind und durch die Kürze ihrer Lebensgeschichte noch nicht so viel anderes erfahren und gelebt haben, begegnen diesen vergangenheitsbezogenen Aussagen oft mit Unmut, Ungeduld oder Abwehr, ist doch ihr Blick vielmehr auf Gegenwart und Zukunft als auf die Vergangenheit gerichtet. Von daher erleben und verstehen sie den gesellschaftlichen Ist-Zustand auch weniger als etwas Gewordenes, sondern als etwas Statisches, ihr Leben selbst nicht als einen Produzenten und zugleich als ein Resultat langfristiger Entwicklungsprozesse."[1]

Wir wollen trotzdem versuchen, das Bewusstsein dafür zu wecken oder zu schärfen, dass die Lebenswelt heutiger Jugendlicher nicht zufällig so ist, wie sie ist, und dass man zukünftige Entwicklungen, die sich vielleicht heute schon abzeichnen, nur verstehen kann, wenn man etwas darüber weiß, wie die gegenwärtige Welt entstanden ist. Das erste Kapitel soll Sie also zum Nachdenken anregen und damit der Annäherung an das Thema dieses Arbeitsbuches dienen, ein Thema, das immer schon einer der zentralen Gegenstände der Sozialwissenschaften gewesen ist.

1. Was hat sich verändert? Hat sich was verändert?

Der *erste* kurze *Abschnitt* besteht fast nur aus Bildern, die den „Wandel der Gesellschaft" in verschiedenen Bereichen illustrieren sollen und daher jeweils aus früherer und heutiger Zeit stammen. Die folgenden Bilder sind sehr unterschiedlicher Art. Ein historisches Bilddokument ist anders zu betrachten und zu bewerten als ein Foto, mit dem der Fotograf etwas Bestimmtes zum Ausdruck bringen will. Und Karikaturen haben natürlich einen gänzlich anderen Stellenwert als Fotos. Dies sollten Sie mitbedenken, wenn Sie sich auf die einzelnen Darstellungen einlassen; sie auf sich

1 Hermann Korte/Bernhard Schäfers (Hg.), Einführung in Hauptbegriffe der Soziologie, Opladen 1993, S. 166

wirken lassen; genau beschreiben, was zu sehen ist; erfassen, was an sozialem und kulturellem „Hintergrund“ für die erkennbare „Abbildung“ begründet vermutet werden kann. Beachten Sie bei Ihrer Analyse auch folgende Fragestellungen.

- Welche Veränderungen sind erkennbar? In welchen Zeiträumen haben sie sich vollzogen? Welche Bereiche sind betroffen?
- Handelt es sich überhaupt um Veränderungen, die unser Leben, unsere Lebensverhältnisse nachhaltig beeinflussen? Inwieweit ist nur Modisches zu erkennen, das morgen schon wieder ganz anders aussehen kann?
- Fortschritt, Rückschritt, etwas von beidem? Wie bewerten wir die dargestellten Veränderungen? Woher nehmen wir unsere Beurteilungsmaßstäbe?

Der *zweite Abschnitt* wendet sich dann den Fragen zu, die Jugendliche an die Zukunft haben können: Inwiefern sind wir selbst vom Wandel der Gesellschaft betroffen? Was wird sich für uns im Laufe unserer Lebenszeit ändern? Werden die Veränderungen sich positiv oder negativ auf unser Leben auswirken?

M 1 Spielen und Freizeit

Kinder beim Spielen in den 50er-Jahren
(Foto: dpa)

Kinderzimmer 1998
(Foto: David Ausserhofer)

Zeltlager 1951
(Foto: Archiv/INTERFOTO)

Love-Parade in Berlin 1997
(Foto: David Ausserhofer)

Schüler im Cyberspace
(Foto: dpa)

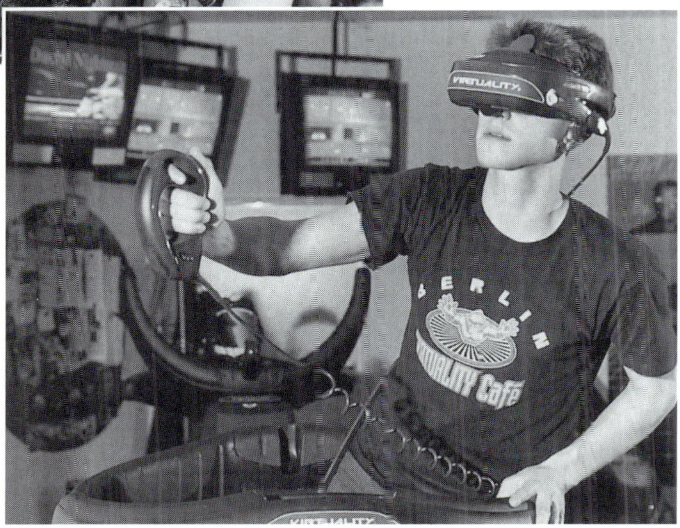

M 2 Schule

Obersekunda eines Paderborner Gymnasiums (ca. 1932) mit ihrem Lehrer

(Foto: Wilbert van Woensel/ Human Touch)

Unterricht in einem Bonner Gymnasium in den Neunzigerjahren

(Foto: Rainer Unkel/Süddeutscher Verlag, Bilderdienst)

M 3 Abitur

Abiturklasse um 1900

Abiturjahrgang 1963 einer Kleinstadt mit ca. 10 000 Einwohnern in Baden-Württemberg
(Foto: Privatbesitz)

Abiturjahrgang eines Mädchengymnasiums 1977
(Foto Privatbesitz)

M 4 Ausbildung

Kochkurs für junge Frauen in den Dreißigerjahren
(Foto: sl/Bewag)

Angehende Metallbauerin während ihrer Ausbildung an einer Werkbank, 1992
(Foto: Ullstein/Vario-Press)

Lehrlingsausbildung in der Textilindustrie (Design), 1998
(Foto: Gesamttextil)

M 5 Arbeit

Weberstube von J. Ohnesorge
(um 1900)

Moderne „zweistöckige“, rechnergesteuerte Anlage in der Stickereiindustrie, 1997
(Gesamttextil/Carmen Janusch)

Erntearbeit 1950
(Foto: Copyright by agrarpress)

Mähdrescher 1980
(Foto: Karl-Heinz Hänel/INTERFOTO)

M 6 Familie

Lehrerfamilie
um 1870

Familie beim Sonntagsfrühstück (80er-Jahre)
(Foto: © Cynthia Rühmekorf)

Studentin mit Kind während einer Veranstaltung an der Berliner Humboldt-Universität, 1995
(Foto: David Ausserhofer/ JOKER/Süddeutscher Verlag)

„Wir könnten künftig die Erziehung unserer Kinder natürlich auch komplett outsourcen."
(Zeichnung: Ekko Busch/CCC)

M 7 Kommunikation

„Neuigkeiten in der Poststation“, Gemälde (1845) von A. von Rentzelheim (1810–1891); Privatbesitz

„Verflixt! Blackout auf Sender 108 – und das soll Programmvielfalt sein!“
(Zeichnung: Gerhard Mester)

Blick in die Zentralredaktion der Deutschen Presse-Agentur
(Foto: dpa)

M 8 Ein Test

Was gab es bereits in den Fünfzigerjahren? Was gab es noch nicht?

	bereits vorhanden	noch nicht vorhanden
1) Videorekorder		
2) Konferenz für Sicherheit und Zusammenarbeit in Europa (KSZE)		
3) Bundesbildungsministerium		
4) Bundeswehr		
5) Mondlandung		
6) Dynamische Rente		
7) Personalcomputer (PC)		
8) Die Grünen		
9) Nukleare Waffen		
10) 5 %-Klausel bei Wahlen		
11) Farbfernseher		
12) Europäische Gemeinschaften (Montanunion, EWG, EURATOM)		
13) Bafög		
14) Münzfernsprecher		
15) Deutsche Mark		
16) Wahlrecht ab 18 Jahre		
17) Fußballbundesliga		
18) Euroschecks		
19) Intercity-Züge		
20) Bundeskartellamt		
21) Umweltschutzpapier		
22) Atomkraftwerke		
23) Quarzuhren		
24) Kindergeld		
25) ZDF, ARD, SAT 1 und 2		
26) Verkehrsampeln		
27) Bundesverfassungsgericht		
28) Kugelschreiber		
29) Entwicklungshilfe		

(Politik und Unterricht Nr. 4/1991, S. 47)

„Vieles, was heute selbstverständlich ist, hat es vor 50 Jahren noch gar nicht gegeben". Überprüfen Sie anhand des „Tests" Ihr Wissen / Bewusstsein von Veränderungen / Erfindungen / Entwicklungen, die sich zwischen der Zeit, in der Ihre Eltern geboren wurden (ca. 1948 - 1955) und heute in verschiedenen Bereichen vollzogen haben. Für wie bedeutsam (z. B. im Hinblick auf das alltägliche Leben) halten Sie diese Veränderungen? Handelt es sich ausschließlich um Errungenschaften?

M 9 Sozialer Fortschritt, soziale Entwicklung, sozialer Wandel

Die Deutung von Geschichte und sozialem Wandel als *sozialem Fortschritt* erscheint vielen problematisch. Oft wird ein vom jeweiligen Forscher (aus welchen gesellschaftlichen oder sonstigen Gründen auch immer) als wertvoll, gut richtig oder natürlich empfundener Zustand für die Gegenwart festgestellt oder für die Zukunft gewünscht. Dem entspricht dann leicht eine Deutung der bisherigen oder der künftigen Geschichte als sozialen Fortschritt. Es ist der wertende Aspekt in vielen dieser Theorien, der sie verdächtig macht. Dass beispielsweise der Wandel von der Agrarwirtschaft zur Industriewirtschaft, von der Großfamilie zur Kleinfamilie, von der oralen zur technischen Kommunikation, von der Pferdestärke zum Verbrennungsmotor, vom Armenhaus zur psychiatrischen Klinik schlechthin ein Fortschritt sei – das alles sind zunächst einmal bloße Behauptungen, über die sich sinnvoll streiten lässt. Man ist inzwischen ja auch skeptisch angesichts solch globaler Bewertungen.

Selbst die Vorstellungen von einer *sozialen Entwicklung (Evolution)* gelten manchen Beobachtern als problematisch. Von Entwicklung kann man eigentlich nur dann sprechen, wenn – wie etwa bei Zeugung – ein Anfang gesetzt wird, der alles Weitere – also Wachstum, Entfaltung der Körperteile usw. – sozusagen schon in sich enthält. Wenn man im sozialen Bereich von Entwicklung spricht, dann besteht leicht die Gefahr, die bisherige und zukünftige Geschichte als ein unbedingt notwendiges Geschehen zu deuten. [...] Die Zukunft erscheint vielmehr als tendenziell offen, wenngleich Offenheit auch nicht Willkür bedeutet.

So eingeschränkt ist der Begriff soziale Entwicklung eigentlich identisch mit dem Begriff *sozialer Wandel*. Dieser wird jedoch wegen seiner neutralen Fassung meistens vorgezogen. In der Soziologie stellt man Veränderungen fest und erforscht deren Ursachen. Von weiterreichenden Deutungen [...] in Anlehnung an traditionelle Fortschrittsideen hütet sich der Soziologe, weil sie ihm zu spekulativ sind. Selbst in Untersuchungen über soziale Entwicklungen lässt er vorschnelle Behauptungen nicht gelten, wonach es ein umfassend unabdingbar notwendiges Geschehen gebe.

Trotz solcher Zurückhaltung ist der Forschungsbereich sozialer Wandel für die Soziologie nach wie vor ungemein komplex. Ein Problem betrifft die nähere Bestimmung der *Ursachen* sozialer Veränderungen. Immer wieder wurde versucht, einzelne Wandlungsvorgänge einem Faktor als der entscheidenden Ursache zuzuschreiben, sei es der Technik, ökonomischen Basis, Kultur, Religion oder dergleichen mehr. Diese so genannten *monokausalen* Theorien* gelten vielen Wissenschaftlern seit langem als unbrauchbar, um die komplexe Wirklichkeit zutreffend erklären zu können. Man geht aus von einer weit reichenden Interdependenz* zwischen den einzelnen gesellschaftlichen Bereichen und Handlungsfeldern. Dementsprechend kommen für sozialen Wandel mehrere Ursachen, Ursachensyndrome also, in Frage. Technik, Wirtschaft, Ideen, Religion, Recht usw. sind so eng miteinander verwoben – was übrigens Diskrepanzen zwischen und Nachhinken einzelner Sektoren hinter anderen Bereichen keineswegs ausschließt –, dass jede monokausale Erklärung unzulässig vereinfacht.

(Alfred Bellebaum, Soziologische Grundbegriffe, Kohlhammer, Stuttgart [12]1994, S. 107f.)

„Sozialer Wandel“ ist der soziologische Fachbegriff für unser Thema. Erläutern Sie, inwiefern sich dieser Begriff von dem des „sozialen Fortschritts“ und dem der „sozialen Entwicklung“ unterscheidet. Warum bemühen sich Wissenschaftler um eine möglichst „neutrale“ Untersuchung sozialer Wandlungsprozesse? Warum halten sie „monokausale Theorien“ zur Erklärung von Wandlungsprozessen für „unbrauchbar“?*

2. Wie wird die Zukunft aussehen? Was wird sich verändern?

M 10 Wenn wir mal alt sind ... – Kinder diskutieren über ihre Zukunft im Jahr 2070

Patrick: Ich will so alt wie möglich werden.
Paul: So 90 ungefähr.
Cornelius: Bis 91 möchte ich knackgesund bleiben, und dann, so langsam ... Wahrscheinlich sieht man ziemlich viel fern, weil man nicht mehr viel tun kann.
Paul: Man geht viel spazieren. Fußball und Tennis spielen geht auch nicht mehr.
Antonia: Ich kann das gar nicht sagen. Manche Menschen finden es ja nicht schlimm, alt zu werden, und andere sagen, es ist gar nicht gut.
Coraly: 85 Jahre will ich werden.
Leonie: Ich auch. Oder noch älter. So 95.
Antonia: Aber stell dir das vor: Du hast keine Freunde mehr. Du hast nicht mehr so viel Spaß.
Leonie: Doch, du hast ja auch Enkelkinder.
Coraly: Aber die vergessen dich auch, gut möglich. Solche alten Menschen kenne ich auch, die Kinder haben, die sich überhaupt nicht mehr kümmern. Sie freuen sich über jeden Besuch, unheimlich.
Bernhard: Die jungen Menschen wünschen sich immer, älter zu sein. Und wenn man alt ist, dann will man wieder ein kleines Kind sein, um das ganze Leben wiederholen zu können.
Coraly: Die Alten sagen immer zu den Kindern: Als ich so alt war wie ihr, war ich ja viel netter zu alten Menschen und habe auch immer gleich guten Tag gesagt.
Leonie: Alt sein ist nicht so schön. Wenn man alt ist, ärgern einen die Kinder. Gucken frech und rufen: Hey Opi! Sie können sich auch nicht mehr so gut bewegen. Aber man ist weise. Man weiß genau, was früher alles passiert ist. Ich kann erzählen, was ich früher erlebt habe.
Cornelius: Ich will mal sechzehn Enkelkinder haben. Wenn ich 85 bin, ist schon das Jahr 2070. Ob die Welt dann noch so aussieht wie heute?
Patrick: Keinesfalls.
Bernhard: Die Leute werden klüger, die Computer sind besser ausgestattet, die Wissenschaftler finden das und das heraus und schreiben tausend Bücher darüber, und wahrscheinlich gibt es, wenn wir alt sind, auch schon Maschinen, die uns von Hamburg nach Köln beamen können.
Cornelius: Das ist Quatsch. An solche Kapseln glaube ich nicht. Flugzeuge gibt es, und zwar sind die laserschnell. Guckt man nach oben an den Himmel, sieht man sie fast nicht.
Paul: Wir können uns in eine Art Gummi-Tank mit Bar und Personal stellen, da werden Knöpfe gedrückt, ich möchte in das Land Soundso, und an dieser Stelle möchte ich eine Pause machen. Am Ziel steigt man aus und kann diesen Transport-Tank in die Tasche stecken, der kann klein werden wie eine Streichholzschachtel. Muss man aber aufpassen, dass man nicht selbst mitschrumpft.

Sieben, die heute zusammen 73 Jahre alt sind, blicken in die ferne Zukunft. Von links Antonia, Coraly, Patrick, Cornelius, Paul, Leonie und Bernhard
(Foto: Ferdinand Graf Luckner)

Patrick: Ich glaube, dass es mit der Welt ziemlich bergab geht. Der Meeresspiegel steigt jedes Jahr um zwei Millimeter. Wie das wohl aussieht dann?
Paul: Muss nicht sein, dass es bergab geht. Es werden auch Entwicklungen gemacht, die der Umwelt helfen. Die Fabriken werden nicht mehr so viel Strom verbrauchen. Die Motoren kommen mit weniger

Benzin aus, oder ein anderer Treibstoff wird erfunden.
Patrick: Besser wäre sowieso, wir fahren mit Solarautos.
Leonie: Die Welt wird bunter sein, wenn wir alt sind. Ein ganz verrücktes Leben wird das sein. Wir tragen Röcke aus Metall und viel mehr Kleider sind aus Polyester. Alle Wände sind eingesprayt, Farben überall.
Antonia: Das glaube ich nicht. Es könnte gut sein, dass wieder ein großer Krieg passiert, und mit der Umwelt ist es auch nicht so sicher. Immer mehr Menschen wollen Auto fahren, und deswegen gibt es immer schlechtere Luft. Viele Tierarten sind ausgestorben.
Bernhard: Die Leute werden vernünftiger, weil sie sehen, dass die Schäden immer größer werden. Erkennt man doch jetzt schon. Es ist wichtig, dass Kinder in der Schule lernen, wie es besser geht. Dann hat es zwei Seiten, wie die Welt in siebzig Jahren aussieht. Erstens ganz naturfreundlich, alles klasse, wir können wieder in der Elbe baden. Oder dass alles total verseucht ist und wir nicht wissen, wohin.
[...]
Antonia: Im Gegenteil. Es werden mehr Fabriken gebaut und die verbrauchen Wasser und Strom. Alle Menschen haben Computer, mehr Fernsehen, alle laufen mit drei Gameboys herum. Wer keinen dabei hat, muss Strafe zahlen beim Polizisten.
Patrick: In den Schulen wird nur noch mit Computern gelernt. Vielleicht muss man auch gar nicht mehr in die Schule, sondern die Kinder lernen zu Hause.
Paul: Aber dann kann ja der Lehrer gar nicht mehr kontrollieren, was die Kinder machen.
Patrick: In jedem Haus ist ein Extraraum und dort sind die Kinder mit der Schule per Computer verbunden. Ein Programm überwacht, ob die Kinder auch jeden Tag den Schulcomputer anwerfen.
Paul: Schule ist besser. Sonst kann man sich nichts erzählen. Ist ja total langweilig, nur zu Hause herumsitzen und mit der Maschine sprechen.
Cornelius: Die Rechner werden kleiner und leichter sein. Nur noch so groß wie ein Schuhkarton. In die Computer muss alles hinein: das Telefon, Fax, die Schule, die Zeitung. Außerdem glaube ich, dass noch zwei weitere Sonnen ins Weltall geschossen werden. Dann ist die Dunkelheit abgeschafft.
Patrick: Glaube ich nicht. Menschen brauchen Schlaf, und schlafen kann man nur nachts.
Antonia: Mit den Computern ist es auch so: Die wissen ja alles und machen alles vor, daher werden die Menschen immer fauler. Sie brauchen ja selbst gar nicht mehr nachzudenken und haben auch keine Fragen mehr.
Cornelius: Einen Tag in der Woche werden alle Computer abgestellt. Ist zu anstrengend.
Patrick: Eine Art Zeitmaschine. In einem bestimmten Raum im Haus kann man sich in eine andere Zeit verstellen lassen.
Bernhard: Damit die Menschen nicht alles verlernen, was man auch mit der Hand machen kann. Ich finde zum Beispiel, dass die Tasten von alten Schreibmaschinen viel schöner klappern als dieses Gepiepe bei den Computern.
Patrick: Geld ist abgeschafft. Es gibt nur noch Chips.
Paul: Es gibt nur noch eine Währung und keine krummen Preise mehr.
Cornelius: Zu Beginn des Lebens bekommt jeder einen Chip, der muss für immer reichen. Wenn ich in einem Laden etwas kaufe, dann wird die Geldenergie überspeist.
Coraly: O Gott. Würde ich nie machen. Ist mir viel zu kompliziert.
Cornelius: Stell dir aber vor, man kann kein Geld mehr verlieren.
Coraly: Alles wird teurer. Ein Eis wird fünf Mark kosten. Man bekommt aber auch mehr Geld.
Antonia: Auch möglich, dass es plötzlich nicht mehr so viel Geld gibt wie heute und wieder eine richtig arme Zeit kommt, wo die Menschen so leben wie in der Zeit, von der unsere Großeltern manchmal erzählen. Sie haben gehungert.
Leonie: Die Ehepaare werden sich noch schneller scheiden lassen als heute, und oft gibt es Streit um das Geld. Wenn wir alt sind, haben wir nicht mehr so große Familien um uns, und die Freunde sind schon gestorben.
Antonia: Wenn ich alt bin und sehe Kinder, dann denke ich an meine Kindheit zurück. Dann denke ich: Jetzt haben die Kinder alles, was wir gar nicht kannten. Ich habe dann auch Enkelkinder.
Leonie: Wenn die dann irgendetwas nicht essen wollen oder bei Tisch nicht abräumen, dann wundere ich mich, wie verwöhnt sie sind.
Paul: Später gibt es Sachen zu essen, die gesund sind, viele Vitamine enthalten und gar nicht schlecht für die Zähne sind.
Cornelius: Die Vitamine werden mit einem Ultrasuperpipeding da hineingepumpt.
Paul: Einmal im Jahr geht man zum Zahnarzt und lässt die Zähne einsprühen, damit man keine Karies bekommt.
Cornelius: Jeder hat Heizungsblöcke am Körper, die Wärme verteilen. Hemden, T-Shirts, Leggings gibt es alles nicht mehr. Ein Anzug reicht.

Patrick: Ein Anzug, an dem man einstellen kann, ob gefüttert oder leicht. Morgens stellt man ein: oben rot, unten blau.
Paul: Wir schlafen in Kapseln. Man geht hinein, und schon nach zehn Minuten ist man topfit, als ob man acht Stunden geschlafen hat.
Cornelius: Einschlafen ist darin nicht so nett. Da wird man nämlich herumgeschleudert, mit Loopings... Dauert aber nur anderthalb Sekunden.
Coraly: Ich glaube, es gibt später auch mehr Diebstähle. Die Polizei kann sich darum nicht mehr kümmern, Handtaschendiebstähle und so weiter.
Leonie: Die Polizei hat so viel zu tun mit anderen Verbrechen, Vergewaltigungen und so weiter. Deshalb sind ihr die Handtaschendiebe egal.
Später darf man sicher schon mit zehn Jahren Motorrad fahren. Heute erst mit achtzehn. Auto darf man schon mit sechzehn fahren.
Coraly: Das glaube ich nicht. Die Menschen werden ja schlauer, nicht dümmer, und wenn dann alle schon mit zehn Jahren fahren dürften, würde erstens die Umwelt noch mehr verpestet und es würde viel mehr Unfälle geben.
Leonie: Die SPD ist jetzt ja dafür, dass die jungen Leute schon mit sechzehn Jahren wählen dürfen, und später wird es vielleicht schon mit zehn Jahren erlaubt sein.
Ich glaube, dass sich die Menschen auch über Kleinigkeiten streiten und nicht mehr so friedlich sind miteinander.
Bernhard: Ich denke oft darüber nach, wie wird die Zeit wohl sein, wenn ich groß bin. Ob wieder ein Krieg kommt, sogar hier in Deutschland?
Coraly: ...und in anderen Ländern ist fast immerzu Krieg. Unsere Großeltern erzählen uns jetzt davon, wie arm sie früher waren. Und wir erzählen unseren Enkeln vielleicht einmal auch: Wir waren früher viel ärmer, ihr seid reich und könnt glücklich sein, was ihr alles habt.
Patrick: Es wird neue, künstliche Planeten geben, die bewohnt werden können. Muss auch sein, denn es gibt natürlich noch mehr Menschen. Wenn wir dann unseren Enkeln erzählen, wie die Welt in unserer Kindheit ausgesehen hat... Stellt euch mal vor, früher wurden die Möbel aus Holz hergestellt. Damals durfte man noch Bäume fällen, nicht so wie heute, wo alles unter Naturschutz steht.
Coraly: Wir erzählen, wie schlecht wir in der Schule waren. Und dass es keinen Krieg gab, als ich ein Kind war.
Und ganz sicher würde ich ihnen von den alten Hockey-Regeln erzählen und dass wir über ein Feld gelaufen sind. Die kennen ja wohl bloß Computer-Hockey. Ich würde ihnen erzählen, dass wir uns auch verletzt haben, was wir anhatten und wie wir die Schläger hielten.
Leonie: Das würde ich nur erzählen, wenn meine Enkel mich danach fragen. Ich würde ihnen von den Ferien berichten, wie wir im Meer gebadet haben.
Antonia: Weil die das wohl nicht mehr kennen, das Meer wird ja zu verseucht sein, wie die Elbe jetzt. Ich würde ihnen erzählen, dass wir einfach ums Haus gelaufen sind und ins Schwimmbad gesprungen, wie toll das war.
Leonie: Über heiße Steinplatten ins warme Wasser hinein.
Cornelius: Früher waren wir auch manchmal noch krank. Da musste man im Bett liegen, mit Fieber und Schwindel, das kennt ihr heute ja nicht mehr.
Patrick: Betten kennt ihr auch nicht mehr, was? So große Kästen mit einer Matratze, schön weich, man konnte darauf prima herumhopsen. Wir mussten ja pro Nacht zehn Stunden schlafen. Nicht zehn Minuten wie ihr jetzt. Der Tag hatte 24 Stunden, 12 Stunden war es hell, 12 Stunden dunkel, das änderte sich mit den Jahreszeiten.
Cornelius: Wir gingen zur Schule, zu Fuß, versteht ihr? Das war ein extra Weg, auf dem man nur zu Fuß ging. Nicht mal asphaltiert. Ein großes Gebäude mit vielen Zimmern, das war die Schule. Wir lernten auch Latein, eine ganz andere Sprache als Interlac heute.
Paul: Wir hatten auch Fahrräder, zwei Räder mit einer Kette verbunden, die die Räder antrieben. Man saß ganz gemütlich auf einem Sattel, so hieß der Sitz. Ach, das war schön im Sommer, wenn es heiß war.
Coraly: Wir würden erzählen, wie wir Fahrrad gefahren sind und auch zu Fuß gegangen sind. Wir wurden ja nicht immer gebracht.
Patrick: Krankheiten werden früh genug erkannt, und es gibt keine mehr, die unheilbar sind. Operiert wird nicht mehr. Ein Blinddarm wird innerlich zerkleinert und ausgeschieden.
Paul: Für alte Menschen gibt es Computerbeine, die die aufgebrauchten ersetzen.
Patrick: Es gibt ein Gen, das dafür sorgt, dass sich die Knochen innerlich wieder aufbauen können. Wie eine Impfung oder wie eine Blutübertragung. Aus dem Rest des morschen Knochens entwickelt sich ein neuer.
Leonie: Es gibt bestimmt auch später noch Krankheiten, aber auch viel bessere Medikamente, die wirken so ähnlich wie Ecstasy. Natürlich nicht so gefährlich.

Antonia: Krebs ist später heilbar und eine ganz harmlose Krankheit, so wie für uns etwa Windpocken. Es gibt aber neue, gefährliche Krankheiten, gegen die noch kein Mittel erfunden ist.
Coraly: Ansteckende Krankheiten und schlimme Seuchen gibt es bestimmt nicht mehr.
Antonia: Aber Aids wird es immer noch geben.
Bernhard: Beim Arzt ist es so, dass er einen kleinen Automaten hat und etwas eintippt, dann auf den Startknopf drückt – und: „Ah, mir geht es wieder gut." Die Ärzte müssen nicht mehr operieren und sich nicht die Hände blutig machen.
Coraly: Aber alt werden die Menschen doch. Und jeder Mensch stirbt, auch noch im Jahre 3000.

Aufgezeichnet von Anna v. Münchhausen

(DIE ZEIT Nr. 50 v. 8.12.1995)

M 11a

Zukunftsszenarien

Frage: „Wie stellen Sie sich unsere Gesellschaft in 10 Jahren vor, was von dieser Liste hier wird wohl in 10 Jahren auf unsere Gesellschaft zutreffen?" (Alle Angaben in Prozent)

	Bevölkerung insgesamt
Die Reichen werden immer reicher, die Armen immer ärmer	73
Die Gesellschaft wird kälter, egoistischer	71
Es wird mehr Arbeitslose geben	69
Die Zukunft wird unsicherer werden	61
Nur die Starken werden sich durchsetzen	52
Es kommt zu sozialen Unruhen	48
Die Unterstützung für andere Länder, wie die Entwicklungshilfe, wird weniger werden	39
Es wird weniger Rücksicht auf Ausländer und Minderheiten genommen	39
Die Ansprüche, das Anspruchsdenken gehen zurück, man wird genügsamer	33
Es werden sich mehr Leute selbstständig machen	29
Die Familie wird an Bedeutung zunehmen	27
Das Selbstbewusstsein steigt, die Leute trauen sich etwas zu	15
Es wird mehr Risikobereitschaft geben	15
Die Menschen werden wieder mehr in die Kirche gehen	14
Mit der Wirtschaft wird es aufwärts gehen	13
Die Hilfsbereitschaft der Menschen untereinander wird wachsen	11
Es wird mehr Solidarität, mehr Zusammenhalt geben	9
Es wird einen größeren Nationalstolz geben	8
Man hat größere Entscheidungsfreiheit	5
Die Politik wird bürgernäher	5
Es wird mehr Wohlstand geben, wir werden uns mehr leisten können	4
Es wird mehr gespendet	3
Keine Angaben	5

Quelle: Institut für Demoskopie Allensbach

(Renate Köcher, Nach der Vertreibung aus dem Paradies, in: Frankfurter Allgemeine Zeitung v. 12.11.1997, S. 5. Die Prozentzahlen geben den Anteil derer an aller Befragten an, die der betr. Aussage zustimmen.)

M 11b

Erwartungen – Was man für die nächsten 5 Jahre für sich selbst erwartet

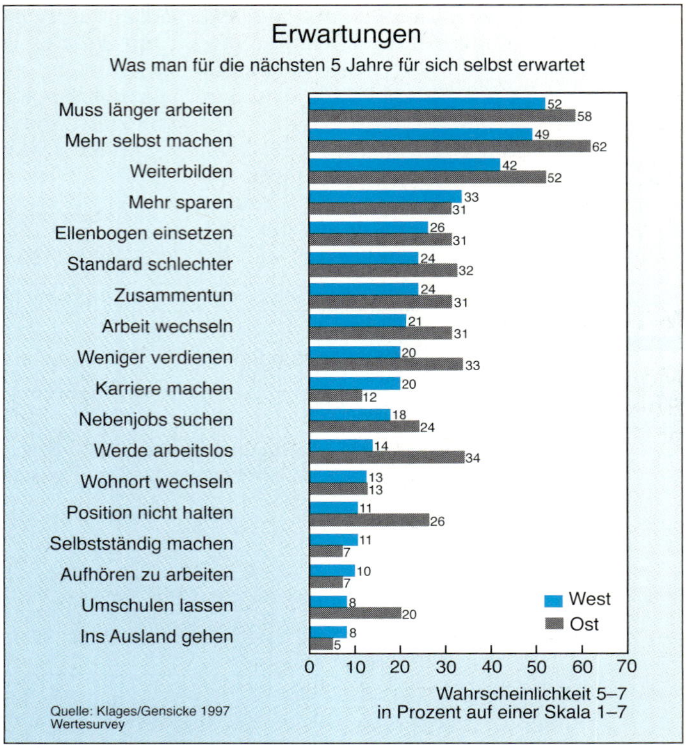

Quelle: Klages/Gensicke 1997, Wertesurvey

(© Thomas Gensicke/Speyer)

M 11c Die Zukunft wird anders sein

(© Fotografie Wolfgang Schmidt)

Wer heute heranwächst, kann eigentlich nur dies über die Zukunft der Welt wissen: dass sie bestimmt grundlegend anders sein wird als heute; dass die Gesellschaftsordnung, bis hinein in die alltägliche Lebensführung, sich laufend wandeln wird; dass andere Gesetze gelten werden, als man sie heute einzuhalten lernt; dass gewohnte Erwerbsmöglichkeiten verloren gehen und andere aufblühen – aber nur für die, die sich flink genug darauf einzustellen wissen. Doch nicht genug damit: Tagtäglich werden die jungen Leute von Informationen überschüttet, die sie in tiefe Zweifel darüber stürzen können, ob ihnen denn überhaupt eine lebenswerte Zukunft beschieden sein wird, welche der auf sie eindrängenden Krisenszenarien* realistisch oder übertrieben oder ganz unbegründet sind. Dies ist die eine Randbedingung, unter der wir unsere Kinder durch Bildung aufs Leben vorbereiten sollen.

(Hubert Markl [Präsident der Max-Planck-Gesellschaft/MPG]: Was wollen wir wissen? In: Frankfurter Allgemeine Zeitung vom 22. 4. 1996, S. 31)

M 11d

Mögliche Erwartungen an Zukunft

Heilserwartungen
→ Technischer Fortschritt
→ Bewusstseinswandel

Steuerbarkeits- oder Stabilitäts-Erwartung
→ Planbarkeit der Welt
→ Steuerung sozialer Systeme
→ Stabilisierung bestehender Systeme

Bedrohungs-Erwartung
→ Zerfall einer Gesellschaft
→ Bedrohung einer Gesellschaft
→ Sitten- und Werteverfall
→ Umweltzerstörung
→ Ressourcenerschöpfung

Evolutions-Erwartung
→ Entwicklungsschritt menschlicher Möglichkeiten
→ Vollzug eines göttlichen Plans

Überraschungs-Erwartung
→ ?

(Armin Bechmann, in: Schüler '98. Zukunft. Friedrich Verlag, Seelze 1998, S. 10)

M 11e

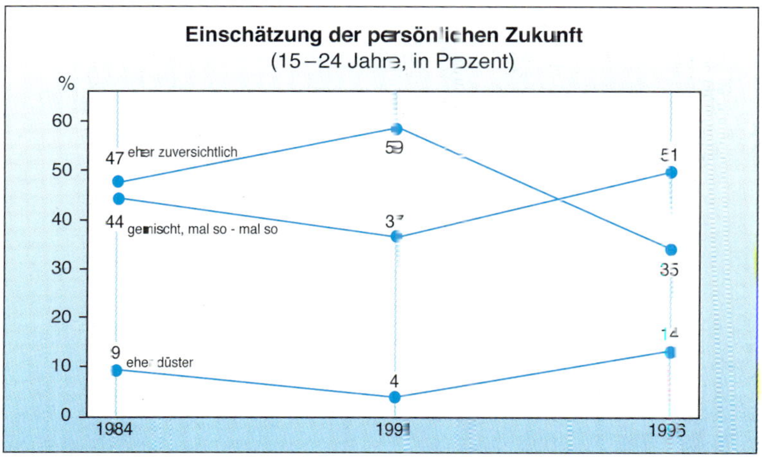

(12. Shell Jugendstudie, Hamburg, Mai 1997)

1 *In M 10 unterhalten sich Zehnjährige über ihre Zukunft im Jahr 2070. Stellen Sie - nach Bereichen (Schule, Technik, Umwelt, Politik usw.) geordnet – die wichtigsten und deutlichsten Veränderungen zusammen, welche die Kinder erwarten. Überlegen Sie, von welchen gegenwärtigen Erfahrungen und Entwicklungen sie ausgehen. Von welchen Zukunftsvisionen sind sie am meisten fasziniert? Sehen Sie die Zukunft als Fortschritt?*

2 *Die „Zukunftsszenarien" der erwachsenen Bevölkerung (M 11 a) beziehen sich auf die nächsten 10 Jahre. Bündeln Sie die Erwartungen nach den Bereichen Wirtschaft, Politik und Gesellschaft und setzen Sie die Aussagen dazu jeweils in eine kurze Beschreibung mit eigenen Worten um. Worauf ist es Ihrer Meinung nach zurückzuführen, dass das Zukunftsbild so „düster und abschreckend" (Renate Köcher in ihrem Kommentar zu den Befragungsergebnissen) aussieht?*

3 *Was man von der Gesellschaft erwartet, muss nicht unbedingt das sein, was man für sich selbst erwartet. Einige der Erwartungen in M 11 b lassen sich unter diesem Gesichtspunkt mit M 11 a vergleichen. Wie sind in M 11 b die z.T. eklatanten Unterschiede zwischen „West" und „Ost" zu erklären?*

4 *Der Präsident der Deutschen Forschungsgemeinschaft beschreibt in M 11 c, was heutige Jugendliche über die Zukunft wissen können. Inwieweit trifft diese Beschreibung, insbesondere die angesprochenen „tiefen Zweifel", Ihr eigenes Denken und Fühlen? Welcher Art (s. M 11 d) sind Ihre Erwartungen an die Zukunft (vgl. auch das folgende Fragebogenprojekt)? Wie erklären Sie sich die in M 11 e dargestellte Entwicklung (vor allem im Hinblick auf die 90er-Jahre)?*

M 12 Fragebogen „Sozialer Wandel"

Die beiden Fragebögen (M 12 a/b) sollte möglichst jede/jeder von Ihnen für sich persönlich und ohne vorherige Diskussion ausfüllen. Nehmen Sie sich dazu genügend Zeit. M 12 a lässt sich leichter auswerten als M 12 b. Verzichten Sie aber auch bei M 12 b nicht auf eine auf Ihren Kurs bezogene Zusammenstellung. Analysieren und diskutieren Sie die Ergebnisse unter dem Gesichtspunkt, ob sich bestimmte Trends des sozialen Wandels feststellen lassen.

M 12a Fragebogen „Sozialer Wandel" (1)

(Bitte zwei Kreuze pro Zeile: links: tatsächlich erwartete Entwicklung; rechts: von mir gewollte Entwicklung)

Die Bedeutung folgender Sachverhalte in den kommenden 30 Jahren:	wird sehr zunehmen	wird eher zunehmen	wird gleich bleiben	wird eher abnehmen	wird sehr abnehmen	sollte sehr zunehmen	sollte eher zunehmen	sollte gleich bleiben	sollte eher abnehmen	sollte sehr abnehmen
Parlament										
Bürgerinitiativen										
Gewerkschaften										
Parteien										
Kirchen										
Chemieindustrie										
Autoindustrie										

Die Bedeutung folgender Sachverhalte in den kommenden 30 Jahren:	wird sehr zunehmen	wird eher zunehmen	wird gleich bleiben	wird eher abnehmen	wird sehr abnehmen	sollte sehr zunehmen	sollte eher zunehmen	sollte gleich bleiben	sollte eher abnehmen	sollte sehr abnehmen
Atomindustrie										
Gentechnik										
Solartechnik										
Familie										
Ehe										
eigene Kinder										
öffentlich-rechtliches Fernsehen										
privates Fernsehen										
Gewalt gegen Personen										
Diebstahl und Raub										
Drogengebrauch										
Nationalismus										
Europäische Integration										
UN-Einfluss										
Klimaschutz										

(© Horst Friedrichsmeier, Bochum)

M 12b Fragebogen „Sozialer Wandel“ (2)

1. Mit welcher gesellschaftlichen Veränderung bzw. mit welchen modernen Erscheinungen kommen etwa 50-jährige Erwachsene am wenigsten mit in ihrem Verhalten?
2. Über welche gesellschaftliche Veränderung bzw. welche modernen Erscheinungen empören sich etwa 50-jährige Erwachsene am ehesten?
3. In welchen Bereichen sind Ihnen Ihre Eltern am ehesten noch eine Orientierungshilfe?
4. Welche gesellschaftlichen Veränderungen der letzten Jahrzehnte sollten rückgängig gemacht werden?
5. Welche beginnenden gesellschaftlichen Entwicklungen sollten beschleunigt werden?
6. Welche wahrscheinlich eintretenden gesellschaftlichen Entwicklungen der kommenden 30 Jahre finden Sie:
   – besonders erfreulich?
   – besonders Besorgnis erregend?
   Welche davon laufen völlig unabhängig von Ihrem Handeln?
   Welche davon können Sie mit Ihrem Handeln fördern / abwehren?
7. Welchen Gruppen werden Sie sich am ehesten annähern um etwas für Sie / die Gesellschaft Positives zu erreichen?
8. Welchen Gruppen werden Sie sich am ehesten annähern um etwas für Sie / die Gesellschaft Negatives abzuwehren?
9. Von welchen Gruppen / Institutionen erwarten Sie im Falle einer krisenhaften politischen Zuspitzung am ehesten Schutz?
10. Mit welchem Bild würden Sie die heutige Gesellschaft bzw. Ihr Grundgefühl in dieser Gesellschaft umschreiben?

(© Horst Friedrichsmeier, Bochum)

II.

Sozialer Wandel in Deutschland als Prozess der Modernisierung

In diesem Kapitel werden die sozialen Wandlungsprozesse in Deutschland vom 19. Jahrhundert bis in die Gegenwart als Prozess der „Modernisierung“ erfasst und analysiert. Der zu den Grundbegriffen der Sozialwissenschaften zählende, vielschichtige und nicht immer einheitlich definierte Begriff „Modernisierung“ will in den umfassenden sozialen, wirtschaftlichen und politischen Veränderungen bestimmte Merkmale und Entwicklungsrichtungen erkennbar machen und zu einem einheitlichen Konzept zusammenfassen. Bevor wir auf den Charakter, den Anspruch und die Problematik dieses begrifflichen Konzeptes näher eingehen (3. Abschnitt), wollen wir zunächst die erste Phase des gesamten Prozesses der Modernisierung auf einer konkreten Ebene näher beschreiben. Auf diese (induktive) Weise wird sich das theoretische Konzept leichter erschließen und beurteilen lassen.

Die erste Phase des hier angesprochenen Modernisierungsprozesses umfasst den grundlegenden Wandel, der sich im 19. Jahrhundert von einer Gesellschaftsform, die man als „Agrargesellschaft“ bezeichnen kann, hin zu einer Gesellschaft vollzog, die wir bis heute als moderne „Industriegesellschaft“ bezeichnen. Diese Entwicklung, die Sie sicherlich im Geschichtsunterricht eingehend behandelt haben, wollen wir im ersten Abschnitt dieses Kapitels nur in einigen wesentlichen Zügen skizzieren und daran einen Hinweis auf zwei unterschiedliche Ansätze zur Erklärung dieses Wandlungsprozesses (2. Abschnitt) sowie eine nähere Analyse des Begriffs der Modernisierung als eines zentralen sozialwissenschaftlichen Konzeptes (3. Abschnitt) anschließen.

Der 4. und 5. Abschnitt sind der zweiten Phase des Modernisierungsprozesses in Deutschland gewidmet: der nach der Unterbrechung durch zwei Weltkriege in der zweiten Jahrhunderthälfte sich vollziehenden Wohlfahrtsentwicklung, ihren unterschiedlichen Verläufen in Ost- und Westdeutschland und der Entwicklung nach der deutschen Vereinigung (seit 1990).

1. Von der vorindustriellen Gesellschaft zur Industriegesellschaft

M 13a „Industriegesellschaft“ und „industrielle Revolution“

Der französische Sozialreformer und Soziologe *Henri de Saint-Simon* (1760–1825) charakterisierte zu Beginn des 19. Jahrhunderts die damals heraufziehende Gesellschaft der Zukunft als *„Industriegesellschaft“*. Auch heute noch wird die Gesellschaft der Bundesrepublik, wie auch andere Gesellschaften in einem ähnlichen Entwicklungsstadium, gern als „moderne Industriegesellschaft“ bezeichnet – ein Hinweis darauf, dass wichtige Elemente der Sozialstruktur*, die sich im Laufe des 19. Jahrhunderts entfalteten, weiterhin von grundlegender Bedeutung sind. Als namengebendes, wesentliches Merkmal der neuen Gesellschaftsform betrachtete Saint-Simon die industrielle Produktionsweise: technisches

Wissen wird methodisch-systematisch auf die Güterproduktion angewendet und erhöht dadurch in hohem Maß deren Präzision und Effizienz. Der Begriff „Industriegesellschaft“ bringt zum Ausdruck, dass Veränderungen in der Produktionsweise – auf der Basis von technologischen Veränderungen – den Kern des sozialen Wandels ausmachen und dass der technisch-ökonomische Wandel auch auf andere Bereiche der Gesellschaft ausstrahlt und weitere soziale, kulturelle und politische Veränderungen nach sich zieht.
Die Umwälzungen, die sich mit dem Vorgang der Industrialisierung verbanden, wurden von dem britischen Historiker *Arnold Toynbee* gegen Ende des 19. Jahrhunderts mit dem Etikett *„industrielle Revolution“* versehen. Auch dieser Begriff setzte sich schnell durch und wird heute noch gern verwendet. Er soll deutlich machen, dass sich die technologischen, wirtschaftlichen und sozialen Entwicklungen, die mit dem Vordringen der industriellen Produktionsweise verkoppelt waren, mit einer besonders hohen Geschwindigkeit und Radikalität vollzogen.

(Rainer Geißler, Die Sozialstruktur Deutschlands, Opladen 1996, S. 23)

M 13b Die technische Revolution als wichtigste Voraussetzung der industriellen Revolution

Eine wichtige Voraussetzung für die industrielle Revolution war die **technische Revolution**. Der russisch-amerikanische Kultursoziologe *Pitirim A. Sorokin* (1889–1968) konnte zeigen, dass im 18. und 19. Jahrhundert sechsmal mehr Erfindungen wirksam geworden waren als in den vorangehenden 1700 Jahren abendländischer Geschichte. Der Mensch hatte „die Methode der Erfindung erfunden“, wie es der Philosoph *Whitehead* formulierte. Mit neuen Formen der Energienutzung und neuen Maschinen und Apparaten schuf er neue Produktivkräfte von ungeheurer Dynamik. Natürliche Energien wurden künstlich bearbeitet und in neuen Formen – als Dampf, Elektrizität, Treibstoff – genutzt. Sie standen in fast unbegrenzten Mengen zur Verfügung und waren transportabel, sodass die bisherigen Bindungen der Industrieproduktion an bestimmte Standorte und Jahreszeiten gelockert wurden oder ganz verschwanden.
Von den neu erfundenen Apparaten und Maschinen sei hier beispielhaft die *Dampfmaschine* erwähnt, mit der *James Watt* im Jahre 1769 die Umsetzung der chemischen Energie der Kohle in mechanische Energie ermöglichte. Sie fand schnell Verwendung im Bergbau, in der Eisen- und Stahlindustrie, in den Spinn- und Webmaschinen der Textilindustrie und im Transport- und Verkehrswesen (Lokomotiven, Dampfschiffe). Weitere Erfindungen wie Kokshochöfen zu Beginn des 19. Jahrhunderts, in der zweiten Hälfte des Jahrhunderts dann neue kostensparende Verfahren der Stahlerzeugung, der Verbrennungsmotor und später die Nutzung der Elektrizität steigerten sprunghaft Tempo, Leistungsfähigkeit und Präzision der Industrieproduktion, des Transport- und Verkehrswesens und der Kommunikation (Telefon, Telegraf, Rundfunk).
Die Entwicklung neuer Techniken und Energien, der Einsatz von immer mehr Kapital, die massenhafte Nutzung bisher wenig verwendeter Rohstoffe wie Kohle und Eisen und die Erschließung neuer Märkte bildeten einen sich gegenseitig verstärkenden Wirkungszusammenhang, der den wirtschaftlichen und sozialen Wandel immer mehr beschleunigte.
Wegen der politisch-territorialen Zersplitterung und wegen der großen Entfernung von den maritimen Handelswegen setzte der **Industrialisierungsprozess in Deutschland später** ein als in England oder Frankreich. Das Fabrikwesen entwickelte sich in der ersten Hälfte des Jahrhunderts nur sehr langsam. In der preußischen Statistik galten im Jahre 1849 nur 5,4% der Beschäftigten als Fabrikarbeiter. Die preußische Industrie des Jahres 1861 war eine Industrie von Kleinbetrieben, die im Durchschnitt je nach Branche 17 bis 21 Perso-

nen beschäftigten. Großunternehmen mit mehr als tausend Angehörigen waren eindrucksvolle, aber seltene Ausnahmen. Ein kräftiger Industrialisierungsschub erfolgte dann im Kaiserreich, wo sich das industriekapitalistische System endgültig durchsetzte und etablierte. Deutschland holte den Entwicklungsvorsprung der westlichen Nachbarn auf und wurde eine industrielle Weltmacht.
Versucht man die wirtschaftliche Dynamik in Zahlen zu fassen, so bieten sich dazu die Wachstumsziffern des eingesetzten Kapitals*, des Sozialprodukts*, der Industrieproduktion und des Eisenbahnbaus an. Der **Kapitalbestand** stieg von 1850 bis 1913 um das Fünffache an. Etwa im gleichen Umfang wuchs auch das **Sozialprodukt**, das die Gesamtmenge der wirtschaftlich erzeugten Leistungen wiedergibt. Eine wichtige Ursache des Wachstums war die gestiegene Arbeitsproduktivität*, ausgelöst durch technischen Fortschritt, verbesserte Arbeitsorganisation und bessere Ausbildung. Die zweite wichtige Ursache bestand im erhöhten Einsatz von Kapital und in einem höheren Arbeitsvolumen. Da die wachsende Bevölkerung die Zahl der Arbeitskräfte vermehrte, lag die Zuwachsrate pro Kopf der Bevölkerung niedriger: Das Pro-Kopf-Nettoinlandsprodukt* stieg von 1850 bis 1913 nur um das 2,7fache.
Am stärksten schnellte die *industrielle Produktion* (vgl. M 14 a/b) in die Höhe. Sie verfünffachte sich zwischen 1870 und 1913, wobei die zunächst führende Konsumgüterindustrie (Textil, Bekleidung, Leder) von der Metall- und Chemieindustrie überholt wurde. Eine treibende Kraft bei der industriellen Revolution war der Ausbau der *Eisenbahn* (vgl. M 14 c). Nach dem Start der ersten Züge im Jahre 1835 auf der Strecke Nürnberg-Fürth wurde das Schienennetz in atemberaubendem Tempo erweitert. Nach 5 900 km Länge im Jahre 1850, 18 900 km im Jahre 1870 und 34 000 km im Jahre 1880 erreichte es mit 63 000 km im Jahre 1910 seine größte Ausdehnung im Reichsgebiet. Auf die industrielle Dynamik gingen vom Eisenbahnbau mehrfache Impulse aus: Seine hohe Nachfrage nach Eisenprodukten stimulierte den Bergbau und die Eisenindustrie; gleichzeitig erhöhte er durch die Verkürzung der Transportkosten und -zeiten die Mobilität der Massengüter und ermöglichte die Bildung industrieller Ballungszentren.
(Rainer Geißler [= M 13a], S. 25–27)

M 14a

Die industrielle Produktion 1780–1896 (in Mill. £)

Jahr	Großbritannien	Frankreich	Belgien	Deutschland
1780	177	147	–	50
1800	230	190	–	60
1820	290	220	–	85
1840	387	264	60	150
1860	577	380	90	310
1888	820	485	102	583
1896	876	596	118	690

Jahr	Öst.-Ungarn	Russland	USA	Welt
1780	30	10	15	480
1800	50	15	25	650
1820	80	20	55	865
1840	142	40	96	1 314
1860	200	155	392	2 404
1888	253	363	1 443	4 618
1896	328	380	1 980	5 710

(Quelle: M. G. Mulhall, The Dictionary of Statistics, London 1899, S. 365 u. S. 765)

M 14b

Industrieproduktion im 19. Jh.

	Steinkohlenförderung (in Mio t)			Roheisenproduktion (in Mio t)			
	Ruhrgebiet	Deutschland	Großbritannien	Deutschland	England	Frankreich	USA
1820					0,4		
1830					0,7	0,3	
1850				0,2	2,3	0,5	0,6
1860	4,4	12,3	81,3				
1870	11,8	23,3	112,2				
1880	22,5	42,2	149,3				
1890	35,5	64,4	184,5	4,7	8,3	2,0	9,4
1900	60,1	109,3	228,8				
1910	89,1	151,1	268,7	14,8	10,2	4,0	27,2

(Nach: Büchse/Walz: Industrialisierung und sozialer Wandel, Schroedel, Hannover 1977, S. 22)

Krupp'sche Gussstahlfabrik: Stammhaus (1819) mit Erweiterungsbau (1836)

(© Historisches Archiv Krupp, Essen)

Firmenareal 1912

(© Historisches Archiv Krupp, Essen)

M 14c

Eisenbahn: Länge der Gesamtstrecke in Kilometern

	1840	1870	1900	1913
Deutschland	549	19 600	52 000	59 000
England	1 348	25 000	35 000	38 000
Frankreich	500	18 000	43 000	51 000
Spanien	–	5 000	13 000	15 000
Griechenland	–	11	970	1 600
Europäische Türkei	–	–	–	1 990

Die erste Eisenbahn in Deutschland: Feierliche Eröffnung der Strecke von Nürnberg nach Fürth im Jahre 1835 (Zeitgenössisches Gemälde)
(© Verkehrsmuseum Nürnberg)

1 *Klären Sie anhand von M 13 a die Entstehung und die Bedeutung der Begriffe „Industriegesellschaft“ und „industrielle Revolution“. Welche Aspekte sollen jeweils betont werden?*

2 *In M 13 b wird der „technisch-ökonomische Wandel“ (M 13 a) näher beschrieben. Erläutern Sie den „sich gegenseitig verstärkenden Wirkungszusammenhang“ zwischen technischem Fortschritt und industrieller Produktion und legen Sie zu den vier Kennziffern der „wirtschaftlichen Dynamik“ eine kurze Übersicht an (M 13 b, vgl. M 14 a–c).*

M 15 Dimensionen des Wandels zur Industriegesellschaft

In M 15 wird der ökonomisch-soziale Wandel in fünf Dimensionen (Wirtschaftsordnung, Bevölkerungsentwicklung, Wirtschaftsstruktur, Verstädterung, soziale Differenzierung) zusammenfassend beschrieben; in den folgenden Materialien werden einige dieser Dimensionen konkretisiert (auf die in M 13 a genannten „kulturellen und politischen Veränderungen“ gehen wir hier nicht näher ein). Beachten Sie bei der Erarbeitung (ggf. in Gruppenarbeit) auch die Arbeitshinweise (S. 35).

Die erste Phase des modernisierenden sozialen Wandels – der Übergang von der Agrar- zur Industriegesellschaft – bringt zunächst eine dramatische Veränderung der Makrostrukturen* (des Systems und der sich emanzipierenden Untersysteme). Wichtigster Punkt ist wohl die zunehmende Emanzipation der Wirtschaft von der Politik, zumindest was den westeuropäischen Übergang zur Moderne betrifft (oder den sofortigen Start in die Moderne in amerikanischen Nordstaaten). Das drückt sich seit dem 18. Jahrhundert im *Rückzug des Staates aus der Wirtschaftsregulation* aus, insbesondere in Form der Gewerbefreiheit und in der Aufhebung der Erbuntertänigkeit der breiten bäuerlichen Bevölkerung. Damit entstand ein neues Großbürgertum* (in England auch unter Einschluss von Teilen des Adels) und ein großes Proletariat*, dass sich aus der verarmten Bauernschaft und Kleinstgewerbetreibenden auffüllte. Gleichzeitig nahm die *Bevölkerung* stark zu, die vormals durch rigide Heiratsbeschränkungen (die nun fielen) auf einem annähernd gleich bleibenden Niveau reguliert worden war. Bis Mitte des 18. Jahrhunderts bewegte sich z.B. die englische Bevölkerung konstant bei einer Zahl von 6 Millionen. 1801 zählte sie bereits 9 Millionen, 1851 18 Millionen und schließlich 1901 33 Millionen. In Deutschland verzögerte sich zwar die Systemveränderung, dennoch stieg auch hier die Zahl der Bevölkerung von 25 Millionen im Jahr 1816

auf 35 Millionen im Jahr 1850 und schließlich bis 1900 auf 61 Millionen an (vgl. M 16). Die Änderungen in der Bevölkerungsstruktur waren von einschneidenden Änderungen der *Wirtschaftsstruktur* begleitet. Zunächst expandiert der sekundäre Sektor (produzierendes Gewerbe) mit seinem Kernstück, der Industrie. Arbeiteten um 1800 in Deutschland noch über 60 Prozent der Erwerbspersonen im primären Sektor (Land-, Forst- und Fischereiwirtschaft), so waren es 1885 noch etwa 40 Prozent, also ebenso viel wie inzwischen im sekundären Sektor (vgl. M 18). Dank des wissenschaftlichen und industriellen Fortschritts (Einsatz von Maschinen und Agrarchemie) konnte das Land die gewaltig gewachsene Bevölkerung bald besser ernähren als früher. Schließlich überflügelte der sekundäre Sektor alle anderen Sektoren und wurde zum dominierenden Wirtschaftsbereich. Auch in diesem Prozess war England der Vorreiter, dort arbeiteten 1880 nur noch 10 Prozent der Bevölkerung im primären Sektor, knapp 45 Prozent im sekundären, der Rest bereits im tertiären Dienstleistungssektor.
Mit dem Wachstum des sekundären Sektors explodierten die industriellen Großräume bzw. -städte (Sachsen, Berlin, Ruhrgebiet, Rhein-Main), in die ganze Völkerwanderungen vor allem aus dem besonders agrarisch geprägten Osten zogen. Zwischen 1871 und 1939 legten die Großstädte ab 100 000 Einwohner in Deutschland um insgesamt 20 Millionen Einwohner zu, während die Landgemeinden unter 2 000 Einwohnern in dieser Zeit immerhin einen Sockel von 21 Millionen Einwohnern halten konnten (vgl. M 17). So stellt sich am Ende des 19. Jahrhunderts Deutschland als eine *verstädterte Industriegesellschaft* mit einer quantitativ dominierenden (und bereits in sich differenzierten) Arbeiterklasse dar (vgl. M 19). Das ist das soziale Umfeld der reformerischen und der revolutionären Arbeiterbewegung. Aus einer durch die Bevölkerungsexplosion und Wanderung in die Städte zusammengewürfelten Masse, deren Größe und Verfügbarkeit den Preis der Arbeit drückte, war nun in Deutschland eine organisierte, zum Teil umworbene Gegenmacht zu den besitzenden Klassen geworden, was die Lage der Arbeiter direkt oder indirekt verbesserte.

(Thomas Gensicke, Sozialer Wandel durch Modernisierung, Individualisierung und Wertewandel, in: Aus Politik und Zeitgeschichte, B 42/96 v. 11.10.1996, S. 5–7)

M 16 Bevölkerungsentwicklung

M 16a

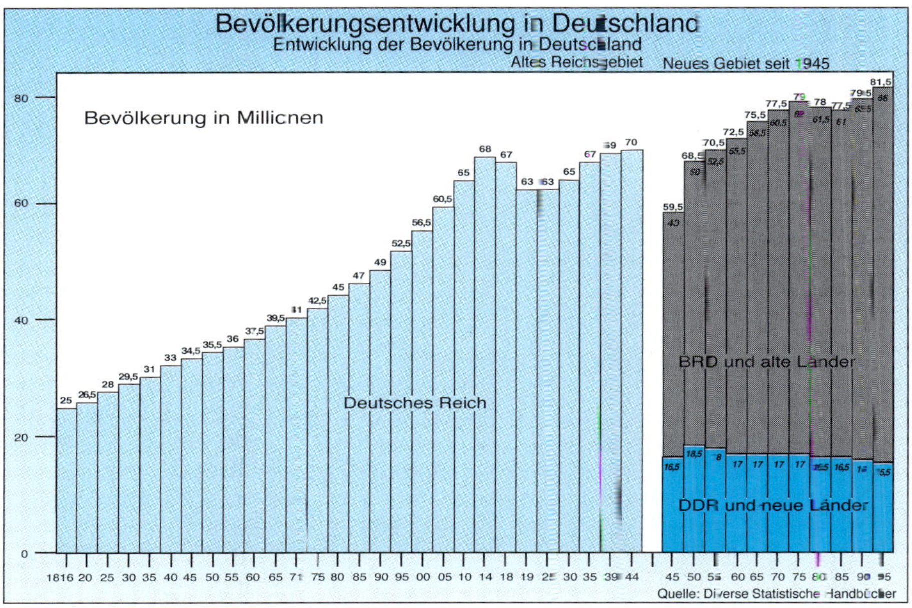

(Thomas Gensicke, Deutschland im Wandel, 2. Aufl. Speyerer Forschungsberichte 154; Forschungsinstitut für öffentliche Verwaltung bei der Hochschule für Verwaltungswissenschaften Speyer, 1996, S. 33)

M 16b Ursachen des Bevölkerungswachstums

Die Ursachen des Bevölkerungswachstums waren vielfältig. Sie lagen in der Herabsetzung des Heiratsalters und in der zunehmenden Geburtenfreudigkeit in den sozialen Schichten, die verlernten, von der Familiengründung eine Existenzgefährdung zu erwarten, seit sich die Gewerbe ausdehnten, in denen Frauen und Kinder in großer Zahl beschäftigt wurden. Ebenso wichtig war die verbesserte ärztliche Fürsorge und Hygiene. Die Mütter- und Säuglingssterblichkeit wurde drastisch vermindert, den lebensgefährlichen Erkrankungen der kleinen Kinder durch Schutzimpfung begegnet. Die Epidemien verloren ihren verheerenden Charakter. Die allmähliche Verbesserung vieler Arbeitsbedingungen, die Beseitigung von Unterernährung und die Differenzierung der Daseinsbedingungen hoben die durchschnittliche Lebenserwartung. Diese betrug wohl in kargen landwirtschaftlichen Gegenden im 17. Jahrhundert erst 17 bis 20 Jahre, in Industriegebieten mit erbärmlichen Arbeits- und Lebensbedingungen in der Mitte des 19. Jahrhunderts 24 Jahre, in Breslau am Ende des 18. Jahrhunderts 33 bis 34 Jahre. Heute liegt die Lebenserwartung in den wirtschaftlich und sozial entwickelten europäischen Ländern bei ungefähr 70 Jahren.

(Rolf Engelsing, Sozial- und Wirtschaftsgeschichte Deutschlands, Göttingen 1983, S. 100f.)

M 17 Verstädterung

M 17a Bevölkerungsentwicklung nach Gemeindegrößen

(F. W. Henning, Die Industrialisierung in Deutschland 1800 bis 1914, Schöningh, Paderborn 1995, S. 31)

Gemeindegrößenklasse	1852	1871	1880	1890	1900	1910	1925
bis unter 2 000	67,3	63,9	59,2	53,0	46,2	40,0	35,6
2 000 bis 5 000	13,1	12,4	11,9	19,1	11,5	11,3	10,8
5 000 bis 10 000	6,2	6,3	6,6	19,1	7,1	7,6	6,9
10 000 bis 20 000	4,8	4,9	5,4	6,0	6,3	6,5	6,2
20 000 bis 50 000	3,5	3,6	4,8	6,9	7,3	7,9	8,0
50 000 bis 100 000	2,5	4,1	3,3	2,9	4,5	5,4	5,7
100 000 u. darüber	2,6	4,8	8,8	12,1	17,1	21,3	26,8

(Walther G. Hoffmann: Das Wachstum der deutschen Wirtschaft, Springer Verlag, Berlin, S. 178; zit. nach: Michael Neher: Der Imperialismus, Ploetz, Würzburg 1974, S. 19)

Bevölkerungszuwachs in den Städten

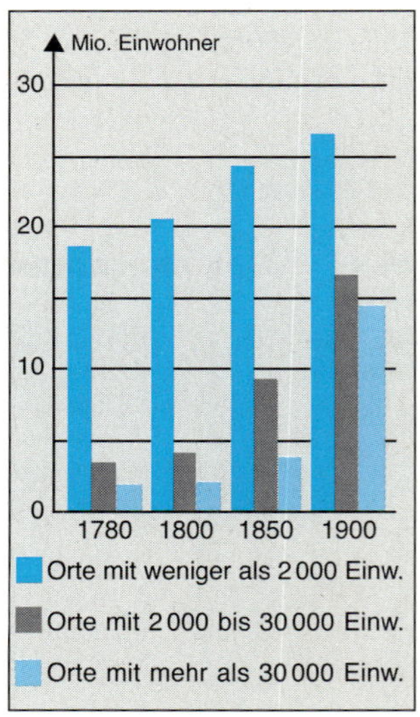

M 17b Verstädterung in Deutschland

Im Prozess des tief greifenden wirtschaftlichen und sozialen Wandels, der in Deutschland um die Mitte des 19. Jahrhunderts einsetzte, waren Industrialisierung und Verstädterung untrennbar miteinander verbunden. Als Standorte der industriellen Produktion mit gleichzeitig wachsendem Bedarf an Folge(dienst)leistungen in Verwaltung, Handel und Verkehr zogen die Städte des beginnenden Industriezeitalters überschüssige Arbeitskräfte aus den ländlichen Gebieten an und wurden dadurch zum Ziel einer jahrzehntelang anhaltenden Binnenwanderungsbewegung. Gab es in Deutschland 1850 erst 4 Städte mit mehr als 100 000 Einwohnern (Berlin, Hamburg, Breslau und Dresden), so hatte sich diese Zahl 1875 bereits auf 8 verdoppelt, und bis 1910 kamen weitere 40 Großstädte hinzu. Von den Einwohnern des Deutschen Reiches lebte zu diesem Zeitpunkt nur jeder Zweite noch am Ort seiner Geburt; 19 Mio Menschen hatten dagegen an der Binnenwanderungsbewegung teilgenommen. Zwischen 1875 und 1910 war der Bevölkerungsanteil der Gemeinden mit weniger als 10 000 Einwohnern von 80% auf 65% zurückgegangen, der Anteil der Mittel- und Großstädte mit über 20 000 Einwohnern jedoch von 14 auf knapp 29% gestiegen. Mehr als solche Zahlen erkennen lassen, wurde die Stadt in dieser Periode zum Schauplatz sozialer Veränderungen und neuer Lebensformen, die schließlich auf die gesamte Gesellschaft ausstrahlten. Mitte der Zwanzigerjahre kam die Binnenwanderung und mit ihr das rasche Wachstum der Städte weitgehend zum Abschluss. Zusammenschlüsse und Eingemeindungen – wie im Fall Berlins 1920 – sollten nun die einheitliche Entwicklung und Verwaltung gewachsener Ballungsgebiete ermöglichen.

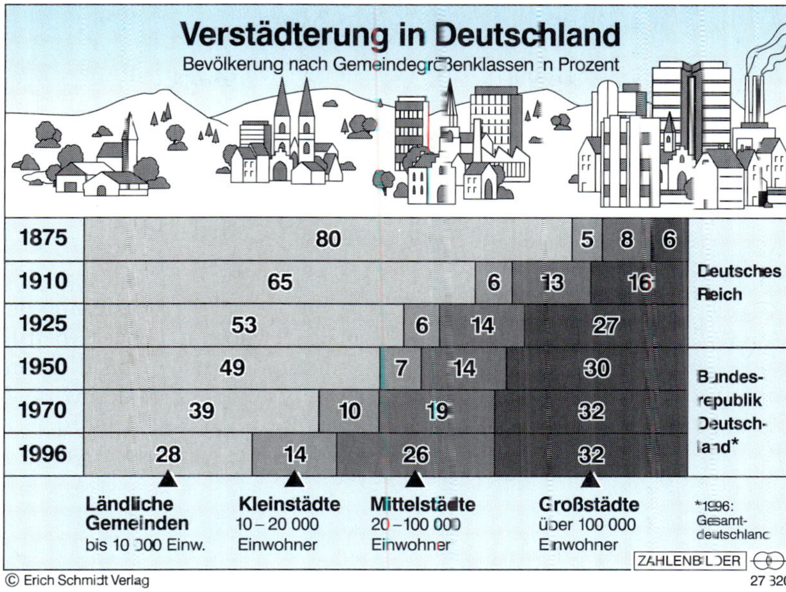

(Schmidt-Zahlenbilder)

M 17c

Städtewachstum

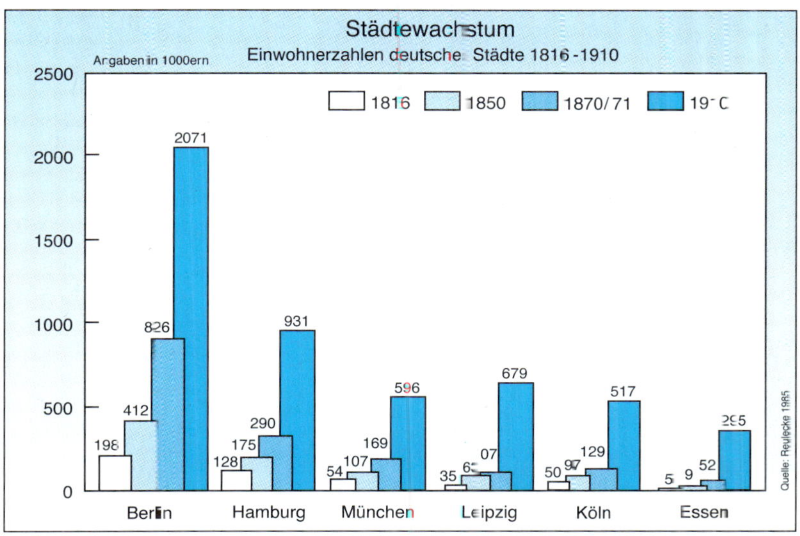

(Thomas Gensicke [= M 16 a], S. 34)

Einwohnerzahlen deutscher Großstädte 1850–1900

Jahr	Dortmund	Kassel	Mannheim	Nürnberg	Stuttgart
1850	11 216	36 654	24 316	52 000	50 000
1870	48 500	46 362	46 456	83 200	91 623
1900	140 000	105 034	133 706	211 060	176 699

M 18 Wandel der Wirtschaftsstruktur

M 18a Die Wertschöpfung[1] einzelner Wirtschaftsbereiche 1871–1890

Jahr	Landwirtschaft, Forsten, Fischerei	Bergbau und Salinen	Industrie und Handwerk	Handel, Banken, Versicherungen	Wohnungen
1871	5662	284	4100	1215	495
1872	5835	329	4796	1305	506
1873	5918	354	5214	1349	531
1874	6639	343	5453	1404	568
1875	6595	356	5453	1438	614
1876	6359	367	5493	1433	655
1877	6321	367	5374	1408	686
1878	6885	386	5493	1453	719
1879	6428	405	5413	1491	746
1880	6427	455	5194	1437	765
1881	6532	478	5413	1463	783
1882	6707	512	5393	1520	804
1883	7069	544	5831	1598	826
1884	7196	554	6050	1682	854
1885	7525	563	6110	1741	880
1886	7529	556	6130	1772	901
1887	7629	582	6647	1854	830
1888	7895	624	7006	1836	963
1889	7447	647	7702	1975	1002
1890	7732	674	7941	1982	1051

(Gerd Hohorst/Jürgen Kocka/ Gerhard A. Ritter, Sozialgeschichtliches Arbeitsbuch – Materialien zur Statistik des Kaiserreichs 1870-1914, Beck, München 1975, S. 88)

[1] Wertschöpfung nennt man den Wert, den die Herstellung der Waren eines Wirtschaftsbereichs nach Abzug der indirekten Steuern und Subventionen an Arbeit und Kapital gekostet hat. Die Zahlen verstehen sich in Millionen Mark in den Preisen von 1913.

M 18b Erwerbstätige nach Produktionssektoren (Deutsches Reich und Bundesrepublik[1] 1800–1994)

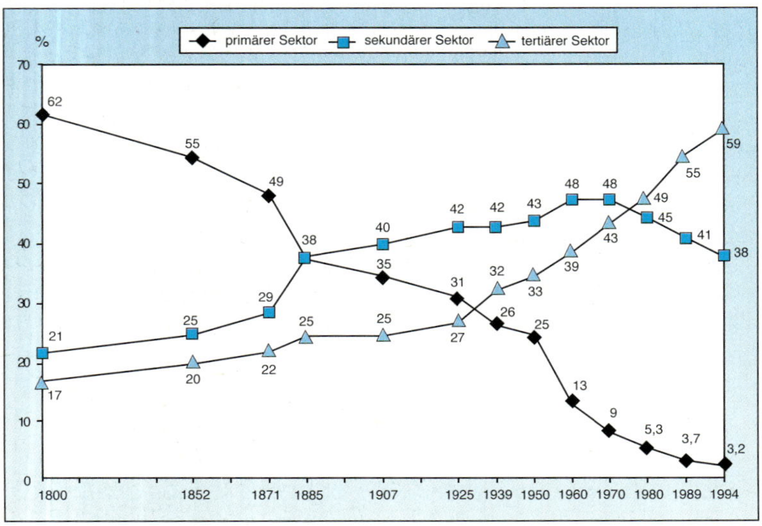

Quellen: zusammengestellt und teilweise berechnet nach Kocka/ Ritter 1978-82, I 52f., II 66ff., III 54f.; StatJb 1960, 142; 1976, 149; 1990, 20; StBA.

(Rainer Geißler, Die Sozialstruktur Deutschlands, Westdeutscher Verlag, Wiesbaden 1996, S. 29)

[1] 1950-1989 alte Länder, 1994 Gesamtdeutschland

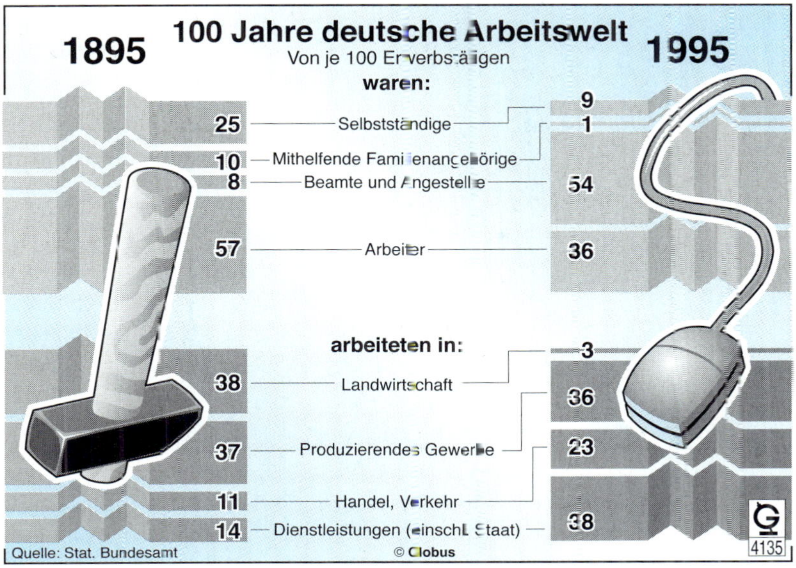

M 19 Soziale Differenzierung: Angestellte und Arbeiter

Mit den **Angestellten** tauchte in der zweiten Hälfte des 19. Jahrhunderts eine neue Gruppe im Schichtgefüge auf. Während sie um die Jahrhundertmitte noch quantitativ bedeutungslos waren, weist die Statistik des Deutschen Reiches im Jahre 1882 4,7% aller Erwerbstätigen als Angestellte aus. Bis 1907 hatte sich dann ihr Anteil mit 10,7% mehr als verdoppelt. Dreiviertel von ihnen arbeiteten als kaufmännische Angestellte in den Handelshäusern, Warenhäusern und Banken, die Übrigen waren als Techniker, Werkmeister oder Verwaltungsangestellte („Betriebsbeamte“) in der Industrie tätig. Der Aufschwung von Handel und Verkehr sowie die wachsenden Unternehmensgrößen im Dienstleistungsbereich und in der Industrie hatten diese neue Schicht hervorgebracht. Ihre Soziallage war besser als die der Arbeiterklasse. Die Arbeitsplätze der Angestellten waren sicherer und ihre Arbeitsbedingungen besser; sie waren häufig besser qualifiziert, erhielten höhere Einkommen sowie Gehälter* statt Löhne; sie wurden vom Unternehmer besser behandelt und hatten bessere berufliche Aufstiegschancen. Daher ist es nicht verwunderlich, dass sie sehr darauf bedacht waren, sich vom Proletariat* abzugrenzen, und dass sie sich in ihrem Selbstverständnis an den bürgerlichen Mittelschichten orientierten. Selbstbezeichnungen wie „Privatbeamte“ oder „neuer Mittelstand“ – dieser Begriff wurde später von den Sozialwissenschaftlern aufgegriffen – legen von ihren Statusansprüchen beredt Zeugnis ab. Verschiedene Studien zeigen, dass sich die Einkommensverhältnisse und die Arbeitsbedingungen der Angestellten am Ende des 19. Jahrhunderts denen der Arbeiterschaft annäherten, nicht aber ihre Mentalitäten. Im Gegenteil: die „Kragenlinie“ zwischen Weiß und Blau im Hinblick auf Lebensstil, Aufstiegs- und Bildungswillen und politisches Verhalten (z. B. die Ablehnung der Gewerkschaften) trat eher noch markanter hervor. [...]

	Arbeiter	Angestellte	Verhältnis
1872	ca. 530	ca. 50	10,6
1890	2540	360	7,1
1895	3470	685	5,0
1912	44378	12502	3,5

(Jürgen Kocka: Die Angestellten in der deutschen Geschichte 1850–1980, Göttingen 1981, S. 75)

Blick in eine Arbeiterwohnung in Berlin-Weißensee, 1907. Hier wohnte in zwei Zimmern ein Arbeiter mit seiner Frau und zehn Kindern. Auf dem Bild ist auch deren Großmutter zu sehen.
(Foto: AKG, Berlin)

Die große Mehrheit der Bevölkerung gehörte zu den **Unterschichten**, für die in den Vierzigerjahren des 19. Jahrhunderts der Begriff **„Proletariat"** auftauchte. Gemeinsam war allen Proletariern, dass sie über kein Eigentum verfügten und, sofern sie überhaupt einen Arbeitsplatz hatten, lebenslänglich Lohnarbeit verrichten mussten. Ansonsten war das Proletariat keine einheitliche oder unstrukturierte Masse, sondern setzte sich aus vielen Gruppen mit sehr unterschiedlichen Lebensbedingungen und Mentalitäten zusammen. Zu ihnen gehörten Landarbeiter und Fabrikarbeiter, das Gesinde auf den Bauernhöfen und das Dienstpersonal der feinen Bürgerhäuser, Handwerksgesellen und Heimarbeiter, Tagelöhner auf dem Bau und Gelegenheitsarbeiter, Vagabunden, Asylbewohner* und Prostituierte. In Preußen machten die erwerbstätigen Gruppen des Proletariats im Jahre 1860 74% der arbeitenden Bevölkerung aus, die Erwerbsstatistik des Deutschen Reiches weist ihren Anteil im Jahre 1907 mit 69% aus – 63% „Arbeiter" und 6% „häusliche Dienste". Große Teile des Proletariats lebten in der ersten Hälfte des 19. Jahrhunderts verarmt und in bedrückender Not. In den Unterschichten breitete sich das Massenelend aus, der Pauperismus*, der in Deutschland wie auch in den anderen europäischen Gesellschaften beim Übergang zur Industriegesellschaft wegen des Überangebots an Arbeitskräften auftauchte.

Die **Industriearbeiterschaft** war um die Jahrhundertmitte noch eine kleine erst im Entstehen begriffene Gruppe. Nur 7% der preußischen Erwerbstätigen arbeiteten im Jahre 1860 in Fabriken oder im Bergbau. Im Zuge der Hochindustrialisierung schwoll diese Schicht stark an. Sie bildete im Jahre 1907 mit 22% der deutschen Erwerbstätigen nicht nur den Kern der Arbeiterklasse, sondern war auch die quantitativ wichtigste Gruppe im Berufssystem. Die Industriearbeiterschaft hatte – zusammen mit den anderen Unterschichten – relativ einseitig die Kosten der Industrialisierung und der damit zusammenhängenden Steigerung des Wohlstands zu tragen. Harte Arbeitsbedingungen in lärmigen Fabrikhallen mit kasernenmäßiger Disziplin, niedrige Löhne, Arbeitszeiten von täglich 13 und mehr Stunden, schlecht bezahlte Frauen- und Kinderarbeit, enge und total überbelegte Wohnungen in schmutzigen Mietskasernen – das sind einige Stichworte zu ihrer Lebenslage, die von den Sozialkritikern mit Recht als „Verelendung", „Entfremdung" oder „Ausbeutung" des Proletariats gebrandmarkt wurde. Andererseits brachte die Durchsetzung des Industriekapitalismus eine allgemeine Verbesserung der Lebensbedingungen mit sich, die auch der Arbeiterschaft zugute kam. Auch dazu einige Stichworte:

- Die Reallöhne* der Arbeiter in Industrie, Handel und Verkehr verdoppelten sich nahezu in der Zeit von 1871–1913.
- Die tägliche Arbeitszeit ging auf durchschnittlich ca. 9,5 Stunden in den Jahren vor Ausbruch des Ersten Weltkrieges zurück.
- Die Arbeitslosenquote blieb im Kaiserreich in der Regel unter 3%; Dauerarbeitslosigkeit war selten.

– Gewerkschaften, Vereine und die *Bismarck'sche* Sozialgesetzgebung* milderten die Not bei Erwerbsunfähigkeit; die Anfänge eines „sozialen Netzes" wurden sichtbar.

– Schließlich führten verbesserte Produktionsbedingungen in der Landwirtschaft dazu, dass die vorher üblichen witterungs- und erntebedingten Hungerkrisen nach der Jahrhundertmitte ausblieben.

Innerhalb der Arbeiterschaft gab es erhebliche **soziale Unterschiede**. So verdiente z. B. ein Facharbeiter das Zwei- bis Dreifache eines Ungelernten, während Landarbeiter wiederum in der Regel ca. 20% weniger Einkommen hatten als ungelernte Fabrikarbeiter. Nach *Marx* sollten Unterschiede zwischen den verschiedenen Arbeitergruppen durch den nivellierenden Einfluss der Fabrikarbeit verschwinden und allmählich eine sozial homogene Arbeiterklasse mit gleichgerichteten Interessen entstehen. Sozialhistorische Studien zeigen, dass sich dieser Prozess der Klassenbildung nur mit Einschränkungen vollzog. In einigen Bereichen – Einkommen, Vermögen, Bildung, Arbeitsplatzsicherheit, soziale Sicherheit, räumliche Mobilität, soziale Kontakte – wurden die Ungleichheiten zwischen ungelernten und gelernten Arbeitern verringert; in anderen Bereichen dagegen – Wohnsituation, Gesundheit, Lebenserwartungen – wurden sie jedoch größer. Die politisch-soziale Mentalität der Arbeiterschaft blieb aufgrund sozialer, regionaler und konfessioneller Unterschiede „fragmentiert".

(Rainer Geißler [= M 13 a], S. 34–36)

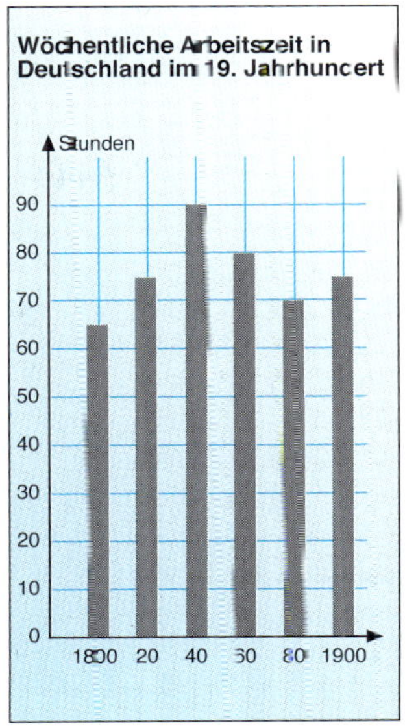

(F. W. Henning: Die Industrialisierung in Deutschland 1800 bis 1914, Schöningh, Paderborn 1995, S 195)

1 *Erläutern Sie – auch aufgrund Ihrer Kenntnisse aus dem Geschichtsunterricht – die zunehmende „Emanzipation der Wirtschaft von der Politik" (M 15). Wie sah die Wirtschaftsordnung des Merkantilismus* aus? Mit welchen Ideen wendeten sich die Klassiker des Liberalismus* (z. B. Adam Smith) gegen das merkantilistische System?*

2 *Charakterisieren Sie das Augenmaß des Bevölkerungswachstums (M 16 a) und erläutern Sie die in M 16 b genannten Ursachen. Welcher Art sind sie (ökonomisch, politisch, wissenschaftlich, wertemäßig)?*

3 *Vergleichen Sie den prozentualen Zuwachs der Bevölkerung (M 16 a) mit dem der Gemeindegrößenklasse über 100 000 (M 17) in der Zeit von 1875 - 1910 und erläutern Sie die Entwicklung der Binnenwanderung innerhalb Deutschlands. Welche Probleme waren mit dieser Entwicklung verbunden? Bei welcher Stadt war die Wachstumsentwicklung zwischen 1850 und 1900 besonders auffällig? Wie erklären Sie diese spezifische Dramatik (M 18 c)?*

4 *Erläutern Sie die Entwicklung der Wirtschaftsstruktur (Zahl der Erwerbstätigen in den drei Sektoren, M 18 a/b) im 19. Jahrhundert. In welchem verhältnismäßig kurzen Zeitraum verlief der Wandel von der Agrar- zur Industriegesellschaft besonders dramatisch? Vgl. dazu auch die Produktionsentwicklung (M 14).*

5 *Analysieren Sie den Prozess der sozialen Differenzierung* nach den großen Gruppen der arbeitenden Bevölkerung und insbesondere innerhalb dieser Gruppen (M 19). Welche wesentlichen sozialen Unterschiede lassen sich feststellen? Inwiefern kam es nicht zu der von Karl Marx vorhergesagten Herausbildung einer homogenen Arbeiterklasse?*

2. Karl Marx/Friedrich Engels und Max Weber – zwei unterschiedliche Ansätze zur Erklärung des sozialen Wandels zur Industriegesellschaft

Karl Marx (1818–1883) und Friedrich Engels (1820–1895), die Verfasser des Kommunistischen Manifests

(Fotos: AKG, Berlin)

Karl Marx, 1818 in Trier geboren, lebte nach dem Studium der Rechtswissenschaften und der Philosophie und nach mehrjähriger Tätigkeit als Journalist (in Köln, Paris und Brüssel) von 1849 bis zu seinem Tode (1883) in London und wurde durch seine ökonomisch/soziologisch/philosophisch orientierten Werke (Hauptwerk: *Das Kapital*) zusammen mit Friedrich Engels zum Begründer des wissenschaftlichen Sozialismus*.

„Auf der philosophischen Grundlage des Materialismus* und der Dialektik* entwickelte Marx eine Gesellschaftstheorie, die den Verlauf der Geschichte als eine, in fünf Stufen verlaufende, zielgerichtete Abfolge von der Urgemeinschaft zur kommunistischen Gesellschaft beschreibt. Auf die Urgemeinschaft folgen die Sklavenhaltergesellschaft und die feudalistische* Gesellschaft, die sich zur kapitalistischen* Gesellschaft wandelt, um dann in die kommunistische* Gesellschaft als der höchsten Stufe der Menschheitsentwicklung überzugehen. Den speziellen Entwicklungsverlauf der kapitalistischen Gesellschaft beschrieb Marx als die Konzentration des Kapitals in den Händen immer weniger Menschen (Akkumulationstheorie) bei gleichzeitiger Verelendung immer mehr Menschen durch Prozesse der Rationalisierung und Mechanisierung (Verelendungstheorie). Diese parallelen Entwicklungen überführen die bestehende Gesellschaft mit quasi natürlicher Gesetzmäßigkeit zur nächsten Entwicklungsstufe, der klassenlosen Gesellschaft. Gerade mit seiner Kapitalismusanalyse lieferte Marx der internationalen Arbeiterbewegung eine zukunftsweisende Gesellschaftstheorie, deren verkürzte Auslegung im Marxismus-Leninismus den ideologischen Grundstein für den Aufbau und Erhalt sozialistischer Gesellschaften bildete.“

(Hermann Korte/Bernhard Schäfers [s. S. 5], S. 172)

Friedrich Engels* (1820–1895), Sohn eines Weberei-Fabrikanten aus Wuppertal-Barmen und als solcher zum Kaufmann ausgebildet, übernahm 1842 eine Tätigkeit im väterlichen Zweigwerk in Manchester. Aufgrund seiner Beobachtungen dort verfasste er 1845 einen beeindruckenden Bericht über „Die Lage der arbeitenden Klasse in England“. Mit scharfen Worten geißelte er darin „die lächelnde Sorglosigkeit“ der „fabrizierenden englischen Mittelklasse“ und beschrieb „den tiefen Groll der ganzen Arbeiterklasse von Glasgow bis London gegen die Reichen, von denen sie systematisch ausgebeutet und dann ihrem Schicksal überlassen wird.“

Wir wollen uns im Folgenden auf Engels’ Antwort auf die Frage nach den Triebkräften der tief greifenden gesellschaftlichen Veränderungen beschränken, die sich zu Lebzeiten von Marx und Engels in beeindruckendem Tempo vollzogen.

M 20 Friedrich Engels: „In letzter Instanz" die Produktion

M 20a Vom Basischarakter der Ökonomie

Die materialistische* Anschauung der Geschichte geht von dem Satz aus, dass die Produktion, und nächst der Produktion der Austausch ihrer Produkte, die Grundlage aller Gesellschaftsordnung ist; dass in jeder geschichtlich auftretenden Gesellschaft die Verteilung der Produkte, und mit ihr die soziale Gliederung in Klassen oder Stände, sich danach richtet, was und wie produziert und wie das Produzierte ausgetauscht wird. Hiernach sind die letzten Ursachen aller gesellschaftlichen Veränderungen und politischen Umwälzungen zu suchen nicht in den Köpfen der Menschen, in ihrer zunehmenden Einsicht in die ewige Wahrheit und Gerechtigkeit, sondern in Veränderungen der Produktions- und Austauschweise; sie sind zu suchen nicht in der *Philosophie*, sondern in der *Ökonomie* der betreffenden Epoche.

(Aus: Engels: Herrn Eugen Dührings Umwälzung der Wissenschaft [1878] [MEW XX, S. 248f.]; zit. nach: Mielke, Historischer Materialismus, Klett, Stuttgart o.J.)

M 20b Vom Verhältnis von Basis und Überbau

Die politische, rechtliche, philosophische, religiöse, literarische, künstlerische etc. Entwicklung beruht auf der ökonomischen. Aber sie alle reagieren auch aufeinander und auf die ökonomische Basis. Es ist nicht, dass die ökonomische Lage *Ursache, allein aktiv* ist und alles andere nur passive Wirkung. Sondern es ist Wechselwirkung auf Grundlage der *in letzter Instanz* stets sich durchsetzenden ökonomischen Notwendigkeit. [...] Es ist also nicht, wie man sich hier und da bequemerweise vorstellen will, eine automatische Wirkung der ökonomischen Lage, sondern die Menschen machen ihre Geschichte selbst, aber in einem gegebenen, sie bedingenden Milieu, auf Grundlage vorgefundener tatsächlicher Verhältnisse, unter denen die ökonomischen, so sehr sie auch von den übrigen politischen und ideologischen beeinflusst werden mögen, doch in letzter Instanz die entscheidenden sind und den durchgehenden, allein zum Verständnis führenden roten Faden bilden.

(Aus: Engels an Borgius [1894] [MEW XXXIX, S. 206]; zit. nach: Mielke [= M 20a])

M 20c Von dem Zusammenspiel der Faktoren, die die Geschichte machen

Nach materialistischer* Geschichtsauffassung ist das in letzter Instanz bestimmende Moment in der Geschichte die Produktion und Reproduktion des wirklichen Lebens. Mehr hat weder Marx noch ich je behauptet. Wenn nun jemand das dahin verdreht, das ökonomische Moment sei das einzig bestimmende, so verwandelt er jenen Satz in eine nichts sagende, abstrakte, absurde Phrase. [...] Es ist eine Wechselwirkung aller dieser Momente, worin schließlich durch alle die unendliche Menge von Zufälligkeiten als Notwendiges die ökonomische Bewegung sich durchsetzt. Sonst wäre die Anwendung der Theorie auf eine beliebige Geschichtsperiode ja leichter als die Lösung einer einfachen Gleichung ersten Grades. [...] Es wird schwerlich gelingen, die Existenz jedes deutschen Kleinstaates der Vergangenheit und Gegenwart oder den Ursprung der hochdeutschen Lautverschiebung*, die die geografische, durch die Gebirge von den Sudeten bis zum Taunus gebildete Scheidewand zu einem förmlichen Riss durch Deutschland erweiterte, ökonomisch zu erklären, ohne sich lächerlich zu machen. [...] Zweitens aber macht sich die Geschichte so, dass das Endresultat stets aus den Konflikten vieler Einzelwesen hervorgeht, wovon jeder wieder durch eine Menge besonderer Lebensbedingungen zu dem gemacht wird, was er ist; es sind also unzählige einander durchkreuzende Kräfte, eine unendliche Gruppe von Kräfteparallelogrammen, daraus eine Resultante – das geschichtliche Ergebnis – hervorgeht, die selbst wieder als das Produkt einer, als Ganzes bewusstlos und willenlos wirkenden Macht angesehen werden kann. Denn was jeder Einzelne will, wird von jedem andern verhindert, und was herauskommt, ist etwas, das keiner gewollt hat.

(Aus: Engels: „Die richtige Auffassung vom historischen Materialismus"; Marx-Engels: „Ausgewählte Schriften", II. Band, Berlin 1952, S. 458ff.)

1 *Bestimmen Sie in den drei (am besten im Zusammenhang zu lesenden) Engels-Texten das Verhältnis von „ökonomischer Basis" und den politischen und kulturellen Verhältnissen („Überbau") zueinander. In welchem Verhältnis stehen die Lebensbereiche Politik – Wirtschaft – Kultur zueinander? Wie kommen gesellschaftliche Veränderungen zustande? Vgl. dazu auch den Einleitungstext zu M 21 (siehe unten), 2. Satz.*

2 *M 20b und insbesondere M 20 c unterscheiden sich von M 20 a insbesondere durch eine stärkere Differenzierung und Relativierung der Grundthese von Engels. Verdeutlichen Sie diese Differenzierungen und überlegen Sie: Wird auf diese Weise die Grundthese nicht aufgehoben? Welche Rolle spielt in diesem Zusammenhang das berühmt gewordene Wort „in letzter Instanz" (M 20 b)?*

3 *Erläutern Sie, welche Rolle bei Engels der Mensch und sein Handeln im Entwicklungsprozess der Geschichte spielen.*

(Foto: Karger-Decker/INTERFOTO)

Das Erklärungsmodell der marxistischen Theorie, wie es die kurzen Texte von Engels ansatzweise vermitteln, hatte **Max Weber*** (1864–1920) vor Augen, als er mit seinen beiden Aufsätzen *Die protestantische Ethik und der Geist des Kapitalismus (1905)* seine Überlegungen zu den Ursachenfaktoren der geschichtlichen Bewegung bei der Herausbildung der kapitalistisch-industriellen Gesellschaft in die Diskussion um die Gültigkeit bzw. die „Reichweite" der marxistischen Lehre einbrachte.

In der Sicht des marxistischen Materialismus* waren die gesellschaftlichen Veränderungen im Prozess der Industrialisierung „die notwendige Folge der inhärenten Dynamik, die der kapitalistischen* Gesellschaftsordnung, den Produktionsverhältnissen* und der Entwicklung der Produktivkräfte* innewohnt: Gewinnmaximierung, Steigerung der Kapitalakkumulation durch alle zur Verfügung stehenden Mittel ist das Gesetz der kapitalistischen Gesellschaftsformation.

Demgegenüber betonte *Max Weber* den Einfluss nicht-ökonomischer, insbesondere religiöser Motive, die im Bereich des Wertesystems angesiedelt sind. Im Rahmen seiner Untersuchung zur Wirtschaftsethik der großen Weltreligionen gelangte er zu der Auffassung, dass der Protestantismus, insbesondere seine calvinistische* Spielart, eine besondere individuelle Motivation bereitstellte, die diese rational-leistungsbezogenen Verhaltensweisen entscheidend förderte. Ausgangspunkt ist die Tatsache, dass der Protestantismus eine Scheidung von Menschen in Auserwählte (das heißt für die Erlösung im Jenseits bestimmte) und Nicht-Auserwählte als vorgegeben ansah (Prädestination). Kritisches Problem war die Erkenntnis der jeweiligen Zuordnung des Einzelnen zu diesen beiden Gruppen. Das wurde durch die These gelöst, wonach der ökonomische Erfolg im

Diesseits als Indikator für die Erlösung im Jenseits gewertet wurde. Diese Auffassung forderte ein besonders erfolgsorientiertes Verhalten, das somit auch hochgradige Sachlichkeit, Konsumverzicht, Reinvestition von Gewinnen, asketische* Lebensweise und maximale Leistungsbereitschaft umfassen musste. Die religiöse Zielsetzung dieser Verhaltensweisen trat im Verlauf der Zeit in den Hintergrund zugunsten einer Isolierung und Verselbstständigung dieser Haltungen, die weitgehend in das Wertesystem der westlichen Industrienationen eingingen und von nun an als spezifische Ingredienzien der kapitalistischen Wirtschaftsweise ihre Entwicklung bestimmten."

(Horst Reimann [Hg.], Basale Soziologie. Hauptprobleme, Goldmann, München 1975, S. 127f.)

M 21 Max Weber: Die protestantische Ethik und der Geist des Kapitalismus (1905)

Um die Zusammenhänge der religiösen Grundvorstellungen des asketischen* Protestantismus mit den Maximen* des ökonomischen Alltagslebens zu durchschauen, ist es nötig, vor allem solche theologischen Schriften heranzuziehen, die sich als aus der seelsorgerischen Praxis herausgewachsen erkennen lassen. Denn in einer Zeit, in welcher das Jenseits alles war, an der Zulassung zum Abendmahl die soziale Position des Christen hing, die Einwirkung des Geistlichen in Seelsorge, Kirchenzucht und Predigt einen Einfluss übte, [...] sind die in dieser Praxis sich geltend machenden religiösen Mächte die entscheidenden Bildner des „Volkscharakters". – [...] Da aber der aus dem Calvinismus* hervorgewachsene englische Puritanismus* die konsequenteste Fundierung der Berufsidee bietet, stellen wir unserem Prinzip gemäß einen seiner Vertreter in den Mittelpunkt. [...]

Nimmt man nun Baxters „Ewige Ruhe der Heiligen" und sein „Christian Directory" zur Hand, [...] scheint hier die Askese gegen jedes Streben nach Erwerb zeitlicher Güter gerichtet. [...] Nur bedarf es etwas näheren Zusehens, um ihren entscheidenden ethischen Sinn und Zusammenhang zu bemerken. [...] Nicht Muße und Genuss, sondern nur handeln dient nach dem unzweideutig geoffenbarten Willen Gottes zur Mehrung seines Ruhms. Zeitvergeudung ist also die erste und prinzipiell schwerste aller Sünden. Die Zeitspanne des Lebens ist unendlich kurz und kostbar, um die eigene Berufung „festzumachen". Zeitverlust durch Geselligkeit, „faules Gerede", Luxus, selbst durch mehr als der Gesundheit nötigen Schlaf – 6 bis höchstens 8 Stunden – ist sittlich absolut verwerflich. Die Arbeit ist zunächst das alterprobte asketische Mittel, als welches sie in der Kirche des Abendlandes [...] von jeher geschätzt war.

Aber die Arbeit ist darüber hinaus, und vor allem, von Gott vorgeschriebener Selbstzweck des Lebens überhaupt. Der paulinische Satz: „Wer nicht arbeitet, soll nicht essen" gilt bedingungslos und für jedermann. Die Arbeitsunlust ist Symptom fehlenden Gnadenstandes. [...] Nicht Arbeit an sich, sondern rationale Berufsarbeit ist das von Gott Verlangte. Auf diesem methodischen Charakter der Berufsaskese liegt bei der puritanischen Berufsidee stets der Nachdruck, nicht, wie bei Luther, auf dem Sichbescheiden mit dem einmal von Gott zugemessenen Los. [...]

Aber alsdann folgt als praktisch wichtigster Gesichtspunkt: die privatwirtschaftliche „Profitlichkeit". „Wenn Gott euch einen Weg zeigt, auf dem ihr ohne Schaden für eure Seele oder für andere in gesetzmäßiger Weise mehr gewinnen könnt als auf einem anderen Wege, und ihr dies zurückweist und den minder gewinnbringenden Weg verfolgt, dann kreuzt ihr einen der Zwecke eurer Berufung (calling), ihr weigert euch, Gottes Verwalter (stewart) zu sein und seine Gaben anzunehmen, um sie für ihn gebrauchen zu können, wenn er es verlangen sollte. Nicht freilich für Zwecke der Fleischeslust und Sünde, wohl aber für Gott dürft ihr arbeiten, um reich zu sein." [...]

Die innerweltliche protestantische Askese – so können wir das bisher Gesagte wohl zusammenfassen – wirkte also mit voller Wucht gegen den unbefangenen Genuss des Besitzes, sie schnürte die Konsumtion*, speziell die Luxuskonsumtion, ein. Dagegen entlastete sie im psychologischen Effekt den Gütererwerb von den Hemmungen der traditionalistischen Ethik, sie sprengte die Fesseln des Gewinnstrebens, indem sie es nicht nur legalisierte, sondern (in dem dargestellten Sinn) direkt als gottgewollt ansah, was noch wichtiger war: Die religiöse Wertung der rastlosen, stetigen, systematischen, weltlichen Berufsarbeit als schlechthin höchstem asketischen Mittel und zugleich sicherster und sichtbarster Bewährung des wiedergeborenen Menschen und seiner Glaubensechtheit musste ja der denkbar mächtigste Hebel der Expansion jener Lebensauffassung sein, die wir als „Geist" des Kapitalismus bezeichnet haben. Und halten wir nun noch jene Einschnürung der Konsumtion mit dieser Entfesselung des Erwerbsstrebens zusammen, so ist das äußere Ergebnis nahe liegend: Kapitalbildung durch asketischen Sparzwang. Die Hemmungen, welche dem konsumtiven Verbrauch des Erworbenen entgegenstanden, mussten ja seiner produktiven Verwendung: als Anlagekapital*, zugute kommen.

So weit die Macht puritanischer Lebensauffassung reichte, kam sie unter allen Umständen – und dies ist natürlich weit wichtiger als die bloße Begünstigung der Kapitalbildung – der Tendenz zu bürgerlicher, ökonomisch rationaler Lebensführung zugute; sie war ihr wesentlichster und vor allem: ihr einzig konsequenter Träger. Sie stand an der Wiege des modernen „Wirtschaftsmenschen". [...]

Ihre volle ökonomische Wirkung entfalten [...] jene mächtigen religiösen Bewegungen, deren Bedeutung für die wirtschaftliche Entwicklung ja in erster Linie in ihren asketischen Erziehungswirkungen lag, regelmäßig erst, nachdem die Akmé (der Höhepunkt) des rein religiösen Enthusiasmus bereits überstiegen war, der Kampf des Suchens nach dem Gottesreich sich allmählich in nüchterne Berufstugend aufzulösen begann, die religiöse Wurzel langsam abstarb und utilitarischer* Diesseitigkeit Platz machte [...].

Ein spezifisch bürgerliches Berufsethos war entstanden. Mit dem Bewusstsein, in Gottes voller Gnade zu stehen und von ihm sichtbar gesegnet zu werden, vermochte der bürgerliche Unternehmer, wenn er sich innerhalb der Schranken formaler Korrektheit hielt, sein sittlicher Wandel untadelig und der Gebrauch, den er von seinem Reichtum machte, kein anstößiger war, seinen Erwerbsinteressen zu folgen und sollte dies tun. Die Macht der religiösen Askese stellte ihm überdies nüchterne, gewissenhafte, ungemein arbeitsfähige und an der Arbeit als gottgewolltem Lebenszweck [haftende] Arbeiter zur Verfügung. Sie gab ihm dazu die beruhigende Versicherung, dass die ungleiche Verteilung der Güter dieser Welt ganz spezielles Werk von Gottes Vorsehung sei, der mit diesen Unterschieden ebenso wie mit der nur partikulären Gnade seine geheimen, uns unbekannten Ziele verfolgte. [...] Die Behandlung der Arbeit als „Beruf" wurde für den modernen Arbeiter ebenso charakteristisch wie für den Unternehmer die entsprechende Auffassung des Erwerbes.

Einer der konstitutiven Bestandteile des modernen kapitalistischen Geistes, und nicht nur dieses, sondern der modernen Kultur: die rationale Lebensführung auf Grundlage der Berufsidee, ist – das sollten diese Darlegungen erweisen – geboren aus dem Geist der christlichen Askese. [...] Der Puritaner wollte Berufsmensch sein, – wir müssen es sein. Denn indem die Askese aus den Mönchszellen heraus in das Berufsleben übertragen wurde und die innerweltliche Sittlichkeit zu beherrschen begann, half sie an ihrem Teile mit daran, jenen mächtigen Kosmos der modernen, an die technischen und ökonomischen Voraussetzungen mechanisch-maschineller Produktion gebundenen, Wirtschaftsordnung zu erbauen, der heute den Lebensstil aller Einzelnen, die in dieses Triebwerk hineingeboren werden – nicht nur der direkt ökonomisch Erwerbstätigen –, mit überwältigendem Zwange bestimmt und vielleicht bestimmen wird, bis der letzte Zentner fossilen Brennstoffs verglüht ist.

(Max Weber: Die protestantische Ethik, Bd. 1, GTB Siebenstern 53, Mohn, Gütersloh 1972, S. 165–188)

1 *Stellen Sie – auch mithilfe des Einleitungstextes – die Kernthese Webers zur Entwicklung der kapitalistischen Gesellschaft heraus und zeichnen Sie den Gedanken- und Argumentationsgang des Textes nach.*

2 *In welchem Verhältnis stehen bei Weber „ideelle" und „materielle" Faktoren bzw. die genannten gesellschaftlichen Entfaltungs- und Gestaltungsbereiche wie Religion/Kultur – Wissenschaft – Ökonomie – Politik zueinander?*

3 *Welche Vorstellung hat Weber vom Ablauf der sozialen Prozesse in der Geschichte? Wie bestimmt er das Verhältnis von Ursache und Wirkung? Welche Gesetzmäßigkeiten bzw. Regelhaftigkeiten konstatiert er?*

4 *Welche Bedeutung fällt nach Webers Vorstellung von den sozialen Prozessen dem menschlichen Handeln in der geschichtlichen Entwicklung zu?*

Marx/Engels und Weber im Vergleich:

1 *Stellen Sie die Vorstellungen der beiden Autoren vom Gesamtverlaufscharakter sozialen Wandels nebeneinander bzw. einander gegenüber!*
Bedenken Sie dabei etwa folgende Aspekte:
– Grad von dessen Bestimmbarkeit
– Art der Komplexität der Erklärung
– Rolle der ideellen bzw. materiellen Faktoren
– finale/kausale Argumentation

2 *Stellen Sie für beide die Frage: „Welche Tendenzen bestimmen langfristig die Entwicklung der modernen Gesellschaft – das Handeln der Individuen ebenso wie die Arbeitsbedingungen, unter denen sie stehen, oder die politischen Systeme, in denen sie sich organisiert haben?" (vgl. Gregor Schöllgen: Max Webers Anliegen, Darmstadt 1985, S. IX).*
Welche Bedeutung für die fernere Entwicklung hat im Denken beider das Phänomen der Industrialisierung?

3 *Versuchen Sie aus gehöriger (auch zeitlicher) Distanz kritisch Stellung zu nehmen! Welche Faktoren bzw. Bedingungen der Theorie der beiden Autoren wären Ihrer Meinung nach für aktuelle Fragestellungen und Erklärungsbedürfnisse sinnvollerweise zu berücksichtigen?*

3. Das theoretische Konzept der Modernisierung

M 22a Modernisierung im alltäglichen Sprachgebrauch

Gebäude werden modernisiert, ebenso wie Waffensysteme, Medienorganisationen oder industrielle Produkte. Auch Lebensstile, Musikgenres oder bestimmte Arten des Sprachgebrauchs bezeichnen wir als »modern«. Das Gleiche gilt für die typisch »moderne« Persönlichkeit oder das »moderne« Denken. Meistens bedeutet das lediglich, dass den betreffenden Objekten ein neues Mäntelchen umgehängt wird. Modern ist dann etwas Heutiges, das morgen wieder anders sein wird, nämlich noch moderner. Mit einem solchen Begriff, der nur auf den »letzten Schrei« verweist, können die Sozialwissenschaften wenig anfangen. Sie wollen die soziale Wirklichkeit ja nicht nur ordnen, sondern sie versuchen auch, in den zahlreichen Veränderungsprozessen, die sich um uns her vollzogen haben und vollziehen werden, eine bestimmte Richtung auszumachen. In den Sozialwissenschaften bezieht sich der Modernisierungsbegriff auf einen bestimmten, genau umschriebenen historischen Entwicklungsgang der (westlichen) Gesellschaft.

(Hans van der Loo/Willem van Reijen, Modernisierung, München 1997, S. 11)

M 22b Modernisierung als sozialwissenschaftlicher Begriff

Modernisierung ist in den Sozialwissenschaften ein vielschichtiger, uneinheitlich definierter Fachausdruck für Vorgänge umfassenden sozialen, wirtschaftlichen und politischen Wandels von traditionalen Gesellschaften zu hochgradig arbeitsteiligen, wirtschaftlich entwickelten, funktional differenzierten und demokratisierten Gesellschaftssystemen. Im Kern beschreibt Modernisierung einen Typus gesellschaftlichen Wandels, der seinen Ursprung in der englischen industriellen Revolution und – in politischer Hinsicht – in der Französischen Revolution von 1789 hat und sich anhand eines komplexen Bündels von Kennziffern identifizieren lässt. Zu ihnen gehören vor allem: in *wirtschaftlicher* Hinsicht Industrialisierung, Urbanisierung und Wachstum des Sekundär- und später vor allem des Tertiärsektors, in *sozialer* Hinsicht der Wandel von der traditionellen Statusgesellschaft zur Leistungsgesellschaft, Säkularisierung, Rationalisierung, die Zunahme von Sekundärinstitutionen wie Betrieb und Schule zu Lasten der Primärinstitutionen wie Verwandtschaft sowie die tendenzielle Lösung der Individuen aus traditionellen Bindungen, die in der Regel durch die Erweiterung des Bildungsangebots, vor allem durch den Ausbau des Ausbildungswesens und die Verlängerung der Ausbildungsdauer, verstärkt wird („Bildungsrevolution"); in *politischer* Hinsicht die Mobilisierung der Arbeiterschaft bzw. der gesamten Arbeitnehmerschaft, die Demokratisierung und der zunehmende Grad der Durchdringung von Wirtschaft und Gesellschaft durch staatliche Eingriffe beispielsweise im Rahmen der Sozial- und Wirtschaftspolitik.

(Manfred G. Schmidt, Wörterbuch zur Politik, Kröner, Stuttgart 1995, S. 621)

M 22c Ein konzeptionelles Schema von Modernisierung

In einer neueren Veröffentlichung wird Modernisierung unter anderem als »irritierender Begriff« bezeichnet. Diese Feststellung ist im Grunde nicht so erstaunlich. Der Begriff irritiert in erster Linie, weil sich unter dem Etikett »Modernisierung« eine Menge von Erscheinungen und Teilprozessen finden lassen. Konfrontiert mit diesem Meer an Fakten und Phänomenen, hat schon so mancher den Kurs verloren. Der Begriff ist überdies eine Quelle der Irritation, weil es in den Sozialwissenschaften eine große Zahl von Modernisierungstheorien gibt, in denen häufig (augenscheinlich) widersprüchliche Aussagen über die moderne Gesellschaft gemacht wurden.

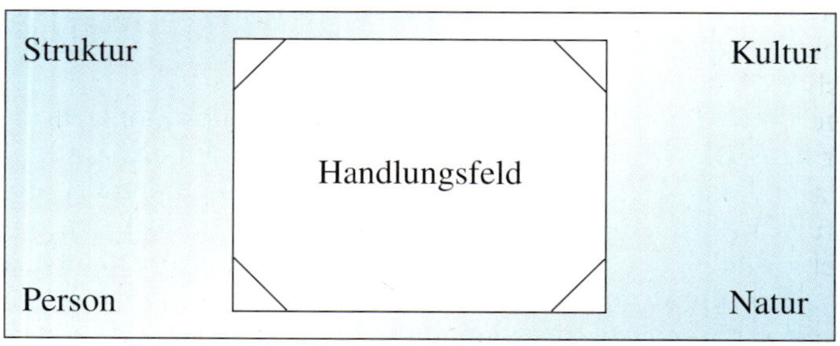

Schema 1: Allgemeines Handlungsschema

Um unsere Irritationsschwelle herabzusetzen und um nicht in Verwirrung zu geraten, tun wir gut daran, nach einer Formel Ausschau zu halten, mit der die verschiedenen Phänomene der und die verschiedenen Theorien über die Modernisierung auf eine Linie gebracht werden können. Wir suchen, mit anderen Worten, nach einem konzeptionellen Schema, das es uns erlaubt, Modernisierung zu beschreiben und zu analysieren.

Glücklicherweise können wir auf ein bereits bestehendes Schema zurückgreifen. Ursprünglich von Parsons* (1975, 1985) entworfen [...], erfasst es die gesellschaftliche Wirklichkeit und das menschliche Handeln von vier Seiten aus (s. Schema 1, S. 42).

Aus der *strukturellen* Perspektive erscheint eine soziale Wirklichkeit, in der Menschen bestimmte gesellschaftliche Rollen ausfüllen (etwa die von Vater, Mutter, Arzt, Patient, Student oder Dozent) und in der man handelnd fortwährend auf andere bezogen ist. Diese Bezogenheit auf das Tun und Lassen anderer – im Fachjargon sprechen wir von *Interaktionen* – verläuft nicht ungeordnet: Man kann darin bestimmte Muster entdecken.

Die Wirklichkeit, in der wir leben, ist aber auch eine *kulturelle* Wirklichkeit, eine Wirklichkeit von Auffassungen, Ideen, Symbolen, Werten, Normen und Bedeutungen, die unserem Handeln Richtung geben und ihm Sinn verleihen. Unser Handeln und unsere Interaktionen sind eng verbunden mit den Bedeutungssystemen, die in unserer Kultur eine Rolle spielen.

Ein dritter Weg, auf dem wir uns der sozialen Wirklichkeit nähern können, ist der der *Person.* Mag unser Handeln auch in hohem Maß von den Begrenzungen und Möglichkeiten der uns umgebenden Strukturen und Bedeutungssysteme bestimmt sein, so ist damit natürlich auch ein Persönlichkeitsaspekt verbunden.

Der vierte und letzte Zugang ist jener der *Natur*. Obwohl sich der moderne Mensch nur ausnahmsweise (Naturkatastrophen, Fälle außerordentlicher »Umweltbedrohung«, Krankheit) seiner natürlichen und biologischen Abhängigkeit bewusst wird, handelt es sich hier selbstverständlich um eine sehr essenzielle, obgleich in den Sozialwissenschaften oftmals unterschätzte Dimension.

Die vier Perspektiven »Struktur«, »Kultur«, »Person« und »Natur« lassen sich in jeder Handlung und an jedem Handlungskomplex unterscheiden. Bewusst sprechen wir hier von *Perspektiven* oder *Dimensionen:* Es geht nämlich darum, die wechselseitige Kombination von Struktur, Kultur, Person und Natur zu betonen.

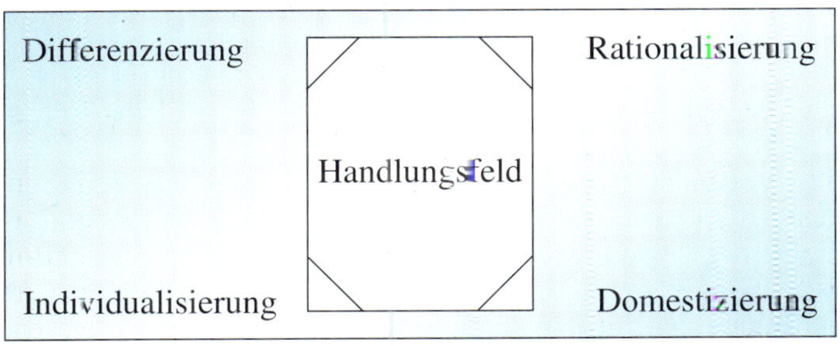

Schema 2: Handlungsschema der Modernisierung

Zugespitzt auf Modernisierung können wir das allgemeine Handlungsschema (S. 42) folgendermaßen »übersetzen«:

Von der strukturellen Dimension sich verändernder Handlungsmuster und Interaktionsformen aus erscheint Modernisierung als ein Prozess der *Differenzierung*. Durch die Brille der Kultur betrachtet, bietet sich uns Modernisierung als ein Prozess der *Rationalisierung* dar. Aus der Perspektive der Persönlichkeit wenden wir uns vor allem Prozessen der *Individualisierung* zu. Bleibt noch die vierte Dimension, die der physischen und biologischen Natur. Als kennzeichnend für Modernisierung kann gelten, dass Menschen immer erfolgreicher die sie umgebenden Tierarten und Naturkräfte zu beherrschen lernten. Modernisierung erscheint hier deshalb als ein Prozess der *Domestizierung* (s. Schema 2).

Von unserem Schema aus betrachtet, deutet Modernisierung also auf die Kombination von Differenzierung, Rationalisierung, Individualisierung und Domestizierung. Da diese Begriffe vermutlich noch ziemlich vage klingen, wollen wir zunächst die vier Aspekte etwas näher umschreiben.

Differenzierung bezieht sich auf die Spaltung eines ursprünglich homogenen Ganzen in Teile mit eigenem Charakter und eigener Zusammensetzung. Als Folge von Differenzierung verselbstständigen sich allerlei Aktivitäten und Funktionen und bilden auf sie hin orientierte Institutionen und Organisationen. Die neuen differenzierten Einheiten spezialisieren sich immer weiter in der Erfüllung bestimmter Funktionen.

Der Prozess der strukturellen Differenzierung lässt sich anhand der Unterschiede zwischen traditionellen und modernen Fürsorgeeinrichtungen verdeutlichen. Im Spätmittelalter war das städtische Spital ein völlig undifferenziertes Auffangzentrum für diejenigen, die sich am Rande der Gesellschaft befanden. So bot das Spital sowohl körperlich wie geistig Behinderten und auch unterstützungsbedürftigen Witwen, Waisen und allerlei fahrendem Volk Unterschlupf. Die Versorgung erfolgte durch Ordensleute oder religiös motivierte Laien. Die traditionelle Fürsorge war durch persönliche Abhängigkeit charakterisiert.
Seit dem 18. Jahrhundert wurde das städtische Spital von der strukturellen Differenzierung erfasst: Es entstanden Krankenanstalten, Einrichtungen für Geisteskranke, Waisenhäuser, Armenhäuser und Gefängnisse. Die Pflege, Behandlung und Beherrschung – man erkennt, dass sich auch die Interventionsaktivitäten differenzieren – erfolgte nicht mehr auf freiwilliger Basis, sondern kam in die Hände von dazu speziell ausgebildeten Fachkräften. Die frühere persönliche Abhängigkeit wandelt sich im Lauf der Modernisierung zu formeller und bürokratischer Abhängigkeit. Das frühere städtische Spital verzweigte sich nicht nur in verschiedene eigenständige soziale Einheiten, sondern der Prozess struktureller Differenzierung setzte sich auch innerhalb dieser Einheiten fort: So verfügt jedes Krankenhaus zur Zeit über verschiedene spezialisierte und relativ selbstständig arbeitende Abteilungen, die auf höherer Ebene integriert und koordiniert werden.

Rationalisierung bedeutet Ordnen und Systematisieren der Wirklichkeit, um sie vorhersehbar und beherrschbar zu machen. Rationalisierung impliziert, dass unser Denken und Handeln immer mehr der Berechnung, Begründbarkeit und Beherrschung unterliegt. Rationales Handeln heißt wohl überlegtes Handeln: Wir suchen Methoden und Mittel, die im Ergebnis effizient und effektiv sind. All unser Denken und Handeln ist von dem Gedanken erfüllt, die uns umgebende Wirklichkeit beherrschbar zu machen.

Ein konkretes Beispiel ist die Art, wie wir mit der neuen Seuche Aids umgehen. Nicht im Entferntesten denken wir daran, dass es sich dabei um die Rache von Gott oder Dämonen handelt und dass die Krankheit erst nach ausgedehnten Versöhnungsritualen verschwinden wird. Statt dessen setzen wir unsere ganze Hoffnung auf die medizinische Wissenschaft, und zahllose hochspezialisierte Forscher suchen nach einem Mittel gegen die Erreger. Um die Ansteckungsgefahr so gering wie möglich zu halten, appellieren wir obendrein an das »rationale Verhalten« der Menschen. Über breite, fortwährend auf ihre Zweckmäßigkeit hin abgeklopfte Aufklärungskampagnen wird die Bevölkerung angespornt, für notwendig erachtete Vorsichtsmaßnahmen zu ergreifen, ehe es »zur Sache« geht.

Individualisierung verweist auf die wachsende Bedeutung des Individuums, das sich aus der Kollektivität seiner unmittelbaren Umgebung herauslöst. Individualisierung ist eine Folge des Umstands, dass Menschen es mit mehreren, oft in weitem räumlichen Abstand voneinander verstreuten sozialen Einheiten zu tun haben. Der Anspruch, den jede einzelne Einheit auf die Loyalität* des Individuums erhebt, verringert sich dadurch. Infolge der Zugehörigkeit zu unterschiedlichen Einheiten erlangt das Individuum hinsichtlich jeder dieser Einheiten eine gewisse persönliche Unabhängigkeit.

In vormodernen Gesellschaften neigen die Menschen dazu, sich selbst vor allem als Teil des Kollektivs zu verstehen. So weit das Phänomen des aus der Kollektivität herausgelösten Menschen hier in Erscheinung trat, handelte es sich um Ausnahmen. Der Prozess der Individualisierung und die Entwicklung der dazu notwendigen Mentalität des Individualismus setzte mit der Renaissance ein. In dieser Zeit entstand ein neues Weltbild, in dem der Mensch sich selbst als Mittelpunkt und Ursprung seiner eigenen Handlungen definierte.

Domestizierung schließlich bezieht sich auf das Maß, in dem Individuen sich ihren biologischen und natürlichen Begrenzungen entziehen konnten. Kennzeichnend für Modernisierung ist die enorme Beherrschung biologischer und natürlicher Prozesse. Übrigens bringt die zunehmende Beherrschung nicht nur eine Steigerung der Lebensqualität: Mit zunehmender Beherrschung steigt auch die Abhängigkeit von den Mitteln, durch welche beherrscht wird.

In der vormodernen Gesellschaft war das Handeln vor allem von der menschlichen Konstitution und der natürlichen Umwelt abhängig. Im Lauf der Modernisierung wurde eine Reihe von Begrenzungen, die durch die natürliche geografische Umgebung oder die physische Struktur des Menschen selbst gegeben sind, immer unwirksamer. Durch ihre Lebensweise gelang es der menschlichen Gattung, alle anderen Säugetiere zu unterwerfen: So weit diese noch leben, können wir die dem Menschen mehr oder minder verwandten Tierarten im Zoo betrachten. Als Folge von drei technischen und kulturellen Umwälzungen – der Zähmung des Feuers, der Einführung des Ackerbaus und der umfänglichen Nutzung lebender Energie – hat sich die Beherrschung der Naturkräfte enorm gesteigert. Schließlich bezieht sich Domestizierung auch auf die Zähmung des »Tiers in uns«: Ein wesentlicher Aspekt der Modernisierung liegt darin, dass der Mensch gelernt hat, seine biologischen Triebe und Impulse besser zu beherrschen.

Die vier Dimensionen von Modernisierung, wir betonen es nochmals, sind eng miteinander verwoben. Differenzierung, Rationalisierung, Individualisierung und Domestizierung treten in jedem konkreten Modernisierungsprozess in einer bestimmten Kombination auf. Oft bedingen sie sich auch gegenseitig.

(Hans van der Loo/Willem van Reijen, Modernisierung. Projekt und Paradox, Deutscher Taschenbuch Verlag, München 1997, S. 30–35)

M 22d Die Freiheitsidee als Voraussetzung von Modernisierung

Die fortgeschrittenen Gesellschaften Europas und die USA traten im 19. Jahrhundert in eine Phase sozialen Wandels ein, die durch forcierte *Modernisierung* gekennzeichnet ist. Vorbereitet durch die Herausbildung städtischen bürgerlichen Lebens im Mittelalter, durch Renaissance und Reformation und die Bildung größerer Nationalstaaten, ging im 19. Jahrhundert der langsame Erosionsprozess* des traditionellen Gesellschaftstyps in eine galoppierende Revolution aller gesellschaftlichen Verhältnisse über. Deutschland entwickelte sich im Verlaufe des 19. Jahrhunderts von einem ärmlichen Agrarland, das nicht einmal in der Lage war, seine 25 Millionen Einwohner richtig zu ernähren, in ein prosperierendes Industrieland, das um 1914 einer Bevölkerung von 68 Millionen Einwohnern einen bescheidenen Wohlstand bieten konnte. Das heutige wieder vereinigte Deutschland stellt sich am Ende des 20. Jahrhunderts wiederum stark verändert dar: Trotz aller aktuellen Probleme ist es auf dem Wege in eine Dienstleistungs- und Informationsgesellschaft mit einer vergleichsweise wohlhabenden und zufriedenen Bevölkerung von ca. 82 Millionen Einwohnern (von denen inzwischen ca. sieben Millionen Ausländer sind).

Wie war diese Entwicklung möglich? Die allgemeinste „Erklärung“ der Moderne liegt in der ideellen und gesellschaftlichen Aufwertung des Prinzips der *Innovation** gegenüber dem Prinzip der *Tradition*. Modernisierung ist permanente Innovation. Damit sich jedoch dieses Prinzip in der Gesellschaft durchsetzen konnte, mussten die Schranken fallen, die Innovation behinderten, die zumindest als menschliche Fähigkeit und als menschliches Bedürfnis a priori* vorausgesetzt werden kann. Voraussetzung von Innovation ist Freiheit. Die gesellschaftliche Realisierung der Freiheitsidee ist die Voraussetzung von Modernisierung als innovativem sozialen Wandel.

(Thomas Gensicke, Sozialer Wandel durch Modernisierung, Individualisierung und Wertewandel, in: Aus Politik und Zeitgeschichte, B 42/96 v. 11.10.1996, S. 3)

1 *Beschreiben Sie den Unterschied zwischen dem alltäglichen Gebrauch des Begriffs „modern“ mit seiner spezifischen Verwendung in den Sozialwissenschaften (M 22 a/b; vgl. Einleitungstext S. 25). Welche der Merkmale, die in M 22b aufgezählt werden, kamen in der vorangehenden Darstellung des Industrialisierungsprozesses zum Tragen? Welche wurden in den Materialien (M 13–M 19) nicht berücksichtigt?*

2 *Der deutsche Soziologe Stefan Hradil hat den Kern der Modernisierung an vier Leitideen festgemacht, die von einem bestimmten Punkt an die gesellschaftliche Entwicklung bestimmten:*
- linearer Zeitbegriff und Fortschrittsdenken
- individuelle Freiheit im Sinne der Lösung von Bindungen und Vermehrung individueller Handlungsmöglichkeiten
- Verweltlichung (Säkularisierung)
- Rationalität (auf Effektivität und Nutzen zielendes Denken)
Inwieweit lassen sich die im Text (M 22a) genannten Merkmale diesen Leitideen zuordnen?

3 *In M 22 c wird das „Meer an Fakten und Phänomenen", die sich mit dem Modernisierungsbegriff verbinden, in einem konzeptionellen Schema (einem Modell*) zu ordnen versucht. Erläutern Sie zunächst das „allgemeine Handlungsschema" mit den Begriffen Struktur, Kultur, Person und Natur. Machen Sie sich möglichst an einem konkreten Beispiel (z.B. Ihrem Handlungsfeld Schule, Ihrem Handeln als Schüler/in) klar, inwiefern sich daran alle vier Perspektiven bzw. Dimensionen unterscheiden lassen.*

4 *Im Hauptteil des Textes von M 22 c geht es nun darum aufzuzeigen, welche Veränderungsprozesse sich in den vier Dimensionen als Merkmale der Modernisierung (des modernisierenden sozialen Wandels) feststellen lassen. Da der Text jeweils ein konkretes Beispiel anführt, wird es Ihnen nicht schwer fallen, das Charakteristische der vier Wandlungsprozesse herauszuarbeiten und die Bedeutung der vier zentralen Begriffe in einer Übersicht (Tafelschema) jeweils durch die Zuordnung stichwortartiger Merkmale anschaulicher zu machen. Können Sie weitere konkrete Beispiele für die vier Dimensionen der Modernisierung nennen?*

5 *Erläutern Sie, inwiefern man die Durchsetzung der Freiheitsidee und daraus resultierend das Prinzip der Innovation als Voraussetzung der Modernisierung bezeichnen kann (M 22 d).*

6 *Vergleichen Sie das in M 22 c dargestellte Konzept von Modernisierung (in den vier Dimensionen und den sich darin vollziehenden Prozessen) mit dem Lexikonartikel in M 22 b (drei Bereiche mit bestimmten Prozessen) und den „vier Leitideen" von Stefan Hradil (s. o. Arbeitshinweis 2). Inwieweit lassen sich Übereinstimmungen feststellen? Welches der begrifflichen Konzepte erfasst die Aspekte des Wandels zur Industriegesellschaft (als der ersten Phase der Modernisierung; vgl. Einleitungstext S. 25) am besten?*

4. Wohlfahrtsentwicklung in Deutschland nach dem 2. Weltkrieg

Wir haben in Abschnitt 1 den Prozess der Modernisierung bis zur Stabilisierung der modernen Industriegesellschaft in seinen Grundzügen beschrieben. Als ein zweiter massiver „Modernisierungsschub" in Deutschland wird die Entwicklung der Bundesrepublik nach dem 2. Weltkrieg bis zum Jahre 1990, dem Ende der „alten" Bundesrepublik und der Vereinigung der beiden bis dahin getrennten deutschen Staaten, betrachtet. Im Folgenden wird dieser Entwicklungsprozess unter dem Schlagwort der „Wohlstandsexplosion“ in seinen wichtigen Bereichen knapp dargestellt, die Entwicklung in der ehemaligen DDR als Zurückbleiben hinter der Modernitätsentwicklung charakterisiert und die Entwicklung in den 90er-Jahren in Westdeutschland als Kontinuität des Modernisierungsprozesses, die gleichzeitige Entwicklung in den neuen Bundesländern als „nachholende Modernisierung“ interpretiert. Wir müssen uns dabei auf wesentliche Aspekte und kompakte Darstellungen beschränken und können an dieser Stelle auch nicht ausführlich auf die massiven ökonomischen und sozialen Probleme (vor allem die anhaltende Massenarbeitslosigkeit) eingehen, die sich in den 90er-Jahren in deutlicher Verschärfung bemerkbar gemacht haben. Sie verweisen auf ein differenzierteres und kritischeres Verständnis von Modernisierung, auf das in M 27 kurz eingegangen wird.

Wir schlagen Ihnen vor, die in M 23 – M 25 ausgewählten Aspekte der „Wohlstandsexplosion“ (Einkommen, Wohnungsversorgung, Konsumgüterausstattung, Arbeitszeitverkürzung, Bildungsexpansion) in arbeitsteiliger Gruppenarbeit zu analysieren. Auf einzelne Arbeitshinweise haben wir zu diesen Informationen verzichtet.

M 23 Wohlstandsexplosion

Auf das „goldene Zeitalter“ der Hochindustrialisierung im Kaiserreich mit der Verdoppelung der Realeinkommen und anderen grundlegenden Verbesserungen der Lebensverhältnisse (s. M 19, S. 34f.) folgten drei Jahrzehnte der Einbrüche und des Stillstands. Der 1. Weltkrieg, die Wirtschaftskrisen der Weimarer Republik mit Inflation und Massenarbeitslosigkeit und der 2. Weltkrieg mit seinen Folgen führten zu krassen, krisenhaften Veränderungen in den Lebensumständen vieler Menschen. Die Entwicklung der Einkommen, der Vermögen und des Lebensniveaus brachten im Durchschnitt keine nennenswerten Fortschritte; die beiden Weltkriege markierten eine Periode des Auf und Ab und der Stagnation. Nach dem 2. Weltkrieg entwickelten sich dann die materiellen Lebensbedingungen in den beiden Teilen Deutschlands sehr unterschiedlich.

In **Westdeutschland** setzte, nachdem die schlimmsten Folgen des 2. Weltkriegs überwunden waren, eine dramatische Aufwärtsentwicklung ein. Das „Wirtschaftswunder“ ließ die Einkommen und Vermögen und in ihrem Gefolge den Lebensstandard steil in die Höhe schnellen. *Miegel* (1983) bezeichnet diesen historisch einmaligen Boom als „verkannte Revolution“; die Dramatik seiner Geschwindigkeit und seiner Folgen - die schnelle Ausbreitung von Massenwohlstand und Massenkonsum - rechtfertigen auch die Bezeichnung **„Wohlstandsexplosion“**. Diese Entwicklung kam erst zu Beginn der 80er-Jahre auf hohem Niveau zum Stillstand.

Die Entwicklung der Einkommen

Das **Volkseinkommen pro Kopf** der Bevölkerung in den vier Jahrzehnten zwischen 1950 und 1989 stieg real um mehr als das Vierfache an. Es „explodierte“ in diesem Zeitraum in Preisen von 1989 von gut 8 600 DM auf fast 36 000 DM.

Das ungeheure Tempo dieses Wachstums wird durch den **historischen Vergleich** deutlich (Abb. 1). Von 1800 bis 1950 stieg das reale Volkseinkommen pro Kopf um das Dreifache an, in der ersten Hälfte dieses Jahrhunderts lediglich um ein Drittel; d. h. zwischen 1950 und 1989 wuchs das Volkseinkommen ca. 13-mal mehr als in den fünfzig Jahren vorher und erheblich stärker als in den vorangehenden eineinhalb Jahrhunderten. In absoluten Zahlen ist allein der Anstieg in den 50er-Jahren doppelt so groß wie zwischen 1800 und 1950.

Die Steigerung des Volkseinkommens hat sich nicht voll in den Löhnen und Gehältern niedergeschlagen, aber auch das **verfügbare Einkommen** ist erheblich angewachsen. Die

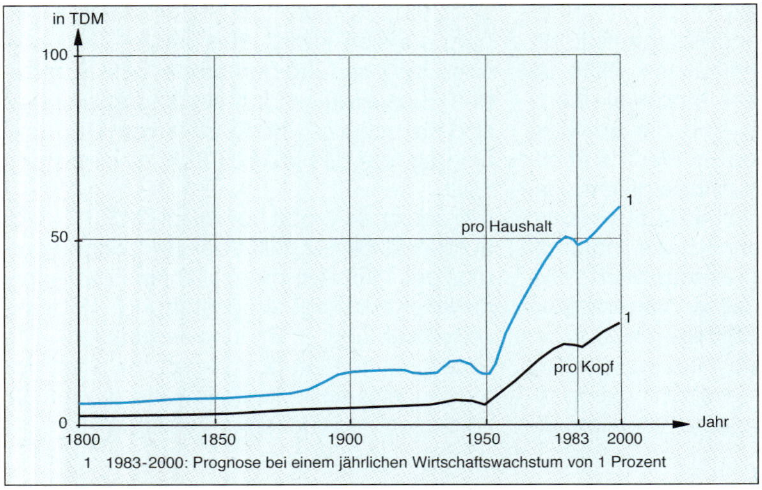

Abb. 1: Entwicklung des Volkseinkommens 1800 bis 2000
(Quelle: Miegel 1983, 177)

folgenden Beispiele beziehen sich auf die **reale** Erhöhung der Einkommen, d.h. sie sind um die Teuerungsrate bzw. den Preisanstieg bereinigt.

– Die **Bruttoreallöhne (Wochenlöhne) der Industriearbeiter** stiegen seit mehr als vier Jahrzehnten nahezu kontinuierlich an; nur 1967, 1975, 1980 bis 1985 sowie 1993 waren sie rückläufig oder stagnierend. Sie kletterten zwischen 1950 und 1994 um das 3,9fache, seit 1960 um das 2,4fache. Ganz ähnlich verläuft die Wachstumskurve für die **Realgehälter der Angestellten** in Industrie und im Dienstleistungsbereich – Anstieg zwischen 1960 und 1994 um das 2,5fache, rückläufig oder stagnierend lediglich zwischen 1981 und 1984 sowie im Jahr 1994. Zwischen 1980 und 1994 sind die Reallöhne nur noch um 12%, die Realgehälter um 17% gestiegen – ein Hinweis auf das Abflachen des Wachstums auf hohem Einkommensniveau in den letzten eineinhalb Jahrzehnten. [...]

– Das **reale Nettoeinkommen der Haushalte** pro Kopf stieg in den 70er-Jahren nur noch um etwa ein Drittel an. Wegen der rückläufigen Lohn- und Gehaltsentwicklung zu Beginn der 80er-Jahre erhöhte es sich im vergangenen Jahrzehnt bei den verschiedenen Arbeitnehmergruppen und Ruheständlern nur noch geringfügig. Lediglich die Selbstständigen außerhalb der Landwirtschaft konnten in den 80er-Jahren ihre Einkommen weiterhin erheblich verbessern (Einzelheiten in Abb. 2).

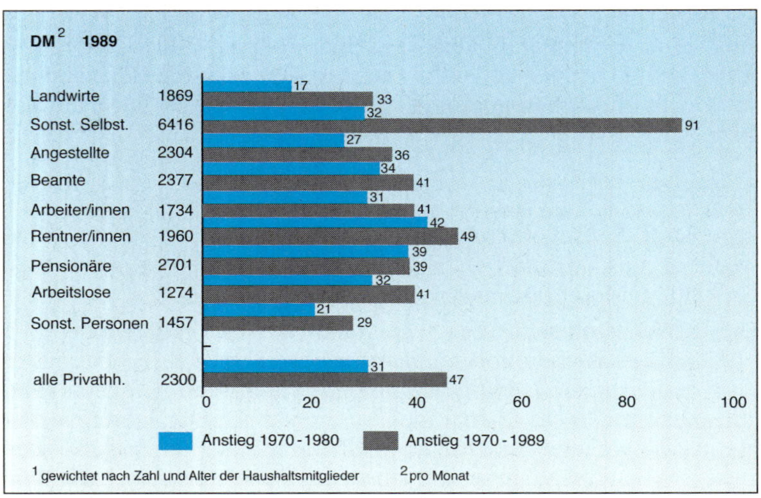

Abb. 2: Anstieg des realen Haushaltseinkommens pro Kopf[1] (Bundesrepublik 1970–1989, in Prozent)
(Quelle: Bedau 1990, 307)

– Die Wohlstandsexplosion kam auch dem Lebensstandard der **wirtschaftlich schwachen Schichten** zugute.

Die Situation in der **DDR** lässt sich am besten als **Wohlstandssteigerung**, nicht aber als Wohlstandsexplosion charakterisieren. Die Nettoeinkommen der Arbeitnehmerhaushalte stiegen auch in der DDR in den letzten Jahrzehnten kontinuierlich an, allerdings nicht so steil wie in der Bundesrepublik. Abb. 3 macht deutlich, dass die Einkommensdifferenz zwischen Ost- und Westdeutschland in den 60er- und 70er-Jahren immer stärker zugenommen hat.

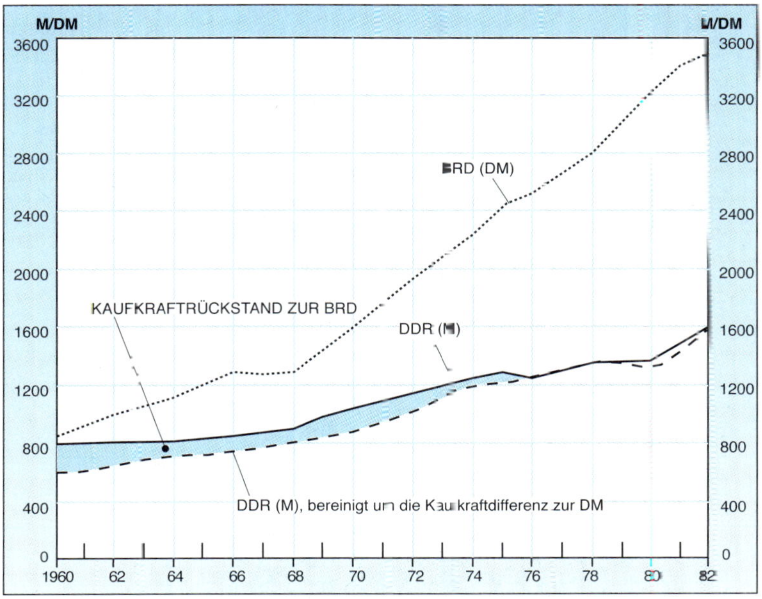

Abb. 3: Nettodurchschnittseinkommen der Arbeitnehmerhaushalte 1960–1982
(Quelle: DIW 1985, 280)

Die Verbesserung der Lebensbedingungen

Mit der Steigerung der Einkommen haben sich die **Lebensbedingungen** der Bevölkerung in vielen Bereichen verbessert. Beispielhaft möchte ich dies an den Wohnverhältnissen und an der Ausstattung der Haushalte mit hochwertigen langlebigen Konsumgütern illustrieren (zu den steigenden Ausgaben für Freizeit und Urlaub s. Abb 6, S. 51).

Größe und Qualität der **Wohnungen** beeinflussen den Lebensstandard in erheblichem Maße. Wohnungen bilden ein wichtiges Refugium für die wachsende Freizeit und für die Erholung von der Arbeit; ein großer Teil des Lebens von Kindern und nichterwerbstätigen Menschen spielt sich in der Wohnung ab. Wohnverhältnisse sind nicht zuletzt ein elementarer Faktor für die Qualität des Familienlebens und eine persönlichkeitsorientierte Kindererziehung.

Nach der kriegsbedingten Wohnungsnot der 50er-Jahre haben sich die Wohnverhältnisse – die Belegung, Größe und Ausstattung der Wohnungen – in der **BR** erheblich verbessert (Abb. 4). Auch in der **DDR** spiegelte sich der zunehmende Wohlstand in einer verbesserten Versorgung mit Wohnraum wider, aber die Bevölkerung der DDR wohnte im Vergleich zur Bundesrepublik deutlich beengter und weniger komfortabel. Größe und Ausstattung der Wohnungen hinkten ca. zwei Jahrzehnte hinter der bundesdeutschen Entwicklung her. In der BR waren ca. Dreiviertel der Wohnungen des Jahres 1989 nach dem Krieg gebaut worden, in der DDR stammten dagegen mehr als die Hälfte aus der Vorkriegszeit.

Die Deutschen leben nicht nur in geräumigeren und komfortableren Wohnungen und Häusern, sie haben auch die technischen **Konsumgüter** der Industrie genutzt, um ihr Leben leichter und angenehmer zu gestalten. Abb. 5 a/b zeigt, wie sich Pkws, Kommunikationsmedien und moderne Haushaltsgeräte in beiden deutschen Gesellschaften nach und nach ausgebreitet haben. Auch in diesem Bereich lag die DDR um 15 und mehr Jahre zurück. So

	Wohnfläche je Person qm		Personen je Raum		Wohnungen ohne Bad %		Wohnungen ohne Innen-WC %		Wohnungen ohne moderne Heizung %		Wohnungen ohne moderne Ausstattung[1] %	
	West	Ost	West	Ost	West	Ost	West	Ost	West	Ost	West	Ost
1950	15		1,2		80							
1960/61	20	16	0,9		53	78		67				
1970	24	21	0,7[5]		28	61	21	61				
1981/82[2]	34	24	0,6		8	32		40				
1989	35	28		0,9	4	18	2	24	19[3]	53	21[3]	51[4]
1993	41	30	0,6	0,8	2	11	1	15	10	45	11	48
1994						4		6		29		

[1] nicht mit Bad/WC/Zentralheizung [2] West 1982, Ost 1981
[3] 1988 [4] 1990 [5] 1972

Abb. 4: Wohnungsversorgung 1950–1994

Quellen: Glatzer 1989, 287; StatJb BRD 1989, 128 und 1990, 494; Schröder 1991, 7ff.; Sozialreport '90, 157f. und 1994, 215f.; Schröder 1994, 13.

zeigen z.B. die quantitativen Daten, dass der Pkw-Bestand in den ostdeutschen Familien vor dem Umbruch der westdeutschen Situation zu Beginn der 70er-Jahre entsprach. Dazu kommen dann noch erhebliche qualitative Unterschiede, wie sie etwa beim Vergleich eines „Trabi" mit einem VW-Golf augenfällig werden. Bei der Ausstattung mit Telefongeräten hinkte die DDR sogar drei Jahrzehnte hinterher.

	West					Ost				
	1962	1973	1983	1988	1993	1960	1970	1983	1988	1993
PKW	27	55	65	68	74	3	16	42	52	66
Waschmaschine[1]	34	75	83	86	88	6	54[1]	87[1]	66	91
Gefrierschrank	3	28	65	70	80	0	91	29[3]	43	70
Geschirrspülmaschine	0	7	24	29	38					3
Telefon[2]	14	51	88	93	97		6	12	16	49
Fernsehgerät	37	89	94	95	95	1	70	91	96	96
Farbfernsehgerät	0	15	73	87	95	0	0	38[3]	52	92
Stereoanlage	0	0	38	42	75					62

[1] West – Waschvollautomat, Ost 1970 und 1983 auch andere Waschmaschinen.
[2] DDR – Anzahl der Hauptanschlüsse in Wohnungen je 100 Haushalte
[3] 1985

Abb. 5 a: Haushaltsausstattung mit Konsumgütern 1962–1993 (in Prozent)

Quellen: West – Datenreport 1987, 115 (1962-1983); Euler 1989, 309 (1988); Ost - StatJb 1984, 281 und 1990, 325 (1960-1988); StBA 1993b.

Das westdeutsche Wohlstandsniveau ist nicht nur historisch einmalig, sondern kann sich auch im **internationalen Vergleich** sehen lassen. Die (alte) Bundesrepublik ist eine der reichsten Gesellschaften der Erde; nur in wenigen Ländern werden pro Kopf mehr Werte erwirtschaftet als hier. Die westlichen Gesellschaften gehören – zusammen mit Japan und einigen „neureichen" arabischen Erdölproduzenten – zu den Reichen der Welt, und unter den Wohlhabenden nimmt die Bundesrepublik wiederum eine Spitzenposition ein. Gemessen am Bruttoinlandsprodukt je Einwohner in US-Dollar lag sie 1993 - nach den Ländern Schweiz, Luxemburg, Japan, Dänemark, Norwegen, Schweden, USA und Island (in dieser Reihenfolge) – auf Platz 9 der „Weltrangliste" (1996: Platz 6).

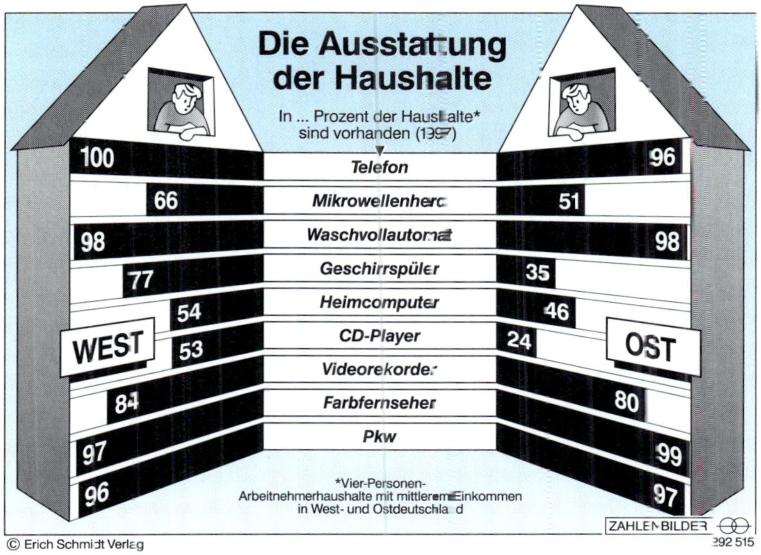

Abb. 5 b

Haushaltstyp 1: Zweipersonenhaushalt von Rentnern und Sozialhilfeempfängern; *Haushaltstyp 2:* Vierpersonenhaushalt von Arbeitern und Angestellten mit mittlerem Einkommen; *Haushaltstyp 3:* Vierpersonenhaushalt von Angestellten und Beamten mit höherem Einkommen. – Prozentzahlen: Anteil der Aufwendungen für Freizeit und Urlaub an den gesamten privaten Verbrauchsausgaben

(Datenreport 1997, hg. von der Bundeszentrale für politische Bildung, Bonn 1997, S. 148)

Jahr	Haushaltstyp 1		Haushaltstyp 2		Haushaltstyp 3	
	DM	%	DM	%	DM	%
	Früheres Bundesgebiet					
1965	21	5,5	94	10,7	234	14,9
1970	35	6,8	134	12,3	301	16,1
1975	64	7,8	283	15,7	503	17,6
1980	107	9,1	406	16,6	737	19,4
1985	154	10,2	465	16,2	817	18,1
1990	229	12,8	637	18,4	1 091	21,0
1991	258	13,6	679	18,0	1 152	21,2
1992	276	13,9	732	18,4	1 232	21,4
1993	276	13,2	752	18,9	1 232	21,3
1994	294	13,6	761	19,2	1 261	21,5
1995	299	13,5	791	19,3	1 247	21,3
	Neue Länder und Berlin-Ost					
1991	249	15,6	442	17,2	595	18,3
1992	261	14,5	489	16,5	650	18,1
1993	341	16,3	554	17,3	710	18,6
1994	389	18,1	592	17,7	741	19,1
1995	415	17,4	632	18,8	784	19,1

Abb. 6: Aufwendungen für Freizeitgüter und Urlaub in DM je Haushalt und Monat, Anteil am privaten Verbrauch

Interessant ist die Reaktion der Westdeutschen auf die Wohlstandsexplosion. In den 50er- und 60er-Jahren steigt mit der Verbesserung der materiellen Lebensbedingungen auch das **subjektive Wohlbefinden** der Bevölkerung deutlich an. Immer mehr Menschen geben auf entsprechende Fragen an, sie seien „zufrieden" oder „glücklich".

In den 70er- und 80er-Jahren dagegen zeigt dieses grobe Messinstrument der Umfrageforschung keine weiteren langfristigen Verbesserungen an, aber auch keinen rückläufigen Trend. Seit 1978 schwankt der Anteil der „Unzufriedenen" um die 10%-Marke.

(Rainer Geißler [= M 13 a], S. 45–52)

M 24a Bildungsexpansion – relativer Schul- und Hochschulbesuch 1952–1993

	Sekundarstufe I von 100 Schülern der Klasse 7 besuchen die jeweiligen Schulformen					ohne volle Grundqualifikation in % der jeweiligen Schülerjahrgänge			Abiturstufe Abiturienten in % der Gleichaltrigen[5]		Hochschulen Studienanfänger in % der Gleichaltrigen[7]			
	West					West	Ost		West	Ost	West		Ost	
	VS/HS	RS	GY	IGS	SoS	ohne HS-Abschluss[1]	kein Überg. in Klasse 9	o. Abschluss in Klasse 10[4]	GY/IGS	EOS/AdB	FHS	Uni	FHS	Uni
1952	79	6	13	–	2									
1960	68	12	17	–	3	17			6	8	2	6		10
1965	65	15	17	–	4	17			8	14	4	10		17
1970	53	20	22	–	5	17	15	19	11	13	4	12		17
1975	43	23	26	3	5	12		15	15	13	6	14		13
1980	38	26	27	4	5	10	6[3]	11	17	11	6	14		11
1985	36	27	27	5	5	8		9	22	13[6]	7	13		12
1989	32	27	31	6	4	9	6	10	24	14[6]	10	20		14
1993	30	27	32	8	3	9		9[2]	26	25	14	24	10	12
1993 Ost[8]	4[9] 31[10]	17[9]	32	11	5									

Abkürzungen: VS-Volksschulen, HS-Hauptschulen, GY-Gymnasien, IGS-Integrierte Gesamtschulen, SoS-Sonderschulen; EOS-Erweiterte allgemein bildende polytechnische Oberschulen (Klassen 11 und 12), AdB-Abiturklassen der Berufsausbildung (dreijährig), FHS-Fachhochschulen.

[1] in % der 15-16-Jährigen; [2] ohne HS-Abschluss; [3] 1978; [4] bis 1989 in % aller Schulabgänger (bis 1985 einschl. Abiturienten, 1989 ohne Abiturienten); [5] BR: 18-20-Jährige; DDR: 17-20-Jährige (jeweils Durchschnittsjahrgänge); [6] absolute Zahlen der Absolventen geschätzt; [7] 19- und 20-Jährige (Durchschnittsjahrgänge); [8] Sekundarstufe I Ost; [9] eigenständige HS bzw. RS; [10] teilintegrierte Haupt- und Realschulen (Regel-, Mittel-, Sekundarschulen)

(Rainer Geißler [= M 13a], S. 253)

M 24b

Schulbesuch der 13-Jährigen an ausgewählten Schularten 1960 und 1995 in Prozent

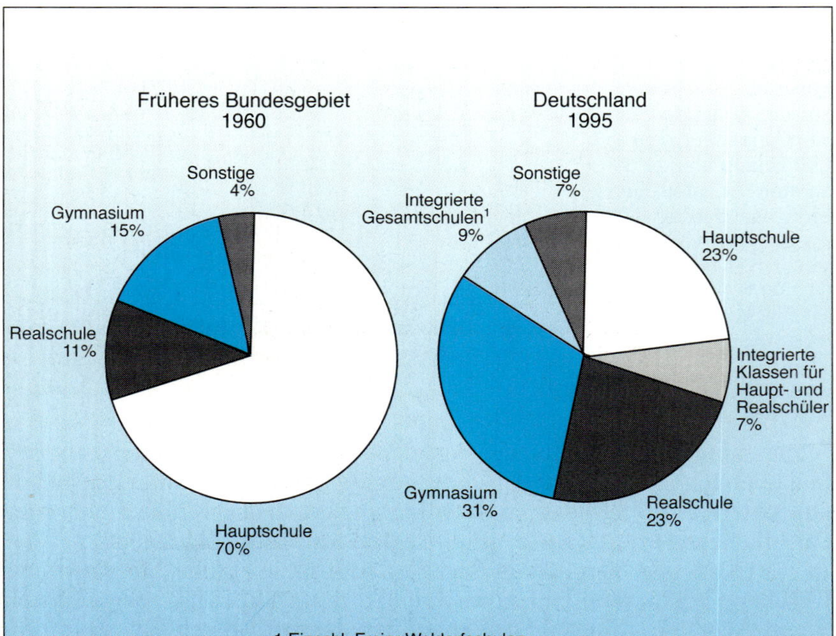

1 Einschl. Freier Waldorfschulen

(Datenreport 1997, hg. von der Bundeszentrale für politische Bildung, Bonn 1997, S. 53)

Erwachsene westdeutsche Bevölkerung nach Schulabschluss (1958–1996)

Schulbesuch 1997 (Gesamtdeutschland):

Grundschule:	3,7 Mio
Hauptschule:	1,5 Mio
Realschule:	1,2 Mio
Gymnasium:	2,2 Mio
Gesamtschulen:	0,6 Mio

Schulabschlüsse 1997:

ohne Abschluss:	82 Tsd. (9%)
Hauptschulabschluss:	245 Tsd. (27%)
Realschulabschluss:	355 Tsd. (39%)
allgem. und fachgeb. Hochschulreife:	227 Tsd. (25%)

Quelle: IFD Allensbach

(Aus: Thomas Gensicke, Deutschland im Wandel, Speyerer Forschungsberichte 154, hg. vom Forschungsinstitut für öffentliche Verwaltung bei der Hochschule für Verwaltungswissenschaften Speyer 1996, S. 47)

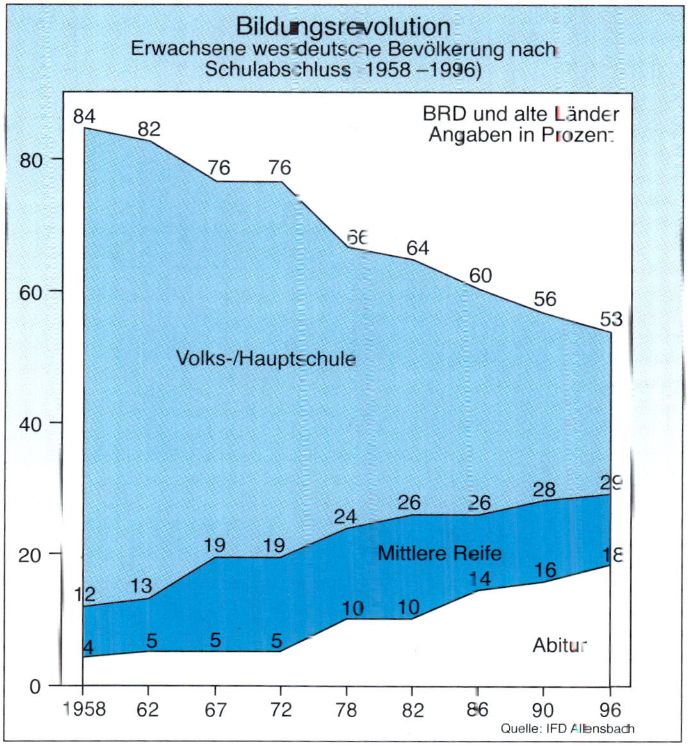

M 25 Arbeitszeit

M 25a

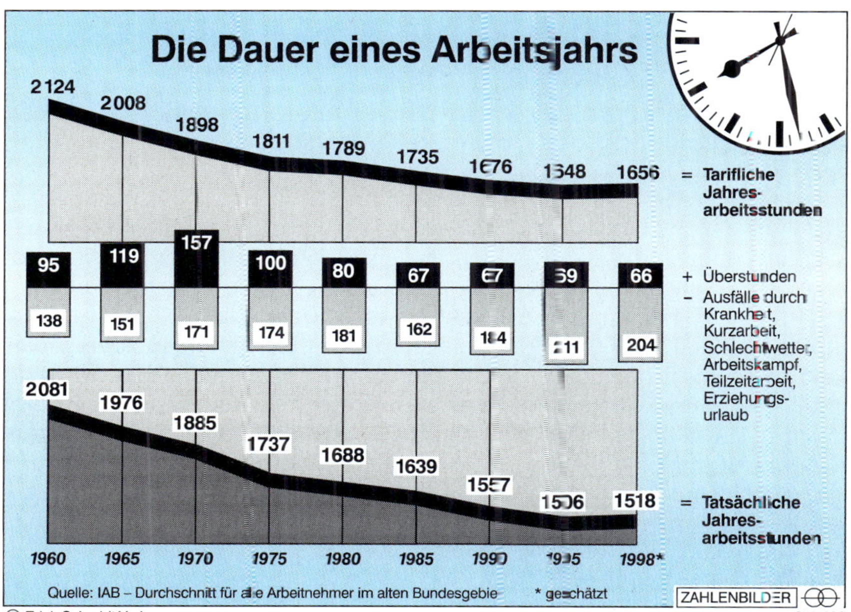

240 032

M 25b
Tariflich vereinbarte Urlaubsdauer

Wochen	Betroffene Arbeitnehmer in % aller von Tarifverträgen erfassten Arbeitnehmer			
	Früheres Bundesgebiet		Neue Länder u. Berlin-Ost	
	Ende 1982	Ende 1995	Ende 1991	Ende 1995
4 bis unter 5	13	1	35	2
5 bis unter 6	45	20	40	51
6 oder mehr	38	79	25	47
Quelle: Bundesministerium für Arbeit und Sozialordnung				

(Datenreport 1997, hg. von der Bundeszentrale für politische Bildung, Bonn 1997, S. 147)

M 25c

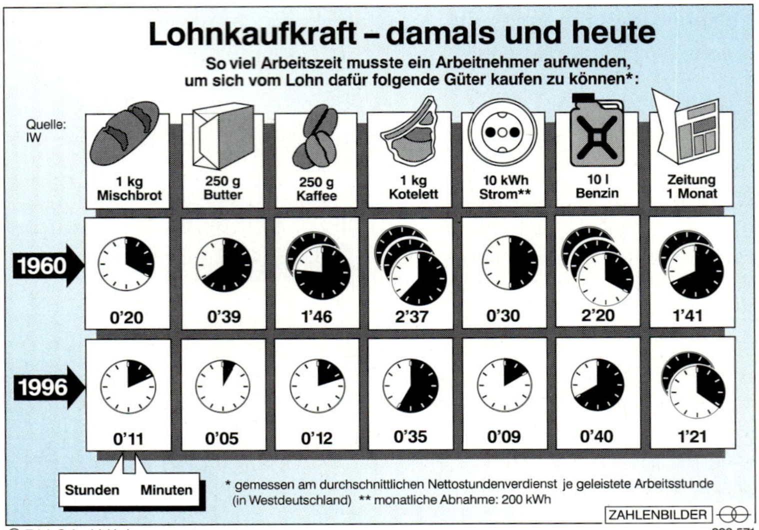

 293 571

M 26 Die Ursachen des West-Ost-Wohlstandsgefälles und die Angleichung der Lebensverhältnisse

Wo liegen die **Ursachen für das Wohlstandsgefälle** von West nach Ost? Es ist einseitig, die Wohlstandsschere ausschließlich den Funktionsschwächen des sozialistischen Wirtschaftssystems anzulasten. Zu den Systemmängeln kommen drei weitere Ursachenkomplexe hinzu: ungleiche Startbedingungen in den Nachkriegsjahren, ungünstige außenwirtschaftliche Verflechtung sowie demografische Engpässe.
Ostdeutschland hatte erheblich schwerer an den **Kriegsfolgen** zu tragen als Westdeutschland. Während es sich die wirtschaftlich entwickelten und z.T. auch wohlhabenden Westalliierten leisten konnten, die Reparationsfragen* in den Westzonen großzügig zu regeln und mit dem Marshallplan* wirtschaftliche Starthilfe zu geben, war die ausgeblutete Sowjetunion in starkem Maße auf Kriegsentschädigungen aus ihrer Besatzungszone angewiesen. Nach den neuesten, sehr differenzierten Berechnungen von *Karlsch* (1993, 236) mussten die Ostdeutschen bis 1953 Reparationen (Demontagen, Warenlieferungen, Geldzahlungen u. a.) in Höhe von 1349 Reichsmark pro Kopf in Preisen von 1944 tragen, die Westdeutschen kamen mit 23 Reichsmark davon. Die Belastungen lagen also in der SBZ* um fast das 60fache höher. Dazu kamen zusätzliche Schwierigkeiten durch die erzwun-

gene Einbindung der DDR-Wirtschaft in den **osteuropäischen Wirtschafts- und Handelsraum**. Ostdeutschland wurde von wichtigen Zulieferern und Absatzmärkten im Westen abgeschnitten und musste sich auf neue Partner im Osten umstellen, die auf niedrigerem technischen und wirtschaftlichen Niveau standen. Diese ungünstige Ausgangsposition hatte bereits in den ersten Nachkriegsjahren einen erheblichen wirtschaftlichen Rückstand zur Folge. In den 50er-Jahren wurde die wirtschaftliche Dynamik zusätzlich durch die **revolutionäre Umgestaltung** von Wirtschaft und Gesellschaft gehemmt. Diese schwächte die traditionellen Motivationskräfte und löste eine über Jahre anhaltende **Ost-West-Wanderung** aus. Dadurch wurden nicht nur die täglichen Arbeitsabläufe ständig gestört, sondern die ostdeutsche Wirtschaft verlor insbesondere junge, gut qualifizierte und vermutlich auch besonders dynamische Arbeitskräfte, die dann auf der anderen Seite einen wichtigen Beitrag zum wirtschaftlichen Aufschwung in Westdeutschland leisteten.

Die zentrale Planwirtschaft* der DDR war nicht in der Lage, den Startrückstand aufzuholen. Im Gegenteil: die **mangelnde Effizienz** und die **Wachstumsschwäche** des sozialistischen Wirtschafts- und Gesellschaftssystems sowie dessen Abschirmung gegenüber dem Konkurrenzdruck des Weltmarktes im osteuropäischen Rat für gegenseitige Wirtschaftshilfe (RGW) vergrößerten das Wohlstandsgefälle. Planungs- und Organisationsmängel, ein niedriges Innovationspotenzial, alternde technische Anlagen, Arbeitsmotivationsprobleme, die z.T. mit überzogenen sozialen Nivellierungen zusammenhingen, der übermäßige Einfluss politischer Kriterien bei der Besetzung von Leitungspositionen sowie die Quasi-Vernichtung des Mittelstandes der Selbstständigen bremsten die Entwicklung der Produktivität*. Kurz: Ein ostdeutscher Erwerbstätiger „produzierte" im Durchschnitt erheblich weniger Waren und Dienste als ein westdeutscher. Wegen der bereits erwähnten Methodenprobleme bei der Quantifizierung der wirtschaftlichen Leistungen beruhen Produktivitätsvergleiche auf sehr unterschiedlichen Schätzungen. Es sieht aber so aus, als sei der **Produktivitätsrückstand** der DDR in den letzten Jahrzehnten gewachsen. Nach den Berechnungen des Deutschen Instituts für Wirtschaftsforschung lag die Produktivität pro Beschäftigten in der DDR in den Jahren 1970 und 1983 bei 46% bzw. 49% der westdeutschen; für das Jahr 1989 wird sie nur noch auf ca. 30–40% des Westniveaus eingestuft, einige Schätzungen liegen noch niedriger.

Die **Wohlstandsschere**, die der DDR-Bevölkerung wegen des Westreiseverbots lange Zeit nicht in ihrem ganzen Ausmaß bewusst wurde, dürfte neben den Defiziten an Freiheit, politischer Teilnahme und Arbeitsqualität die zentrale Ursache für die wachsende Unzufriedenheit, die Massenflucht und schließlich für den Zusammenbruch des Sozialismus gewesen sein, der möglich wurde, nachdem der außenpolitische Druck zur Erhaltung des Systems gewichen war.

Die **Angleichung der Lebensverhältnisse** in den neuen und alten Ländern stellt seit der Wende die **größte Herausforderung** an die deutsche Gesellschaft und ihre Machteliten dar und bildet gleichzeitig einen **zentralen Konfliktherd** im Verhältnis von Ost- und Westdeutschen. Der verständliche Wunsch der Ostdeutschen nach einer möglichst raschen Anhebung ihres Lebensstandards auf das westdeutsche Niveau kollidiert mit der ökonomischen Notwendigkeit, dass Wohlstandsverbesserungen an Produktivitätsfortschritte gebunden sind und dass sich der enorme Produktivitätsrückstand nicht kurzfristig aufholen lässt. Das ostdeutsche Bruttoinlandsprodukt je Erwerbstätigen lag Anfang 1996 erst bei 54% des Westniveaus. Dennoch ist das Ost-West-Wohlstandsgefälle innerhalb weniger Jahre ein erhebliches Stück verringert worden, wenn auch nicht alle Blütenträume, die in der Anfangseuphorie nach dem Zusammenbruch der DDR reiften, in Erfüllung gingen.

Der sehr schnelle **Anstieg der Löhne und Gehälter** von etwa einem Drittel (1989) auf – je nach Branche – 68% bis über 90% (Anfang 1996) des Westniveaus überzeichnet die Verbesserung der materiellen Situation der Familien. Aber auch die Ost-West-Lücke im

verfügbaren Haushaltseinkommen (bedarfsgewichtet) hat sich mehr als halbiert: 1991 lagen die ostdeutschen Haushalte bei 45% des Westniveaus, 1994 bereits bei 74%. Die Einkommenssprünge in den neuen Ländern, die die deutsche Vereinigung in den ersten Jahren begleiteten, sind in der Geschichte der Bonner Republik unbekannt. Selbst in den „goldenen 60er-Jahren" des Wirtschaftswunders verharrten die höchsten Steigerungen der Reallöhne und -gehälter bei maximal 5–6,5% jährlich, mit einem Gipfel von 9,4% im Jahr 1970.
Der deutliche **Anstieg des Lebensstandards** lässt sich auch an einer Reihe anderer Indikatoren ablesen, wie etwa am Qualitätssprung im Konsum- und Dienstleistungsangebot, am Reiseboom, an der spürbaren Verringerung der Umweltbelastungen oder an der Verbesserung der Infrastruktur (Straßen- und Schienennetz u.a.). Die Abb. 4 und 5 a/b, S. 50/51, enthalten präzise Angaben zum Motorisierungsboom, zum Ausstattungsschub der Haushalte mit modernen Geräten und neuer Unterhaltungselektronik sowie zur raschen Erhöhung der Wohnqualität durch viele Um- und Einbaumaßnahmen.
Das Tempo der Annäherung wäre ohne **Leistungstransfers von West nach Ost** in weltweit einmaliger Größenordnung nicht möglich gewesen. In den ersten fünf Jahren nach der Vereinigung beliefen sich die Nettotransfers (abzüglich zurückfließender Steuern und Verwaltungseinnahmen) auf durchschnittlich 157 Milliarden DM pro Jahr, d.h. pro Einwohner der alten Länder auf ca. 2 400 DM jährlich. Die Folge dieser Transfers ist ein **zusätzlicher regionaler Verteilungskonflikt** in der Sozialstruktur des vereinten Deutschlands, der z.T. die Züge eines klassischen antagonistischen Interessengegensatzes annimmt. Von unterschiedlichen Soziallagen – *Marx* würde sagen „Klassenlagen" – in Ost und West rühren unterschiedliche Interessen mit unterschiedlichen politischen Zielen her: Die Ostdeutschen sind an einem möglichst schnellen Abbau des Ost-West-Wohlstandsgefälles und damit an möglichst hohen Transfers interessiert; die Westdeutschen dagegen an möglichst niedrigen Transfers, die dann einen langsameren Abbau des Gefälles zur Folge hätten. Der Ost-West-Interessenkonflikt verläuft „quer" zu den traditionellen vertikalen Konfliktlinien und hat in den Augen der Westdeutschen inzwischen dieselbe Intensität angenommen wie der traditionelle Konflikt zwischen Arbeitgebern und Arbeitnehmern, nach Meinung der Ostdeutschen ist er sogar noch stärker.

(Rainer Geißler [= M 13a], S. 52–55)

1 *Fassen Sie die in M 26 beschriebenen Ursachen des Wohlstandsgefälles zwischen der „alten" Bundesrepublik und der früheren DDR in einer stichwortartigen Übersicht (geordnet nach den vier Ursachenkomplexen) zusammen. Erläutern Sie dazu, durch welche wesentlichen Merkmale sich Markt- und Planwirtschaft* voneinander unterscheiden.*

2 *Eines der gravierendsten Probleme im Hinblick auf die Ost-West-Angleichung der Lebensverhältnisse war/ist der enorme ökonomische Produktivitätsunterschied zwischen den beiden Teilen Deutschlands. Erläutern Sie diesen wichtigen Begriff (vgl. Glossar) und erklären Sie die Aussage, dass „Wohlstandsverbesserungen an Produktivitätsfortschritte gebunden" sind. Beschreiben Sie die Entwicklungen in den Bereichen „Einkommen" und „Lebensstandard".*

3 *Beschreiben Sie den entstandenen Interessengegensatz zwischen Ost und West. Inwiefern wird er als „regional" und „antagonistisch" (d.h. „widerstrebend", grundsätzlich nicht lösbar) bezeichnet? Wie verhält er sich zu den „traditionellen vertikalen Konfliktlinien" (vertikal = auf die Unterschiede zwischen Arm und Reich innerhalb einer Gesellschaft bezogen)?*

5. Sozialer Wandel im geteilten und im vereinten Deutschland unter dem Aspekt der Modernisierung

M 27 „Modernisierung“ als Konzept zur Erfassung des Strukturwandels

Die Konzepte „moderne Gesellschaft“ und „Modernisierung“ sind weder eindeutig noch unumstritten. Dennoch sind sie besser als andere Begriffe und Theorien in der Lage, wichtige Entwicklungstendenzen der Sozialstruktur im geteilten Deutschland zu bündeln und zu vergleichen sowie den sozialstrukturellen Wandel im vereinten Deutschland – die relative Kontinuität im Westen und die starken Umbrüche im Osten – zu beschreiben, zu verstehen und zu erklären. Die Renaissance der Modernisierungskonzepte seit den 80er-Jahren – insbesondere nach dem Zusammenbruch der sozialistischen Systeme – kommt nicht von ungefähr. Ein kurzer Rückblick in die Geschichte der Modernisierungstheorien soll dazu beitragen, die Einseitigkeiten und Gefahren, die mit ihrer Verwendung einhergehen können, zu minimieren.

Die sozialwissenschaftliche Modernisierungstheorie im engeren Sinne ist „eine amerikanische Erfindung der 50er-Jahre“ (*Zapf* 1991)[1]. Man hat sie u.a. dazu benutzt, sog. „unterentwickelte Länder“ mit der modernen nordamerikanischen „Erfolgs- und Führungsgesellschaft“ wertend zu vergleichen. In der kritischen Modernisierungsdiskussion der 60er-Jahre wurde ihr eine ethnozentrische*, evolutionistische* und harmonistische Verengung der Perspektive vorgeworfen: Sie idealisiere unreflektiert die Zustände in den westlichen Gesellschaften und stilisiere diese zum einzigen Maßstab einer sinnvollen, wünschenswerten Entwicklung hoch („westernization“); sie unterstelle einen gradlinigen, bruchlosen und zwangsläufigen Ablauf des sozialen Wandels, und sie vernachlässige oder übersehe dessen Widersprüche, Probleme und Konflikte. Aus den neueren Konzepten der Modernisierung – ihr prominentester Vertreter in der deutschen Soziologie ist *Wolfgang Zapf*[1] – ist dieser naive, evolutionistische Optimismus verschwunden. Sie sind theoretisch differenzierter angelegt und gegenüber den Schattenseiten, „Misserfolgen“ und Krisen der Moderne sensibler, einige auch explizit kritisch. [...] Der Ablauf des Modernisierungsprozesses [...] wird verwickelter und facettenreicher erfasst; Modernisierung ist „ein variantenreicher und keineswegs linearer Vorgang, gekennzeichnet von ungleichzeitigen Abläufen, Rückschritten und widersprüchlichen Teilentwicklungen“ (*Rucht*)[2]. [...] Wenn ich in der folgenden Bilanz den Strukturwandel in Westdeutschland als „Modernisierung“, wichtige Abweichungen in der DDR als „Modernisierungsdefizite“ oder „Modernisierungsrückstände“ und die Hauptrichtung des Umbruchs in den neuen Ländern als „nachholende Modernisierung“ interpretiere, so dürften damit die **wesentlichen Züge** des sozialen Wandels im Westen, der Ost-West-Strukturdifferenz und der derzeitigen Transformation der ostdeutschen Sozialstruktur zutreffend gekennzeichnet sein. So glatt, wie es diese Etiketten suggerieren könnten, verlaufen jedoch die Entwicklungen nicht. Die Modernisierung Westdeutschlands ist natürlich keineswegs gleichbedeutend mit der Lösung aller sozialen Probleme und Konflikte; der Vergleich mit Ostdeutschland fördert nicht nur östliche Modernisierungsdefizite, sondern auch einige Modernisierungsvorsprünge zutage; und der soziale Umbruch in den neuen Ländern bedeutet nicht nur nachholende Modernisierung, sondern auch Demodernisierung und Modernisierungswidersprüche in einigen Teilbereichen. Obwohl Ostdeutschland im Vergleich zu anderen postsozialistischen Gesellschaften ein relativ „einfacher Sonderfall“ zu sein scheint (Übernahme eines funktionierenden Institutionensystems sowie enorme Transfers von ökonomischem und kulturellem Kapital aus Westdeutschland), gestaltet sich der Strukturwandel schwieriger

[1] Wolfgang Zapf (Hg.), Die Modernisierung moderner Gesellschaften, Frankfurt a.M. / New York 1991
[2] Dieter Rucht, Modernisierung und neue soziale Bewegung, Frankfurt a.M. 1994

und langwieriger, als ursprünglich von vielen vermutet; er wird von einer Fülle von Krisen, Verwerfungen, Konflikten und Problemen begleitet. [...] Die treibende Kraft der Modernisierung ist die Steigerung der Fähigkeit einer Gesellschaft, die Bedürfnisbefriedigung möglichst vieler Menschen durch ein bestimmtes Arrangement ihrer sozialen Wirkungszusammenhänge zu optimieren, d.h. einer immer größeren Mehrheit eine positive Bilanz von Befriedigungen (Gratifikationen) und Versagungen zu ermöglichen. Gratifikationsdefizite, „Leistungsdefizite" in diesem Sinne, führten zum Zusammenbruch des sozialistischen Systems, und um den Abbau genau dieser Defizite geht es im Wesentlichen beim sozialen Umbruch in den neuen Ländern.

(Rainer Geißler [= M 13 a], S. 358f.)

1 *Erläutern Sie die in M 27 genannten „Einseitigkeiten und Gefahren", die mit dem „klassischen" Konzept der Modernisierung verbunden waren, vor allem auch im Hinblick auf die Entwicklung der Länder der „Dritten Welt". Was ist mit dem Begriff „evolutionistischer Optimismus" gemeint?*

2 *Nennen Sie aus eigener Kenntnis „Schattenseiten und Krisen" des Modernisierungsprozesses (vgl. Einleitungstext S. 47 und Arbeitshinweis 3, S. 63).*

3 *Im letzten Abschnitt des Textes versucht der Autor „die treibende Kraft der Modernisierung" in einer allgemeinen Formulierung auf den Nenner zu bringen. Erläutern Sie diese Definition konkreter und vergleichen Sie sie mit M 22 b.*

M 28a Modernisierungsdefizite in der DDR

Beide deutsche Gesellschaften haben sich in den vergangenen Jahrzehnten modernisiert, aber in wichtigen Sektoren blieb die Entwicklung in der DDR hinter dem westdeutschen Modernisierungstempo zurück, oder sie wich vom Pfad der Modernisierung ab. In zehn Bereichen der ostdeutschen Sozialstruktur lassen sich Modernisierungsdefizite ausmachen, die alle zum Symptom- und Ursachenkomplex der Leistungsschwäche des sozialistischen Systems gehören:

– *Ost-West-Wohlstandsgefälle:* Die Ost-West-Wohlstandsschere öffnete sich wegen des zunehmenden sozioökonomischen Leistungsdefizits immer weiter.
– *Übermäßige Machtkonzentration:* Macht blieb in hohem Maß zusammengeballt und verhinderte effizienzsteigernde Differenzierungsprozesse. [...] Eine überalterte Machtelite, bei der Macht durch übermäßige Konzentration paralysiert war, reagierte unflexibel; sie stützte ihre Herrschaft auf eine personell aufgeblähte Dienstklasse von Funktionären und Staatsangestellten; dadurch wurden übermäßig viele Kräfte zur Herrschaftssicherung absorbiert, die dann in anderen gesellschaftlichen Bereichen fehlten.
– *Politisierung des sozialen Ungleichheitsgefüges:* Als Stütze der autoritären Herrschaft war ein weiterer leistungshemmender Mechanismus erforderlich: sozialer Aufstieg war gekoppelt an politische Loyalität*. Die Politisierung behinderte eine optimale Zuordnung und Nutzung der sachlich-funktionalen Qualifikationen.
– *Tertiärisierungsrückstand und deformierter Dienstleistungssektor:* Der westdeutsche Tertiärisierungsschub (vgl. M 18 b) in den beiden letzten Jahrzehnten blieb in der DDR aus; dadurch wurde die Produktions- und Schichtstruktur »deformiert«. Kennzeichen dafür waren überdimensionierte Arbeiter- und Bauernschaften sowie unterenwickelte Dienstleistungsschichten, insbesondere im privaten Bereich, wobei der leistungshemmende Effekt noch dadurch verstärkt wurde, dass die unterentwickelten Dienstleistungssegmente personell überbesetzt waren.
– *Quasi-Vernichtung des alten Mittelstands:* Der Mittelstand der Selbstständigen – Kennzeichen einer effizienten modernen Sozialstruktur – wurde auf 2,2% der Erwerbstätigen

(alte Länder: 11%) zusammengedrückt und sein kleiner Rest durch politische Vorgaben zu einem Kümmerdasein verurteilt.

– *Übermäßige soziale Nivellierungen:* Das Leistungspotenzial wichtiger Berufsgruppen – Hochqualifizierte, Selbstständige – wurde durch Nivellierungen nach unten (Einkommen, Arbeitsqualität, Lebenschancen im Allgemeinen) gebremst. Relative Nutznießer der Einebnungen waren Arbeiterschaft und Genossenschaftsbauern; vernachlässigt und an den Rand gedrängt waren dagegen die Rentner.
– *Defizitäre Arbeitsgesellschaft:* Die Entwicklung von der Arbeitsgesellschaft zur Freizeit- und Konsumgesellschaft war weniger weit fortgeschritten: Die Erwerbstätigenquote war höher, die Arbeitswoche länger, die Bindung an den Arbeitsplatz durch Arbeitskollektive und betriebliche Sozialpolitik stärker; Arbeit hatte im Leben der Ostdeutschen einen höheren Stellenwert, dennoch war ihre Leistungsbereitschaft gebremst und ihre Arbeitsdisziplin locker.
– *Erstarrungstendenzen:* Auch die zunehmende soziale Schließung der Hochschulen gegenüber Kindern aus unteren Schichten lässt sich in der Schlussphase (80er-Jahre) als Vorstoß gegen das leistungsbezogene Prinzip der Chancengleichheit deuten.
– *Niedrigere Lebenserwartungen:* Der Anstieg der Lebenserwartungen war in der DDR wegen der schlechteren Lebensbedingungen hinter der westdeutschen Entwicklung zurückgeblieben.
– *Abwanderungsdruck:* Die Defizite an Wohlstand, Freiheit und Demokratie setzten die ostdeutsche Sozialstruktur unter einen kontinuierlichen Abwanderungsdruck; die Ost-West-Migration verstärkte die Leistungsschwäche zusätzlich.

(Werner Weidenfeld / Karl Rudolf Korte [Hg.], Handbuch zur deutschen Einheit, Bundeszentrale für politische Bildung, Bonn 1996, S. 612f.)

M 28b Modernisierungsvorsprünge

In einigen Bereichen war die ostdeutsche Gesellschaft moderner als die westdeutsche. An erster Stelle ist hier der **Gleichstellungsvorsprung der Frauen** zu nennen: Die „Emanzipation von oben“ hat die Gleichstellung in der DDR – zumindest auf der sozialstrukturellen Ebene, auf der Bewusstseinsebene existieren auch partielle „Rückständigkeiten“ – ein Stück weiter vorangetrieben. Damit hängen einige **moderne** Besonderheiten der ostdeutschen **Familienstruktur** zusammen: höhere Scheidungsraten, mehr Ein-Eltern-Familien, frühere und höhere Legitimität unehelicher Kinder und allein erziehender Mütter. Das **Mehr an sozialer Sicherheit** – keine Arbeitslosigkeit, keine manifeste Obdachlosigkeit, keine Wohnungslosigkeit, keine Armut unter der „Normalbevölkerung“ – lässt sich ebenfalls als Modernisierungsvorsprung interpretieren. Auch in ihrer Qualifikationsstruktur, die im Vergleich zu anderen Teilstrukturen der DDR-Gesellschaft relativ moderne Züge aufwies, war sie der Bundesrepublik ein Stück voraus: durch die intensive berufliche Weiterbildung von Erwachsenen schrumpfte der **Bevölkerungsanteil ohne berufliche Ausbildung** schneller und stärker zusammen als in der Bundesrepublik.

(Rainer Geißler [= M 13 a], S. 363f.)

In M 28a wird die Entwicklung in der DDR unter dem Maßstab des Konzepts der Modernisierung betrachtet. Erläutern Sie die zehn Aspekte, die auf „Modernisierungsdefizite“ hinweisen, jeweils etwas konkreter und stellen Sie aus Ihrer Kenntnis heraus für den jeweiligen Bereich die Verhältnisse in der (alten) Bundesrepublik dar, sodass aus dieser Gegenüberstellung zugleich wesentliche Charakteristika der Bundesrepublik als einer „modernen“ Gesellschaft deutlich werden. In analoger Weise können Sie mit den vier Aspekten verfahren, die auf „Modernisierungsvorsprünge“ in der DDR hinweisen (M 28 b).

M 28c Folgen der Vereinigung: Kontinuität im Westen – nachholende Modernisierung im Osten – neue Ost-West-Kluft

Welche Folgen hatte die Vereinigung für die Sozialstrukturen in den beiden deutschen Teilgesellschaften? Politiker benutzen für die Entwicklungen im vereinten Deutschland gern das Bild des „Zusammenwachsens“. Hinter dieser euphemistischen Metapher verbirgt sich jedoch faktisch eine **Verwestlichung**, d. h. die überwiegende Anpassung der defizitären ostdeutschen Sozialstruktur an das modernere westdeutsche Muster. Das „Modell DDR“ ist dabei, weitgehend im „Modell Bundesrepublik“ mit seinen Vor- und Nachteilen aufzugehen.

Alte Länder: weitgehende Kontinuität

Die westdeutsche Sozialstruktur wurde von der Vereinigung nur am Rande berührt. Erwähnenswert sind drei Auswirkungen:

- Am augenfälligsten ist der Übergang einer über Jahrzehnte nahezu kontinuierlichen Wohlstandssteigerung in eine Phase der *Wohlstandsstagnation* mit vorübergehenden Rückgängen auf insgesamt hohem Wohlstandsniveau. Das vorläufige Ende des Wohlstandsanstiegs ist u.a. eine Folge davon, dass langfristig Leistungstransfers in die neuen Länder erforderlich waren und sind, um das West-Ost-Wohlstandsgefälle aus Gründen nationaler Solidarität rascher abzubauen, als es die Produktivitätsfortschritte in den neuen Ländern zulassen.
- Für die große *Mehrheit* der Westdeutschen bringt die Vereinigung *materielle Einschränkungen* mit sich, einer kleinen *Minderheit* gewährt sie jedoch *zusätzliche soziale Chancen:* durch die partielle westdeutsche Überschichtung Ostdeutschlands sowie durch die Rückgewinnung verloren gegangenen Eigentums (bis Anfang 1993 wurden in den alten und neuen Ländern insgesamt über 2,5 Millionen Anträge auf Rückübertragung von Unternehmen, Immobilien und anderen Vermögenswerten gestellt). Die Gewinner der partiellen Überschichtung gehören insbes. den höheren Schichten an, der Machtelite, den Kapitalbesitzern, der höheren Dienstleistungsschicht und den Selbstständigen.
- Einige schwache Impulse gehen auch auf den weiteren Abbau der sozialen Unterschiede zwischen Frauen und Männern aus.

Neue Länder: nachholende Modernisierung im Zeitraffertempo und Demodernisierung

Im Gegensatz zum kontinuierlichen Verlauf der westdeutschen Entwicklung hat die Vereinigung in der ostdeutschen Sozialstruktur einen radikalen sozialen Umbruch ausgelöst. Der Austausch des politischen Institutionensystems, des Rechtssystems und der offiziellen Ideologie sowie die schnelle Transformation des ökonomischen Systems haben Umbrüche in der Sozialstruktur verursacht, die in verschiedenen Bereichen in unterschiedlichem Tempo ablaufen. Die groben Linien der Umwälzungen deuteten sich bereits 1990 an, sechs Jahre später sind sie recht gut erkennbar. Die wesentlichen Tendenzen des Umbruchs lassen sich mit dem Konzept der **nachholenden Modernisierung im Zeitraffertempo** zusammenfassen. Der Kernbereich der sozialstrukturellen Modernisierung ist derselbe, der im sozialistischen System wegen der diesbezüglichen Defizite eine zerstörerische Kraft entfaltete: Es geht in erster Linie um den Abbau des Wohlstandsgefälles und seiner Ursache, des Leistungsdefizits. Die möglichst schnelle Anhebung des Lebensstandards auf westdeutsches Niveau entspricht dem Grundbedürfnis einer großen Mehrheit der ostdeutschen Bevölkerung; dieser Wunsch wurde von den Machteliten in West und Ost aufgenommen und zum vorrangigen Ziel der Vereinigungspolitik erhoben. Wenn die Angleichung nicht auf Dauer über Leistungstransfers von West nach Ost hergestellt werden soll, müssen die leistungshemmenden Besonderheiten des sozialistischen Erbes so schnell wie möglich beseitigt werden. Die ostdeutsche Sozialstruktur steht also unter **Modernisierungsdruck**.

Im sozialstrukturellen Wirkungsgefüge lassen sich die folgenden Elemente des Umbruchs erkennen, die sich als Tendenzen einer nachholenden Modernisierung interpretieren lassen:

1. **Schneller Wohlstandsschub:** Das West-Ost-Wohlstandsgefälle wurde durch den raschen Anstieg der ostdeutschen Löhne und Gehälter mit seinen Begleiterscheinungen (Motorisierungs- und Reiseboom, Ausstattungsschub der Haushalte, Verbesserung der Wohnqualität), durch den Qualitätssprung im Konsum- und Dienstleistungsangebot, durch die Verbesserung der (übrig gebliebenen) Arbeitsplätze, der Infrastruktur und der Umweltbedingungen in kurzer Zeit ein erhebliches Stück verringert.
2. **Dezentralisierung der Macht:** Mit dem Austausch des politischen Institutionensystems wurde die Machtstruktur dezentralisiert und demokratisiert.
   [...]
4. **Vertikale Differenzierung nach oben:** Leistungshemmende soziale Nivellierung nach unten hat sich in zunehmende vertikale Differenzierung* nach oben umgekehrt. Mit dem Wohlstandsschub vergrößern sich die *sozialen Abstände zwischen Oben und Unten* – im Hinblick auf Einkommen, Besitz, Arbeitsqualität sowie damit verknüpften Lebensbedingungen und Lebenschancen – auf einem insgesamt höheren Niveau. Der Hinweis auf den tendenziellen Zusammenhang von stärkerer vertikaler Differenzierung und höherer Effizienz besagt nicht, dass alle neu entstehenden sozialen Ungleichheiten auch wirklich als Leistungsanreize erforderlich sind.
5. **Abrupter Tertiärisierungsschub und Umschichtung von einer nivellierten Arbeiter- und Bauerngesellschaft zu einer sozial abgestuften Mittelschichten- und Dienstleistungsgesellschaft:** Mit der Industriekrise und dem Strukturwandel* der Landwirtschaft hat sich die Tertiärisierungslücke* ruckartig geschlossen. [...] Die nach unten nivellierte Arbeiter- und Bauerngesellschaft, die „Gesellschaft der kleinen Leute“, verwandelt sich nach und nach in eine differenzierte Mittelschichten- und Dienstleistungsgesellschaft mit stärkeren sozialen Abstufungen.

   Einen wirklichen ostdeutschen Sonderweg beschreitet die stark zusammengeschrumpfte Bauernschaft. Wenige neu entstandene große Einzelhöfe und arbeitsteilige Großbetriebe als „angepasste“ Relikte der sozialistischen Agrarrevolution* ergeben eine große Vielfalt von Produktionsformen und damit zusammenhängenden Soziallagen, Interessen und Lebensbedingungen. Derzeit ist es noch offen, ob sich in Ostdeutschland die im Vergleich zum Westen moderneren, konkurrenzfähigeren Agrarstrukturen herausbilden werden.
6. **Rückgang der Eheschließungen und Geburtenziffern:** Die massiven, sprunghaften Einbrüche bei den Eheschließungen und Geburtenziffern sind in erster Linie Krisensymptome der außergewöhnlichen Umbruchsituation. Dahinter dürften sich jedoch auch – so wie beim weiteren Anstieg des Heiratsaltes – Anpassungstendenzen an die moderneren westdeutschen Verhaltensmuster verbergen.
7. **Milderung des Abwanderungsdrucks:** Die bereits erfolgte bzw. in Aussicht gestellte Reduzierung des West-Ost-Wohlstandsgefälles hat – zusammen mit anderen Veränderungen – den Abwanderungsdruck gemildert; gleichzeitig entfaltet Ostdeutschland eine gewisse Sogwirkung auf westdeutsche Chancensucher insbes. aus den gehobenen und höheren Schichten.
8. **Nachholende Pluralisierung und Individualisierung:** Die Sozialstruktur der DDR war nicht nur sozio-ökonomisch, sondern auch sozio-kulturell homogener. Daher vollzieht sich auch bei den ostdeutschen Lebensformen und Lebensstilen eine nachholende Pluralisierung und Individualisierung. Sie hängt mit dem Anstieg des Lebensstandards, der Zunahme sozialer Differenzierungen* und Ungleichheiten, der Vermehrung der Freizeit und der allgemeinen Erweiterung der Freiräume individuellen Verhaltens zusammen. [...]

Die neue Ost-West-Kluft

Aus gesamtdeutscher Sicht ist durch die Vereinigung eine **neue regionale Dimension** im Ungleichheitsgefüge aufgetaucht, die im Vergleich zu bisherigen regionalen Ungleichheiten – z.B. dem Nord-Süd-Gefälle – von **erheblich höherer Relevanz, Zentralität und Brisanz** ist. Die sozialen Ungleichheiten zwischen zwei konkurrierenden Gesellschaftsmodellen haben sich über Nacht in Ungleichheiten zwischen Menschen verwandelt, die derselben Gesellschaft, derselben Solidargemeinschaft angehören. Sie entwickeln daher eine völlig neue sozialpsychologische* und politische Dynamik. Durch nachholende Modernisierung konnte bisher nur ein Teil der krassen sozialen Ost-West-Unterschiede in den Lebensbedingungen, die sich in 45 Jahren deutscher Teilung herausgebildet hatten, abgebaut werden. Gleichzeitig entstand im Zuge des ruckartigen Umbruchs ein neues Ost-West-Gefälle an sozialen Unsicherheiten, das die paternalistisch* versorgten, sicherheitsgewohnten Ostdeutschen mit besonderer Härte traf und trifft und ihr Lebensgefühl stark beeinträchtigt.

[...] Die teils modernisierungsbedingte und daher unvermeidliche, teils aber auch überzogene westdeutsche Dominanz in vielen Lebensbereichen hat zur Folge, dass eine große Mehrheit der Ostdeutschen die Vereinigung als allgemeine Abwertung und Ausgrenzung empfindet, als ökonomische, soziale, kulturelle und politische Deklassierung. [...]

Der radikale soziale Umbruch ist im Wesentlichen eine problembeladene, konflikthaltige, teils widersprüchliche und z.T. auch schmerzhafte Anpassung der ostdeutschen Sozialstruktur an die westdeutsche Variante einer modernen, pluralen Leistungsgesellschaft mit ihren Vor- und Nachteilen. Die ostdeutsche Gesellschaft legt im Schnellschritt das letzte Stück eines langen, entbehrungsreichen sozialistischen Umweges in die moderne Gesellschaft zurück. [...] Die Folgen von fast einem halben Jahrhundert ungleicher Entwicklungen sind nicht innerhalb weniger Jahre zu beseitigen. Die Deutschen – insbes. ihre wichtigen Entscheidungsträger und Meinungsführer – stehen dabei vor der Aufgabe, beim Abbau der Ost-West-Kluft ein **mittleres „goldenes Tempo“** zu finden, das weder die Geduld der Ostdeutschen noch die Solidaritätsbereitschaft der Westdeutschen überfordert.

(Rainer Geißler [= M 13 a], S. 366–374, 55)

M 28d

(Zeichnung: Pepsch Gottscheber/CCC)

M 28e Das Wahlergebnis 1998 in Ost-West-Perspektive

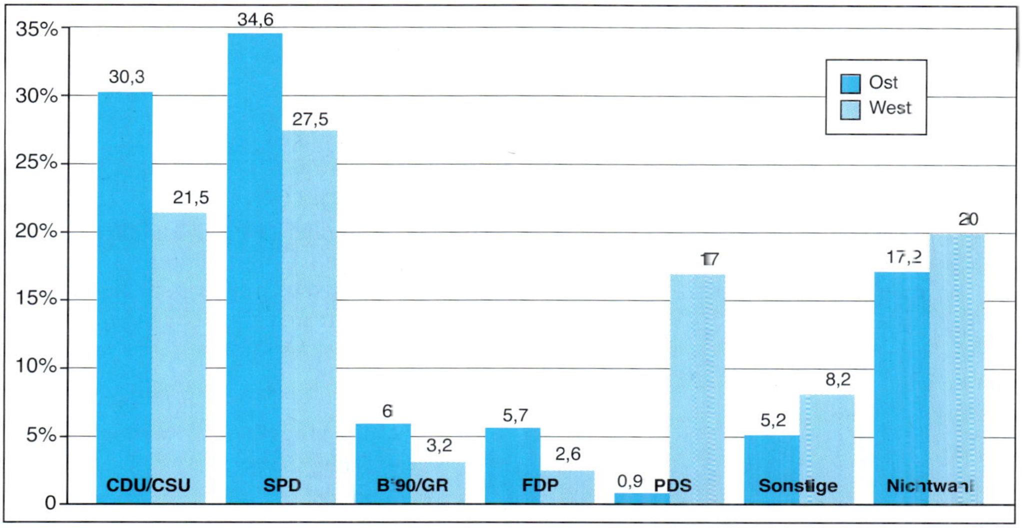

(Kai Arzheimer/Jürgen W. Falter, „Annäherung durch Wandel?“ – Das Wahlverhalten bei der Bundestagswahl 1998 in Ost-West-Perspektive, in: Aus Politik und Zeitgeschichte B 52/1998, S. 34)

1 *In M 28 c wird die Entwicklung in den neuen Bundesländern nach der Wiedervereinigung als „nachholende Modernisierung im Zeitraffertempo“ interpretiert.*
- *Beschreiben Sie die genannten Tendenzen und ordnen Sie sie den verschiedenen Bereichen zu, in denen sie sich abspielen (politisch, ökonomisch, sozial, demographisch).*
- *Erläutern Sie unter Rückgriff auf M 27 a, inwiefern es sich bei den genannten Tendenzen um Entwicklungen im Sinne des Modells der „Modernisierung“ handelt.*

2 *In einigen wenigen Bereichen gibt es in den neuen Bundesländern auch Entwicklungen, die dem Konzept der Modernisierung widersprechen. Erläutern Sie, inwiefern sich die Stellung der Frauen nach der Wende verändert hat (z.B. durch die Situation am Arbeitsmarkt, den Abbau von Kinderbetreuungseinrichtungen und staatlicher Hilfen für erwerbstätige Frauen). Inwiefern könnte man diese Entwicklung als „Demodernisierung“ bezeichnen (vgl. M 27 b)?*

3 *„Wer eine hohe soziale Sicherheit als Errungenschaft der Moderne ansieht, muss die neuen sozialen Unsicherheiten (Arbeitslosigkeit, manifeste Obdachlosigkeit, Wohnungslosigkeit, Armutsrisiken für neue Bevölkerungsgruppen) zumindest als Modernisierungswidersprüche interpretieren, die aus dem Spannungsverhältnis zwischen sozioökonomischer Effizienz bzw. Massenwohlstand einerseits und sozialer Sicherheitsgarantie andererseits herrühren.“ (R. Geißler). Erläutern Sie diese Feststellung konkreter.*

4 *Versuchen Sie die knappen Hinweise auf die Ursachen dafür, dass viele Ostdeutsche sich abgewertet und deklassiert fühlen, konkreter zu erläutern: Inwiefern waren sie in der DDR „versorgt“ und „sicherheitsgewohnt“? Worin besteht die gravierendste „Verunsicherung“? Was ist mit „westdeutscher Dominanz in vielen Lebensbereichen“ gemeint? Was will die Karikatur (M 28 d) zum Ausdruck bringen?*

5 *Erläutern Sie die „politische Dynamik“ der „Ost-West-Kluft“. Inwiefern unterscheidet sich z. B. die „Parteienlandschaft“ in Ost und West erheblich (vgl. M 28 e)?*

6 *Worin sehen Sie selbst Möglichkeiten, zum Abbau der Ost-West-Kluft beizutragen?*

III.

Die Familie im sozialen Wandel

(DER SPIEGEL Nr. 43/1996)

Die Familie lebt!

Die große Gesellschaftsstudie für Deutschland

Renaissance der Werte

Umfrage zu Kindern, Karriere und Lebensglück zu zweit

(Nach: FOCUS v. 10.11.1997)

Die beiden Titelseiten von „Spiegel“ und „Focus“ sind nur Beispiele. Kaum ein Bereich menschlichen Zusammenlebens, kaum eine Institution der Gesellschaft ist so oft und so intensiv Gegenstand von Analysen und kontroversen Diskussionen in den Sozialwissenschaften und in den Medien wie die Familie. Dass die Familie sich in ihrer Struktur und in ihrer Bedeutung für die Gesellschaft verändert hat, darüber herrscht Konsens. Doch: Was genau hat sich verändert? Wie weit reichend ist der Wandel? Wie ist er zu bewerten? Hat die Familie noch eine Zukunft?

„Auf der einen Seite wird Familie als sicherer Zufluchtsort und Schutz gegenüber einer kalten und menschenunfreundlichen Außenwelt angesehen. Die Beziehungen zum (Ehe-)Partner und zu den Kindern gelten als die wichtigsten im Leben überhaupt. Die Heirat selbst ist nahezu der einzige (Initiations-)Ritus aus frühen Zeiten, den es in mitunter barocker Pracht heute noch gibt. Die Familie ist so populär und lebendig wie eh und je. Trotz häufig eigener Erfahrungen mit einer Scheidung wünschen sich Eltern, dass sich ihre Kinder niederlassen, heiraten und selber wieder Kinder bekommen. Dieser Wunsch zeigt, dass „Elternsein“ nicht zu irgendeinem Zeitpunkt oder mit einer Zäsur aufhört. Eine stabile glückliche Familie ist über mehrere Generationen angelegt und bleibt ein Hauptziel des Lebens.

Zur gleichen Zeit wird die „moderne Familie“ als in Auflösung befindlich beschrieben. Die wechselseitige Unterstützung zwischen Familienmitgliedern sei schwächer geworden, Familienleben habe sich in den privaten Bereich zurückgezogen und jeder Haushalt lebe gefangen in seiner eigenen kleinen Welt. Die Zeichen des Verfalls seien überall zu sehen: die steigende Scheidungsrate, der Umfang innerfamiliärer Gewalt, die Missachtung der Älteren, die Anzahl der Schlüsselkinder, die Häufigkeit außerehelicher Beziehungen usw.“. (Walter Bien, Familie an der Schwelle zum neuen Jahrtausend. Wandel und Entwicklung familiärer Lebensformen, Opladen 1996, S. 5)

Wir wollen in einem ersten, empirisch geprägten Abschnitt feststellen, was sich wirklich verändert hat und wann sich dieser Wandel vollzogen hat. In einem zweiten

Abschnitt sollen theoretische Erklärungsmodelle dargestellt und befragt werden. Der dritte Abschnitt enthält unterschiedliche Antworten auf die Frage nach der zukünftigen Struktur und Bedeutung der Familie.

1. Der soziale Strukturwandel der Familie

Der Strukturwandel der Familie in der zweiten Hälfte des 20. Jahrhunderts lässt sich unter drei Aspekten zusammenfassen, die sich mit den Stichworten „demographische Entwicklung" (1), „Ehe und Familie" (2) und „Pluralisierung der Familienformen" (3) markieren lassen.

1. „Seit dem Ende des „Baby-Booms" Mitte der Sechziger-Jahre gingen die jährlichen *Geburtenzahlen* überall in der „westlichen" Welt kontinuierlich zurück, besonders stark in der Bundesrepublik, die Mitte der Achtziger-Jahre einen historischen Tiefpunkt erreicht hatte: Die Geburtenrate sank auf „durchschnittlich" 1,3 Kinder pro Frau.
2. Im selben Zeitraum war ein starker Rückgang der *Eheschließungszahlen* zu registrieren, gerade bei den jüngeren Erwachsenen im „heiratsfähigen" Alter. Dieser Abkehr von der Heirat korrespondierte ein merklicher Anstieg der *Scheidungsquoten* – auf ein Niveau, bei dem prognostiziert wurde, dass jede dritte Ehe wieder geschieden würde.
3. Und schließlich war eine markante Abnahme des Anteils von „Normalfamilien"-Haushalten zu verzeichnen, mit einer entsprechenden *Zunahme nicht-familialer Haushalte:* kinderloser Ehepaare, nichtehelicher Lebensgemeinschaften, Wohngemeinschaften, Single-Haushalte." (Günter Burkart/Kai Arzheimer/Jürgen Falter, Zum Strukturwandel der Familie. Mythen und Fakten. In: Aus Politik und Zeitgeschichte B 52–53 / 1995, S. 3)

Wie sich zeigen wird, ist zu allen drei Bereichen eine genaue und differenzierte Darstellung und Analyse vorliegender Daten und Untersuchungsergebnisse unerlässlich, wenn man zu einer begründeten Beurteilung des Umfangs und der Intensität des Wandels gelangen will.

Bevölkerungsaufbau, Geburtenentwicklung, Familienhaushalte

M 29 Veränderung des Altersaufbaus der deutschen Bevölkerung

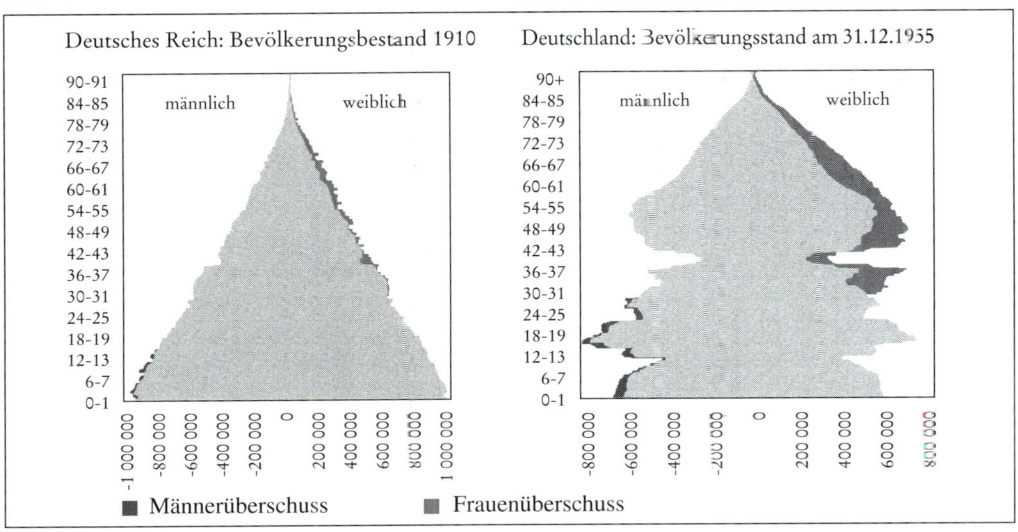

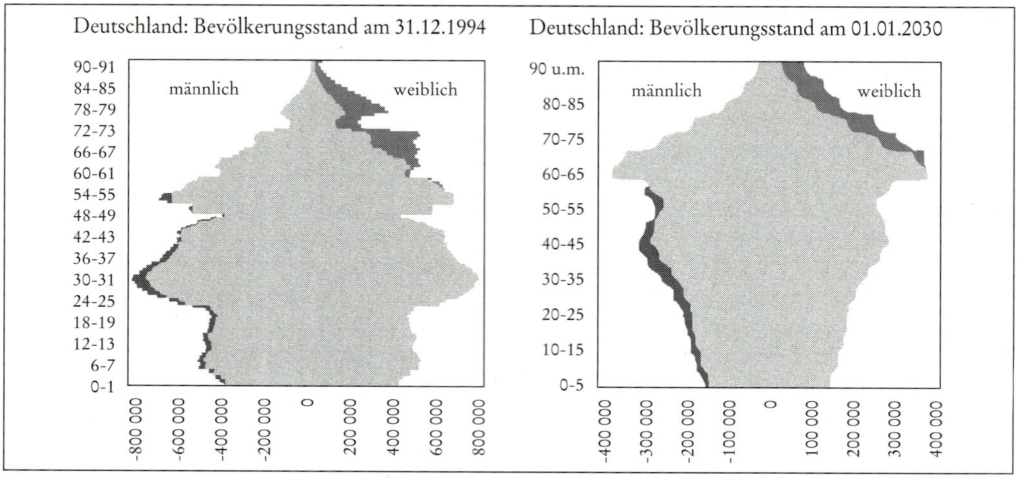

Veränderung des Altersaufbaus der deutschen Bevölkerung 1910, 1955 (DDR und BRD zusammengefasst), 1994, 2030 (Prognose des Bundesministeriums des Inneren).
(Quellen: Statistisches Jahrbuch der DDR, 1955; Statistisches Jahrbuch für die Bundesrepublik Deutschland 1957; Statistisches Bundesamt: Fachserie 1, Reihe 1: Gebiet und Bevölkerung 1994; Bundesministerium des Inneren (1996): Modellrechnungen für die Bevölkerungsentwicklung bis zum Jahr 2040, Modell IA)

(Alt und Jung, hg. vom Deutschen Hygiene Museum Dresden, Stroemfeld-Verlag, Basel/Frankfurt a.M. 1997, S. 23)

Die in M 29 wiedergegebenen grafischen Darstellungen der Bevölkerungsentwicklung hat man gelegentlich als „Von der Pyramide über die zerzauste Wettertanne zum Pilz“ bezeichnet. Beschreiben Sie genauer die dargestellten Entwicklungen/Veränderungen und berücksichtigen Sie dabei auch folgende Fragen:

- *Wie lassen sich die Einschnitte im Bevölkerungsaufbau 1955 (bei den etwa 7–12-Jährigen und den etwa 38–40-Jährigen) historisch erklären? In welchen Altersgruppen befinden sich diese Einschnitte 1994?*
- *1994 zeigt sich ein auffallender Unterschied zwischen den etwa 23–43-Jährigen und den etwa 1–20-Jährigen. Vergleichen Sie diese Entwicklung mit M 30 und der dort gegebenen Erklärung. Wie ist das Schlagwort „Pillenknick“ zu beurteilen?*
- *Wie kommt die Entwicklung zum „Pilz“ (2030) zustande? Für welche Jahrgänge beruht die Darstellung für 2030 von 1999 aus gesehen auf Prognosen (Modellrechnungen)? Welche Annahmen wurden für diese Prognosen gemacht?*
- *Vergleichen Sie die Darstellungen zu 1910 und 2030 und überlegen Sie: Welche spezifischen (politischen, sozialen, wirtschaftlichen) Probleme sind aufgrund des jeweiligen Bevölkerungsaufbaus zu vermuten?*

M 30 Geburtenentwicklung in Deutschland seit 1950

Die Geburtenentwicklung in Deutschland seit 1945 zeigt einen stark ungleichmäßigen Verlauf. In ihr spiegeln sich einerseits die Verwerfungen im **Altersaufbau** der Bevölkerung, die überwiegend auf die Menschenverluste der beiden Weltkriege zurückzuführen sind und so noch Generationen später nachwirken. Und sie ist andererseits geprägt durch die Veränderung des **generativen Verhaltens**, also der Summe ganz persönlicher Entscheidungen darüber, wie viele Kinder eine Frau, und wann, zur Welt bringt.
Im Vergleich zwischen West- und Ostdeutschland stimmte das Muster der Geburtenentwicklung anfangs weitgehend überein. Eine erste starke Zunahme der Geburten gab es um das Jahr 1950, als viele Paare die im Krieg und in der unmittelbaren Nachkriegszeit aufgeschobene Familiengründung nachhol-

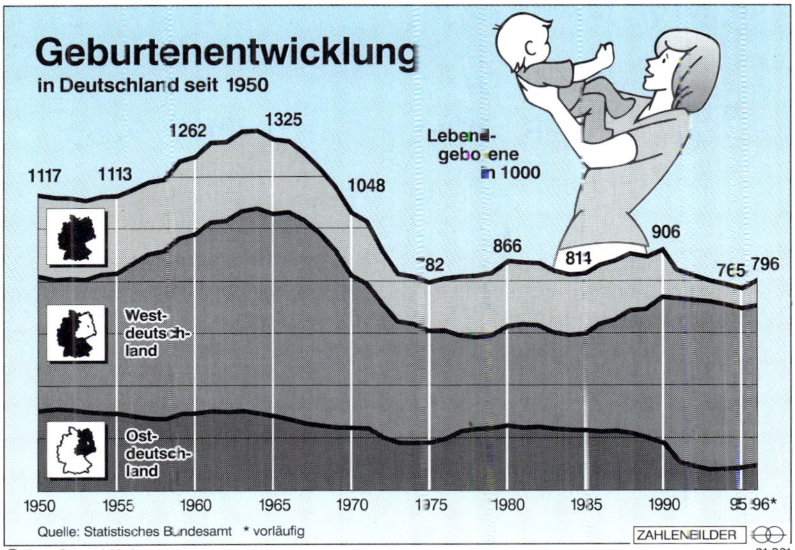

© Erich Schmidt Verlag 21 301

ten. Ein weiteres Geburtenhoch folgte in der ersten Hälfte der Sechzigerjahre mit dem Gipfel- und Wendepunkt im Jahr 1964: Damals kamen zwischen Rhein und Oder insgesamt 1,36 Mio Kinder zur Welt. Dann sank die Geburtenhäufigkeit aber innerhalb eines Jahrzehnts so drastisch, dass 1975 in Deutschland nur noch 782 000 Geburten registriert wurden. Für diesen **Geburtenrückgang,** der ähnlich auch in anderen Staaten Europas zu beobachten war, gab es mehrere Ursachen: Eine entscheidend wichtige Rolle spielte die zunehmende Bildungsbeteiligung und Erwerbstätigkeit der Frauen; hinzu kam die Verbreitung der „Pille", die eine bewusste Familienplanung erleichterte, und – in der DDR – die Legalisierung des Schwangerschaftsabbruchs (1972).

(Schmidt-Zahlenbilder 6/97)

M 31 Geburtenziffern

a) Zusammengefasste Geburtenziffern in Ost- und Westdeutschland, 1950–1993

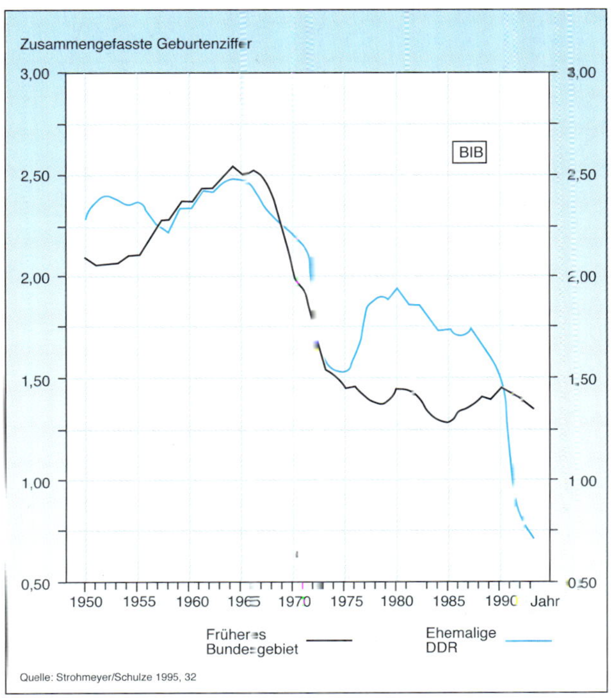

(Rüdiger Peuckert, Familienformen im sozialen Wandel, Leske + Budrich, Opladen 1996, S. 105)

b) Geburten je 100 Frauen (zusammengefasste Geburtenziffer, 15–45 Jahre)

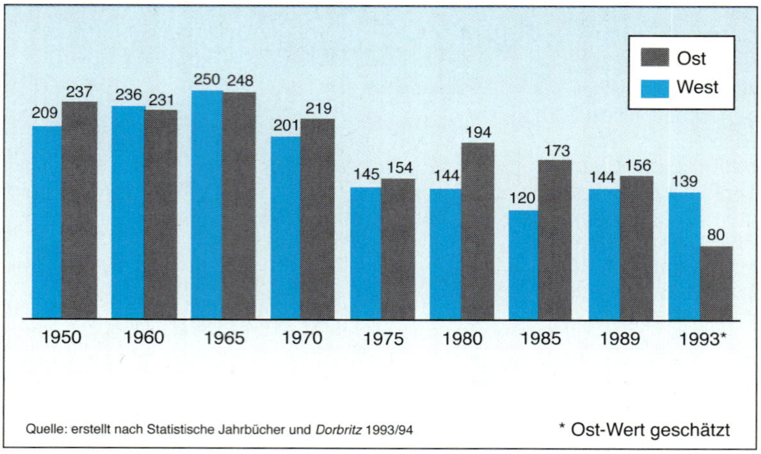

(Rainer Geißler: Die Sozialstruktur Deutschlands, Westdeutscher Verlag, Wiesbaden 1996, S. 336)

Die *zusammengefasste Geburtenziffer*, die man durch Addition der altersspezifischen Geburtenziffern erhält, lässt sich als durchschnittliche Zahl der Kinder interpretieren, die 1 000 Frauen im Laufe ihres Lebens (im Alter von 15 bis 44 Jahren) zur Welt bringen. Dabei wird unterstellt, dass das Geburtenverhalten der Frauen der einzelnen Jahrgänge im jeweiligen Beobachtungsjahr dem Verhalten der Frauen, die diese Zeit durchlebt haben bzw. noch durchleben werden (hier also insgesamt 30 Kalenderjahre) entspricht. Die zusammengefasste Geburtenziffer betrug 1993 1 393, d.h. auf 1 000 Frauen entfielen nach den Verhältnissen des Jahres 1993 1 393 Kinder. 1960 betrug die zusammengefasste Geburtenziffer noch 2 360 (vgl. M 31a).

(Rüdiger Peuckert [= M 31a], S. 104)

M 32 Geborene und Gestorbene in Deutschland 1950 bis 1997 in Tausend

Jahr	Lebendgeborene		Gestorbene		Überschuss der Geborenen (+) bzw. der Gestorbenen (–)	
	Anzahl	je 1000 Einwohner	Anzahl	je 1000 Einwohner	Anzahl	je 1000 Einwohner
	Deutschland					
1950	1 117	16,3	748	10,9	+ 368	+ 5,4
1960	1 262	17,3	877	12,0	+ 385	+ 5,3
1970	1 047	13,5	976	12,6	+ 72	+ 0,9
1975	782	9,9	990	12,6	– 207	– 2,6
1980	866	11,0	952	12,1	– 87	– 1,1
1985	814	10,5	930	12,0	– 116	– 1,5
1989	880	11,2	903	11,5	– 23	– 0,3
1990	906	11,4	921	11,6	– 16	– 0,2
1991	830	10,4	911	11,4	– 81	– 1,0
1992	809	10,0	885	11,0	– 76	– 0,9
1993	798	9,8	897	11,1	– 99	– 1,2
1994	770	9,5	885	10,9	– 115	– 1,4
1995	765	9,4	885	10,8	– 119	– 1,5
1996	796	9,7	883	10,8	– 87	– 1,1
1997[1]	810	9,9	857	10,4	– 47	– 0,6

Jahr	Lebendgeborene		Gestorbene		Überschuss der Geborenen (+) bzw. der Gestorbenen (–)	
	Anzahl	je 1000 Einwohner	Anzahl	je 1000 Einwohner	Anzahl	je 1000 Einwohner
	Früheres Bundesgebiet					
1950	813	16,2	529	10,5	+ 284	+ 5,7
1960	969	17,4	643	11,6	+ 326	+ 5,9
1970	811	13,4	735	12,1	+ 76	+ 1,3
1975	601	9,7	749	12,1	– 149	– 2,4
1980	621	10,1	714	11,6	– 93	– 1,5
1985	586	9,6	704	11,5	– 118	– 1,9
1990	727	11,5	713	11,3	+ 14	+ 0,2
1991	722	11,3	709	11,1	+ 13	+ 0,2
1992	721	11,1	695	10,7	+ 26	+ 0,4
1993	718	11,0	712	10,9	+ 6	+ 0,1
1994	691	10,5	703	10,7	– 12	– 0,2
1995	681	10,3	706	10,7	– 25	– 0,4
1996	703	10,5	708	10,6	– 5	– 0,1
1997	712	10,7	690	10,4	+ 22	+ 0,3
	Neue Länder und Berlin-Ost					
1950	304	16,5	220	11,9	+ 84	+ 4,6
1960	293	17,0	234	13,6	+ 59	– 3,4
1970	237	13,9	241	14,1	– 4	– 0,2
1975	182	10,8	240	14,3	– 59	– 3,5
1980	245	14,6	238	14,2	+ 7	+ 0,4
1985	228	13,7	225	13,5	+ 2	+ 0,1
1989	199	12,0	206	12,4	– 7	– 0,4
1990	178	11,1	208	12,9	– 30	– 1,8
1991	108	6,8	202	12,7	– 95	– 5,9
1992	88	5,6	190	12,1	– 102	– 6,5
1993	81	5,1	186	11,9	– 105	– 6,7
1994	79	5,1	181	11,7	– 103	– 6,6
1995	84	5,4	178	11,5	– 94	– 6,1
1996	93	6,0	174	11,3	– 81	– 5,2
1997	99	6,4	167	10,8	– 68	– 4,4

[1] Die Gesamtzahl der Lebendgeborenen verteilt sich auf 87 % Deutsche und 13 % Ausländer. Für die Deutschen ergab sich ein Überschuss der Gestorbenen von 141,[illegible] Tsd., für die Ausländer ein Überschuss der Geborenen von 93,5 Tsd.

(Institut der deutschen Wirtschaft, Zahlen 1998, Köln 1998, S. 10)

M 33 Die Bedeutung der geburtenstarken Jahrgänge

Die absolute Zahl der Geburten hängt auch davon ab, wie groß die Zahl der Frauen ist, die sich in einem für die Geburt günstigen Alter befinden. Veränderungen der absoluten Zahlen erlauben also keine direkten Schlüsse auf Veränderungen im generativen Verhalten (auf die Geburten*neigung*). Da die durchschnittliche Kinderzahl pro Frau in den letzten Jahren relativ konstant geblieben ist, ist die Zunahme der Geburten im alten Bundesgebiet seit Mitte der 80er-Jahre im Wesentlichen eine Folge des Eintritts der geburtenstarken Jahrgänge der späten 50er-/frühen 60er-Jahre (vgl. M 29) ins geburtenintensive Alter und nicht Folge eines veränderten generativen Verhaltens. Mit dem Eintritt der schwächer besetzten Geburtsjahrgänge der 70er-Jahre ins geburtenintensive Alter ab Mitte der 90er-Jahre muss mit einem weiteren Rückgang der Geburtenzahlen gerechnet werden. Hierauf deuten bereits die sinkenden Geburtenzahlen zwischen 1993 und 1994 von 718 000 auf 691 000 hin. Heute werden im alten Bundesgebiet nur etwa zwei Drittel der Kinder geboren (in den neuen Bundesländern noch wesentlich weniger), die nötig sind, um den derzeitigen Umfang der Bevölkerung (ohne Zuwanderung) langfristig zu gewährleisten. Es gibt, mit Ausnahme Irlands, kein nord- und westeuropäisches Land, in dem die Fertilität (Fruchtbarkeit) ausreicht, um die Elterngeneration zahlenmäßig zu ersetzen.

(Rüdiger Peuckert [= M 31a], S. 27)

1. *Verdeutlichen Sie anhand der Analyse von M 30 – M 32, welcher Trend in der Geburtenentwicklung seit 1950 zu erkennen und worauf er zurückzuführen ist. Unterscheiden Sie dabei nach der Zahl der Geburten und der „zusammengefassten Geburtenziffer".*

2. *In der früheren DDR hat es seit Mitte der 70er-Jahre spezielle familienpolitische Maßnahmen (mit finanziellen Unterstützungen vor allem für Mehrkinderfamilien) gegeben. Inwieweit lässt sich anhand der statistischen Daten (M 30, M 31 a) von einem Erfolg dieser Maßnahmen sprechen?*

3. *Auffällig ist der „Absturz" der Geburtenziffern in den neuen Bundesländern nach der deutschen Vereinigung (s. M 31 a/b), den man auf die durch den politischen und ökonomischen Wandel erzeugte Unsicherheit zurückführt. Erläutern Sie konkreter, was mit diesem Hinweis gemeint ist (vgl. M 36 a und M 37 c, jeweils letzter Abschnitt).*

4. *Die den einfachen Generationenersatz (gleich bleibende Bevölkerungszahl) gewährleistende Geburtenziffer liegt bei 2,1 Geburten je Frau (210 je 100). Wie stellt sich im Hinblick darauf die Entwicklung seit 1950 dar (M 31; vgl. auch die beiden letzten Spalten der Tabelle M 32)?*

M 34 Familien und Haushalte

M 34a Deutsches Familienbild

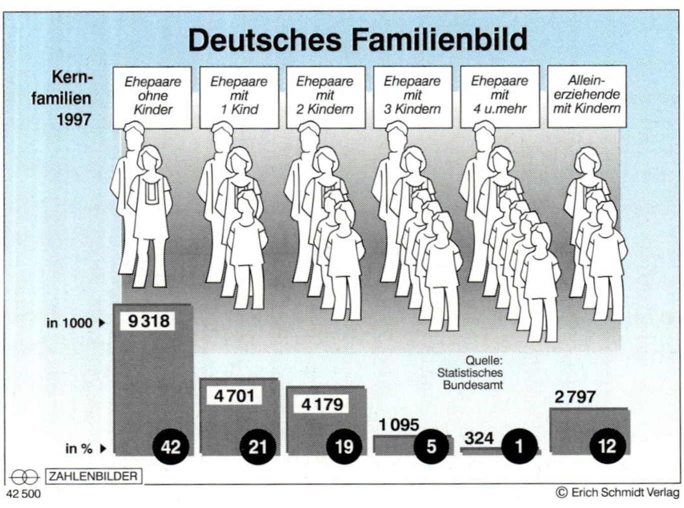

In Deutschland gibt es (nach dem Ergebnis des Mikrozensus* von 1997) rund **22,4 Mio Kernfamilien** mit 63,7 Mio Familienangehörigen. Gut drei Viertel der Bevölkerung sind also Teil einer Familie. Der dieser Zahl zugrunde liegende *Familienbegriff* umfasst alle Elternpaare und Alleinerziehenden mit ihren noch zum Haushalt gehörenden ledigen Kindern (auch wenn diese schon volljährig sind), schließt aber auch die kinderlosen Ehepaare ein.
Insgesamt 21,7 Mio ledige Kinder leben in Deutschland mit ihren Eltern oder einem Elternteil unter einem Dach

als Familie zusammen. Wegen der heute zum Teil weit ins Erwachsenenleben hineinreichenden Zeiten der Ausbildung und Berufsfindung gehören dazu auch viele Söhne und Töchter, die selbst bereits volljährig sind (6,1 Mio). Von den Minderjährigen stehen 11,0 Mio im Schulalter zwischen 6 und 18 Jahren; weitere 4,6 Mio sind noch nicht schulpflichtig. Diese insgesamt 15,6 Mio Kinder und Jugendlichen unter 18 Jahren verteilen sich auf 9,5 Mio Familien. Das heißt aber: Von den 37,5 Mio Haushalten in Deutschland ist nur etwa jeder vierte durch die Lebensverbindung von **Eltern mit noch nicht erwachsenen Kindern** gekennzeichnet.

(Schmidt-Zahlenbilder)

1 *M 34a zeigt, wie sich die gegenwärtige (1997) Kinderzahl auf die Familien verteilt. Zur Analyse des Schaubildes sollten Sie sich zunächst mit dem definitorischen Problem der Abgrenzung zwischen den Begriffen Familie und Haushalt vertraut machen:*
- *Geht man davon aus, dass der Begriff Familie (im engeren Sinn) an das Zusammenleben von Eltern und mindestens einem Kind gebunden ist (Alleinerziehende mit Kindern wären dann „unvollständige“ Familien), wird der Familienbegriff in M 34 a (22,4 Mio „Kernfamilien“) zu weit gefasst. Wie viele Familien (im engeren Sinne) gab es 1997 in Deutschland (incl. „unvollständige“ Familien)?*
- *Andererseits: Ist ein Ehepaar, dessen Kinder den Haushalt verlassen haben, nicht doch noch eine Familie (ein Familienhaushalt)? Ist ein solches Ehepaar gleichzusetzen mit Ehepaaren, die keine Kinder haben/hatten?*
- *Die Erläuterung zu M 34 a spricht von insgesamt 37,5 Mio Haushalten in Deutschland. Welche Haushaltsformen, die also 15,1 Mio Haushalte ausmachen, sind im Schaubild nicht erfasst? (Denken Sie dabei auch daran, dass im Schaubild – neben den Alleinerziehenden – immer von „Ehepaaren“ die Rede ist.)*

2 *Der Text weist darauf hin, dass nur jeder vierte Haushalt durch die Lebensverbindung von Eltern mit noch nicht erwachsenen Kindern gekennzeichnet ist. Vollziehen Sie diese Rechnung anhand der Zahlenangaben nach. Welche Relation ergibt sich, wenn man nicht von der Gesamtzahl* aller *Haushalte, sondern von den im Schaubild angegebenen 22,4 „Kernfamilien“ ausgeht?*

3 *Überprüfen Sie die Richtigkeit folgender Aussagen:*
- *Mehr als jedes fünfte Kind war 1997 ein Einzelkind.*
- *Fast jede zweite Ehepaarfamilie mit Kindern war eine Familie mit Einzelkind.*
- *Nur rd. 14% der Ehepaarfamilien mit Kindern hatten drei oder mehr Kinder.*

M 34b Haushaltsgrößen im früheren Bundesgebiet in Prozent der Haushalte

Mehrere Gründe trugen zu den **langfristigen Veränderungen der Haushaltsstruktur** (s. Abb. S. 72) bei. War es im 19. Jahrhundert noch gang und gäbe, dass familienfremde Personen (Dienstboten, Schlafgänger, Lehrlinge) in einen Haushalt aufgenommen wurden, so beschränkt sich das Zusammenleben heute in der Regel auf die eigentliche Kernfamilie (Eltern/Kinder). Mit dem Rückgang der Geburten wurden aber auch die Familien immer kleiner. Aufgrund der verlängerten Lebenserwartung wuchs außerdem die Zahl älterer Menschen, die auf sich allein gestellt sind, während gleichzeitig immer mehr junge Leute dazu übergingen, das Elternhaus frühzeitig zu verlassen und ihren eigenen kleinen Haushalt zu führen. Begünstigt wurde diese Entwicklung schließlich durch den Ausbau der sozialen Sicherung, die den Einzelnen vom Familienverband unabhängiger macht.

(Schmidt-Zahlenbilder)

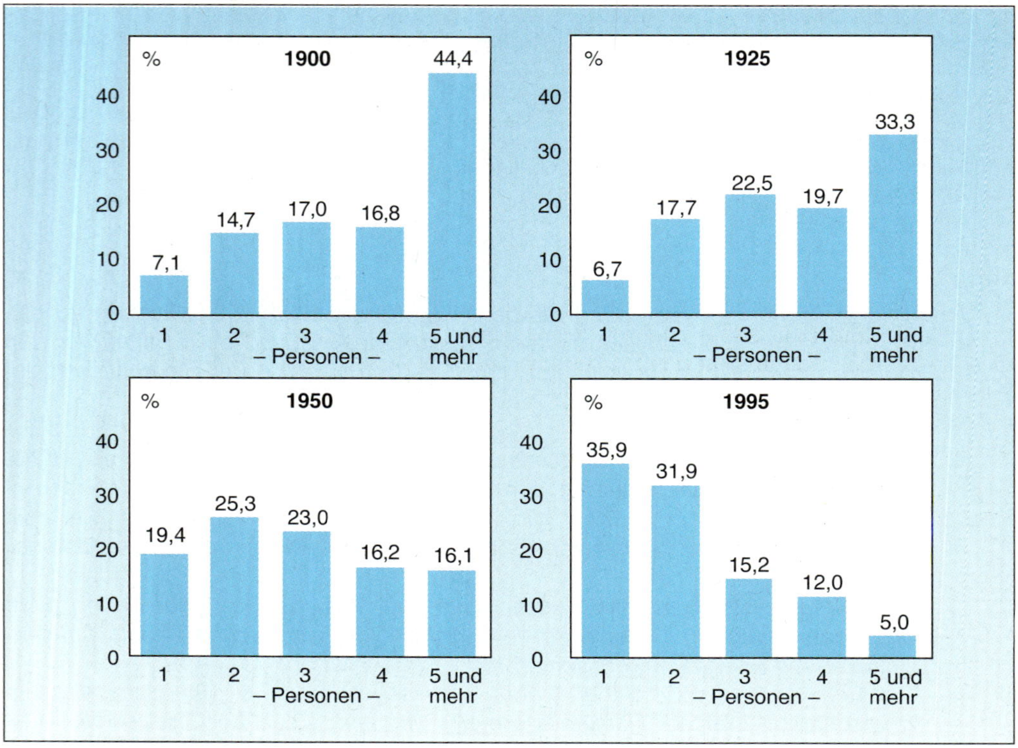

(Datenreport 1997 [= M 32], S. 33)

M 35a Immer mehr Haushalte, immer weniger Kinder

Parallel zum Rückgang der Kinderzahl steigt der Anteil der Haushalte ohne Kinder. Auffällig ist dabei zunächst der immense Anstieg der Einpersonen-Haushalte von 19,4 Prozent (1950) auf 35,9 Prozent (1994). Während 1950 diese Gruppe vor allem aus Verwitweten, Geschiedenen und unfreiwillig Nichtverheirateten bestand, ist seit den Siebzigerjahren ein neuer Typ – der freiwillige Single – hinzugetreten. Dabei handelt es sich überwiegend um (zunächst) junge Menschen, die aus dem Elternhaus ausziehen und dann über lange Zeit (oder gar dauernd) alleine leben (vgl. später M 42/43). Schaut man sich vor diesem Hintergrund einmal an, in welchen Haushalten denn noch Kinder leben, so ist das Ergebnis überraschend: Nur in 26 Prozent aller deutschen Haushalte leben gegenwärtig (1994) Kinder unter 18 Jahren. Die Zahl der Single-Haushalte (12 747 000) ist fast 1,5-mal so hoch wie die Zahl der Haushalte mit Kindern unter 18 Jahren (9 494 000). Noch 1980 waren in jedem dritten Haushalt (33,8 Prozent) Kinder unter 18 Jahren anzutreffen. Es gab deutlich weniger Single-Haushalte (7 493 000) als Haushalte mit Kindern (8 391 000). Zu diesem Trend gehört auch, dass immer mehr Ehen kinderlos bleiben. Im Einzelnen: Von den Ehen, die zwischen 1958 und 1962 geschlossen wurden, blieben 13 Prozent kinderlos. 15 Jahre später (Eheschließungs-Zeitraum 1973–1977) ist dieser Anteil auf 18 Prozent gestiegen, für die nach 1975 geschlossenen Ehen wird er mit 20 Prozent angesetzt. Insgesamt lässt sich seit den 50er-Jahren ein deutlicher Wandel der Lebensformen feststellen, der dazu geführt hat, dass in unserer Gesellschaft immer weniger Kinder aufwachsen und dass es immer mehr Erwachsene gibt, die *nicht* mit Kindern zusammenleben.

(Michael Lenz/Klaus-Jürgen Tillmann, in: PÄDAGOGIK Nr. 7–8/1997, S. 11)

M 35b Die Zahl der Einzelkinder ist nicht gestiegen

Aus solchen Statistiken (s. M 35 a) wird nun allzuschnell der folgende Schluss gezogen: 1994 wachsen 50 Prozent aller Kinder als Einzelkinder auf. *Diese Schlussfolgerung ist jedoch völlig falsch:* Der Anteil liegt vielmehr weit niedriger. Weil dies statistikungeübte Menschen leicht verwirrt, hierzu ein einfaches Beispiel: Wenn in 50 Familien je ein Kind lebt, in 50 anderen je ein Geschwisterpaar, dann sind das zusammen 150 Kinder (= 100 Prozent). Dass von ihnen nicht etwa 50 Prozent, sondern nur 33,3 Prozent Einzelkinder sind, leuchtet unmittelbar ein. Rechnet man die Daten entsprechend um, indem man die Zahl der Kinder auf 100 Prozent setzt (und nicht die Zahl der Familien), so ergeben sich schon deutlich andere Werte (Tab. 1).

Es zeigt sich, dass bei dieser Berechnung der Anteil der Einzelkinder bei etwa 31 Prozent liegt, etwa 46 Prozent sind Teil eines Geschwisterpaares, und etwa 23 Prozent leben mit mehreren Geschwistern zusammen. Bereits diese Werte machen überdeutlich, dass die immer wieder geäußerte Behauptung, die Mehrheit der Kinder seien Einzelkinder, fern aller Realität ist. *Aber auch dieser Wert unterschätzt die Geschwisterzahl deutlich;* denn bei diesen Zahlen handelt es sich um eine Momentaufnahme. Familien, die zum Zeitpunkt der Befragung ein oder zwei Kinder haben, können sehr wohl noch Nachwuchs bekommen, so dass die Kinder und Jugendlichen dann mit (weiteren) Geschwistern aufwachsen. Ob ein(e) Heranwachsende(r) *endgültig* Einzelkind bleibt, lässt sich somit erst im frühen Jugendalter sagen. Deshalb sind für solche Aussagen repräsentative Befragungen von Jugendlichen die sicherste Aussagequelle. 1995 haben wir selbst bei einer repräsentativen Stichprobe hessischer Schüler(innen) der 9. und 10. Klassen aller Schulformen eine solche Untersuchung vorgenommen (s. Tab. 2).

Tab. 1: Einzel- und Geschwisterkinder zum Zeitpunkt der Befragung
Angaben in Prozent

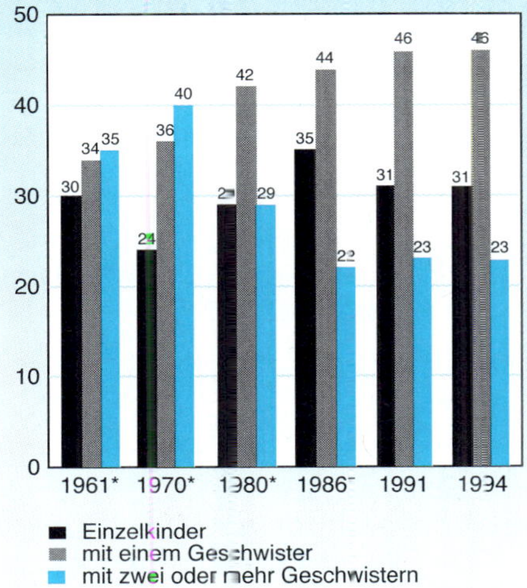

Die Daten ergeben für einen Befragungszeitpunkt 100% (=alle Kinder unter 18 Jahren in Familien). Bei den Berechnungen wurde für die Kategorie „vier und mehr Kinder“ ein Durchschnittswert von 4,5 unterstellt.

*Früheres Bundesgebiet

Quelle: Statistisches Bundesamt 1965, 1972, 1981, 1983, 1993, 1996

(© Universität Bielefeld, Fakultät für Pädagogik)

Tab. 2: Geschwisterzahl bei hessischen Schülerinnen und Schülern der Kl. 9/10

	absolut	in %
Einzelkind	501	14
ein Geschwister	1 785	51
zwei Geschwister	748	21
drei und mehr Geschwister	497	14
Gesamt	3 531	100

Quelle: Forschungsprojekt „Gewalt an Schulen“ im SFB 227, Universität Bielefeld

Die Ergebnisse mögen viele überraschen, doch sie können als sehr sicher gelten: Etwa 86 Prozent unserer Schülerinnen und Schüler wachsen in Geschwister-Konstellationen auf, nur etwa 14 Prozent bleiben letztendlich Einzelkinder. Vor dem Hintergrund solcher Berechnungen (für alle Minderjährigen unter 18 Jahren) werden dann auch Werte aus repräsentativen Jugendstudien plausibel, die sonst nur zu leicht auf Erstaunen oder Ungläubigkeit stoßen: Während in den 50er-Jahren 13 Prozent der Jugendlichen als Einzelkinder aufwuchsen, gaben in einer Repräsentativbefragung zu Beginn der 80er-Jahre 15 Prozent an, Einzelkinder geblieben zu sein; 1995 waren es (in Hessen) 14 Prozent. Verglichen mit den 60er-Jahren gibt es heute deutlich weniger Kinder aus großen Familien (drei und mehr Kinder), zugleich ist aber vor allem der Anteil der Geschwisterpaare erheblich gestiegen.

(Michael Lenz/Klaus-Jürgen Tillmann, in: PÄDAGOGIK Nr. 7 – 8/1997, S. 12)

1 *M 34 b macht eindrucksvoll anschaulich, wie sich die Haushaltsgrößen im 20. Jahrhundert verändert haben. Beschreiben Sie diese Entwicklung und fertigen Sie ggf. ein Schaubild an, in dem jeweils die vier Säulen (der vier Jahre) für die fünf angegebenen Haushaltsgrößen nebeneinander stehen (auf diese Weise kann man „auf einen Blick" erkennen, bei welchen Haushaltsgrößen sich die größten Veränderungen ergeben haben).*

2 *Erläutern Sie etwas konkreter die Hinweise zu den Gründen für die dargestellte Entwicklung.*

3 *1871 gab es in Deutschland bei einer Bevölkerungszahl von rd. 42 Mio 8,7 Mio Haushalte, 1925 bei 63,2 Mio Einwohnern 15,3 Mio Haushalte, 1950 waren es bei 68,7 Mio Einwohnern 21,6 Mio und 1997 bei rd. 82 Mio Einwohnern 37,5 Mio Haushalte. Berechnen und vergleichen Sie die Wachstumsraten der Bevölkerungs- und der Haushaltszahlen. In welchem Zeitabschnitt ist die Differenz der beiden Raten am größten?*

4 *M 35 b kommt zu einem für „statistik-ungeübte Menschen" überraschenden Ergebnis zu dem viel diskutierten Problem der „Einzelkinder". Machen Sie sich klar, auf welcher Berechnungsbasis die Verfasser zu dem Ergebnis kommen, dass der oft gehörte Hinweis auf die große Zahl von Einzelkindern „völlig falsch" ist.*

Eheschließungen und Ehescheidungen

M 36 Eheschließungen

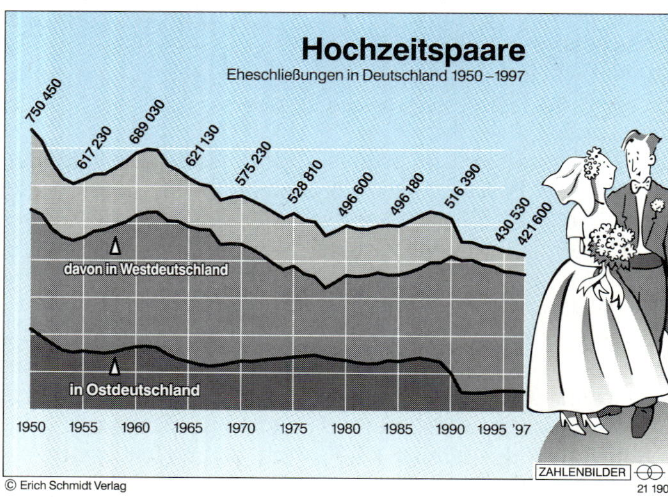

a) Heiratsverhalten

Die Entwicklung des **Heiratsverhaltens** verlief in West- und Ostdeutschland vom Ende des Zweiten Weltkriegs bis Mitte der Sechzigerjahre annähernd parallel. In den ersten Nachkriegsjahren wurden viele Hochzeiten nachgeholt, die bis dahin aufgeschoben worden waren. So stieg die Zahl der Eheschließungen in Westdeutschland 1950 auf 535 700 (das waren 10,7 Trauungen je 1 000 Einwohner), während sich in der damaligen DDR rund 214 750 Paare (11,7 je 1 000 Einwohner) das Jawort gaben. Da-

nach gingen die Zahlen einige Jahre lang zurück, ehe sie ab Mitte der Fünfzigerjahre wieder zunahmen. Vor allem wurde nun im Durchschnitt viel früher geheiratet, als es in der ersten Nachkriegszeit der Fall gewesen war. Dem **Heiratsboom** folgte in den Sechzigerjahren eine Geburtenwelle. Wohl zu Recht erscheint diese Zeit, in der die Deutschen wieder einen bescheidenen Wohlstand erworben hatten und die Werte des häuslichen Glücks für sich entdeckten, als eine ausgesprochen familienorientierte Phase.
Die Siebzigerjahre brachten im Westen eine Abkehr von diesem Verhaltensmuster mit sich. Es wurden immer **weniger Ehen** geschlossen, das Heiratsalter stieg, und die Zahl der Geburten ging drastisch zurück. Auf dem Tiefpunkt der Entwicklung kamen in der Bundesrepublik 1978 nur noch rund 328 000 Eheschließungen zustande (5,4 Trauungen je 1000 Einwohner). Dafür setzten sich Formen des nichtehelichen Zusammenlebens als gesellschaftlich akzeptierte Möglichkeit der Partnerbeziehung in weitem Umfang durch. In den Achtzigerjahren wurde zwar wieder häufiger geheiratet, doch handelte es sich dabei um keinen neuen Trend, sondern nur darum, dass zahlenmäßig starke Jahrgänge das Heiratsalter erreichten und schon deshalb mehr Trauungen stattfanden.
In der früheren **DDR** blieb die Zahl der Eheschließungen in den Siebziger- und Achtzigerjahren dagegen konstant hoch – nicht zuletzt ein Ergebnis der staatlichen Sozial- und Bevölkerungspolitik, die frühes Heiraten und Kinderkriegen belohnte. Der durch die deutsche Einigung ausgelöste Umbruch setzte dem jedoch ein abruptes Ende. An den dramatisch gesunkenen Heirats- und Geburtenziffern wird deutlich, wie tief die soziale Verunsicherung der „Wendejahre“ selbst in den privatesten Lebensbereich hineinwirkte. So fanden in Ostdeutschland 1992 lediglich 48 230 Hochzeiten statt (d.h. lediglich 3,1 je 1 000 Einwohner), und auch in den folgenden Jahren nahm die Heiratshäufigkeit nur allmählich wieder zu. Dabei stieg das durchschnittliche Heiratsalter nun auch in den neuen Ländern kräftig an: bei den (ledigen) Frauen zwischen 1991 und 1996 von 23,7 auf 26,7 Jahre, bei den Männern von 25,8 auf 29,0 Jahre.
(Schmidt-Zahlenbilder)

b) Heiratsalter

Heiratsalter lediger Männer und Frauen in Jahren						
Jahr	Westdeutschland		Ostdeutschland		Deutschland	
	Männer	Frauen	Männer	Frauen	Männer	Frauen
1980	26,1	23,4	–	–	–	–
1985	27,2	24,6	24,8	22,7	26,6	24,[illegible]
1990	28,4	25,9	25,8	23,7	27,9	25,5
1993	29,3	26,9	27,6	25,5	29,2	26,8
1995	29,9	27,5	28,5	26,4	29,7	27,3
1996	30,1	27,7	29,0	26,7	30,0	27,6

Quelle: Eigene Zusammenstellung nach Statistisches Bundesamt 1990, S. 102 und Sommer 1997, S. 222. Auskunft des Statistischen Bundesamtes

(Elisabeth Beck-Gernsheim, Was kommt nach der Familie? Einblicke in neue Lebensformen, München 1998, S. 68)

c) Heiratsneigung

Bei Männern und Frauen ist die **Heiratsneigung** in wenigen Jahren drastisch **gesunken**. Ein Blick auf die zusammengefassten Heiratsziffern kann dies belegen: Während 1970 von 100 ledigen Männern ca. 90% eine Ehe eingingen (Frauen: 97%), waren es 1994 nur noch 53% (Frauen: 60%), die zumindest einmal in ihrem Leben heiraten. Insofern kann das Nicht-heiraten als zunehmend selbstverständliches Verhaltensmuster angesehen werden.
Im Unterschied zur beinahe vollständigen Verheiratung einer Generation im „golden age of marriage“ liegt der Anteil der Nicht-Heiratenden in Deutschland mittlerweile bei über 40%. Trotz der absoluten Zunahme von Mehrfachehen aufgrund massiv angestiegener Scheidungsquoten sinkt bei Geschiedenen und Verwitweten insgesamt die Bereitschaft, sich wieder zu verheiraten. Der Anteil derjenigen, die nach einer Scheidung wieder heiraten, liegt bei ca. 30%.

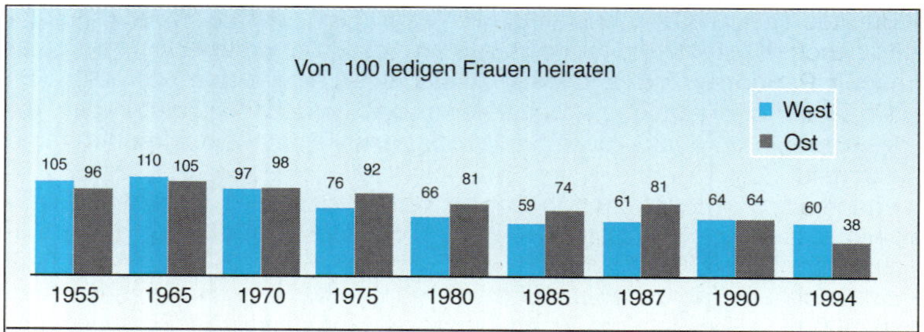

Zu den auf den ersten Blick unlogischen Werten (> 100) vgl. Anm. 4.
Quelle: *Dorbritz/Gärtner* 1995, 345.

(Rainer Geißler [= M 13a], S. 314)

1 *Analysieren Sie anhand von M 36 a–c die Entwicklung der Eheschließungszahlen seit 1950 und unterscheiden Sie auch hier nach den beiden Kennziffern „Zahl der Eheschließungen" und „zusammengefasste Erstheiratsziffern".*

2 *Erläutern Sie die kurzen Hinweise auf die Gründe für die in M 36 a dargestellte Entwicklung. In welchem Zeitabschnitt ist bei den Erstheiratsziffern der deutlichste Einschnitt in der Entwicklung erkennbar?*

3 *Welche Erklärung haben Sie für die signifikante Verschiebung des Heiratsalters bei Männern und Frauen? (M 36 b)*

M 37 Ehescheidungen

Die Ehescheidungszahlen gehören zu den am meisten diskutierten Aspekten des Themas „Familie". Die folgenden Materialien bieten die Möglichkeit sich mit diesem Phänomen etwas gründlicher als nur auf der beschreibenden Ebene zu beschäftigen.

M 37a

Zu den hervorstechenden Merkmalen der Ehe- und Familienentwicklung in beiden Teilen Deutschlands gehört der in vielen Industriegesellschaften zu verzeichnende Anstieg der Scheidungen – ein säkularer Trend, bei dem allerdings zu berücksichtigen ist, dass sich die Ehedauer wegen des zunehmenden Lebensalters von ca. 20 auf 40 bis 50 Jahre in den letzten hundert Jahren deutlich erhöht hat.

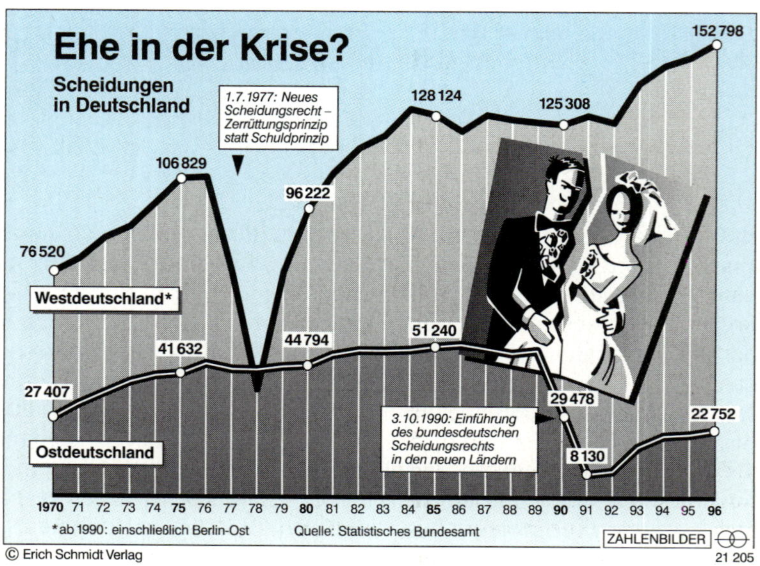

In den Anfangsjahren der Bundesrepublik Deutschland war die **Scheidungshäufigkeit** zunächst sehr hoch, weil viele schnell geschlossene Ehen den Anforderungen des Nachkriegsalltags nicht gewachsen waren oder weil die Partner sich durch lange, kriegsbedingte Trennung auseinander gelebt hatten. Es folgte ein markanter Rückgang der Scheidungszahlen bis 1956. Dann nahm die Scheidungshäufigkeit zwei Jahrzehnte lang kontinuierlich zu. Unterbrochen wurde diese Entwicklung durch die Reform des Scheidungsrechts im Jahre 1977. Die Reform brachte den Übergang vom *Schuldprinzip,* nach dem eine Ehe nur geschieden werden konnte, wenn ein Partner schwere Eheverfehlungen begangen hatte, zum *Zerrüttungsprinzip,* das die Scheidung allein vom Scheitern der ehelichen Lebensgemeinschaft abhängig macht. Seitdem steigt die Scheidungshäufigkeit wieder. 1996 lösten die Scheidungsrichter im alten Bundesgebiet rund 152 800 Ehen auf – die höchste Zahl seit 1950. Auf jeweils 10 000 bestehende Ehen kamen damit 95 Scheidungen. Geht man von der derzeitigen Scheidungshäufigkeit aus, wird in Westdeutschland etwa jede dritte Ehe noch vor der Silberhochzeit, also innerhalb von 25 Jahren geschieden (vgl. hierzu M 37 f.).

(Schmidt-Zahlenbilder)

M 37b

1997 nahm die Zahl der Scheidungen um 7% auf 187 802 zu (Gesamtdeutschland; 1996: 175 550). Je 10 000 Einwohner waren das 22,9, je 10 000 bestehende Ehen 100 Scheidungen.

(Elisabeth Beck-Gernsheim [= M 36 b], S. 30)

Ehescheidungen in Deutschland

Jahr	Insgesamt	Je 10 000 Einwohner	Je 10 000 bestehende Ehen
1900	7 928	1,4	8,1
1920	36 542	5,9	32,1
1930	40 722	6,3	29,5
1950	84 740	16,9	67,5
1960	48 878	8,8	35,0
1970	76 520	12,6	50,9
1980	96 222	15,6	61,3
1990	122 869	19,4	81,0
1995	147 945	21,9	92,3
1996	152 798	22,5	95,2

Die Zahlen ab 1950 beziehen sich auf Westdeutschland.

Quellen: Statistisches Bundesamt 1990, S. 127; Statistisches Bundesamt 1995, S. 108; Hammes 1996, S. 770; Pressemitteilung des Statistischen Bundesamtes Nr. 211/97, 24.7.1997.

M 37c Entwicklung in Ostdeutschland

In der DDR wurde nicht nur zunehmend weniger und später geheiratet, sondern es wurden seit Mitte der 60er- und forciert seit Beginn der 70er-Jahre auch immer mehr Ehen geschieden. Die DDR bewegte sich auf einem, auch im internationalen Vergleich, sehr hohen Scheidungsniveau mit deutlichem Vorsprung vor der BR. Das Schuldprinzip war bereits seit Mitte der 50er-Jahre abgeschafft. Von 1960 bis 1985 hatte sich die Anzahl der **Scheidungen mehr als verdoppelt**, jährlich mehr als 50 000 Ehen wurden geschieden. 1965 waren 2,5% und 1989 bereits 6% der Bevölkerung geschieden. Grundsätzlich galt auch in der DDR: Je jünger die Eheschließenden waren, desto scheidungsanfälliger war ihre Beziehung. Aber bemerkenswert ist, dass 1985 auch ca. 17% der Scheidungen nach mehr als 20-jähriger Ehe ausgesprochen wurden, also zu einem Zeitpunkt, als die Kinder die Familie bereits verlassen hatten. Hervorzuheben ist auch, dass ähnlich wie in der BR und mit steigender Tendenz – 1960: 55,1%; 1975: 65,5%; 1989: 69% – die Frauen die Scheidung beantragten.
Neben den wirtschaftlichen und sozialen Problemen in den neuen Bundesländern gehörten die **massiven demographischen Einbrüche** zu den herausragenden Chiffren des Vereinigungsprozesses. Seit 1989 ist ein drastischer Rückgang der Heirats- und Scheidungsziffern – gepaart mit einem außergewöhnlichen Geburtentief – zu verzeichnen (vgl. M 31 a,

M 32, M 36 a). Während 1989 eine zusammengefasste Scheidungsziffer von 36,9% ermittelt wurde, lag diese 1991, ein Jahr nach der Vereinigung, nur noch bei 6,4%. Im gleichen Zeitraum sank die Zahl der Eheschließungen von 131 000 auf 50 000, bevor sie 1992 mit 49 000 ihren Tiefstand erreichte.

Seit 1992 bzw. 1993 ist ein Anstieg der Eheschließungen und der Scheidungen – die immer noch durch die Umstellung der Rechtslage und die Last verwaltungstechnischer Faktoren gehemmt sind – festzustellen; beide Kennziffern bewegen sich allerdings immer noch auf einem auffallend niedrigen Niveau.

Insgesamt müssen die demographischen Einbrüche als Folge des „Transformationsschocks" betrachtet werden, in dem die Zurückstellung von außerordentlichen Ereignissen als Bewältigungsmuster der vereinigungsbedingten Umstellungsprobleme fungiert. Es steht zu vermuten, dass die Schutzfunktion der Ehe gerade in den krisenhaften Umbruchzeiten nicht leichtfertig aufs Spiel gesetzt wird.

(Rainer Geißler [= M 13 a], S. 316f.)

M 37d

Zusammengefasste Scheidungsziffern

(Rainer Geißler, Die Sozialstruktur Deutschlands, Westdeutscher Verlag, Wiesbaden 1996, S. 315)

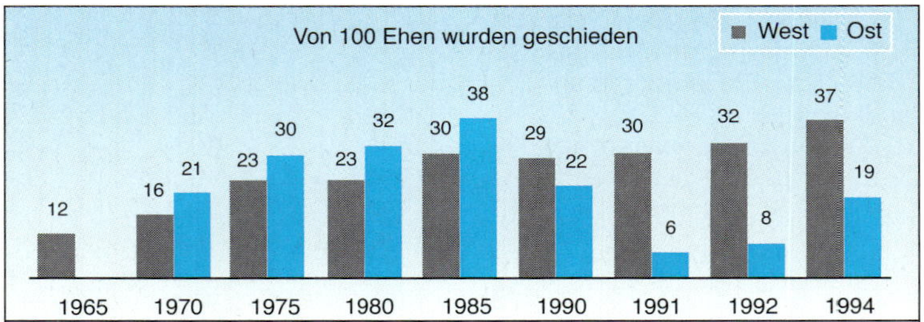

Quelle: *Dorbritz/Gärtner* 1995, 355.

M 37e Die Zahl der „Scheidungswaisen" nimmt zu

Die relativ niedrige durchschnittliche Kinderzahl der Scheidungsehen (0,75) zeigt, dass Kinder die Scheidungswahrscheinlichkeit reduzieren. Dennoch lässt sich seit einigen Jahren ein Trend zu steigenden Kinderzahlen in Scheidungsehen beobachten. 1992 waren bei ungefähr der Hälfte der geschiedenen Ehen minderjährige Kinder vorhanden. Während es 1960 45.000 Zugänge an „Scheidungswaisen" gab, hat sich deren Zahl mittlerweile rasant erhöht: 1993 waren bereits über 100.000 Kinder von Scheidungen betroffen[1]. Bemerkenswert ist weiterhin der steigende Anteil an Spätscheidungen; so wurden 1992 über 20% aller geschiedenen Ehen nach dem 20. Ehejahr getrennt. Der größte Anteil der Scheidungen findet jedoch bereits nach 4 oder 5 Ehejahren statt. Auffallend ist hierbei, dass gegenwärtig über 65% aller Scheidungen von Frauen beantragt werden und dass sie diese deutlich positiver beurteilen als Männer. Folgerichtig flüchten Männer nach einer Scheidung dann auch erheblich schneller als Frauen in eine erneute Beziehung.

(Rainer Geißler [= M 13 a], S. 314f.)

[1] Von der Scheidung ihrer Eltern betroffen waren **1997** 163 112 minderjährige Kinder, fast zehn Prozent mehr als 1996. Die Zahl der geschiedenen Ehen mit minderjährigen Kindern ist 1997 im Vergleich zum Jahr davor um 8,7 Prozent auf 105 000 gestiegen und hat damit deutlich stärker zugenommen als die Zahl der geschiedenen Ehen ohne Kinder. Nach wie vor stellen überwiegend Ehefrauen den Antrag auf Ehescheidung. Mit fast 70 Prozent ist der größte Teil der Ehescheidungen einvernehmlich nach einjähriger Trennung vorgenommen worden. 52,9 Prozent der Ehen hatten länger als neun Jahre bestanden. (Mitteilung des Stat. Bundesamtes v. Sept. 1998)

M 37f Wird „jede dritte Ehe“ geschieden?

Abb.: Ehedauerspezifische Scheidungsziffern für ausgewählte Eheschließungsjahrgänge sowie Querschnitt 1992 (früheres Bundesgebiet)

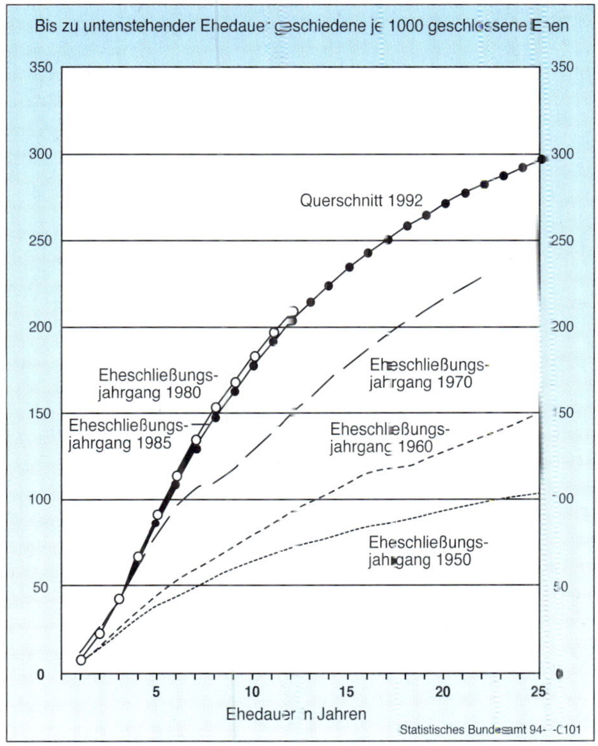

(© Statistisches Bundesamt Wiesbaden 1998; Graphik-Ident-Nummer: 94-1-0101)

An den in einem bestimmten Jahr registrierten Ehescheidungen sind *zahlreiche Eheschließungsjahrgänge* (Kohorten*) beteiligt, z.B. „junge Ehen“ nach ein oder zwei Ehejahren, aber auch „alte Ehen“ 20 und mehr Jahre nach der Heirat. Die genaue zeitliche Entwicklung der Scheidungshäufigkeit lässt sich deshalb nur durch Betrachtung einzelner Kohorten erfassen. Um die tatsächliche Scheidungshäufigkeit einzelner Eheschließungsjahrgänge genauer darstellen zu können, wurde vom Statistischen Bundesamt eine Längsschnittanalyse ausgewählter Heiratsjahrgänge auf der Basis von ehedauerspezifischen Scheidungsziffern durchgeführt (vgl. Abb.). Dabei ist deutlich erkennbar, dass die jeweils bis zu einer Ehedauer von 5, 10, 15, 20 und 25 Jahren beobachtete Scheidungshäufigkeit von Jahrgang zu Jahrgang stark zugenommen hat. So waren z.B. von den Ehen, die 1960 geschlossen wurden, nach zehnjähriger Ehedauer ca. 8% geschieden, von den 1980 geschlossenen Ehen hingegen bereits ca. 18%.
Schwierigkeiten resultieren daraus, dass eine solche Längsschnittanalyse erst nach Ablauf der gesamten in Frage kommenden Periode abgeschlossen werden kann bzw. jeweils bei der im Kalenderjahr erreichten Ehedauer abbricht. Um eine ungefähre Vorstellung von der insgesamt (hier: nach 25 Ehejahren) zu erwartenden Scheidungshäufigkeit auch *neuerer Eheschließungsjahrgänge* zu vermitteln, wurden für die in Zukunft liegenden Kalenderjahre Schätzwerte für jedes Ehedauer-Jahr aufgrund der Querschnittsbasis (d.h. die auf das Jahr 1992 bezogenen Scheidungsziffern für Ehen mit unterschiedlicher Ehedauer) eingesetzt. In der Abbildung wurde eine solche Schätzung am Beispiel des Eheschließungsjahrgangs 1985 dargestellt, für den ab einer Ehedauer von 8 Jahren die für 1992 errechneten Querschnittswerte eingesetzt wurden. Unter der Annahme, dass das derzeit hohe Scheidungsniveau auf längere Sicht erhalten bleibt, beträgt die Scheidungsquote nach 25 Ehejahren für diesen Jahrgang etwa 30%.

(Rüdiger Peuckert [= M 31 a], S. 145f.)

(Zeichnung: Gerhard Mester/CCC)

1 *Stellen Sie anhand von M 37 a–d die wichtigsten Merkmale der Entwicklung der Scheidungszahlen und ihre angegebenen Erklärungen heraus, auch im Vergleich zwischen West- und Ostdeutschland. Achten Sie dabei auch auf die ins Auge fallenden Zahlenveränderungen in den Jahren 1977–1979 (West), 1989–1991 (Ost) und auf die aus dem Trend ausscherende Zahl für 1950. Welchen Hinweis enthält M 37 c zur Erklärung des „auch im internationalen Vergleich sehr hohen Scheidungsniveaus" in der früheren „DDR"?. Vgl. dazu M 31, M 36 a.*

2 *In M 37 e wird auf die zunehmende Zahl von „Scheidungswaisen" hingewiesen. Beschreiben Sie aus Ihrer Sicht spezifische Probleme, mit denen es „Scheidungskinder" in verschiedenen Lebensbereichen und in ihrer Persönlichkeitsentwicklung zu tun haben könnten.*

3 *„Jede dritte Ehe wird heute geschieden". Das ist die am häufigsten zu hörende Aussage zur Scheidungsentwicklung (vgl. M 37 a). Zeigen Sie anhand von M 37 f auf, inwiefern es sich dabei um eine Prognose, nicht um eine Tatsachenfeststellung handelt:*
- *Was versteht man unter „Kohortenanalysen" (s. Glossar) und inwiefern lässt sich nur mithilfe solcher Untersuchungen die genannte Scheidungsquote überprüfen?*
- *Welche Scheidungsquoten lassen sich bisher für die Eheschließungsjahrgänge 1950, 1960, 1970 feststellen (nach 25 Jahren)? Um welche Prozentsätze hat sich das „Scheidungsrisiko" zwischen diesen Jahrgängen gesteigert?*
- *Für den Eheschließungsjahrgang 1980 lag die Quote nach 12 Jahren (1992) bei 20%. Wie kommt die Prognose zu einer Quote dieses Jahrgangs von 30% für 2005?*

M 38 Ursachen der zunehmenden Instabilität von Zweierbeziehungen

Bis heute ist immer noch relativ wenig über die Faktoren bekannt, die die Höhe und Entwicklung der Scheidungszahlen eines Landes bestimmen. Steigende Scheidungszahlen entwickeln eine gewisse *Eigendynamik* („Scheidungsspirale"), da mit dem Anstieg der Scheidungen die Scheidung immer häufiger als *legitime Form ehelicher Konfliktlösung* akzeptiert und seltener als *moralisches Versagen* angesehen wird. Mit der Reform des Scheidungsrechts im Jahr 1976, dem Übergang vom Schuld- zum Zerrüttungsprinzip, hat die bundesrepublikanische Gesellschaft (nicht zuletzt unter dem Einfluss der katholischen Kirche) erst sehr spät auf die Entwicklung reagiert. In der ehem. DDR wurde das Zerrüttungsprinzip bereits 1955 zur Grundlage des Scheidungsrechts. Ehescheidungen wurden „leicht gemacht" und besaßen auch sonst nicht den stigmatisierenden Charakter wie in der Bundesrepublik. Wichtig für den Anstieg der Scheidungen in der Bundesrepublik und in der DDR war und ist das Phänomen der *„intergenerationalen Scheidungstradierung"*: Wer als Kind die Scheidung seiner Eltern erlebt hat, dessen Chance steigt, selbst geschieden zu werden. Söhne geschiedener Eltern haben gegenüber Söhnen aus vollständigen Herkunftsfamilien ein um 140% höheres Scheidungsrisiko, Töchter aus Scheidungsfamilien hingegen ein nur um 20% höheres Scheidungsrisiko im Vergleich zu Ehen von Frauen aus vollständigen Familien. Das erhöhte Scheidungsrisiko wird damit erklärt, dass „Scheidungswaisen" die eheliche Bindung als weniger verpflichtend ansehen und besonders häufig (instabile) Frühehen eingehen. [...]
Bedeutsam [für die eigentlichen Ursachen für das gestiegene Scheidungsrisiko] dürfte sein, dass aufgrund eines stattfindenden *Individualisierungsprozesses* die Ansprüche der Menschen – besonders der Frauen – an ein selbstbestimmtes Leben gewachsen sind. Überraschenderweise genießen Ehe und Familie trotz steigender Scheidungszahlen im

Vergleich zu anderen Lebensbereichen immer noch eine sehr hohe Wertschätzung. Mit Abstrichen gilt dies auch für die jüngere Generation. Der vermeintliche Widerspruch löst sich auf, wenn man bedenkt, dass die Ehen gerade wegen ihrer großen subjektiven Bedeutung für den Einzelnen instabiler geworden sind. Den Ergebnissen der empirischen Untersuchung von Nave-Herz et al. (1990) über den zeitgeschichtlichen Anstieg der Ehescheidungen in der Bundesrepublik nach zu urteilen – befragt wurden 465 Geschiedene/Getrenntlebende sowie 79 Verheiratete unterschiedlicher Heiratskohorten – haben sich die *subjektiven Sinnzuschreibungen an die Ehe* und damit die Gründe für das Scheitern der Ehe im Generationenvergleich verändert. Störungen in den Partnerbeziehungen und damit Emotionen und Affekte sind bedeutsamer geworden, traditionelle Scheidungsgründe wie finanzielle Probleme, Untreue und Gewalt spielen eine eher untergeordnete Rolle. Die *gestiegenen affektiv-emotionalen Ansprüche an eine bestimmte Qualität der ehelichen Partnerschaft* führen häufiger und schneller zu unerfüllten Bedürfnissen und damit zu Spannungen in den ehelichen Beziehungen, sodass das Scheitern der Ehe häufig geradezu „vorprogrammiert" ist. „Gerade weil die Beziehung zum Partner so bedeutsam für den Einzelnen geworden ist und gerade weil man die Hoffnung auf Erfüllung einer idealen Partnerschaft nicht aufgibt, löst man die gegebene Beziehung – wenn sie konfliktreich und unharmonisch ist – auf. Der zeitgeschichtliche Anstieg der Ehescheidung ist also kein Zeichen für einen ‚Verfall' oder für eine ‚Krise' der Ehe, sondern für ihre enorme psychische Bedeutung für den Einzelnen" (Nave-Herz u.a., Scheidungsursachen im Wandel, Bielefeld 1990, S. 65). [...]
Auch der Anstieg der Ehescheidungen in der *ehem. DDR* wird mit den gestiegenen (Glücks-)Erwartungen an die Partnerbeziehung begründet, die im Ehealltag oftmals nicht erfüllt werden können. Hinzu kommt die Überlastung der Familien infolge der frühen Familiengründung. Loslösung vom Elternhaus, Gründung eines eigenen Haushalts, Berufsbeginn sowie Partnerschaft und Familiengründung liegen zeitlich dicht beieinander. Auch wurden der Ehe nur geringe Rechtsfolgen zugemessen. Das Unterhaltsrecht und der Versorgungsausgleich im Falle der Scheidung spielen aufgrund der Vollzeiterwerbstätigkeit von Mann und Frau keine Rolle.
Die Veränderungen in den Ansprüchen an den Partner sind Ausdruck eines allgemeinen *gesellschaftlichen Wertewandels*. Nach Klages (1984) haben in der Bundesrepublik wie in anderen westlichen Industrienationen die Pflicht- und Akzeptanzwerte (d.h. die Identifizierung mit Tugenden, die auch ein Zurückstellen der eigenen Lebensinteressen im Falle ihrer Nichterfüllung nahe legen) eine tendenzielle Rangverminderung erfahren; gleichzeitig haben Selbstentfaltungswerte (d. h. die Betonung von Autonomie, Gleichbehandlung und Selbstverwirklichung) an Bedeutung gewonnen. In der Studie von Nave-Herz u.a. (1990) stimmten von den Geschiedenen, die vor 1966 geheiratet hatten, noch 56% dem Satz zu „Die Ehe ist ein Bund fürs Leben, daran sollte man denken, auch wenn man nicht mehr so zufrieden ist." Von den Geschiedenen der Heiratskohorte 1966–1975 bejahten noch 33%, von den Geschiedenen der Kohorte 1976–1988 nur noch 20% diese Aussage. Die Geschiedenen der jüngeren Kohorte vertraten häufiger Selbstentfaltungswerte, waren z. B. häufiger davon überzeugt, dass man „in der Ehe seine eigenen Bedürfnisse erfüllen können muss, auch wenn der Partner damit einmal nicht einverstanden ist". In den Mittelpunkt rücken immer mehr individuelle Glückserwartungen (angestrebte eigene Befriedigungen, das persönliche „Glück"), während der Verpflichtungs- und Verbindlichkeitscharakter der Institution Ehe nachlässt. Werden die Erwartungen enttäuscht, zieht man eher die Konsequenzen als bei einem Heiratssystem, das stärker den Charakter eines Zweck- und Solidarverbandes hat. Auch Weiss (1995) kommt aufgrund der Ergebnisse einer 1991 in Österreich durchgeführten Repräsentativstudie zu dem Schluss, dass das traditionale Prinzip der gegenseitigen Verpflichtung (Opferbereitschaft, Verzicht) nicht mehr zum Liebesleitbild jüngerer Gebildeter beiderlei Geschlechts zählt. Der emotionale Beziehungscharakter, die Beziehungsqualität (Erotik, Sexualität,

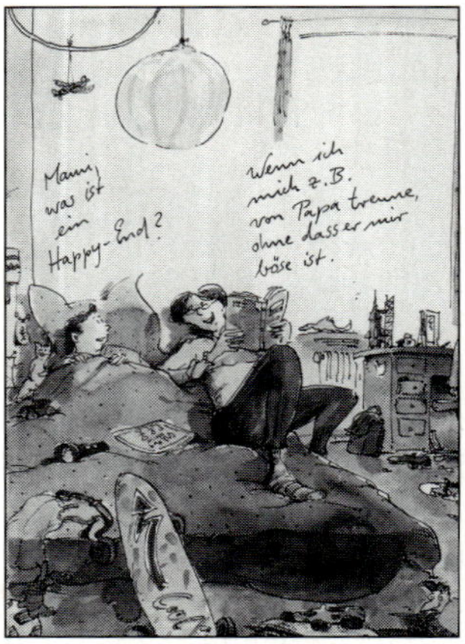

(Zeichnung: Peter Gaymann/CCC)

Qualität des Partners), gewinnt gegenüber dem Verpflichtungscharakter immer mehr Vorrang. [...]
Dabei betrifft der Wertewandel in stärkerem Maße die Frauen als die Männer. Die *junge Frauengeneration* stellt qualitativ andere Ansprüche an die Ehe als die ältere. Sie bemüht sich besonders darum, in der Ehe mehr Gemeinsamkeit, Selbstständigkeit und Mitbestimmung durchzusetzen. Während die älteren geschiedenen Frauen Sexualität noch als eheliche Pflicht ansahen, beanspruchten die jüngeren Frauen für sich selbst eine befriedigende sexuelle Beziehung. Da die Männer mit ihrer Ehe immer noch primär den Wunsch nach einer Versorgung im Alltag verbanden, spricht Scheller (1992) von einer *„Ungleichzeitigkeit der Entwicklung"*, die sich darin äußert, dass sich die jüngere Frauengeneration von der traditionellen Frauenrolle mehr oder weniger weit entfernt hat, während die Männer weitgehend ihrer Rolle verhaftet geblieben sind. Entscheidend für den Anstieg der Ehescheidungszahlen sind also nicht allein die veränderten Ansprüche der modernen Frauengeneration, sondern die diskrepanten Ansprüche beider Ehepartner.
Auch in anderen Studien finden sich Belege dafür, dass Männer und Frauen unterschiedliche Erwartungen an das Leben zu zweit haben. Männer betonen stärker die instrumentelle Seite von Liebe und Ehe, ihre Versorgung im Alltag. Frauen legen – neben der wachsenden Betonung ihrer Selbstständigkeit – mehr Nachdruck auf Gefühle, innere Nähe und gegenseitiges Verstehen. Diese Unterschiede sind zwar nicht neu. Neu ist aber der Umgang mit diesen Bedürfnissen. Je stärker sich die Frauen als Personen mit eigenen Wünschen begreifen und je weniger sie aufgrund eigener Erwerbstätigkeit auf die Versorgung durch einen Partner angewiesen sind, desto weniger dulden sie diese Widersprüche und ziehen notfalls die Konsequenzen. Das *Konfliktpotenzial* wächst, und die traditionellen Techniken der Konfliktreduzierung – Nachgeben, Beziehungsarbeit leisten, Ausgleich schaffen –, die früher den Zusammenhalt garantiert haben, greifen nicht mehr. „Die Modernisierung hat eine kritische Grenze erreicht, wo ein Weitertreiben der bisherigen Regeln nicht mehr möglich ist – oder nur um den Preis explosiv anwachsender Konflikte im Verhältnis der Geschlechter" (Beck-Gernsheim 1986, 231). Auch die einschlägigen DDR-Studien verdeutlichen, dass Frauen höhere Ansprüche an eine Partnerschaft stellen, ihre Partnerschaft kritischer beurteilen und eher die Scheidung beantragen als Männer.

(Rüdiger Peuckert [= M 31a], S. 149–153)

1 *Gliedern Sie den längeren Text über die Ursachen der zunehmenden Scheidungshäufigkeit nach den folgenden Stichworten und stellen Sie jeweils die wichtigsten Aussagen dazu deutlich heraus:*
- *„Scheidungsspirale" / Scheidungsrecht*
- *„intergenerationale Scheidungstradierung"*
- *Individualisierungsprozesse und gesteigerte Ansprüche an die Qualität der Beziehungen*
- *gesellschaftlicher Wertewandel, vor allem bei Frauen*

2 *Zu den Ursachenkomplexen „Wertewandel" und „Individualisierungsprozess" enthält dieses Buch eigene Kapitel bzw. Abschnitte (Kap. IV und Abschnitt 3 in diesem Kapitel). Wie schätzen Sie an dieser Stelle den Stellenwert dieser beiden Ursachenfaktoren ein? Worin sehen Sie aus Ihrer Sicht die wichtigsten Gründe für die zunehmende Scheidungshäufigkeit?*

M 39 Was Scheidung für Kinder bedeutet

M 39a Kinder im Scheidungsverfahren

Familientherapeuten, Scheidungsanwälte und Richter erleben tagtäglich, wie in der Nach-Scheidungs-Phase zwischen Expartnern Verletzung und Bitterkeit, Wut und Hass eskalieren. Aber auch wenn das Trennungsgeschehen vernünftig und friedlich verläuft, wird durch den Akt der Scheidung unweigerlich ein neues Verhältnis zwischen Mann, Frau und Kindern konstituiert. Viel deutlicher als zuvor stehen sich jetzt Einzelpersonen gegenüber, wollen je eigene Interessen und Lebenswege, Wünsche und Rechte behaupten. Die Expartner haben nicht nur differierende Zukunftsvorstellungen, sondern auch differierende Bilder von der früheren gemeinsamen Zeit, vielfach auch differierende Schuldzuweisungen und Wahrnehmungsmuster (er hat schon immer mit anderen Frauen geflirtet; sie hat immer das Geld rausgeworfen).

Dazwischen stehen die Kinder. Sie haben in dieser Situation ihre eigenen Wünsche: Wie Untersuchungen zeigen, hoffen die meisten, dass die Eltern sich wieder versöhnen. Aber vergeblich – die Eltern gehen ihren eigenen Weg, auch gegen die Wünsche der Kinder. Diese müssen nun lernen, mit gespaltenen Loyalitäten* zu leben. Wo Kämpfe ausgefochten werden um ihren Verbleib, werden vor Gericht auch die Kinder befragt, ob sie bei der Mutter oder beim Vater leben wollen; wie behutsam auch immer man vorgeht, hier wird dem Kind eine Aussage gegen den einen oder anderen abverlangt (und in den weniger behutsamen Fällen erlebt das Kind direkte Beeinflussungsversuche und Manöver der Eltern). Wo Besuchsregelungen durchgesetzt werden, aber die Expartner von ihren Verletzungen nicht loslassen können, werden die Kinder in den Nach-Scheidungskampf einbezogen, werden ausgehorcht über den Lebensstil und den Neuen/die Neue des Partners, mit Verwöhnung bestochen, als Informationsträger zwischen den feindlichen Fronten benutzt. Hinzu kommen weitere Trennungsereignisse: In einigen Familien werden die Kinder aufgeteilt zwischen den Eltern, also auch die Geschwister auseinanderdividiert. Weitaus häufiger bricht nach der Scheidung die Beziehung zum Vater schnell ab, er verschwindet aus dem Gesichtskreis der Kinder. Auch die Beziehung zu den Großeltern väterlicherseits wird dünner, gestaltet sich schwierig, wird von der Mutter zum Teil auch bewusst unterbunden, um alle Bezüge zum Vater zu tilgen.

(Zeichnung: Marie Marcks)

(Elisabeth Beck-Gernsheim [= M 36 b], S. 12f.)

M 39b Auswirkungen auf die Persönlichkeitsentwicklung

Die wenigen Untersuchungen über die Auswirkungen von Trennungen und Scheidungen auf die *kindliche Persönlichkeitsentwicklung* zeigen, dass es zwar der Mehrzahl der Kinder gelingt, das Scheidungsgeschehen ohne langfristige Beeinträchtigungen zu bewältigen, dass aber ein Drittel aller Kinder mittel- und langfristig einen problematischen Werdegang aufweist. Dieser äußert sich in einer erhöhten Rate von Verhaltensstörungen und Aggressionen, Beeinträchtigungen der moralischen Entwicklung sowie einem erhöhten Selbst-

(Zeichnung: Marie Marcks)

mordrisiko und sozialen Bindungsängsten. In ihrer Längsschnittstudie *Familien nach der Scheidung* hat Napp-Peters (1995) 150 Scheidungsfamilien über zwölf Jahre begleitet. Die Scheidung stellte anfangs für alle Kinder eine traumatische* Erfahrung dar. In den ersten beiden Jahren wurde bei jedem vierten Kind von anhaltenden Verhaltensstörungen berichtet. Selbst zehn Jahre später haben von diesen Kindern 75% große Probleme, den Alltag zu bewältigen und längerfristige Perspektiven für ihr Leben zu entwickeln.

Viele Kinder aus Ein-Eltern-Familien müssen weitere Veränderungen im familialen System ertragen. Denn nur relativ wenige Kinder wachsen dauerhaft bei einer allein erziehenden Mutter oder einem allein erziehenden Vater auf. Die meisten werden in ein *Stiefkindverhältnis* überführt oder leben in nichtehelichen Lebensgemeinschaften. Der Anteil der Stiefkindverhältnisse an allen Kindschaftsverhältnissen beträgt knapp 9% und erhöht sich bis zur Volljährigkeit des Kindes auf knapp 14%. Der Familienbildungs- und -lösungsprozess verläuft meist dergestalt, dass der leibliche Vater fort- und ein Stiefvater zuzieht, während die Haushaltsgemeinschaft der leiblichen Mütter mit ihren Kindern bestehen bleibt.

Eine Wiederheirat oder erneute Partnerschaft bewirkt weitere Diskontinuitäten und Verunsicherungen im familialen Umfeld und verstärkt die Verhaltensprobleme der Kinder, dies namentlich während des Übergangs von der Ein-Eltern-zur Stieffamilie. Da der leibliche Elternteil oft auf das Kind fixiert ist, konkurrieren die Bemühungen des Stiefelternteils um Intensivierung der Partnerbeziehung mit den Ansprüchen des Kindes. Der Anpassungsprozess wird noch dadurch erschwert, dass keine eindeutigen Rollendefinitionen für den Stiefelternteil und die Stiefkinder existieren, für viele Kinder eine Wiederverheiratung den Verlust (oder befürchteten Verlust) einer engen Eltern-Kind-Beziehung bedeutet und die Kinder nicht in Loyalitätskonflikte* mit dem leiblichen, außerhalb des Haushalts lebenden Elternteil geraten wollen.

Beinahe jedes zweite Stiefkind zeigt Verhaltensauffälligkeiten. Walper (1993) gelangt in ihrer Sekundäranalyse* zu dem Schluss, dass sich Stiefkinder im Vergleich zu ihren Altersgenossen aus Normalfamilien häufig als aggressiv und ungehorsam erweisen, abhängiger von Gleichaltrigen sind und in ihren Schulleistungen, teils auch in ihrem Selbstwertgefühl und ihrer psychischen Gesundheit, Mängel erkennen lassen. Für ein hohes Belastungspotenzial von Stieffamilien spricht auch, dass diese sich vielfach wieder auflösen und sich viele Stiefkinder schon früh selbstständig machen. Auch sind unter den Kindern, für die die Jugendämter eine Unterbringung in einer Pflegefamilie oder in einem Heim veranlassen oder denen sie therapeutische Hilfe gewähren, Stiefkinder unverkennbar überrepräsentiert.

(Rüdiger Peuckert, Die Destabilisierung der Familie, in: Was treibt die Gesellschaft auseinander?, hg. von Wilhelm Heitmeyer, Suhrkamp, Frankfurt a. M 1997, S. 318 – 320)

Nennen und erläutern Sie konkreter die einzelnen Probleme, die sich aus Trennungen und Scheidungen für die Lebenssituation und die Persönlichkeitsentwicklung der betroffenen Kinder ergeben (können) (M 39a/b).

Der Monopolverlust der Familie: Pluralisierung privater Lebensformen

M 40 Lebensformen der Bevölkerung

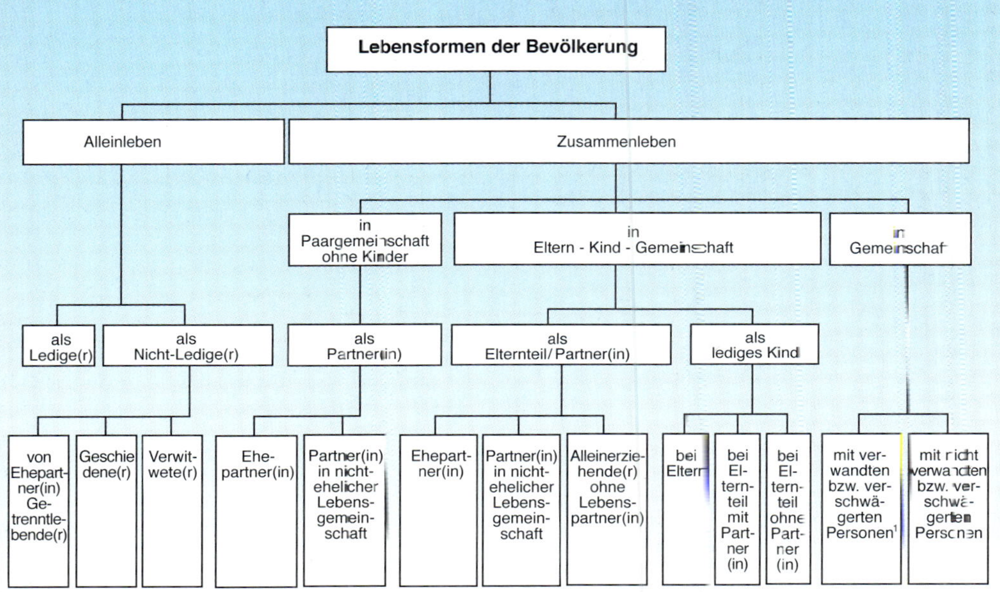

[1]Gegebenenfalls zusätzlich mit nicht verwandten Personen

Statistisches Bundesamt 95-1-0406

Quelle: Wirtschaft und Statistik (© Statistisches Bundesamt Wiesbaden 1998: Graphik-Ident-Nummer: 95-1-0406)

M 41a Bevölkerung nach Altersgruppen und Lebensformen[1] in Deutschland 1993

Alter in Jahren	Insgesamt	Davon								
		Alleinlebende		Alleinerziehende ohne Partner[2]	mit einem Partner[3]				ledige Kinder bei Eltern/-teil	sonstige Personen[4]
					verheiratet zusammenlebend		in nichtehelicher Lebensgemeinschaft[2]			
		ledig	nicht ledig		ohne Kinder	mit Kindern	ohne Kinder	mit Kindern		
	1 000	%								
		Insgesamt								
18–25	7 024	12,2	0,3	1,3	4,9	7,2	7,2	1,5	63,7	1,8
25–35	13 119	14,8	2,0	3,4	11,3	43,4	7,0	2,9	13,6	1,5
35–45	11 382	6,3	4,0	4,9	10,5	66,0	2,5	2,2	2,8	1,0
45–55	10 985	3,9	6,9	4,0	32,3	47,7	2,2	0,9	1,0	1,1
55–65	10 022	3,6	10,9	3,1	54,7	23,5	1,8	0,3	0,5	1,7
65 und mehr	12 132	4,5	36,0	2,9	45,0	4,8	1,4	0,1	0,1	5,4
Insgesamt	64 664	7,5	10,7	3,4	27,1	33,9	3,5	1,3	10,4	2,1

Alter in Jahren	Insgesamt	Davon								
		Alleinlebende		Alleinerziehende ohne Partner[2]	mit einem Partner[3]				ledige Kinder bei Eltern/-teil	sonstige Personen[4]
					verheiratet zusammenlebend		in nichtehelicher Lebensgemeinschaft[2]			
		ledig	nicht ledig		ohne Kinder	mit Kindern	ohne Kinder	mit Kindern		
	1 000	%								
					Männer					
18-25	3 590	11,9	0,2	0,2	3,1	3,9	5,0	0,9	72,8	2,0
25-35	6 664	17,7	2,5	0,4	10,8	36,6	7,5	2,8	19,8	2,0
35-45	5 685	8,3	5,1	1,3	9,7	65,0	2,8	2,3	4,2	1,4
45-55	5 534	4,9	6,1	1,7	28,7	52,3	2,3	1,2	1,5	1,3
55-65	4 929	3,5	6,6	1,4	56,0	28,5	1,9	0,3	0,5	1,3
65 und mehr	4 348	1,9	14,4	1,2	69,4	8,6	2,0	0,1	0,0	2,3
Zusammen	30 749	8,5	5,7	1,0	28,5	35,6	3,7	1,4	13,9	1,7
					Frauen					
18-25	3 433	12,5	0,4	2,5	6,8	10,7	9,5	2,0	54,1	1,5
25-35	6 455	11,9	1,5	6,4	11,9	50,4	6,6	3,0	7,3	1,0
35-45	5 697	4,3	2,8	8,5	11,2	66,9	2,1	2,1	1,3	0,7
45-55	5 451	2,8	7,6	6,3	35,9	43,1	2,0	0,7	0,6	1,0
55-65	5 093	3,8	15,1	4,7	53,4	18,6	1,7	0,2	0,5	2,0
65 und mehr	7 784	5,9	48,0	3,8	31,3	2,7	1,1	0,0	0,1	7,1
Zusammen	33 914	6,6	15,3	5,5	25,8	32,3	3,4	1,3	7,3	2,6

[1] Bevölkerung am Familienwohnsitz.
[2] Schätzung aus Ergebnissen des Mikrozensus.
[3] Verschiedengeschlechtlicher Partner.
[4] Dazu zählen Personen, die in sonstiger Gemeinschaft mit verwandten oder nicht verwandten Personen leben.

Quelle: Wirtschaft und Statistik 6/1995.

(Max Wingen, Familienpolitik, hg. von der Bundeszentrale für politische Bildung, Bonn 1997, S. 69)

M 41b

Die Großfamilie ist out

Zum Vergleich:
Zahlen (in Tsd.) für 1972 (Westdeutschland):
Ehepaare mit Kindern: 10 587
Ehepaare ohne Kinder: 5 265
Nichteheliche Lebensgemeinschaften: 137
Singles: 6 014
Wohngemeinschaften: 223
Alleinerziehende: 701

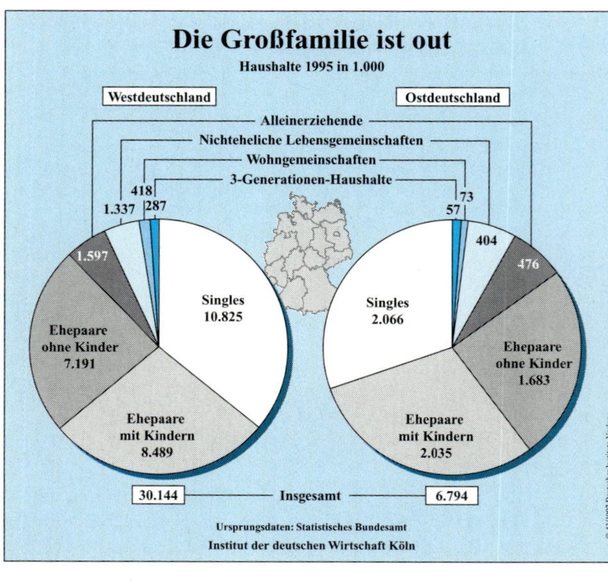

(© 43/1997 Deutscher Instituts-Verlag)

M 41c

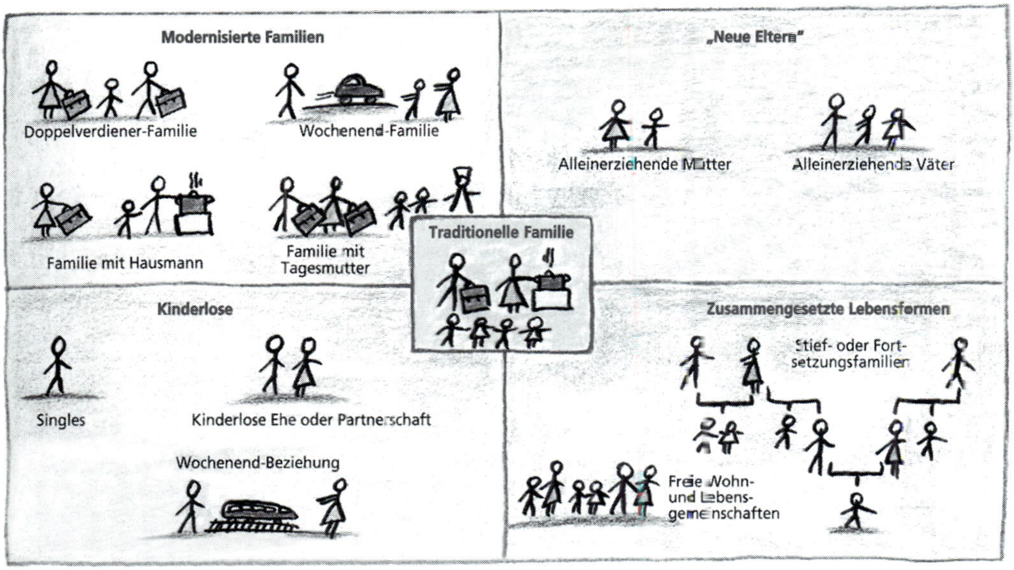

(Heinz Kaiser u.a., Zukunft gestalten – Politik, Kieser, Neusäß 1996, S. 11; Zeichnung: Katrin Fiederling; leicht verändert)

1 *Das Schema M 40 soll einen Eindruck vermitteln von der Vielfalt der Lebensformen, in denen Menschen allein oder mit anderen zusammen leben (d.h. vor allem: wohnen); darüber hinaus von der unterschiedlichen rechtlichen Stellung, die allein oder zusammen Lebende haben können. Machen Sie sich daher vor allem klar, inwiefern man für allein Lebende zwischen drei, für zusammen Lebende zwischen insgesamt 10 „Lebensformen" unterscheiden kann. Auf welche Formen verteilen sich die Mitglieder Ihres Kurses?*

2 *M 41 a zeigt die Verteilung der deutschen Bevölkerung über 18 Jahre 1993 auf die meisten der in M 40 unterschiedenen Lebensformen. Wenn Sie festgestellt haben, welche Unterscheidungen aus M 40 hier nicht mehr berücksichtigt sind, sollten Sie einen Text verfassen, der die wichtigsten (auffälligsten) Daten hervorhebt, und zwar sowohl im Hinblick auf die Gesamtverteilung als auch die Unterschiede nach Altersgruppen und Geschlecht. Achten Sie darauf, dass Ihr Text nicht einfach die Zahlenangaben wiederholt, sondern einprägsame Formulierungen enthält. Zwei Formulierungsbeispiele: „Fast zwei Drittel (61 %) aller erwachsenen Deutschen leben als Verheiratete zusammen (mit oder ohne Kinder). Über die Hälfte (53,9 %) aller über 65 Jahre alten Frauen leben allein; bei den Männern dieser Altersgruppe ist es nur gut jeder 6. (16,3 %)."*

3 *Stellen Sie insbesondere fest, bei welcher Altersgruppe die Vielfalt der Lebensformen am breitesten ist.*

4 *Die Grafik M 41 b zeigt die Verteilung der Haushalte (1995: insgesamt 36 938 Tsd.), in denen die rd. 82 Mio Einwohner Deutschlands leben, nach Haushaltsformen. Stellen Sie auch hier einige wenige Größenverhältnisse und den wichtigsten Verteilungsunterschied zwischen Ost- und Westdeutschland heraus (die Segmente zeigen die Verteilung in absoluten Zahlen an, die Sie natürlich prozentual berechnen können).*

5 *Zu M 41 b sind auch die Zahlen für 1972 angegeben. Vergleichen Sie die Größenverhältnisse mit denen von 1995. Bei welchen Haushaltsformen ist die Veränderung am auffälligsten?*

6 *Werfen Sie auch einen Blick auf die Darstellung M 41c. Welche z.T. andere Art der Unterscheidung von Familienformen ist hier gewählt worden?*

M 42 Allein Lebende und „Singles"

In dem deutschen Kaiserreich, das hinsichtlich der Bevölkerungszahl mit der alten Bundesrepublik vergleichbar ist, gab es um die Jahrhundertwende rund 1 Million allein wohnende Menschen, 1992 waren es dagegen rund 10,2 Millionen. Besonders nach 1945 nahm der Anteil der **Einpersonenhaushalte** an der Gesamtzahl aller Haushalte rapide zu (1925: 7% – 1957: 18% – 1975: 28% – 1994: 35%). Auch im Osten Deutschlands war ein, allerdings etwas leichterer, Anstieg der Einpersonenhaushalte festzustellen (1964: 27,2%; 1981: 26,6%; und 1994: 30%). Die wichtigste Ursache dieser Entwicklung ist die gestiegene Lebenserwartung und die veränderte gesellschaftliche Altersstruktur, d. h. der *wachsende Anteil der älteren Bevölkerung.* In den Einpersonenhaushalten Ostdeutschlands waren 1992 über 63% und in Westdeutschland über 50% der allein Lebenden 55 Jahre und älter.
In den alten Ländern ist der Anstieg der Einpersonenhaushalte auch auf die *wachsende Zahl der Ledigen* zurückzuführen, die seit Mitte der 80er-Jahre die verwitwet allein Lebenden übertrifft (44% zu 38%). Hier geht es insbesondere um die jüngeren Bevölkerungsgruppen (bis 35 Jahre), die sich oftmals durch einen individualistischen Lebensstil auszeichnen und mittlerweile einen Anteil von 30% ausmachen. Diese Altersgruppe umfasst in den neuen Ländern nur 19%. Der kleinere Umfang lässt sich zumindest teilweise durch die oftmals angespannte Finanz- und Wohnsituation erklären, die die frühere Ablösung vom Elternhaus behindert. Der Anteil der allein lebenden Personen betrug in der BR 1972 bei den bis zu 35-Jährigen knapp 10% und erhöhte sich 1992 auf über 24%. Von den Geburtsjahrgängen 1942/46 lebten im Alter von 25 bis 29 Jahren nur 10% der Männer, von den Jahrgängen 1952 – 1956 dagegen – im Kontext einer verspäteten und insgesamt nachlassenden Heiratsbereitschaft – 21% allein.
Die sich ausbreitende Tendenz zum Alleinleben ist vor allem ein Resultat der längeren Ausbildungszeiten, der generell gesunkenen Heiratsbereitschaft und der hohen Scheidungsziffern. Im Zuge der wachsenden Hochschätzung individualistischer Wertorientierungen werden die allein Lebenden in der BR – häufig pauschal und undifferenziert – als **„Singles"** bezeichnet. Das früher zumeist eher negativ etikettierte Single-Dasein hat in den letzten Jahren einen enormen Prestigezuwachs erfahren. Der unmittelbare Bedeutungsgehalt des Begriffs charakterisiert aber eigentlich nur die sehr begrenzte Zahl mehr oder weniger bewusst allein Lebender. Es kann jedoch davon ausgegangen werden, dass sich hinter dem viel diskutierten Phänomen der Single-Haushalte häufig nicht allein lebende Personen, sondern Beziehungen ohne gemeinsamen Haushalt (**‚living apart together'**) verbergen (s. M 44). Die Ergebnisse empirischer Erhebungen bestätigen, dass ungefähr ein Viertel der 18- bis 55-jährigen allein Lebenden de facto in einer Partnerschaft leben. Festzuhalten bleibt, dass die jüngeren allein Lebenden bislang ein signifikant höheres Bildungsniveau aufweisen als Verheiratete und sich insbesondere in größeren Städten, gleichsam als urbane Lebensform, etabliert haben. Während in Großstädten über 500 000 Einwohner 23% allein Lebende zu verzeichnen sind, liegt die entsprechende Vergleichszahl in Gemeinden mit 5 000 – 20 000 Einwohner lediglich bei 12%. Insgesamt deuten alle Befunde darauf hin, dass das Single-Dasein überwiegend eine **biografische Übergangsphase** darstellt, die aber als solche zweifellos an gesellschaftlicher Bedeutung gewonnen hat. Die Mehrheit der Singles ist jedoch prinzipiell positiv gegenüber einer Partnerschaft eingestellt, und lediglich eine Minderheit will definitiv auf eine feste Partnerschaft verzich-

ten. Wenig spricht dafür, dass der Wunsch nach Intimität, Nähe und Partnerschaft an Attraktivität verloren hat. Ganz im Gegenteil: Es mehren sich die Hinweise, dass mit fortschreitender Modernisierung der Wunsch nach Zweisamkeit und Geborgenheit noch an Bedeutung gewonnen hat.

In der DDR spielte eine Lebensform bewusst allein leben wollender, an Selbstverwirklichung, Eigenständigkeit und Mobilität orientierter „Singles“, wie sie sich in der BR schwach abzeichnet, so gut wie überhaupt keine Rolle. Nicht zuletzt die Wohnungspolitik stand dieser unerwünschten „kapitalistischen“ Entwicklung entgegen. Sie verhinderte die stärkere Ausbreitung von anderen alternativen Lebensformen, wie z.B. Wohngemeinschaften, die in der BR zwar lediglich einen marginalen, mittlerweile aber selbstverständlichen Bestandteil der Privatheitskultur bilden.

Auch nach der Vereinigung lebt der unterschiedliche Stellenwert des Alleinlebens in Ost und West fort: während in den neuen Ländern nur 16,7% der 25- bis 55-Jährigen allein lebten, waren es in den alten Ländern über 30%.

(Rainer Geißler [= M 13 a], S. 324f.)

M 43a

Entwicklung der Einpersonenhaushalte in der Bundesrepublik Deutschland (altes Bundesgebiet) nach Altersgruppen bis 1993

Einpersonenhaushalte (in Mio)					
Jahr	Unter 25 Jahre	25– unter 45 Jahre	45–65 Jahre	über 65 Jahre	alle
1950	0,27	0,83	0,99	0,77	2,85
1961	0,39	0,70	1,42	1,50	4,01
1969	0,30	0,95	1,81	2,70	5,53
1979	0,75	1,42	1,67	3,52	7,35
1985	1,00	2,14	2,04	3,67	8,35
1989	1,06	2,70	2,13	3,91	9,31
1990	1,08	2,81	2,13	3,83	9,85
1991	1,01	2,92	2,15	3,94	10,02
1992	0,98	3,02	2,13	3,99	10,17
1993	0,94	3,22	2,22	4,03	10,41

Quelle: Statistische Jahrbücher für die Bundesrepublik (bis 1994); Statistisches Bundesamt: Haushalte und Familien 1993

(Rüdiger Peuckert [= M 31 a], S. 56)

M 43b Entwicklung bis 1997

Fast 13 Millionen Frauen und Männer wohnten 1995 (s. Grafik) allein. Für die Personen jüngeren Alters ist das Single-Dasein vielfach eine Lebensphilosophie, für die ältere Generation oft durch den Verlust des (Ehe-)Partners bedingt. Fast 44% der Singles sind ledig. 5% Prozent leben von ihrem Ehepartner getrennt, sind aber noch verheiratet. Rund 14% der allein Lebenden sind geschieden, über 37% verwitwet.

Bis zum April 1997 war die Gesamtzahl auf 13,3 Millionen gestiegen. Das Statistische Bundesamt in Wiesbaden teilte mit, 35% der insgesamt 37,5 Millionen Privathaushalte in Deutschland seien Einpersonenhaushalte. In Großstädten mit mehr als 100 000 Einwohnern betrage ihr Anteil 44%, in ländlichen Gebieten mit unter 5 000 Einwohnern nur 25%. Die meisten Singles (44%) sind zwischen 30 und 64 Jahre alt, 38% sind älter als 65 Jahre. Eine halbe Million der Single-Haushalte seien aus beruflichen Gründen eingerichtete Zweitwohnsitze, so das Bundesamt weiter. (Autorentext)

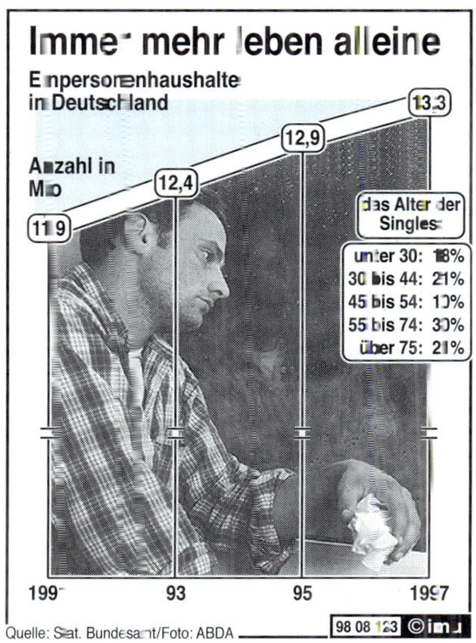

M 43c Neue Singles: vor allem Männer

Tatsächlich gibt es so etwas wie neue Singles, nämlich die ledigen und geschiedenen bzw. getrennt lebenden Männer im jüngeren und mittleren Alter. Nicht der Wandel der Frauenrolle hat eine Veränderung bei den Lebensformen bewirkt, sondern die Männer bis 40 heiraten im Jahrhundertvergleich heute weniger als früher: Der Rückgang der Gruppe der verheirateten Männer bis zum 40. Lebensjahr übertrifft alle anderen Veränderungen. Dabei war bei den allein lebenden Männern immer schon das Ledigsein dominant, während bei den allein lebenden Frauen das Verwitwetsein häufigster Familienstand war und ist. Von den heute allein lebenden Männern sind 60% ledig, 25% geschieden und getrennt lebend und 15% verwitwet. Bei den allein lebenden Frauen sind nur 30% ledig, aber rund 55% verwitwet.

(Hans Bertram/Simone Kreher, Lebensformen und Lebensverläufe in diesem Jahrhundert, in: Aus Politik und Zeitgeschichte B 42/96 v. 11.10.1996, S. 19)

M 44 „Living apart together"

Neben der Analyse des Familienstandes sind auch die Partnerschaftsbeziehungen von Bedeutung, denn Alleinleben bedeutet nicht unbedingt Partnerlosigkeit. Die als „living apart together" bezeichnete Lebensform, d.h. eine Partnerschaft mit getrennten Haushalten, die in der Literatur als neues Ideal einer modernen Gesellschaft von Singles Karriere gemacht hat, nennen in unserer Untersuchung der 18- bis 80-Jährigen in den alten Bundesländern maximal 9,5 Prozent, in den neuen Bundesländern 5% der Befragten. Bei der Analyse des „living apart together" im Zeitvergleich wird deutlich, dass diese Lebensform nicht durchgängig als ein bestimmter Lebensentwurf anzusehen ist[1]. Sie verändert vielmehr altersspezifisch ihre Merkmale und stellt somit keine Alternative zur Ehe dar. „Living apart together" ist für die 1953 bis 1970 Geborenen unserer Untersuchung eher eine Übergangsphase zu einer anderen Lebensform. Die Befragten dieser Altersgruppe und Lebensform sind ledig, kinderlos und leben mehrheitlich noch im Haushalt der Eltern. Sie haben vorwiegend Abitur und durchlaufen eher lange Ausbildungszeiten. Als Berufseinsteiger gehören sie zu den unteren Einkommensgruppen. „Living apart together" wird jedoch weit über das durchschnittliche Heiratsalter hinaus gelebt und ist somit auch in den jüngeren Jahrgängen von einem eigenständigen Charakter geprägt. Die teilweise Anbindung an die Herkunftsfamilie gewährleistet offensichtlich für Frauen eine karriereorientierte Ausbildung und Berufsplanung, für Männer sichert die Mutter statt der Ehefrau die Fortführung der Fürsorge und ermöglicht eine unabhängige Karriereplanung.
Die mittleren Jahrgänge (1933–1952 Geborene) sind geschieden und haben mehrheitlich Kinder. Da diese in der Regel bei den Müttern leben, handelt es sich bei den meisten Frauen in dieser Gruppe um allein erziehende Mütter. Besonders hier scheint die Lebensform des „living apart together" dauerhaft zu sein. Männer in diesen Altersgruppen und in dieser Lebensform leben nach der Scheidung überwiegend allein. Da sich bei dieser Lebensform nicht zufällig häufig die Männer im mittleren Lebensalter finden, ist davon auszugehen, dass der neue Single nur tendenziell diese Lebensform wählt, sonst aber keine dauerhafte Beziehung hat.

(Hans Bertram/Simone Kreher [= M 43 c], S. 19f.)

---

1 Vgl. Elisabeth Schlemmer, „Living apart together", eine partnerschaftliche Lebensform von Singles?, in: Hans Bertram (Hrsg.), Das Individuum und seine Familie, Opladen 1995, S. 363–397.

M 45 Was Singles sagen

„Alleine gezogen bin ich seinerzeit im Anschluss an das Wohnen in Wohngemeinschaften bzw. das Wohnen zu zweit, um für mich einen persönlichen Freiraum zu schaffen. Zwischenzeitlich gab es immer mal wieder Ansätze, eventuell mit einer Frau zusammenzuziehen, das hat sich aber nie realisiert. Inzwischen glaube ich, dass ich einfach so einen privaten Raum für mich brauche, wo ich relativ unverbindlich leben kann und im Alltag nicht viel Rücksicht zu nehmen brauche.“ *(A1)*

Das Wohnen in der WG war sicherlich auch bedingt durch persönliche Ansprüche, politische Einstellung, d.h. zu experimentieren mit Wohnformen, starke Abgrenzung zu allem, was mit Bürgerlichkeit zu tun hatte. [...] Was ich als bereichernd empfunden habe, das waren die gemeinschaftlichen Tätigkeiten, in der Küche zu sitzen. Auch mit völlig unterschiedlichen Leuten konfrontiert zu werden, nicht nur mit einer Frau zusammenzuleben, sondern auch mit Männern. Negativ war: Ich brauche auch Distanz. Musste akzeptieren, dass um 1.00 Uhr in der Nacht stundenlang Zappa gespielt wurde. Der eine aß gerne Joghurt, der hat dann aus der Haushaltskasse fast nur Joghurt gekauft. Dann kamen noch die Beziehungsgeschichten dazu, der eine Typ war auf meine frühere Freundin ziemlich fixiert.“ *(A3)*

ein Freund und ich kennen uns schon sehr lange. Ich weiß gar nicht, ob ich sagen würde, dass ich mit ihm zusammen bin, wenn mich jemand fragen würde, ich würde es nicht so benennen. Ich weiß nicht mehr, wann der Übergang ist. [...] Es braucht schon sehr lange, bis ich mich überhaupt auf jemanden einlasse. Ich würde sagen, nie so 100%, vor allem nicht so, dass es zu einer Abhängigkeit kommt. Das würde mir nie passieren.“ *(A4)*

„Ich denke, wenn ich intensiv mit jemandem zusammen leben will, dann kann ich das auch ohne verheiratet zu sein, und solange ich leben möchte wie bisher, heiratet man sowieso nicht.“ *(A2)*

„Es bringt sehr viele Vorteile, eine Beziehung zu haben und zwei getrennte Wohnungen.“ *(A1)*

„Mittlerweile habe ich gegen eine Ehe nichts einzuwenden, sondern gegen das Zusammenwohnen.“ *(A3)*

„Wenn man sich trennen möchte, dass man seine schmutzige Wäsche, seine Beziehung vor irgendeinem Gericht austragen muss. Ich denke, das geht die gar nichts an. Darauf hätte ich überhaupt keine Lust. Ist was ganz Persönliches.“ *(A2)*

„Leidenschaft schleift sich ab, wenn man permanent mit den Alltagsvollzügen konfrontiert ist. Wenn man die Partnerin immer unausgeschlafen in der Küche herumschlurfen sieht. Das ist etwas anderes, als wenn man sich für jemanden zurechtmacht.“ *(A3)*

„Das Bedürfnis nach Nähe und Zuwendung, was bei mir sicher da ist, würde ich schon ganz gerne häufiger befriedigen und trotzdem so etwas wie Euphorie in der Beziehung bewahren wollen. Deshalb wäre getrenntes Wohnen von Vorteil, aber eben in der Nähe.“ *(A3)*

(Michael Erler, Die Dynamik der modernen Familie, Beltz, Weinheim und München 1996, S. 86–90)

1 *Beschreiben Sie die Entwicklung der Einpersonenhaushalte 1950–1995 (M 42, M 43a) in Westdeutschland und ihre Verteilung auf die Altersgruppen (M 43b bezieht sich auf Gesamtdeutschland).*

2 *Erläutern Sie, welche unterschiedlichen Gruppen die Gesamtheit der allein Lebenden ausmachen und inwiefern die „veränderte Altersstruktur“ (hauptsächlich aufgrund der gestiegenen Lebenserwartung) zwangsläufig zu einer größeren Zahl von allein Lebenden führt (vgl. dazu auch M 52b, S. 103 f.).*

3 *Im Hinblick auf den Strukturwandel der Familie bzw. die viel diskutierte „Singularisierung“ der Lebensformen ist eigentlich nur die Zahl der „Singles“ im engeren Sinn von Bedeutung, d.h. also derjenigen, die diese Lebensform als bewusst gewählte längerfristige bzw. endgültige Alternative zur Familie sehen. Stellen Sie fest, welchen Anteil diese Gruppe an der Gesamtzahl der Einpersonenhaushalte hat und in welchen Altersgruppen diese „echten“ oder „neuen“ Singles (M 43c) vorwiegend zu finden sind (vgl. M 52b, S. 103 f.). Warum spielte diese Lebensform in der DDR „so gut wie überhaupt keine Rolle“? Wie verteilen sich diese Haushalte auf die beiden Geschlechter?*

4 *„Alleinleben bedeutet nicht unbedingt Partnerlosigkeit“ (M 44). Erläutern Sie, was man des Näheren unter der Lebensform des „living apart together“ zu verstehen hat und welche Unterschiede zwischen den (1995) 25- bis 42-Jährigen und den 52- bis 41-Jährigen sich feststellen lassen.*

5 *Analysieren Sie die in den Aussagen von Singles zum Ausdruck kommenden Motive für die gewählte Lebensform (M 45). Welches Motiv (die Auswahl ist nicht repräsentativ) ist dominierend?*

M 46 Nichteheliche Lebensgemeinschaften

a) Westdeutschland

Ein Beleg für den sozialen Geltungsverlust des traditionellen Ehemodells ist die seit einigen Jahren nicht mehr zu übersehende Zunahme der nichtehelichen Lebensgemeinschaften (NELG). Hier finden die rückläufigen Heiratsziffern eine zumindest teilweise Kompensation. Neben der kulturellen Umdefinition der Scheidung kann die Fraglosigkeit unverheirateten Zusammenlebens sowohl ohne als auch zunehmend mit Kindern wohl als nachhaltigster Ausdruck für den Zerfall der bürgerlich-christlichen Ehevorstellung und Sexualmoral gelten. Die voreheliche Partnerschaft ist mittlerweile fast schon zu einer Norm geworden. Von 1972 bis 1993 ist in Westdeutschland ein Anstieg von 137 000 auf 1 220 000 NELG mit gemeinsamem Haushalt festzustellen. Altersspezifische Differenzierungen präzisieren die Strukturverschiebungen in den letzten Jahren. Noch 1972 waren die über 56-Jährigen mit ca. 118 000 (1988: 174 000) die zahlenmäßig größte Gruppe (sog. „Onkelehen*“). 1992 waren es dann die 18- bis 35-Jährigen, deren Anzahl sich im gleichen Zeitraum von ca. 82 000 Personen auf ca. 1 376 000 erhöhte. Der Anstieg von 72 000 auf 634 000 in NELG lebenden Männern und Frauen im mittleren Alter (35–55 Jahre) im gleichen Zeitraum sollte allerdings davor warnen, die Zunahme unverheirateter Paare ausschließlich als Phänomen der sog. Postadoleszenz, d.h. des dritten Lebensjahrzehnts, zu betrachten. Im Westen haben ca. 22% und im Osten über 30% der Partner bereits in einer Ehe gelebt; deren neue Partnerschaften können insofern auch als „nacheheliche“ Lebensgemeinschaft bezeichnet werden.
Die hohe Relevanz der NELG wird besonders deutlich, wenn man die große Anzahl derjenigen berücksichtigt, die die NELG gleichsam als befristete biografische „Durchgangspassage“ erleben. Vom Heiratsjahrgang 1980 haben 85% (!) der Partner vor der Eheschließung als NELG zusammengewohnt, 1970 waren es erst 10% und 1950 gar nur 4%. Nach einer Berechnung von *Schwarz* (1989) hat sich der Anteil der Mittzwanziger, die nichtehelich zusammenleben, von 1972 bis 1987 etwa verzehnfacht. Insofern wird es künftig wohl als leichtsinnig gelten, eine Person zu heiraten, mit der man nicht vorher eine Zeit lang zusammengelebt hat. Die gegenwärtige Normalität vorehelichen Zusammenlebens wird hier unmittelbar augenfällig. Folgt man *Allerbeck/Haag* (1985), wollten schon Mitte der 80er-Jahre nur 15% der weiblichen und 10% der männlichen Jugend mit Heiratsabsichten erst nach der Eheschließung, 80% dagegen bereits vor der Heirat zusam-

menleben. Auch wenn in der überwiegenden Mehrheit der NELG keine Kinder leben, hat sich mit einem Anstieg von 11 auf beinahe 20% der Anteil unverheirateter Paare mit Kindern zwischen 1990 und 1993 auffallend erhöht.

Zu beachten ist aber, dass das unverheiratete Zusammenleben junger Leute keinesfalls vergleichbar unmissverständlich wie die Verlobung den Übergang in die Ehe ankündigt. Wenn die hochgespannten Ansprüche an eine Partnerschaft nicht erfüllt werden, erscheint die Trennung zusehends als selbstverständliche Form der Konfliktlösung. Im Vergleich mit der Ehe sticht das deutlich „reibungslosere" und kürzere Trennungsgeschehen bei den NELG ins Auge. Dem entspricht die deutlich gewachsene Partnerfluktuation, sodass man auch von einem Übergang von der lebenslangen zur sequenziellen – allerdings durch wachsende „Seitensprungerfahrungen" relativierten – Monogamie sprechen könnte: Während ca. 12% aus der Alterskohorte 1935 bis zum dreißigsten Lebensjahr zwei und mehr Partnerschaften hatten, betrug dieser Wert bei der Kohorte von 1960 fast 40%. Die Entwicklungen können als Ausdruck individualistisch eingefärbter Flexibilitätserwartungen verstanden werden, in denen der Partnerwechsel als Lernschritt stilisiert wird. Insofern reflektiert sich in dem Trennungsgeschehen ein „neuer Individualismus", es macht sich regelrecht eine Pflicht zur Entwicklung der eigenen Möglichkeiten breit. [...]

Grafik: Der Anteil nichtehelicher Lebensgemeinschaften nach Altersgruppen 1972 und 1996 in Ost- und Westdeutschland (in Prozent)

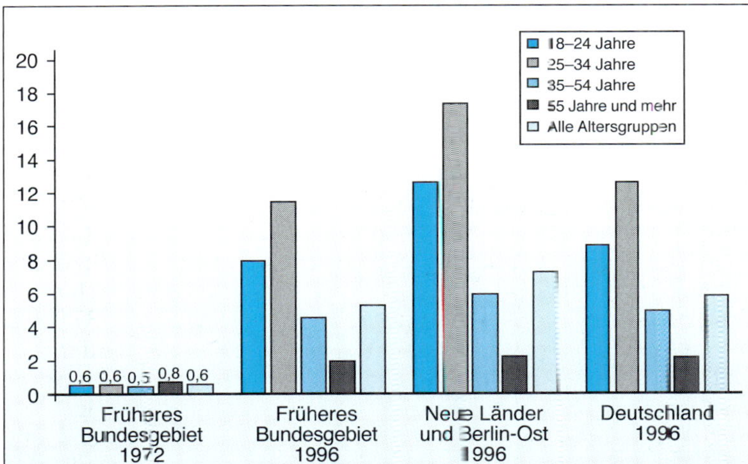

(Heribert Engstler, Die Familie im Spiegel der amtlichen Statistik, Hrsg. Bundesministerium für Familie, Senioren, Frauen und Jugend, Bonn 1998, S. 62, Tabelle 24)

Begleitet wird die Entwicklung von einer – nach Stadt-Land-Gefälle zu differenzierenden – insgesamt relativ erstaunlichen **sozialen Akzeptanz und Toleranz** dieser neuen Form des Zusammenlebens. Die noch vor wenigen Jahrzehnten als abweichend begriffene „wilde Ehe" gilt heute nicht mehr verbreitet als „Hort der Sittenlosigkeit", sondern als zunehmend selbstverständliche und alltäglich gewordene Praxis. Die rasche Popularisierung des nichtehelichen Zusammenlebens und die zunehmende Aufweichung von dessen Unterschieden zur Ehe ist insbesondere für jüngere Erwachsene charakteristisch.

b) DDR

Auch in der DDR war die rasche Zunahme der NELG in den letzten Jahrzehnten ein bedeutsamer Ausdruck des veränderten Stellenwerts von Ehe und Familie. 1987 lebten 28,7% der Frauen und 26,5% der Männer unverheiratet zusammen. Die NELG lösten mehr und mehr die traditionelle Vorform der Ehe, die Verlobung, als Probephase ab. Ungefähr 50% der DDR-Jugendlichen votierten bei einer Befragung für diese Variante der Partnerprüfung. Neben den Jüngeren waren es insbesondere die Geschiedenen, welche die NELG der Ehe vorzogen.

(Rainer Geißler [= M 13 a], S. 318)

M 47 Nichteheliche Lebensgemeinschaften – Entwicklung einer Stichprobe

Das Panel* der Bamberger Studie über nichteheliche Lebensgemeinschaften verfolgt die Entwicklungspfade von (ursprünglich) 900 kinderlosen, unverheiratet zusammenlebenden Paaren inzwischen über eine Beobachtungszeit von vier Jahren hinweg. Nach der Eingangsuntersuchung (1988/89) fand eine zweite Befragung 1990, eine dritte 1992 statt.

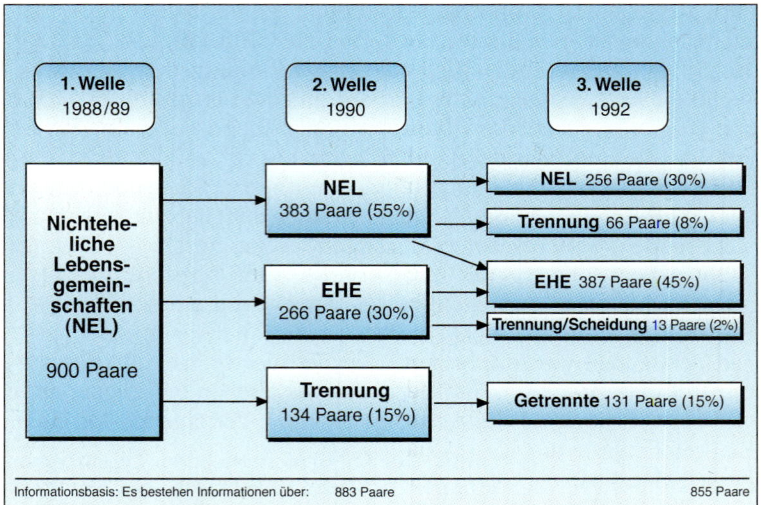

(Quelle: Sozialwissenschaftliche Forschungsstelle der Universität Bamberg)

(Lazlo A. Vaskovics, Die Rolle der Familie in einer Gesellschaft im Wandel, in: Politische Studien, Sonderheft 4/94 v. November 1994, S. 25)

M 48

(Zeichnung: Freimut Wössner/CCC)

M 49 Ursachenfaktoren

Für die rasche Ausbreitung des nichtehelichen Zusammenlebens mit seinen zugrunde liegenden unterschiedlichen Beweggründen waren ganz bestimmte Voraussetzungen und Bedingungen wirtschaftlicher, institutioneller und geistiger Art notwendig, die sich zu einer Faktorstruktur nichtehelichen Zusammenlebens verbinden lassen. Darin kommen zugleich bemerkenswerte Wandlungen in den wertbesetzten Einstellungen gegenüber der herkömmlichen Ehe zum Ausdruck. Stichwortartig zu nennen sind hier vor allem:

– der Umbruch in der Sexualmoral mit einer korrespondierenden wachsenden Anerkennung bzw. Tolerierung nichtehelicher Lebensgemeinschaften in der Öffentlichkeit (Wohnungsfrage);
– eine betont emanzipatorische Einstellung der zugleich über eine größere wirtschaftliche Eigenständigkeit und soziale Absicherung verfügenden Frau gegenüber einem traditionellen Rollenbild;
– ausgeprägte Individualisierungstendenzen, aber auch Loslösungen des Einzelnen aus normativen Bindungen gerade auch in sehr persönlichen Lebensbereichen, teils als Reaktion auf vielfältige Reglementierungen seitens großgesellschaftlicher Strukturen;
– eine größere finanzielle Unabhängigkeit junger Menschen, gefördert durch verstärkte Anbindung öffentlicher Versorgungsleistungen an den Einzelnen, aber auch durch ein durchweg gestiegenes Realeinkommensniveau in der Bevölkerung;
– die Kenntnis und Verfügbarkeit praktisch perfekter Mittel der Geburtenplanung; die dadurch bewirkten Veränderungen im Verhältnis der Geschlechter zueinander lassen sich erst allmählich in ihrer Wirkung auf die neuen Strukturen von Ehe und Familie voll abschätzen;
– schließlich ein Zurücktreten religiös-kirchlicher Bindungen bei – sicherlich nicht ganz ohne inneren Zusammenhang – ausgeprägten Lebens- und Zukunftsängsten.

Beim Zusammentreffen dieser Voraussetzungen und Bedingungen erscheint eine Verbreitung von Formen nichtehelichen Zusammenlebens nicht nur möglich, sondern geradezu wahrscheinlich. Zu dieser familialen Lebensform ist an das Urteil des Bundesverfassungsgerichts zu erinnern, wonach der Staat die Entscheidung der Eltern zu akzeptieren habe, nicht die Rechtsform der Ehe zu wählen.

(Max Wingen [= M 41 a], S. 72f.)

1. *„Unter dem Aspekt des Wandels der Lebensformen verdienen die nichtehelichen Lebensgemeinschaften besondere Beachtung", heißt es bei Max Wingen (Familienpolitik, = M 41 a, S. 71). Erläutern Sie, inwiefern man zu dieser Beurteilung kommen kann (im Unterschied etwa zur Lebensform der Singles). (M 46)*
2. *Nichteheliche Lebensgemeinschaften hat es auch in den früheren Jahren der Bundesrepublik immer gegeben (vgl. Glossar zum Stichwort „Onkelehen"). Beschreiben Sie das Neue an der Entwicklung dieser Lebensform seit den 70er-Jahren. Inwiefern kann man von einem „neuen Individualismus" sprechen? (M 46)*
3. *Bei Max Wingen (Familienpolitik, = M 41 a, S. 71 f.) heißt es u.a.: „Die nichtehelichen Lebensgemeinschaften sind bisher im Wesentlichen eher Ausdruck einer Übergangsphase im Lebenslauf der Einzelnen." Sie seien „in der Mehrzahl der Fälle im Grunde auch keine Alternative zur Ehe", sondern „könnten schon eher als eine Alternative zur Frühehe angesehen werden". Untersuchen Sie, inwieweit diese Beurteilung durch die Informationen in M 46 bestätigt wird. Analysieren Sie dazu auch die Ergebnisse einer Bamberger Untersuchung (Panel-Befragung, in M 47.*
4. *In welcher Weise kommentiert die Karikatur M 48 die nichteheliche Lebensgemeinschaft?*

5 *Wie immer man auch die Entwicklung nichtehelicher Lebensgemeinschaften beurteilt, die Zunahme dieser Lebensform ist deutlich und dieser Wandel bedarf der Erklärung. Analysieren Sie dazu die in M 49 aufgeführten Ursachenfaktoren. Welche erscheinen Ihnen selbst am bedeutsamsten? Befragen Sie dazu auch Ihre Eltern und Großeltern und tauschen Sie deren Antworten innerhalb des Kurses aus.*

2. Theoretische Erklärungsversuche zum Strukturwandel der Familie: Individualisierung und soziale Differenzierung

„Der skizzierte Strukturwandel der Familie ist als das Resultat komplexer gesellschaftlicher Veränderungsprozesse zu begreifen und lässt sich kaum einer schlüssigen theoretischen Erklärung zuführen, auch wenn unumstritten zu sein scheint, dass die Loslösung von religiösen Normen (Säkularisierung), die veränderte Rolle der Frau, die Bildungsexpansion, die gestiegenen gesellschaftlichen Mobilitätserwartungen und die verstärkt individualistischen Werthaltungen als zentrale Ursachenkomplexe anzusehen sind."
(Rainer Geißler [= M 13 a], S. 328)

In den vorausgehenden Texten wurde hier und da und mit Bezug auf einzelne Aspekte bereits auf die in dem Zitat von R. Geißler genannten Ursachen für die beschriebenen Wandlungsprozesse im Bereich der Familie verwiesen. Im Folgenden sollen zwei Versuche vorgestellt werden, für den strukturellen Wandel der Familie eine Erklärung zu geben, in der einzelne Aspekte miteinander in Beziehung gesetzt und durch Aussagen erklärt werden, die zusammen ein System bilden, d.h. untereinander widerspruchsfrei sind und zu einer Hauptaussage verknüpft werden können. Eine solche Erklärung bezeichnet man in den Sozialwissenschaften als **„Theorie"** (von griech. theorein – betrachten). Die Aussagen einer Theorie sollten nicht nur plausibel, sondern auch informativ sein, d.h. einen bestimmten Realitätsbezug haben und darum nach Möglichkeit an Tatsachen überprüft werden können, um den abschätzigen Eindruck zu vermeiden, den der Begriff „Theorie" in der Alltagssprache oft besitzt: den einer hochabstrakten, praxisfernen, gar weltfremden Betrachtungsweise („graue Theorie"). Die zweifellos am meisten diskutierte Theorie zur Erklärung der beschriebenen Handlungsprozesse ist seit 1986 die Theorie der Individualisierung des Soziologen Ulrich Beck. Sie greift in wesentlichen Teilen über den engeren Bereich der Familie hinaus und wird im Folgenden durch einen Sekundärtext zusammenfassend beschrieben und durch einen Beck-Text ergänzt.

M 50 Die Individualisierungsthese von Ulrich Beck

Der gegenwärtig populärste Erklärungsansatz, die Individualisierungsthese von Beck (1986; 1994), knüpft an Aussagen der Klassiker gesellschaftstheoretischen Denkens (v.a. Emile Durkheim, Ferdinand Tönnies, Georg Simmel und Max Weber) an, die den Übergang in die Moderne (vgl. dazu M 22 b) als Prozess der Freisetzung des Menschen aus ständischen Bindungen und als Zunahme des Entscheidungsspielraums beschreiben. Auch die aktuellen demographischen und familialen Veränderungen der bundesrepublikanischen Nachkriegszeit werden analog als Ergebnis eines langfristig stattfindenden *Modernisierungs- und Individualisierungsprozesses* gedeutet, der sich in den letzten Jahrzehnten beschleunigt und eine neue Qualität gewonnen hat.

Das Verständnis dieses Ansatzes erschließt sich an der typisierenden Gegenüberstellung von vormoderner und moderner Gesellschaft (vgl. M 22 b/c). In der vormodernen Gesellschaft, der vorindustriellen Zeit, wurde das Leben der Menschen durch eine Vielzahl traditioneller Bindungen bestimmt. Ein zentrales Moment des Übergangs in die Moderne ist, als Folge der Ausbreitung rechtlich freier Lohnarbeit, der Durchsetzung der bürgerlichen Grundrechte, der Zunahme des Wohlstandes, der Ausweitung des Bildungssystems und vielem anderen mehr, die Freisetzung der Individuen aus den traditionell gewachsenen lokalen, familialen, ständischen und religiösen Bindungen. Mit dem (schillernden und mehrdeutigen) Begriff der *Individualisierung* wird entsprechend die „zunehmende Unabhängigkeit des individuellen Lebenslaufs von Instanzen (bezeichnet), die das Eintreten bestimmter biografischer Ereignisse und Übergänge, wie z.B. die Geburt des ersten Kindes, die Eheschließung, den Eintritt ins Berufsleben in der Vergangenheit gesteuert haben. In erster Linie sind dies Geschlecht, Alter und soziale und regionale Herkunft gewesen. [...] Individualisierung charakterisiert den Ablauf einer individuellen Biografie und den Grad der Außensteuerung*, bezeichnet also Merkmale sozialer Mikroprozesse*, die in unterschiedlichen gesellschaftlichen Gruppen in unterschiedlichem Maße gegeben sind“[1]. Aus dieser Sicht haben die handlungsleitenden traditionellen Sicherheiten an Kraft eingebüßt; die Individuen sind immer mehr gefordert, ihre Biografie selbst herzustellen.

Der *frühe Individualisierungsprozess*, der hier typisierend und nicht in seiner widersprüchlichen geschichtlichen Entwicklung dargestellt werden kann, blieb ganz auf die *Männer* beschränkt, die zunehmend den Bedingungen des freien Arbeitsmarktes unterworfen wurden. Mit der Durchsetzung des Prinzips der ökonomischen Rationalität und der Gesetze des Marktes bildeten sich allmählich neue Leitwerte wie Ehrgeiz, Risikobereitschaft, Anpassungsfähigkeit und Mobilitätsbereitschaft heraus. Der Mann musste sich mit neuen Anforderungen auseinander setzen, die auf Selbstbehauptung in einer durch Marktgesetze bestimmten Gesellschaft ausgerichtet sind. Die *Frau* (der bürgerlichen Schichten) wurde gleichzeitig „entindividualisiert“, stärker auf den Bereich des privaten Heims, auf ein Dasein für die Familie verwiesen.

Seit den *60er-Jahren* dieses Jahrhunderts zeichnet sich ein neuer Individualisierungsschub ab. In allen hoch entwickelten Industrieländern und besonders deutlich in der Bundesrepublik Deutschland „hat sich in der wohlfahrtsstaatlichen Nachkriegsentwicklung ein *gesellschaftlicher Individualisierungsschub* von bislang unerkannter Reichweite und Dynamik vollzogen, und zwar unter dem Deckmantel weitgehend konstanter Ungleichheitsrelationen. Das heißt: Auf dem Hintergrund eines vergleichsweise hohen materiellen Lebensstandards und weit vorangetriebener sozialer Sicherheiten wurden die Menschen in einem historischen Kontinuitätsbruch aus traditionalen Klassenbindungen und Versorgungsbezügen der Familie herausgelöst und verstärkt auf sich selbst und ihr individuelles (Arbeitsmarkt-)Schicksal mit allen Risiken, Chancen und Widersprüchen verwiesen“[2]. Besonders die starken Einkommensverbesserungen und die Bildungsexpansion der 60er- und 70er-Jahre haben die Tendenz zur Individualisierung der Lebenslagen und Lebenswege erheblich beschleunigt. Die Biografie der Menschen wurde immer mehr aus traditionalen Vorgaben herausgelöst. Die Menschen sind nun gezwungen, sich selbst zum Zentrum ihrer eigenen Lebensplanung zu machen. *„Normalbiografie“* wird zur *„Wahlbiografie“*.

---

[1] K. P. Strohmeier, Pluralisierung und Polarisierung der Lebensformen in Deutschland, in: Aus Politik und Zeitgeschichte, B 17/93, S. 12f.

[2] Ulrich Beck, Jenseits von Klasse und Stand?, in: Ulrich Beck/Elisabeth Beck-Gernsheim [Hg.], Riskante Freiheiten, Frankfurt a.M. 1994, S. 44

Seit Ende des letzten Jahrhunderts und noch deutlicher seit den 60er-Jahren dieses Jahrhunderts hat der gesellschaftliche Individualisierungsprozess verstärkt auf den *weiblichen Lebenslauf* übergegriffen. Auch in der weiblichen Normalbiografie setzt sich immer mehr die Logik individueller Lebensentwürfe durch. Der Wandel des weiblichen Lebenslaufmusters lässt sich mit Beck-Gernsheim global als Entwicklung vom *„Dasein für Andere"* zum Anspruch auf ein Stück *„eigenes Leben"* bezeichnen. Die biografische Selbstverständlichkeit von Ehe und Mutterschaft hat nachgelassen. Die Berufskarriere als konkurrierender Wert zur Familie ist in den Lebensentwürfen zahlreicher Frauen immer wichtiger geworden. Bertram und Borrmann-Müller (1988) sprechen von einem Wandel von der *Hausfrau zur Berufsfrau.* Für die von ihnen befragten jungen Frauen der Geburtsjahrgänge 1962 bis 1966 steht bei ihrer Zukunftsplanung die Selbstverwirklichung in Form einer qualifizierten Berufstätigkeit an erster Stelle. Trotzdem sehen die Frauen „Beruf und Familie nicht als sich ausschließende Alternativen an, sondern interpretieren beides als wesentliche Elemente des weiblichen Lebenslaufs".

Der gesellschaftliche Individualisierungsprozess in der Nachkriegszeit im Sinne einer zunehmenden Freisetzung aus sozialen Bindungen wurde von einem *sozialen Wertewandel* begleitet, der sich schon seit den 50er-Jahren nachweisen lässt und in den 60er- und beginnenden 70er-Jahren eine schubartige Beschleunigung erfahren hat. Eine tendenzielle Rangverminderung haben die traditionellen Pflicht- und Akzeptanzwerte bzw. materialistischen Werte (Betonung von Ordnung, Leistung, Pflichterfüllung) erfahren. An Bedeutung gewonnen haben Selbstentfaltungswerte bzw. postmaterialistische* Werte, wie die Betonung von Autonomie, Gleichbehandlung und Selbstverwirklichung. Kennzeichnend für diesen Wertewandlungsprozess ist, dass sich oft alte Vorstellungen mit neuen Wertvorstellungen mischen. Es handelt sich also weniger um einen Wertetausch in dem Sinne, dass alte Werte durch neue ersetzt werden. Vielmehr bildet sich ein zunehmend heterogenes und diffuses instabiles System von (teilweise konkurrierenden) Normen und Werten heraus.

Da die das Verhalten steuernden modernen Werte inhaltlich kaum festgelegt sind, müssen sie vom Individuum jeweils situations- und kontextabhängig interpretiert werden. Mit dem inhaltlichen Wandel der Werte geht also zwangsläufig eine *Individualisierung des Umgangs mit den Wertorientierungen* einher. Die Gestaltung wird immer mehr in den freien Entscheidungsraum des Einzelnen gestellt, wobei Reflexions- und Selbststeuerungsprozesse auch aufgrund der Bildungsexpansion an Relevanz gewonnen haben. Die Wertewandlungsprozesse, die oft noch widersprüchlich sind, wirken sich in spezifischer Weise auf die Formen der Lebensführung aus. Sie beeinflussen negativ die Eheschließungsbereitschaft, die Bindungskraft der Ehe und die Bereitschaft, Kinder in die Welt zu setzen. Da für postmaterialistisch Orientierte im Unterschied zu Materialisten empirisch nachweisbar Ehe und Kinder als Lebenssinn von untergeordneter Bedeutung sind, kann nach Bertram „davon ausgegangen werden, dass das Aufkommen dieser Wertmuster einiges zur Veränderung von Ehe und Familie sowohl in der west- als auch in der ostdeutschen Gesellschaft beigetragen hat".

Individualisierungsprozesse beruhen nach Beck nicht auf der freien Entscheidung der Individuen, sind also nicht ohne weiteres gleichzusetzen mit einem Zuwachs an Freiheiten, sondern zeichnen sich durch Widersprüche und Ambivalenzen* aus. Einerseits bedeutet Individualisierung einen Gewinn an Handlungsspielräumen/Optionen* (= *Freisetzungsdimension*). Die Modernität eröffnet dem Individuum vorher unbekannte Wahlmöglichkeiten und Bahnen der Mobilität. Alte Abhängigkeiten und Zwänge verlieren an prägender Kraft. Andererseits bedeutet Individualisierung einen tendenziellen Geltungsverlust der Sicherheit und Handlungswissen garantierenden sozialen Normen* (= *Entzauberungsdimension*). An die Stelle nicht hinterfragter Lebensmuster treten unverbindliche Lebenskonstruktionen. Das Individuum kann sich immer weniger an einer um das traditionelle Familien- und Berufsmodell zentrierten Normalbiografie orientieren, sondern die Definition der Lebenskarriere wird eine individuelle Entscheidung – und zwar gleichermaßen für Mann und Frau. Das Individuum sieht sich mit einer Vielzahl konkurrierender Orientie-

rungsmuster in der biografischen Abfolge konfrontiert, die in einen sinnhaften Lebensentwurf integriert werden müssen. Da es sich immer weniger an kollektiv verbindlichen Leitbildern und Handlungsmustern orientieren kann und seinen Lebenslauf selbst entwerfen muss, bedeutet dies ein hohes Maß an Entscheidungszumutungen. Als Folge wachsender Handlungsspielräume treten die unter dem Begriff der Anomie* geläufigen Probleme der Entscheidungsselektion und Identitätsgewinnung (-findung) auf.
Gleichzeitig entstehen neue Widersprüche, Unfreiheiten und Zwänge (= *Kontrolldimension*). Indem sich der Einzelne als eigenständige Person entwickeln und behaupten muss, wird er gleichzeitig eingebunden in ein System von institutionellen Anforderungen, Kontrollen und Zwängen. Die freigesetzten Individuen werden arbeitsmarktabhängig und damit bildungsabhängig, konsumabhängig, abhängig von sozialrechtlichen Regelungen und Versorgungen. „An die Stelle traditioneller Bindungen und Sozialformen (soziale Klasse, Kleinfamilie) treten sekundäre Instanzen und Institutionen, die den Lebenslauf des Einzelnen prägen und ihn gegenläufig zu der individuellen Verfügung, die sich als Bewusstseinsform durchsetzt, zum Spielball von Moden, Verhältnissen, Konjunkturen und Märkten machen“[3]. Man *kann* nicht mehr nur unter mehr Optionen* wählen, man *muss* es auch. Es besteht nicht nur die Chance, sondern auch ein Zwang zu einer stärker individualisierten Lebensführung. Individualisierung bedeutet *Wahl unter Restriktionen**. Kennzeichnend sind *Entscheidungsdilemmata** und *biografische Unsicherheiten.*

(Rüdiger Peuckert, Familienformen im sozialen Wandel, Opladen 1996, S. 251f.)

M 51 Ulrich Beck: Was „Individualisierung“ bedeutet

Mit dem Begriff „Individualisierung“ ist ein Ensemble gesellschaftlicher Entwicklungen und Erfahrungen gemeint, das vor allem durch zwei Bedeutungen gekennzeichnet ist. Individualisierung meint zum einen die Auflösung vorgegebener sozialer Lebensformen – zum Beispiel das Brüchigwerden von lebensweltlichen Kategorien wie Klasse und Stand, Geschlechtsrollen, Familie, Nachbarschaft usw.; oder auch, wie im Fall der DDR und anderer Ostblockstaaten, den Zusammenbruch staatlich verordneter Normalbiografien, Orientierungsrahmen und Leitbilder. Wo immer solche Auflösungstendenzen sich zeigen, stellt sich zugleich die Frage: Welche neuen Lebensformen entstehen dort, wo die alten qua Religion, Tradition oder vom Staat zugewiesenen zerbrechen?
Die Antwort, auf die zweite Seite von Individualisierung verweisend, heißt schlicht: In der modernen Gesellschaft kommen auf den Einzelnen neue institutionelle Anforderungen, Kontrollen und Zwänge zu. Über Arbeitsmarkt, Wohlfahrtsstaat und Bürokratie wird er in Netze von Regelungen, Maßgaben, Anspruchsvoraussetzungen eingebunden. Vom Rentenrecht bis zum Versicherungsschutz, vom Erziehungsgeld bis zu den Steuertarifen: All dies sind institutionelle Vorgaben mit dem besonderen Aufforderungscharakter, ein eigenes Leben zu führen.
Das entscheidende Kennzeichen dieser modernen Vorgaben ist, dass das Individuum sie, weit mehr als früher, gewissermaßen selbst herstellen muss, im eigenen Handeln in die Biografie hereinholen muss. Das hat wesentlich damit zu tun, dass die traditionellen Vorgaben oft rigorose Handlungsbeschränkungen, ja Handlungsverbote beinhalten (wie etwa die Heiratsverbote der vorindustriellen Gesellschaft, die den besitzlosen Bevölkerungsgruppen eine Eheschließung unmöglich machten; oder die Reiseverbote und Heiratsverbote der Ostblockstaaten, die Kontakt zum „Klassenfeind“ untersagten). Dagegen sind die institutionellen Vorgaben der modernen westlichen Gesellschaft eher Leistungsangebote bzw. Handlungsanreize – man denke etwa an den Wohlfahrtsstaat, von Arbeitslosengeld bis zu BAföG und Bausparprämien. Vereinfacht gesagt: In die traditionelle Gesellschaft

---

[3] Ulrich Beck, Risikogesellschaft, Frankfurt a.M. 1986, S. 211

und ihre Vorgaben wurde man hineingeboren (wie etwa in Stand und Religion). Für die neuen Vorgaben dagegen muss man etwas tun, sich aktiv bemühen. Hier muss man erobern, in der Konkurrenz um begrenzte Ressourcen* sich durchzusetzen verstehen – und dies nicht nur einmal, sondern tagtäglich.

Die Normalbiografie wird damit zur „Wahlbiografie", zur „reflexiven* Biografie", zur „Bastelbiografie". Das muss nicht gewollt sein und es muss nicht gelingen. Bastelbiografie ist immer zugleich „Risikobiografie", ja „Drahtseilbiografie", ein Zustand der (teils offenen, teils verdeckten) Dauergefährdung. Die Fassaden von Wohlstand, Konsum, Glimmer täuschen oft darüber hinweg, wie nah der Absturz schon ist. Der falsche Beruf oder die falsche Branche, dazu die privaten Unglücksspiralen von Scheidung, Krankheit, Wohnungsverlust – Pech gehabt! heißt es dann. Im Falle des Falles wird offen erkennbar, was untergründig immer schon angelegt ist: Die Bastelbiografie kann schnell zur Bruchbiografie werden.

Was sich im Zuge dieser Entwicklung letztlich ankündigt, ist das Ende der festen, vorgegebenen Menschenbilder. Der Mensch wird (im radikalisierten Sinne Sartres) zur Wahl seiner Möglichkeiten, zum homo optionis*. Leben, Tod, Geschlecht, Körperlichkeit, Identität, Religion, Ehe, Elternschaft, soziale Bindungen – alles wird sozusagen bis ins Kleingedruckte entscheidbar, muss, einmal zu Optionen zerschellt, entschieden werden. Im besten Fall erinnert diese Konstellation an den Baron von Münchhausen, dem gelungen sein soll, was heute zum allgemeinen Problem wird: sich an seinem eigenen Schopfe aus dem Sumpf der (Un-)Möglichkeiten zu ziehen.

(Ulrich Beck/Elisabeth Beck-Gernsheim, Individualisierung in modernen Gesellschaften – Perspektiven und Kontroversen einer subjekt-orientierten Soziologie, in: dieselben: Riskante Freiheiten, Frankfurt/M. 1994, S. 10ff.)

1 *Die Individualisierungstheorie knüpft an das theoretische Modell der Modernisierung an, das Sie sich anhand von M 22 b/c noch einmal vergegenwärtigen sollten. Stellen Sie aus dem 2. Abschnitt des Textes die wesentlichen Merkmale der vormodernen und der modernen/individualisierten Gesellschaft tabellarisch gegenüber. Welcher Aspekt des Modernisierungskonzeptes wird in der Individualisierungsthese besonders hervorgehoben?*

2 *Beschreiben Sie sodann, was den zweiten „Individualisierungsschub" (seit den 60er-Jahren) von dem „frühen Individualisierungsprozess" unterscheidet, vor allem im Hinblick auf den weiblichen Lebenslauf (3.–5. Abschnitt).*

3 *Erläutern Sie die Beziehungen zwischen dem Individualisierungsprozess und dem (im 6. Textabschnitt beschriebenen) Prozess des Wertewandels (vgl. M 38, Z. 53ff.; zum Wertewandel enthält dies Arbeitsbuch ein eigenes Kapitel; vgl. an dieser Stelle daraus den Einleitungstext S. 123).*

4 *Die beiden letzten Abschnitte des Textes sind wichtig für ein umfassendes (Einseitigkeiten vermeidendes) Verständnis der Beck'schen Theorie. Zur Erläuterung können Sie sich an den drei genannten Dimensionen („Freisetzung", „Entzauberung", „Kontrolle") orientieren. Versuchen Sie für die Vielzahl der abstrakten Begriffe immer wieder konkrete Beispiele zu finden (viele Begriffe des Textes klingen gewaltig, meinen aber ganz simple Sachverhalte).*

5 *Der klar gegliederte Text von U. Beck und E. Beck-Gernsheim fasst wesentliche Züge der von Beck in zahlreichen Veröffentlichungen (seit dem Erscheinen seines bekanntesten Buches „Risikogesellschaft" 1986) entwickelten Modernisierungsthese zusammen. Fertigen Sie zur Analyse ein einfaches Schema an, in dem den traditionellen sozialen Lebensformen (Z. 3–9) und ihren Handlungsbeschränkungen (Z. 19–23) die neuen „institutionellen Vorgaben" (Z. 11–16) und ihre „Angebote" (Z. 24–30) stichwortartig gegenübergestellt werden. Charakterisieren Sie sodann, was die neue Konstellation für den Lebensvollzug der Menschen, seine Biografie bedeutet. (Z. 31ff.)*

M 52 Lässt sich die Individualisierungsthese empirisch bestätigen?

Die Individualisierungsthese von Ulrich Beck ist ungeachtet ihrer weiten Verbreitung und Akzeptanz in den Medien wissenschaftlich nicht unumstritten, auch deswegen, weil Beck seiner Theorie „immer neue Kleider und schillernde Etikette" verleiht (B. Schäfers/W. Zapf, Handwörterbuch zur Gesellschaft Deutschlands, 1998, S. 285). Kritiker bemängeln die mangelnde Präzisierung, fehlende historische Analysen und empirische Belege. Hinzu kommt, dass Becks Bewertung der von ihm konstatierten Individualisierungsprozesse und ihrer Folgen sich vom Zeitpunkt des Erscheinens der „Risikogesellschaft" (1986) bis heute nicht unwesentlich geändert hat: Die anfängliche Betonung von Ambivalenzen* ist weitgehend einem „individualistischen Optimismus" gewichen (Franz Kamphaus spricht in M 75, S. 157, von Becks Wandlung „von einem Saulus des Ausmalens von Solidaritätseinbrüchen zum Paulus einer Verkündigung der Solidaritätspotenziale individualisierter Menschen"). Wir können an dieser Stelle die wissenschaftliche Diskussion um die Beck'sche Theorie nicht entfalten (vgl. Kap. IV, 4., S. 151 ff.) und wollen nur einige kurze Hinweise auf die schwierige Frage nach der empirischen Überprüfung und Bestätigung der Individualisierungsthese geben (vgl. die Arbeitshinweise S. 104 und 106).

M 52a Empirische Untersuchungen zur Individualisierungsthese

Es liegen nur wenige Versuche vor, die Individualisierungsthese – bzw. spezifische Aspekte dieser These – empirisch zu prüfen. Betrachtet man als zentralen Bestandteil von Individualisierung das *Herauslösen von Männern und Frauen aus ihren angestammten (prägenden) Sozialmilieus,* so sollte sich der Individualisierungsprozess am Ausmaß und an den Veränderungen der *beruflichen Mobilität* (sowohl im Vergleich zur Elterngeneration als auch im Verlauf des eigenen Berufslebens) ablesen lassen. Berger (1995)[1] überprüfte die Mobilitätsdynamik für Westdeutschland anhand von repräsentativen Daten des sozioökonomischen Panels*. Um das Ausmaß der beruflichen Mobilität zu ermitteln, ordnete er die Befragten 8 beruflichen Stellungen zu, die in dieser Reihenfolge tendenziell auch einer hierarchischen Rangfolge entsprechen: Selbstständige und Freie Berufe, leitende und hoch qualifizierte Angestellte, Beamte, qualifizierte Angestellte, ausführende Angestellte, qualifizierte Arbeiter, an- und ungelernte Arbeiter, Landwirte und mithelfende Familienangehörige. Ein Vergleich der beruflichen Stellungen der Väter zu dem Zeitpunkt, als die Befragten 15 Jahre alt waren, mit der ersten eigenen Stellung der Söhne bzw. Töchter erbrachte, trotz der relativ groben Kategorisierung, ein beträchtliches Ausmaß an *Intergenerationen-Berufsmobilität.* Zwei Drittel der Söhne und 80% der Töchter haben ihr Erwerbsleben in einer beruflichen Stellung begonnen, die sich von der ihres Vaters deutlich abhebt. Nur ein Drittel der Söhne und nicht einmal ein Viertel der Töchter haben demnach keinen Bruch mit der beruflichen und außerberuflichen Erfahrungswelt ihrer Eltern erlebt. Unter Verwendung einer 15 statt 8 Positionen umfassenden Klassifikation beruflicher Stellungen ergab sich für die Söhne sogar nur eine intergenerationelle Stabilitätsquote von 27% und für die Töchter von 15%.

Einen anderen empirischen Zugang zur Überprüfung der Individualisierungsthese wählt Tölke (1991)[2], die anhand der Daten des Familiensurveys West für den Bereich von Partnerschaft und Ehe eine seit den 50er-Jahren bestehende Tendenz zur *Entstandardisierung des Lebenswegs* nachweist. Die Entstandardisierung äußert sich darin, dass sich für das einzelne Individuum ein immer größeres Verhaltensspektrum ausbreitet, dass es zunehmend

---

[1] P. A. Berger, Mobilität, Verlaufsvielfalt und Individualisierung, in: P. A. Berger/P. Sopp (Hg.), Sozialstruktur und Lebenslauf, Opladen 1995

[2] A. Tölke, Partnerschaften und Eheschließung, in: H. Bertram (Hg.), Die Familie in Westdeutschland, Opladen 1991

herausgefordert ist, *persönlich Entscheidungen* zu treffen. Eine Gegenüberstellung gleicher Lebensabschnitte (Phase des jungen Erwachsenenalters bis 30 Jahre) von Befragten unterschiedlicher Geburtskohorten (1934–1961) zeigt, dass die erste länger andauernde Partnerbeziehung in immer jüngerem Alter aufgenommen wird. Da gleichzeitig die Anzahl der Beziehungen, die Menschen bis zum Alter von 30 „durchlaufen", zugenommen hat, hat die jüngere Generation auch sehr viel mehr *Trennungserfahrungen* gemacht als früher. Entsprechend müssen sie sich mehr mit ihren Vorstellungen von Beziehungen auseinandersetzen, als das noch vor wenigen Jahrzehnten der Fall war. Da partnerschaftliche Beziehungen ohne Trauschein besonders in jüngerem Alter (für eine gewisse Zeit) eine Alternative zur Ehe geworden sind, hat der normative Druck zur Eheschließung abgenommen und Heirat ist zu einer stärker individuell zu begründenden Entscheidung geworden.
Das einzelne Individuum hat heute also einen größeren Entscheidungsspielraum, wobei mehr Freiheit aber auch weniger Halt durch normative Vorgaben bedeutet. Die gestiegenen Optionen* sind dabei immer noch bzw. sogar zunehmend gruppenspezifisch verteilt. Bereits in den älteren Geburtskohorten bestehende Unterschiede zwischen Männern und Frauen und zwischen den Absolventen/Absolventinnen unterschiedlicher Schulabschlüsse haben sich nicht etwa verringert, sondern noch vergrößert. So heiraten Abiturientinnen heute im Vergleich zu Hauptschulabgängerinnen immer später. Es handelt sich also *„um eine an traditionellen Strukturmerkmalen ausgerichtete Individualisierung"* (Tölke 1991, 150). [...]
Die meisten empirischen Studien, die sich mit Individualisierungsprozessen befassen, sind auf der *Mikroebene* angesiedelt und rücken die *Wahrnehmung und Auseinandersetzung mit Freisetzungsprozessen* in den Mittelpunkt. Dass für die junge Frauengeneration der traditionelle weibliche Lebenslauf keine gültige Vorgabe mehr für ihr eigenes Leben ist und dass mit der gesteigerten Erfahrungsvielfalt gleichzeitig erhebliche Ambivalenzen* verbunden sind, verdeutlichen mehrere Studien aus dem Umfeld der Frauenforschung. Exemplarisch sei auf die Studie von Geissler und Oechsle (1995)[1] verwiesen, die 77 qualitative* Leitfaden-Interviews mit jungen erwerbstätigen, kinderlosen Frauen im Alter zwischen 20 und 30 Jahren durchgeführt haben. Fast alle Befragten (ohne Hochschul- und Fachhochschulabschluss) sind sich dessen bewusst, dass sich ihre Lebenssituation im Vergleich zur Situation früherer Frauengenerationen tief greifend verändert hat. Nur eine Minderheit erlebt den gesellschaftlichen Wandel als Verlust an Einbindung und Sicherheit. Die überwiegende Mehrheit begreift die Auflösung traditionaler Strukturen als *Erweiterung ihrer Handlungsräume* in Richtung einer autonomen Lebensführung. Das Dilemma, in dem sich die jungen Frauen befinden, besteht darin, dass sie zwei Lebensbereiche (Familie und Beruf) in Einklang bringen wollen, dass es hierfür aber kein biografisches Modell, keinen „Normallebenslauf" gibt. Sie müssen individuelle Lösungen suchen, neue weibliche Lebenslaufmodelle konstruieren. Die Mehrheit der jungen Frauen strebt das *Modell der doppelten Lebensplanung* im Sinne einer relativen Gleichgewichtigkeit von Familie und Beruf an, relativ deshalb, weil begrenzte Phasen familienbedingter Unterbrechungen in Kauf genommen werden und im Konfliktfall letztlich die Familie Priorität besitzt. Eine Minderheit entscheidet sich für eine *familienzentrierte Lebensplanung* im Rahmen der traditionellen Frauenrolle, wobei ihnen die erhöhten Risiken dieser Lebensweise durchaus bewusst sind und sie ihre Lebensziele gegenüber anderen Lebensweisen legitimieren müssen. „Auch die Orientierung an einem familienzentrierten Lebenslauf wird heute zu einem Akt individueller Entscheidung. Sie ist nicht mehr Schicksal, sondern Wahl" (Geissler/Oechsle 1995, 159). Im Zentrum der *berufsorientierten Lebensplanung* steht die Sicherung der Erwerbskontinuität, im Zentrum der *individualisierten Lebensplanung* die möglichst vielseitige Entwicklung der Persönlichkeit.
(Rüdiger Peuckert [= M 31], S. 257f., 259f.)

[1] Geissler, B., Oechsle, M.: Lebensplanung als Konstruktion: Biografische Dilemmata und Lebenslauf-Entwürfe junger Frauen, in: Beck, U., Beck-Gernsheim, E. (Hrsg.): Riskante Freiheiten, Frankfurt a.M. 1994, 139-167

M 52b „Mythos Individualisierung"?

In der aktuellen Individualisierungsdebatte wird vor allem die allgemeine Zunahme von Single-Haushalten als Indikator einer wachsenden Individualisierung angesehen. Bei der Betrachtung der Entwicklung von Personenverteilungen nach Haushalten kann auch tatsächlich eine gewisse Vereinzelung festgestellt werden. So lebt in einigen Großstädten, München gilt hier als Spitzenreiter, bereits in fast jeder zweiten Wohnung nicht mehr als eine Person. Rein statistisch betrachtet lässt sich die Vereinsamungshypothese auch mit offiziellen Daten belegen. Daten des Statistischen Bundesamtes zeigen beispielsweise, dass zwar die deutsche Gesamtpopulation (früheres Bundesgebiet) noch zwischen 1980 und 1985 um nahezu 600 000 Personen schrumpfte, sich jedoch seit Mitte der 80er-Jahre eine nahezu linear progressive Entwicklungstendenz abgezeichnet hat. Diese Entwicklung ist zugegebenermaßen durch eine Reihe „externer" Faktoren bedingt (Wiedervereinigung, Aus- bzw. Übersiedler, Asylanten und andere Zuzügler) und somit nur oberflächlich zum Beleg eines *soziokulturellen** Wandels geeignet. Dennoch können die anschließenden Daten einen gewissen Aufschluss über die vermeintliche deutsche Individualisierungsentwicklung liefern.

Parallel zur allgemeinen Bevölkerungszunahme ist auch die Anzahl der privaten Haushalte in Deutschland jährlich gestiegen. Innerhalb von 13 Jahren hat der Bestand dieser Haushalte um fast 19 Prozent, das entspricht fast 4,7 Mio. Wohneinheiten, zugenommen. Setzt man die Bevölkerungs- und Wohneinheitenzunahme miteinander in Relation, so zeigt sich, dass die Menge der Privathaushalte proportional stärker zugenommen hat als die der „allgemeinen" Population. Per Saldo leben somit immer weniger Personen in einer Wohneinheit. Diese Feststellung unterstützt natürlich die Argumentation der Individualisierungshypothese, derzufolge immer weniger Menschen miteinander leben können oder wollen.

Nun dürfen jedoch auch derartige Zahlen nicht einfach hingenommen werden, sondern bedürfen einer vertiefenden Interpretation. In Städten, und speziell in solchen Stadtteilen mit einem hohen Anteil an Single-Haushalten, ist auch das Durchschnittsalter sehr hoch. Ein vertiefender Blick in das zugängliche Datenmaterial zeigt: *Viele Singles sind alte Menschen,* die – meist verwitwet – ihren Lebensabend allein verbringen. Diese These lässt sich anhand des Mikrozensus belegen: Im Jahr 1994 wurden in Deutschland bei insgesamt 36,7 Mio. Haushalten fast 12,75 Mio. Einpersonenhaushalte ermittelt. Fast zwei Fünftel der allein lebenden Menschen (4,86 Mio./1993 übrigens noch 4,77 Mio.) waren davon *verwitwet,* wobei der überwiegende Anteil aus älteren Frauen bestand.

Weitere (ca.) 3,8 Mio. allein lebende Menschen sind unter 35 Jahre alt. Dieses sind überwiegend Personen, die sich aufgrund steigender Qualifikationsanforderungen größtenteils noch in der Ausbildung bzw. in der beruflichen Etablierungsphase befinden und meist *nicht zwangsläufig die Intention* haben, allein zu leben. [...]

Grafik: Verteilung von Ein-Person- und Mehr-Personen-Haushalten in Deutschland

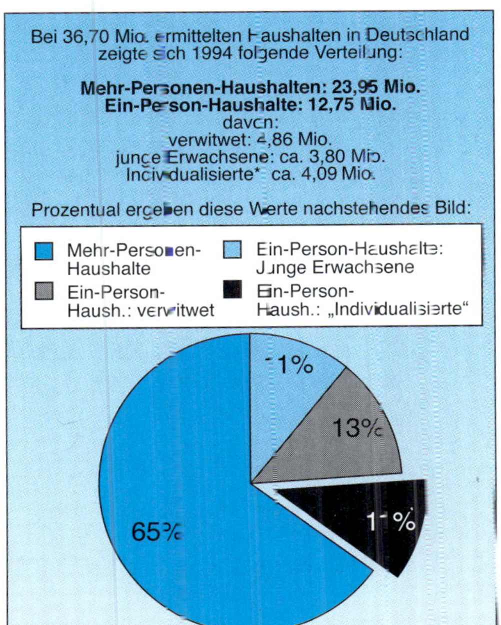

*Als „Individualisierte" gelten ledige Personen über 35 Jahre (1,59 Mio.), verheiratete aber getrennt lebende (0,7 Mio.) sowie geschiedene Personen (1,8 Mio.)

Quelle: Statistisches Jahrbuch 1996, Daten des Mikrozensus von 1994

Ein Vergleich der bisher genannten Haushaltsgruppen, d.h. Verwitwete, Personen in der beruflichen Etablierungsphase gegenüber Mehr-Personen- und den verbleibenden Haushalten, zeigt folgendes Bild (vgl. Grafik S. 103): Der überwiegende Anteil (65 Prozent) der bundesdeutschen Haushalte besteht zunächst einmal aus Mehr-Personen-Haushalten. Weitere 13 Prozent sind Ein-Person-Haushalte, in denen verwitwete Personen leben. Hinzu kommt ein Anteil von 11 Prozent junger Erwachsener unter 35 Jahren, welche ebenfalls allein leben. Diese beiden Formen des Alleinlebens sollten gemäß vorhergehender Ausführungen keinesfalls als intentional erachtet werden. Lediglich die verbleibenden 11 Prozent aller deutschen Haushalte können als mehr oder weniger individualisierte Wohnformen angesehen werden. Gemessen an der Gesamtbevölkerung (81,34 Mio.) macht der Anteil dieser „Individualisierten" (3,81 Mio.) sogar nur eine Größe von ca. 5 Prozent aus. Selbst bei diesem Teil der Bevölkerung kann wiederum nur bei sehr wenigen Menschen automatisch davon ausgegangen werden, dass es sich hier um eine *angestrebte Form der Individualisierung* handelt.

Individualisierung mittels des Indikators Haushaltsgröße festzustellen, sollte zu Zeiten einer stark alternden Bevölkerung und rapide steigender Bildungsanforderungen somit wesentlich vorsichtiger untersucht werden, als dieses häufig getan wird. Wenn anhand der Wohnraumbelegung Individualisierungstendenzen nachgewiesen werden sollen, dann sollte dabei eher über *Einsamkeit im Alter* oder *steigende Verweildauer im Bildungssystem* gesprochen werden. Beide Ursachen des Alleinlebens sind selten freiwillig. Als Erklärung dient vielmehr die Konsequenz aus struktur- und berufsbedingter Mobilität der jüngeren Generationen, die im Laufe ihres Lebens überwiegend den Geburtsort verlassen müssen, um eine bestimmte Ausbildung absolvieren zu können bzw. um einen Arbeitsplatz zu bekommen. Von einem schwindenden sozialen Bewusstsein oder einem ausgeprägten Wandel der sozialen Bindungsbedürfnisse darf somit aufgrund der zunehmenden Anzahl von Ein-Person-Haushalten nur sehr zurückhaltend gesprochen werden.

(Christian Duncker, Dimensionen des Wertewandels in Deutschland, Peter Lang – Europäischer Verlag der Wissenschaften, Frankfurt a. M. 1998, S. 42ff.)

1 *Analysieren Sie die (eher bestätigenden) Untersuchungsergebnisse, über die in M 52 a berichtet wird, und die kritische Position in M 52 b. Inwieweit wird die Aussagekraft der Beck'schen Theorie von diesen Hinweisen (positiv oder negativ) berührt? Inwieweit erscheint Ihnen selbst die Individualisierungsthese plausibel?*

2 *Inwiefern stößt es grundsätzlich auf außerordentliche Schwierigkeiten, eine Theorie wie die von Beck empirisch zu überprüfen (von diesen Schwierigkeiten zeugt auch der Band von Jürgen Friedrichs [Hg.], Die Individualisierungsthese, Opladen 1998, der insgesamt zu einer sehr skeptischen Einschätzung des empirischen Gehaltes der Beck'schen Theorie kommt)?*

M 53 Die Theorie der sozialen Differenzierung

Die Individualisierungsthese richtet ihr Augenmerk auf die in den letzten Jahrzehnten feststellbaren *Entstrukturierungsprozesse des familialen und privaten Zusammenlebens*, auf die Entwicklungen weg von der Normalfamilie. Sie vermag aber keine Antwort darauf zu geben, auf welche *neuen Strukturmuster* sich diese Veränderungen hinbewegen. Erfolg versprechender erscheint in dieser Hinsicht die Systemtheorie, insbesondere die *Theorie der sozialen Differenzierung*, zu sein, die davon ausgeht, dass die Differenzierung der Gesellschaft in unterschiedliche Teilsysteme nicht bei dem Teilsystem „Normalfamilie" stehen geblieben ist, sondern dass sich aufgrund der Anpassungserfordernisse der modernen Industriegesellschaft das relativ einheitliche bürgerlich-moderne Familienmuster in mehrere *Privatheitstypen* [...] ausdifferenziert, die mit den Anforderungen der komplexer werdenden Umwelt besser fertig werden als die Normalfamilie. Familialer Wandel kann aus dieser Sicht als *Ausdifferenzierung der Privatheit* verstanden werden. Idealtypisch* betrachtet sind neben die Normalfamilie als einem „kindorientierten Privatheitstyp" zwei neue Privatheitssysteme getreten: der „partnerorientierte" und der „individualistische" Privatheitstyp.

Strukturprägend für die Kleinfamilie als einen primär *kindorientierten (oder -zentrierten) Privatheitstyp* sind *erzieherische Handlungsthemata*. Je stärker in den letzten Jahrzehnten mit dem Bedeutungszuwachs der Kinder [...] die Erziehungs- und Sozialisationsfunktion an Bedeutung gewonnen haben, desto mehr hat gleichzeitig die Ehebeziehung eine Bedeutungs- und Qualitätsminderung hinnehmen müssen (vgl. M 46). Die starke Kindzentrierung heutiger Ehen lässt sich auch daran ablesen, dass neben „Liebe" immer häufiger der Kinderwunsch als Hauptmotiv für die Eheschließung genannt wird. Die Verantwortung für das Kind gewinnt eine so herausragende Bedeutung, dass die Partner ihre bisherige Lebensform aufgeben und die Ehe mit ihrem höheren Verpflichtungscharakter wählen.

Strukturprägend für den *partnerschaftsorientierten Privatheitstyp* (nichteheliche Lebensgemeinschaft, kinderlose Ehe) ist eine partnerschaftliche Handlungsthematik, die *Beziehung selbst*. Es handelt sich um ein funktional auf Liebe und Emotionalität spezialisiertes Partnerschaftssystem. Im Zentrum steht das Paar, die Qualität der Beziehung. Die zunehmende Entkoppelung von Liebe und Ehe bedeutet, dass im Unterschied zur Ehe und Familie nicht das Kind, sondern die „affektive, die erotisch-sinnliche und die sexuell-körperliche Dimension zur Grundlage der nichtehelichen Lebensgemeinschaft werden"[1]. Die Partnerschaftsvorstellungen sind im Vergleich zur Ehe gekennzeichnet durch ein höheres Maß an Affektivität und Emotionalität (vgl. M 38, Z. 32ff.). Die nichteheliche Lebensgemeinschaft unterscheidet sich von der Ehe auch durch eine unbestimmte und offene Zeit- und Zukunftsperspektive. Es fehlt die für das bürgerliche Familienmuster charakteristische Ausrichtung auf die Familienbildung. Die Möglichkeit der Kündbarkeit und das Scheitern der Beziehung wird von vornherein in Kauf genommen. Trennungen erfolgen, im Vergleich zu Ehepaaren mit Kindern, häufiger und schon aus relativ geringfügigem Anlass.

Kennzeichnend für den *individualistischen Privatheitstyp*, worunter vor allem die (freiwillig) Alleinlebenden und Wohngemeinschaften, aber auch das „living apart together" fallen, ist eine individualistische Handlungsthematik. Strukturprägend für diese auf das Alleinleben zentrierte Lebensform sind, den Ergebnissen empirischer Untersuchungen nach zu urteilen (vgl. M 42, M 44), ein ausgeprägtes Interesse an Autonomie, Unabhängigkeit und individueller Selbstverwirklichung sowie eine Betonung des Berufs- und Freizeitbereichs. Singles vertreten stärker als die Angehörigen der übrigen Privatheitstypen individualistische Werte und Einstellungen. Es handelt sich meist, im Falle von Wohngemeinschaften noch stärker als im Falle von Singles, um Lebensformen ohne langfristige Perspektive, also um biografische Übergangsphasen.

Die Pluralisierung der Lebensformen im Sinne eines Monopolverlusts der Normalfamilie und die Ausdifferenzierung kind-, partnerschafts- und individualistisch orientierter

1 T. Meyer, Der Monopolverlust der Familie, in: Kölner Zeitschrift für Soziologie und Sozialpsychologie Nr. 45/1993, S. 29

Lebensformen können nach Meyer (1993) als Steigerung der *Anpassungsfähigkeit an die moderne Gesellschaft* verstanden werden. Der Differenzierungsprozess bedeutet also *Fortschritt,* nämlich Steigerung der *Flexibilität* und gesteigerte *Anpassungsfähigkeit* an sich verändernde Umweltbedingungen. Ein zentraler Grund für die rasche Expansion der neuen Privatheitstypen in den letzten Jahrzehnten dürfte darin zu sehen sein, dass diese mehr Unabhängigkeit und Reversibilität garantierenden Lebensformen insbesondere mit den Anforderungen des *Arbeitsmarktes* besser fertig werden als die weniger spezialisierte, auf Dauer angelegte, geschlechtsspezifisch strukturierte Normalfamilie. Auch sind im Vergleich zu der auf Langfristigkeit setzenden Normalfamilie die alternativen Privatheitsformen weniger im Voraus strukturiert und ermöglichen so generell größere Handlungsdisponibilitäten und Verfügbarkeiten. [...] Allerdings ist die Gleichsetzung von fortschreitender Differenzierung und Spezialisierung (der Ausdifferenzierung eines Teilsystems privater Lebensformen) mit erhöhter Umweltangepasstheit (was immer dies genau heißen mag) nicht unproblematisch. So sind die längerfristigen Folgen der Kinderlosigkeit von immer mehr Erwachsenen zur Zeit noch nicht absehbar, und auch die eher unfreiwilligen Lebensformen (wie die Ein-Eltern-Familie) lassen sich schwerlich als Steigerung der Anpassungsfähigkeit an die moderne Gesellschaft und damit als Fortschritt interpretieren.

(Rüdiger Peuckert [= M 31], S. 263–266)

1 *Die Theorie der sozialen Differenzierung wird in M 53 als „Systemtheorie" gekennzeichnet, die das Gesamtsystem „Gesellschaft" als in verschiedene Teilsysteme untergliedert betrachtet (vgl. zum Begriff „System" das Glossar). Welcher Prozess hat sich beim Teilsystem „Normalfamilie" vollzogen? Worauf wird dieser Prozess ganz allgemein zurückgeführt (Stichwort: Anpassungserfordernisse)?*

2 *Stellen Sie die drei beschriebenen „Privatheitstypen" stichwortartig (nach ihren wichtigsten Merkmalen) gegenüber. Welche Funktion erfüllt der jeweilige Typ für die Beteiligten?*

3 *Im letzten Abschnitt des Textes wird das Stichwort „Anpassungsfähigkeit" ein Stück weit konkretisiert. Erläutern Sie,*
- *welche Merkmale einer „modernen Gesellschaft" hier wohl in den Blick genommen sind und*
- *inwiefern mehr Unabhängigkeit und Reversibilität* (der privaten Lebensformen) den „Anforderungen des Arbeitsmarktes" besser entsprechen als eine auf Dauer angelegte Normalfamilie.*

4 *Wie beurteilen Sie selbst die These von der Funktionalität der neuen Privatheitstypen? Welchen Einwand macht der Autor von M 53 gegen die Hauptthese der Theorie der sozialen Differenzierung (Z. 65ff.)?*

5 *Die Theorie der sozialen Differenzierung beurteilt den sozialen Wandel der Familien- und Lebensformen als Fortschritt. Wie bewertet die Individualisierungstheorie diese Entwicklung?*

6 *Versuchen Sie ansatzweise eine Überprüfung und vergleichende Beurteilung der beiden Theorien im Hinblick auf ihre Schlüssigkeit (Widerspruchsfreiheit), ihre Erklärungskraft für soziale Wandlungsprozesse und ihren Realitätsgehalt (Bezugnahme auf empirische Daten und Fakten).*

3. „Familie in – Familie out“!? – Die Zukunft der Familie im Wandel der Gesellschaft

Im letzten Abschnitt dieses Kapitels wird die zu Anfang (s. S. 64) gestellte Frage nach der Zukunft der Familie wieder aufgenommen. Auf der Grundlage der in den beiden ersten Abschnitten zusammengestellten Ergebnisse der empirischen Familienforschung zum Strukturwandel der Familie und vor dem Hintergrund der theoretischen Erklärungsansätze (2. Abschnitt) soll hier die Auseinandersetzung mit ausgewählten Positionen zur Frage der Zukunftschancen der Familie erfolgen. Wir haben uns bemüht, die wichtigsten, z.T. kontroversen Einschätzungen anhand überschaubarer Texte für die unterrichtliche Analyse und Beurteilung zugänglich zu machen.

M 54 „Die Familie ist am Ende“

Die Familie, Fundament der abendländischen Kultur, ist am Ende. In Deutschland beziehungsweise in der Bundesrepublik stieg die Zahl der Ehescheidungen von 1900 bis 1980 von 7 928 auf 130 744 pro Jahr. Sie wird weiter steigen – und viele heiraten gar nicht erst, sondern leben auf Zeit beieinander. Das Dach, das Kinder und Alte schützte, ist nicht mehr da. Die Zahl der Einpersonenhaushalte in der Bundesrepublik stieg von 1957 bis 1980 um 174 Prozent auf 7,4 Millionen. Die Ehe auf Lebenszeit ist nicht mehr selbstverständlich. Ein zweiter oder dritter Partner, eine zweite oder dritte Ehe, wenn die Kinder aus dem Gröbsten heraus sind. Ein neuer Lebensabschnitt bedeutet oft auch die Verbindung mit einem neuen Partner. So werden die Kinder früh entpflichtet, sie werden schnell zu einem Störfaktor für die neue Beziehung. Vor tausend Jahren wurden die Kinder von den Eltern verheiratet, nach den Wünschen der Kinder wurde nicht gefragt. Später erhielten die Kinder ein Vetorecht. Dann trafen die Kinder die Wahl und die Eltern behielten lediglich ein Vetorecht. Heute entscheiden die Kinder, ohne sich um die Meinung der Eltern zu kümmern: Der Aufbruch in die moderne Zeit ist der Weg von der Fremdbestimmung zur Selbstbestimmung. Aus der ursprünglich von den Eltern arrangierten Verbindung ist die moderne Ehe geworden. Sie beruht auf Gefühlen statt auf wirtschaftlichen Interessen: Emotion anstelle der Ökonomie.

Das Modell kann nicht stabil sein. Auf der Stichflamme der Emotion kann niemand dauerhaft kochen. Wenn die Leidenschaft der rosaroten Anfangszeit erloschen ist, bleibt nicht viel. Die traditionellen Aufgaben der Familie und die gemeinsamen Interessen der Partner sind weitgehend entfallen. Die Erziehung und Versorgung der ohnehin wenigen Kinder, die Pflege der Kranken und Alten, die Vorsorge für die Nachkommen – diese und andere Pflichten der Familie hat die Gesellschaft übernommen. Im günstigsten Fall wird aus der Ehe Freundschaft. Das Vakuum, das durch den Wegfall der traditionellen Aufgaben der Familie entsteht, wird gefüllt durch »Beziehungskrisen«. Streit ist der Alltag in der Familie. Dichter des neunzehnten Jahrhunderts haben beschrieben, dass sich bürgerliche Ehe und leidenschaftliche Liebe nicht vereinen lassen. Die frühe Erkenntnis hat den heutigen Menschen nicht daran gehindert, die Vereinigung des Unmöglichen zu versuchen. Orgasmusjagd und Familientreue passen nicht zusammen.

Der Anspruch auf das private Glück ist heute so unabweisbar wie die moderne Lebensweise. Ohne Zweifel hat die Vorkriegsgeneration ihre Kinder unter persönlichen Opfern aufgezogen. Aber sie hat nicht gewusst, dass sie etwas opfert. Sie folgte dem vorgegebenen Lebensmodell. Das ist vorbei, unwiderruflich. Im Familienleben gibt es fast nichts Vorgegebenes, Unbezweifeltes mehr. Weil die Klammer, die die Generationen zusammenhielt, gebrochen ist, finden sich nicht nur die Ehepartner in einer schwierige Lage, sondern auch Kinder und Alte. Das Generationsbündnis ist zu Ende. Das heißt für die Kinder: Sie werden eine Last, die sich nur wenige zumuten. Das heißt für die Alten: Sie werden eine Last, die sich immer weniger zumuten wollen.

(Reimer Gronemeyer, Die Entfernung vom Wolfsrudel. Über den drohenden Krieg der Jungen gegen die Alten, S. Fischer Verlag, Frankfurt a.M. 1991, S. 22f.)

M 55 „Die traditionelle Familie hat keine Zukunft mehr"

In vorindustrieller Zeit bot die Zugehörigkeit zu einer Familie bzw. einem Haus die Chancen für den Zugang in die verschiedenen sozialen Lebensbereiche. Von daher machte die Eheschließung ihren Sinn bzw. die Kontrolle der Familie über Sexualität und Partnerwahl. Seit der Erklärung der Menschenrechte, in jedem Falle seit der bürgerlichen Freiheitsbewegungen infolge der französischen Revolution, wurde die Realisierung individueller Freiheitsrechte, mit denen die Moderne angetreten war, zu der Triebfeder die feudalen* personalen Abhängigkeiten zu überwinden. Im Zuge dieser Entwicklung wurde die Kategorie des Privaten aufgewertet und Freiheit wurde in der Form individueller Freiheit als allgemeine Rechtsposition formuliert. Die Entscheidung über die Wahl des Glaubens oder des Ehepartners bzw. der -partnerin, die Ausbildungs- und Berufsfreiheit wird prinzipiell dem Einzelnen überlassen. Die geschilderten Entwicklungen im Familienrecht haben versucht, die Reste „ständischer" Rollenkonzepte in der Familie zugunsten individueller Freiheiten durch Entrechtlichung des Beziehungsgefüges zwischen Männern und Frauen zurückzudrängen. [...] Es sind die Konsequenzen der Moderne, die gegen das „Ständische" angetreten war und auf ihr Banner individuelle Freiheiten und Vertragsrecht geschrieben hatte, die in der Familie angekommen sind. Die gesellschaftlichen Konsequenzen garantieren Autonomie und Wahl ihrer Lebensform, allerdings auf Kosten der Autarkie* des Systems Familie. [...]

Der sich heute vollziehende Wandel ist aus dieser Sicht generell ein Rollenwandel der Frauen in Richtung „Individualismus" im Sinne einer verspäteten Angleichung an die dominanten Werte der modernen Gesellschaft. Auch für Frauen wird heute Selbstverantwortung, Unabhängigkeit und Selbstrealisierung [...] ein zentraler Wert im Persönlichkeitsbild und in der weiblichen Lebensplanung. Damit entfernen sie sich vom „ständischen"* Rollenmodell, das an Familie und Verwandtschaftssystem ausgerichtet und von Abhängigkeit von diesen geprägt war. Dessen personale Abhängigkeit hat in unserer westlichen Kultur heute keine Legitimation mehr. Die Umorientierung von Frauen folgt mithin nichts anderem als den gesellschaftlich dominierenden Wertvorstellungen.

Von daher ist die Kritik an den Wandlungen der modernen Familie und den Variationen ihrer Lebensformen vor allem eine Kritik an den Freiheitswünschen von Menschen, insbesondere an denen von Frauen in modernen Gesellschaften. Die Vorstellungen, mittels eines „neuen" Wertekonsenses die Familie wieder stärken zu können, müssen fehl gehen, genauso wie die Vorstellungen mittels steuerlicher Subventionen dies zu erreichen. Auch wenn alle Mütter ein Hausfrauengehalt bekämen und später eine eigenständige Rente, auch wenn auf der Grundlage eines idealen Familienlastenausgleichs Familie und Kinder ökonomisch keinen Nachteil mehr hätten, die Chancen für Familien und für Kinder würden sich nicht grundlegend verbessern. Selbst gut gepolstert und abgesichert hat die traditionelle Familie in der herkömmlichen Rollenverteilung keine Zukunft mehr. Mit Dettling (1995) möchte ich dieses Problem ganz drastisch so ausdrücken: *„Von den Nur-Hausfrauen profitieren Männer mehr als Familien und Kinder. Wer die Mutterrolle auf eine traditionelle Weise aufwerten möchte, untergräbt die Chancen für eine Gesellschaft mit Kindern"*. Auch junge Frauen wollen nach ihrer Ausbildung ihre berufliche Perspektive nicht verlieren, und das gilt um so mehr, je qualifizierter sie sind. Wenn sie sich dann vor die brutale Alternative gestellt, erst einmal gegen Kinder und Familie entscheiden, so hat das bestimmt nichts mit „Egoismus“ oder „Hedonismus*“ zu tun, sondern mit komplexen, aber vernünftigen und immer auch legitimen Lebensplanungen. Es scheint so, als könnten viele die Familie nicht mit Freiheit, Emanzipation und moralischer Kompetenz der Einzelnen zusammendenken.

(Michael Erler [= M 45], S. 137f.)

1 *Untersuchen Sie, wie der Autor von M 54 zu seinem Urteil über das Ende der Familie kommt. Auf welche Fakten weist er hin? Welchen Theorieansätzen ist er verpflichtet? Welche Interpretationen nimmt er vor?*

2 *Bedauert der Autor die von ihm beschriebene Entwicklung? Stellt er sie wertneutral dar? Setzen Sie sich mit seiner Sicht der Beziehungen zwischen den Ehepartnern sowie zwischen den Ehepartnern und ihren Kindern auseinander.*

3 *Arbeiten Sie die Konfliktlage heraus, die M. Erler (M 55) zwischen den Errungenschaften der „modernen“ Gesellschaft und dem Bestand des traditionellen „Systems Familie“ beschreibt. In welchem Teilbereich sieht er die eigentliche Dynamik und „Sprengkraft“ der von ihm prognostizierten Entwicklung?*

4 *Nehmen Sie Stellung zu Erlers Einschätzung familien- und frauenpolitischer Maßnahmen.*

5 *Erler entwickelt in diesem Text keine eigenen Vorstellungen zur Lösung des von ihm aufgezeigten Problems. Wie könnte Ihrer Meinung nach eine solche Lösung aussehen?*

M 56a „Wandel, aber nicht Auflösung der Familie“

Wichtig ist, dass sich aus den erwähnten Entwicklungstrends (nichteheliche Lebensgemeinschaften, Eheschließungen, Elternschaft, Ehescheidungen und auch andere familiale Entwicklungsverläufe betreffende Änderungen) unterschiedliche familiale Konstellationen ergeben, die im Vergleich zu früher zahlreicher sind oder zumindest zahlreicher erscheinen, aber auf jeden Fall stärker hervortreten als früher.

Diese Familienformen sind, aus der historischen Perspektive beobachtet, als Prototypen* nicht neu. Sie werden heute sowohl in der wissenschaftlichen Analyse als auch in der Öffentlichkeit sensibel wahrgenommen, was wiederum zeigt, dass sich unser Familienverständnis ständig verändert. Wichtig ist aber, dass die Menschen – und dies gilt besonders für die jüngere Generation – diese entstandenen Familienformen nicht als unvereinbare Alternative ansehen, sondern als familiale Lebensformen, die man im Lebenslauf sukzessive miteinander verbinden kann. So wird

– die nichteheliche Lebensgemeinschaft in eine eheliche überführt,
– die Ehe in Elternschaft,

und in der Mehrzahl der Familien bleibt diese Konstellation lange bestehen, oft bis zum Tode eines Ehepartners.

In anderen Fällen wird die Ehe aufgelöst, in vielen Fällen streben beide Elternteile das Sorgerecht an, oft das gemeinsame Sorgerecht. Sie kündigen zwar die Partnerschaft, stehen aber meist zu ihren elterlichen Pflichten. Manche heiraten wieder, gründen eine neue Familie. Andere Paare werden Eltern, ohne verheiratet zu sein, manche von ihnen werden sich für eine nachträgliche Heirat entscheiden.

Es ergeben sich also unterschiedliche Pfade familialer Entwicklungsverläufe, die die Betroffenen, aber auch die soziale Umwelt und die Gesellschaft durchaus bejahen oder zumindest akzeptieren. Trotzdem wird von den meisten nach wie vor ein dominanter Weg beschritten im Sinne einer uns vertrauten, auf Ehe basierenden und in der Mehrzahl durch Ehescheidung nicht aufgelösten Kernfamilie.

Neben der Kernfamilie sind andere Familienstrukturen bedeutsam geworden, weil diese heute stärker „besetzt" sind als früher, z. B.

- Eineltern-Teilfamilien,
- Nachscheidungsfamilien,
- Stieffamilien,
- Adoptivfamilien.

Warum sollen in dieser Entwicklung ein Zerfall und eine Krise gesehen werden? Warum soll die Abweichung zeitweilig oder auch längerfristig von der ehelichen Kernfamilie als Symptom der Auflösung der Familie schlechthin gesehen werden? Wir haben es bei dieser Entwicklung vielmehr mit einer horizontalen Ausdifferenzierung familialer Lebensformen als Reaktion auf komplexe gesellschaftliche Veränderungen zu tun.

Selbst dann, wenn wir nur die Kernfamilie nehmen, ist bewiesen, dass nie zuvor so viele Kinder in dieser Lebensform geboren wurden und aufgewachsen sind, als dies heute noch der Fall ist. Wenn wir nur diese Familienform heranziehen, gilt in Deutschland – abgesehen von den atypischen 50er- und 60er-Jahren –, dass noch nie zuvor so viele Erwachsene in dieser Familienform lebten.

Und wenn wir bereit sind, die entstandene temporäre oder auch zeitlich nicht befristete „alternative" Familienstruktur als familiale Lebensform zu akzeptieren, dann gilt noch mehr, dass die Mitglieder in einem differenzierten und weit ausgespannten Netz von verwandtschaftlichen Beziehungen der Herkunfts- und Zeugungsfamilie eingebunden sind, zu der sie sich bekennen, diese bejahen und anstreben. So gesehen, ist die Rolle der Familie und Verwandtschaft in der modernen Gesellschaft außerordentlich wichtig und bedeutsam.

Zusammenfassend kann aus diesen Feststellungen das Resümee gezogen werden, dass diese Entwicklung im Laufe der vergangenen drei bis vier Jahrzehnte eine Reihe von Veränderungen, aber auch Kontinuitäten enthält. Bei genauem Hinsehen erweisen sich die Kontinuitäten als ebenso bedeutsam wie die stattgefundenen Veränderungen familialer Strukturen.

Interessant ist, dass in der öffentlichen Diskussion fast ausschließlich die Veränderungen von Familienformen thematisiert werden. Dabei wird ein Bild der Familie konstruiert, das die Familie als ein mit Krisen behaftetes, labiles und gefährdetes Sozialgebilde in unserer Gesellschaft erscheinen lässt. Die Behauptungen über vermutete Auflösungstendenzen der Familie bleiben in der öffentlichen Diskussion meist unwidersprochen.

Aus der Unterschiedlichkeit der familialen Entwicklungsverläufe resultieren in der Tat heute verschiedene familiale Strukturen. Neben der bisher vorherrschenden, aus Vater, Mutter, Kind/Kindern bestehenden „Kernfamilie" sind andere Familienkonstellationen entstanden, beispielsweise allein Erziehende, Nachscheidungsfamilien, Stief- und Adoptivfamilien. Solche familialen Lebensformen können als temporäre Phänomene begriffen werden, zum Beispiel, wenn so genannte unvollständige Familien durch eine Eheschließung in eine Kernfamilie überführt werden, aber auch als längerfristig andauernde Lebensform.

Dies bedeutet aber nicht, dass daraus eine negative Einschätzung der auf Eheschließung basierenden herkömmlichen Kernfamilie resultieren würde. Diese familiale Lebensform hat an quantitativer Bedeutung zwar etwas eingebüßt, doch auch hier gilt, dass die meisten jüngeren Menschen die Elternschaft in dieser Lebensform ausdrücklich anstreben oder zumindest in ihrer Lebensplanung nicht ausschließen. [...]

Familie: Neuer Trend oder Auslaufmodell? Diese Frage ist wohl in dieser Form nicht ganz richtig gestellt. Es gibt Familienstrukturen,

- die immer mehr der Vergangenheit angehören, und andere,
- die in unserer Gesellschaft an Bedeutung gewinnen.

Familienstrukturen befinden sich zwar in einem Wandel (im Sinne einer horizontalen Ausdifferenzierung und Ausdifferenzierung in individuellen Lebensverläufen), aber Wandel bedeutet keine Auflösung der Familie schlechthin.

(Laszlo A. Vaskovics, Die Rolle der Familie in einer Gesellschaft im Wandel, in: Politische Studien, Sonderheft 4/94 v. November 1994, S. 20ff.)

M 56b Nichts Neues unter der Sonne? – „Umdefinition und Immunisierung“

In einem Aufsatz mit dem Titel „Familie im Auflösungsprozess?“ wendet sich der Familiensoziologe Laszlo Vaskovics pointiert gegen Diagnosen, die Umbrüche im Bereich der Familie betonen. Er sieht hier nur längst bekanntes Krisengerede: „Krise und Auflösung der Familie wurden im Laufe der vergangenen zwei Jahrhunderte immer wieder ‚festgestellt‘ und prognostiziert.“ Und gezielt setzt er dagegen: Die „Familie als Kern- oder Gattenfamilie hat ihre Dominanz bis in unsere Gegenwart erhalten. [...] Im [...] postulierten ‚ganz normalen Chaos der Liebe‘ zeichnen sich weiterhin ganz klare und dominante Muster der Partnerschaften ab, die [...] in den meisten Fällen zu einer ganz normalen Familie führen.“[1]
Für die Einschätzung dieser Diagnose ist es wichtig, wie Vaskovics die „ganz normale Familie“ definiert. Um es kurz zu machen: Er definiert praktisch alles hinein. Ob „mit oder ohne Trauschein, temporär oder lebenslänglich, einmalig oder sukzessiv“ – alles wird unterschiedslos unter den Begriff der Kernfamilie gefasst. In diesem Bezugsrahmen werden auch die allein Lebenden global als „partnerschaftsorientiert“ definiert, und zwar deshalb, weil sie nach Vaskovics eine eheliche oder nichteheliche Partnerschaft nicht prinzipiell ausschließen, teilweise auch anstreben. Zu den nichtehelichen Partnerschaften heißt es, die meisten seien „zumindest auf eine mittelfristige Perspektive angelegt“. Und sollten diese Paare sich trennen, so kann man doch annehmen, „dass sie früher oder später mit einem anderen Partner eine nichteheliche Lebensgemeinschaft eingehen werden“. Zwar wird ein Geburtenrückgang verzeichnet, aber auch der ändert nichts an der ganz normalen Familie: „Elternschaft als Lebensziel ist ungebrochen bedeutsam bei jungen Frauen und Männern.“ Erst recht lassen Entwicklungen wie späte Elternschaft nichts Neues erkennen: „Warum sollte [...] die späte Elternschaft anders bewertet werden als die frühere, die kürzere Dauer anders als die längere Familienphase? Es liegt in der Natur der Sache: Eine Familie wird im Laufe der Lebensgeschichte irgendwann gegründet und irgendwann aufgelöst.“[2]
Bei dieser Begriffswahl hat Vaskovics zweifellos Recht: Die ganz normale Familie lebt und gedeiht. Dies freilich vor allem dank einer Serie von Umdefinitionen, in deren Verlauf das meiste systematisch beiseite geräumt wird, was bis vor kurzem den selbstverständlichen Kernbegriff von Ehe und Familie ausmachte (Trauschein, Verbindlichkeit, Dauer usw.). Wenn man alles weglässt, was einen massiven Wandel signalisiert, dann gelangt man freilich zu dem Ergebnis, dass keiner stattgefunden hat. Es ist wie beim Wettlauf zwischen Hasen und Igel: Die ganz normale Familie ist immer schon da. Eine Widerlegung ist praktisch unmöglich, weil alles, was anders ausschaut, anders ausschauen könnte, einfach mit dazugezählt wird. Das ist, was man in der Wissenschaftstheorie als Immunisierung bezeichnet: Erklärungen, die widerlegungsresistent sind, aber eben deshalb auch wenig aussagefähig.
Der Effekt ist, dass die zentralen Fragen systematisch ausgespart bleiben. Zum Beispiel: Es ist aus vorliegenden Untersuchungen durchaus bekannt, dass weiterhin die meisten Männer und Frauen Elternschaft als ein Lebensziel nennen. Interessant ist von daher die

---

1 Laszlo Vaskovics, Familie im Auflösungsprozess?, in: Deutsches Jugendinstitut (Hrsg.), Jahresbericht 1990, München 1991, S. 186–198; dort S. 186 und S. 197

2 Ebd., S. 188–194

Frage: Warum wird in der jüngeren Generation dieses Ziel häufiger als früher *nicht* verwirklicht? Wo sind die Barrieren, die Widerstände? Oder haben andere Lebensziele heute mehr Anziehungskraft? – Ebenso ist kaum überraschend, dass die meisten allein Stehenden nicht prinzipiell jede Partnerschaft ablehnen. Weitaus spannender ist: Warum leben sie in der *Praxis* allein? Welches sind hier die Widerstände bzw. konkurrierenden Ziele? – Gegen die Aussage, dass jede Familie irgendwann gegründet und irgendwann aufgelöst wird, ist wenig zu sagen. Sie ist ebenso richtig wie trivial. Aber durchaus nicht trivial ist: Wann wird die Familie gegründet, und vor allem auch: Wie wird sie beendet, durch Tod oder durch Scheidung? Wie viele gründen noch eine Familie, wie viele lassen es bleiben, wie viele gründen mehrere Familien nacheinander?
Wenn man solche Fragen nicht stellt, statt dessen praktisch alle privaten Lebensformen unter dem Dach der „ganz normalen Familie" versammelt (mit oder ohne Partner, mit oder ohne Trauschein, mit oder ohne Dauer, alles unterschiedslos), dann verschwimmen die Merkmale, die Konturen lösen sich auf. Ein Wandel? Ist qua Optik nicht vorgesehen, gerät deshalb auch nirgends ins Blickfeld. Die Diagnose steht vorgängig fest: „Nichts Neues unter der Sonne."

(Elisabeth Beck-Gernsheim, Auf dem Weg in die postfamiliale Familie. Von der Notgemeinschaft zur Wahlverwandtschaft, in: Aus Politik und Zeitgeschichte B 29-30/94 v. 22.7.1994, S. 4f.)

1 *Die Darstellung des bekannten Familiensoziologen Laszlo A. Vaskovics beruht auf der Kenntnis derselben Daten und Fakten zum Strukturwandel der Familie, wie sie bei Gronemeyer (M 54) und Erler (M 55) vorliegt. Zeichnen Sie die Argumentation nach, mit der Vaskovics zu einer völlig anderen Position im Hinblick auf die Zukunft der Familie kommt. Achten Sie dabei vor allem auf die Verwendung der Begriffe Familie, Kernfamilie, Familienstrukturen, familiale Lebensformen, Familienkonstellationen usw. (M 56 a).*

2 *Die Veröffentlichung von Vaskovics, gegen die sich die heftige Kritik von Elisabeth Beck-Gernsheim (M 56b) richtet, entspricht inhaltlich der Darstellung M 56a. Erläutern Sie, was Beck-Gernsheim Vaskovics unter den Stichwörtern „Umdefinition" und „Immunisierung" vorwirft. Nehmen Sie zu der Kontroverse zwischen Vaskovics und Beck-Gernsheim Stellung.*

M 57 Die Konturen der „postfamilialen Familie"

Um den Grundgedanken vorweg zu umreißen: Es geht darum, was passiert, wenn die festen Vorgaben von einst – verankert in Religion, Tradition, Biologie usw. – zwar nicht gänzlich verschwinden, aber doch viel von ihrer einstigen Stärke einbüßen; wenn in der Folge neue Wahlmöglichkeiten, Optionen, Entscheidungsspielräume entstehen; wenn diese allerdings nicht im freien, im gesellschaftsfreien Raum existieren, sondern auf ihrer Kehrseite neue soziale Regelungen, Zwänge, Kontrollen enthalten. Es geht darum, wie – soziologisch formuliert – der Individualisierungsschub der letzten Jahrzehnte und Jahre immer stärker in den Bereich von Familie, Ehe, Elternschaft eingreift, dabei die Beziehungen zwischen den Geschlechtern wie zwischen den Generationen nachhaltig verändert. Kurz, es geht darum, wie unter den Bedingungen von Individualisierung ein historisch neues Spannungsverhältnis entsteht, das Beziehungen wohl nicht einfacher macht, dafür vielleicht reizvoller, im durchaus doppelten Sinne des Wortes.
Und was ist dann mit der provozierenden Frage: Was kommt nach der Familie? Manche meinen, wer von Individualisierung spricht, spreche damit in eins vom Ende der Familie und sehe am Horizont schon die Single-Gesellschaft. Aber das ist ein Missverständnis, und kein geringes. Das Bild [...] ist nicht so einfach und eindimensional. Im Zentrum steht viel-

mehr ein Spannungsverhältnis, das schon vom Ansatz her vielschichtiger ist, seine eigenen Widersprüche und Paradoxien enthält, und dies eben nicht zufällig, sondern weil im Zuge von Individualisierungsprozessen beides erzeugt wird: der Anspruch auf ein Stück eigenes Leben *und* die Sehnsucht nach Bindung, Nähe, Gemeinschaft. Unter diesen Bedingungen heißt die Antwort auf die Frage, was kommt nach der Familie, ganz einfach: die Familie! Anders, mehr, besser, die Verhandlungsfamilie, die Wechselfamilie, die Vielfamilie, die aus Scheidung, Wiederverheiratung, Scheidung, aus Kinder deiner, meiner, unserer Familienvergangenheiten und -gegenwarten hervorgegangen ist; die Ausfaltung der Kleinfamilie, ihre Verzeitlichung, das Bündnis der Vereinzelten, das sie darstellt, ihre Verzärtelung und Überhöhung, die ja nicht zuletzt auch auf ihrem Monopolcharakter als lebbare Gegenwelt beruht, den sie in der enttraditionalisierten, abstrakten, von Katastrophen gezeichneten Risiko- und Wohlstandsgesellschaft gewinnt.
So gesehen ist nicht zu erwarten (um den Missverständnissen nochmals entgegenzutreten), dass die Menschen, egoistisch und hedonistisch* geworden, nur noch nach eigenen Bedürfnissen leben und flächendeckend ungeordnete, ja wilde Verhältnisse sich ausbreiten. Wohl aber ist zu erwarten, dass für immer mehr Menschen stabile Phasen im Lebenslauf abwechseln mit anderen – vor der Ehe, neben der Ehe, nach der Ehe, mit oder ohne Trauschein verstanden –, wo man oder frau mit Beziehungsformen spielt, jongliert, experimentiert, und dies teils freiwillig, teils eher gezwungenermaßen. Und zu erwarten ist auch, dies bitte nicht zu vergessen, dass im Alltag auch der stabilen Beziehungen heute weit mehr Fragen aufbrechen können, die – weil es früher solche Optionen* nicht gab, oder nur in seltenen Ausnahmefällen, oder weil die verbindlichen Vorgaben von früher heute brüchig geworden – nun bewusste Entscheidungen verlangen, die dabei manche Entscheidungskonflikte erzeugen, in der Folge nicht selten eine eigene Dynamik und Dramatik gewinnen, was die Beteiligten oft unvorbereitet und ahnungslos trifft. Um aus dem Spektrum der Fragen nur ein paar anzudeuten, und zwar nicht die exotischen, sondern die aus dem ganz normalen Alltag bekannten, die auch in den folgenden Kapiteln immer wieder angerührt werden:
Wollen wir zusammenziehen oder soll, vielleicht zunächst einmal, vielleicht auch länger, jeder seine Wohnung behalten? Wollen wir Kinder, jetzt schon oder später oder vielleicht lieber gar nicht, oder wollen wir die Entscheidung noch offen halten? Wenn sich herausstellt, dass wir auf natürlichem Weg keine Kinder bekommen, wollen wir es mit den Methoden der künstlichen Befruchtung versuchen, und was aus der Palette der medizinischen Angebote wollen wir mitmachen? Wenn einer von uns eine gut bezahlte und sichere Stelle in einer anderen Stadt findet, zieht die Familie dann mit, oder probieren wir es mit Wochenend-Ehe und Pendeln? Wenn die Schulferien kommen, wer betreut dann die Kinder, was tun wir im Fall einer Krankheit, und was ist, wenn auch noch die Oma verreist? Wenn die Schwiegereltern im Alltag mehr Hilfe brauchen, wenn der Opa zum Pflegefall wird, wer sorgt dann für sie? Wenn mein Mann mich verlassen hat oder ich ihn, wir beide in neuen festen Bindungen leben, soll ich weiter die (Ex)Schwiegereltern zum Geburtstag der Kinder einladen, den Kontakt zu seiner Familiensippe erhalten? Wenn mein Partner Ausländer ist, wollen wir für immer hier bleiben oder eines Tages in sein/ihr Heimatland ziehen? Sollen die Kinder zweisprachig aufwachsen, beide Staatsangehörigkeiten bekommen, und welche Identität wollen wir ihnen vermitteln?
Ein Katalog von Fragen, spiegelbildlich die Hoffnungen und Enttäuschungen, Chancen und Schrecken des Lebens unter Individualisierungsbedingungen anzeigend. Ein Katalog von Fragen, die im Alltag eine subversive Kraft, ja nicht selten eine stille, beharrliche, zähe Bosheit entfalten. Und eines vor allem wird sichtbar daran: Im Lebenslauf steht immer weniger ein für alle Mal fest. Immer häufiger muss man neue Anfänge machen, neue Entscheidungen fällen. Wo die Individualisierungsdynamik sich durchsetzt, wird mehr Aufwand als früher nötig, um im Familienalltag die verschiedenen Einzelbiografien noch zusammenzuhalten. Wie viel Dramaturgie und Diplomatie kostet das! Während man in der

Vergangenheit auf eingespielte Regeln und Rituale zurückgreifen konnte, beginnt heute eine Inszenierung des Alltags, eine Akrobatik des Abstimmens und Ausbalancierens. Im Ergebnis wird der Familienverband fragil, ist vom Auseinanderbrechen bedroht, wo die Abstimmungsleistungen nicht gelingen. Zwar leben die Menschen weiter in Bindungen, aber diese Bindungen sind nun anderer Art, was Umfang, Verpflichtungscharakter, Dauer angeht.

Das heißt nicht, die traditionelle Familie verschwinde, löse sich auf. Aber offensichtlich verliert sie das Monopol, das sie lange besaß. Ihre quantitative Bedeutung nimmt ab, neue Lebensformen kommen auf und breiten sich aus, die nicht oder jedenfalls nicht zumeist auf Alleinleben zielen, eher auf Verbindungen anderer Art: z.B. ohne Trauschein oder ohne Kinder; allein Erziehende, Fortsetzungsfamilien oder Partner desselben Geschlechts; Wochenend-Beziehungen und Lebensabschnittgefährten; Leben mit mehreren Haushalten oder zwischen verschiedenen Städten. Es entstehen mehr Zwischenformen und Nebenformen, Vorformen und Nachformen; das sind die Konturen der „postfamilialen Familie".

(Elisabeth Beck-Gernsheim, Was kommt nach der Familie? Einblicke in neue Lebensformen, Beck, München 1998, S. 17–20)

1 *Charakterisieren Sie den Prozess der Individualisierung, wie er im ersten Abschnitt von M 57 zusammenfassend beschrieben wird (vgl. zur Individualisierungstheorie M 50).*

2 *Verdeutlichen Sie, was nach Beck-Gernsheim der Individualisierungsprozess für die Familie bedeutet und was nicht.*

3 *Gehen Sie die im 4. Abschnitt (Z. 45 ff.) formulierten Fragen im Einzelnen durch: Inwieweit stellten sich diese Fragen unter früheren gesellschaftlichen Verhältnissen (vor Modernisierung und Individualisierung) nicht?*

4 *Beurteilt Beck-Gernsheim den Wandel zur „postfamilialen Familie" eher als Fortschritt oder eher als Erschwernis und Gefahr? Wie beurteilen Sie selbst die beschriebene Entwicklung? Wird sie überhaupt richtig beschrieben?*

5 *Vergleichen Sie Beck-Gernsheims These von der „postfamilialen Familie" mit der von ihr in M 56 b heftig kritisierten Position von Vaskovics (M 56 a).*

M 58a „Das Leben ist eine Baustelle" – Von der Normalbiografie zur Bastelbiografie

Die Brüchigkeit des traditionellen Familienmodells, die heute sich andeutet, wird sich verstärken, zukünftig weitere Brüche erzeugen, mehr auch die bislang stabilen Gruppen erreichen. [...] Fortsetzungsehen, Mehreltern-Familien, Patchwork-Familien, solche Muster werden auch hier weiter sich ausbreiten – mitsamt den komplizierten Genealogien und bunten Netzwerken, die zu ihnen gehören.

Die schließt nicht aus, im Gegenteil: macht eher wahrscheinlich, dass sich Gegenbewegungen bilden, Sehnsüchte und Hoffnungen aufkommen, die in der Familie den sichernden Ort suchen, den Hafen im Labyrinth der Moderne, auch die Wiederverzauberung in einer entzauberten Welt. Aber Wunsch ist nicht gleich Erfüllung desselben, das gilt hier wie anderswo auch. Ob solche Versuche der Gegenmodernisierung Erfolg haben, ob eine Wiederbelebung des traditionellen Familienmodells gelingt, nicht im Einzelfall hier oder da, sondern für breite Bevölkerungsgruppen – dies muss eher zweifelhaft scheinen. Denn auch solche Bestrebungen finden nicht im gesellschaftsfreien Raum statt, jenseits von Politik, Medien, Recht usw., sondern sind eingespannt in das Geflecht der gesellschaftlichen

Bedingungen, die die Risse im traditionellen Modell der Familie erzeugt haben. Auch die Fluchten aus der Moderne sind Teil der Moderne – und haben damit Widersprüche eigener Art.

Die Diagnose, die hier für den Bereich von Partnerschaft, Ehe, Familie angestellt wurde – mehr Instabilität, mehr Wechsel, mehr Übergänge und Zwischenformen im Lebenslauf –, diese Diagnose ist übrigens, im Kern auffallend ähnlich, auch für andere Bereiche der modernen Gesellschaft aufgestellt worden. Um z.B. Befunde aus der neueren Berufsforschung aufzugreifen: Während noch in der Nachkriegszeit eine Stabilität der Erwerbsverhältnisse vorherrschend war, ist das „Normalarbeitsverhältnis“ im Sinne einer arbeits- und sozialrechtlich abgesicherten, kontinuierlichen, auf Dauer angelegten Vollzeitbeschäftigung seit Ende der 70er-Jahre zunehmend brüchig geworden. Über Deregulierungs-* und Flexibilisierungstendenzen* am Arbeitsmarkt sind statt dessen neue, vielfältigere, freilich auch instabilere Formen der Erwerbsverläufe entstanden. Diese lassen sich nicht mehr in den alten Kategorien – hier Arbeit, dort Arbeitslosigkeit – fassen, bilden vielmehr eine „neue Topografie der Arbeit“: „Zwischen dem herkömmlichen Normalarbeitsverhältnis und der statistisch erfassten, offiziellen Arbeitslosigkeit hat sich zunehmend eine Vielfalt von ‚prekären‘ ‚untypischen‘, ‚nicht standardisierten‘ usw. Arbeitsverhältnissen etabliert“[1]. Ähnlich hat die neuere Armutsforschung gezeigt, dass in unserer Gesellschaft Armut häufig nicht lebenslang dauert, sondern nur begrenzte Zeiträume umfasst, dafür aber nun breitere Bevölkerungsgruppen bedroht, also eine Art Demokratisierung von Armut stattfindet. Das Fazit heißt, dass „Armutslagen ‚beweglicher‘ sein dürften als bislang angenommen: Armut ist häufig nur eine Episode im Lebenslauf. [...] Zugleich reicht Armut als vorübergehende Lebenslage und latentes Risiko in mittlere soziale Schichten hinein und ist nicht mehr auf traditionelle Randgruppen oder ein abgespaltenes unteres Drittel beschränkt“. So gesehen wird Armut verzeitlicht, weniger Dauerschicksal, mehr lebensphasenspezifisch: „Armutlagen erweisen sich also als komplexe Gebilde, bestehend aus Armutsphasen, Unterbrechungen, Wiedereinstiegen und zum Teil endgültigen Ausstiegen.“[2]

Die Parallele liegt auf der Hand. Was hier über Armutslagen gesagt wurde, könnte man, mit praktisch denselben Worten, auch über Familienlagen aussagen. Und in der Tat, ein Fazit aus der neueren Familienforschung lautet: Familie wird zur „transistorischen Lebensphase“, ja zur „Teilzeitgemeinschaft“. Die traditionelle Familie wird demnach zwar nicht verschwinden, aber sie wird seltener werden, weil daneben andere Lebens- und Beziehungsformen entstehen. Erst recht wird sie viele Menschen nicht mehr lebenslang binden, sondern nur noch über bestimmte Zeiträume und Phasen.

Am Ende fügen sich die verschiedenen Facetten zu einem gemeinsamen Bild. Die Diagnose lautet durchgängig, dass die Lebenslagen beweglicher, durchlässiger, freilich auch brüchiger werden. An die Stelle selbstverständlich vorgegebener, oft erzwungener Bindungen tritt das Prinzip „Bis auf weiteres“, wie Bauman es nennt, eine Art Absage an lebenslange Entwürfe, ewige Bündnisse, unwandelbare Identitäten. Wenn Scheidung normal wird und das, was einst normal hieß, auf immer mehr Ebenen brüchig gerät, dann gilt: „Das Leben ist eine Baustelle“ (Titel eines Films von Wolfgang Becker, 1997). Statt der festgefügten Formen nun mehr Wahlmöglichkeiten und eigene Entscheidungen, mehr Anfänge und Abschiede. Mehr Höhenflüge und Abstürze, mehr Suchbewegungen vor allem. Von der Normalbiografie zur „Bastelbiografie“ – das ist das Kennzeichen der Moderne.

(Elisabeth Beck-Gernsheim [= M 57], S. 54–57)

---

1 Martin Osterland: „Normalbiographie“ und „Normalarbeitsverhältnis“, in: Peter A. Berger/Stefan Hradil (Hg.): Lebenslagen, Lebensläufe, Lebensstile, Schwartz, Göttingen 1991, S. 351–362

2 Stephan Leibfried u.a., Zeit der Armut, Frankfurt a.M. 1995, S. 9 und 81

M 58b Kindsein in der Patchwork-Familie

Silke muss immer wieder lächeln, wenn sie daran denkt. Es ist so ein erleichterndes, befreiendes Lächeln. Dabei begann alles so schwierig, mit Paul, ihrem Freund. Was heißt Freund, total verknallt hat sie sich. Zuletzt wohnte die 31-Jährige viele Jahre mit Steffan zusammen und sie bekamen zwei Kinder. Dann lebten sie sich auseinander.
Er, der Bodenständige, arbeitete in einem Naturkostladen, sie, die Heilpraktikerin, tauchte in die Esoterik* ab. Sie fanden keine gemeinsame Sprache mehr. Zwei Jahre war Silke mit ihren kleinen Söhnen allein, Steffan besuchte die Kinder. Dann kam dieser Freitag, als sie eine Freundin bat, auf die Kinder aufzupassen, und zum Folk-Festival ging. Paul stand plötzlich neben ihr und sie vertieften sich sogleich in lustvolle Gespräche. „Ich fühlte mich in meinen Gedanken verstanden."
Leider wohnte Paul in Braunschweig und kam nur an den Wochenenden nach Berlin. Deshalb wollte sie wenigstens die zwei Tage für sich haben und freute sich, dass Ex-Freund Steffan die Kinder zu sich nahm. Bis zu dem Tag, an dem Paul in der Tür stand und zum ersten Mal ihre Söhne sah. „Ich hatte große Angst vor dieser Begegnung", sagte Silke, „ich fürchtete, dass sie Paul als Konkurrenten betrachten." Richard, mit seinen neun Jahren der größere, begrüßte Paul mit: „Du hast aber einen fetten Bauch."
Alles, nur das nicht, dachte Silke. Doch Paul reagierte gelassen: „Wenn ich was gegessen habe, dann ist der Bauch noch viel größer!" Alle mussten lachen. Der geliebte Fremde wurde hereingelassen.
Paul traf nicht ganz unvorbereitet ein. Er ist Vater gleich von drei Söhnen und lebt von seiner Frau getrennt. Die Kinder sieht er regelmäßig, mal wohnen sie bei ihm, mal bei der Mutter. Das soll auch künftig so bleiben, also wird er hin und wieder mit seinen Söhnen (drei, fünf, neun Jahre) nach Berlin kommen. Der Versuch steht noch aus, „aber da sehe ich keine Probleme", sagt der 35-Jährige zuversichtlich.
Auch Silkes früherer Partner Steffan will sich nicht von seinen Kindern zurückziehen, nur weil ein neuer Mann im Haus ist. Bei der Trennung hatten sie sich geschworen: Die Kinder sollen weder auf Mutter noch Vater verzichten. „So weit, wie es geht, wollten wir dem alles unterordnen. Wir haben uns schließlich nicht von den Kindern getrennt", sagt Silke. „Für uns war klar, dass Steffan keinen Besucher abgeben sollte, der vielleicht jeden Sonntag oder alle 14 Tage mal vorbeischaut. Auch wenn wir neue Partner haben, sollen die Kinder möglichst in gleicher Weise bei mir und bei Steffan wohnen." Sie wussten nur noch nicht genau, wie die Söhne Richard und Heinrich damit umgehen würden.
Zur Abmachung gehörte, dass die Geburtstage der Kinder mit Vater und Mutter gefeiert werden. Da mittlerweile Silkes Freund Paul oft mehrere Tage bei ihr wohnte, saßen sich beide Männer plötzlich beim Kindergeburtstag gegenüber. Während Paul die Begegnung nicht fürchtete, fiel sie dem Ex-Freund nicht so leicht. „Ich wollte eigentlich gar nicht kommen. Ich dachte, ich muss zu einem Duell antreten, schließlich nimmt er meine Position ein. Ich habe Eifersucht gespürt", erinnert er sich an das erste Treffen. „Aber wir haben uns gut unterhalten, und ich habe gemerkt, wie froh Silke darüber war."
Auch Ex-Freund Steffan lebt mit einer neuen Partnerin zusammen. Sie kennt die beiden Kinder, aber die beiden Frauen haben sich noch nie gesehen. „Es ist komisch", sagt Silke, „ich konnte mich zwar darüber freuen, dass sich die beiden Männer recht gut verstehen, aber ich habe noch nicht die Kraft, seiner Freundin über den Weg zu laufen. Der Gedanke, dass sie abends die Kinder ins Bett bringt, wühlt mich auf." Schon die Übergabe der Kinder an Steffan kostet Überwindung. „Ständig habe ich das Gefühl, sie ist nicht gut zu den Kleinen und nimmt mir Richard und Heinrich weg." Doch seit sie ihren Paul kennt, hat sie mehr Vertrauen zu Steffan und seiner Freundin.
Richard und Heinrich, die beiden Jungs, haben die neuen Partner ihrer Eltern „Mama-Freund" und „Papa-Freundin" getauft. Auch in der Schule erzählt Richard von seinem „Mama-Freund", „der einen viel größeren Bauch hat als der Papa, und der beim Essen immer größer wird, aber nie platzt". Für ihn ist jetzt endgültig die klassische Familienkonstellation aufgebrochen und er beginnt damit zu leben.
Am Anfang wurde jeden Morgen mit ihm abgesprochen, wer ihn wann abholt oder wer da ist, wenn er von der Schule nach Hause kommt. Häufig wartete Silke, manchmal mit Freund Paul, wenn er ein paar Tage länger geblieben ist, manchmal aber auch mit Steffan,

der seinen Sohn von dort zu sich nahm. Auch Steffans Freundin hat Richard schon von der Schule abgeholt. Mitunter, wenn die Organisation etwas durcheinander geraten war, kam Richard nach Hause und es saßen sowohl Silke als auch die beiden Männer in der Küche. Dann packte Richard noch die Schulsachen für die nächsten beiden Tage zusammen und ging mit seinem Vater mit. „Ja, anfangs mussten wir natürlich aufpassen, dass Richard und Heinrich die Übersicht behalten. Doch jetzt hat sich alles eingespielt. Von Sonntag bis Mittwoch sind beide Kinder bei mir", erklärt Silke den heutigen Rhythmus, „ab Donnerstag gehen sie zu Steffan."

Silke und Steffan haben sich erst kürzlich mit Richards Klassenlehrerin getroffen. Wenn es die Schule und den Kindergarten betrifft, auch das hatten sie verabredet, dann gehen sie gemeinsam dorthin. „Wir wollten erfahren, wie Richard in der Schule mit der Situation zurechtkommt, inwieweit er sein ‚Doppelleben' verkraftet und darüber spricht", sagt Silke. „Schließlich lebt er zur Zeit sehr intensiv mit vielen Beziehungen – mit der zwischen mir und Paul, mir und Steffan, zwischen den beiden Männern."

Doch Richard geht mit seinem Zuhause sehr offen um. „Die Lehrerin hat uns erzählt, dass er seinen Mitschülern oft voller Stolz davon berichtet, dass er zwei Betten, zwei Schreibtische und zwei Playmobil-Burgen hat, dass er bald Kinderbesuch aus Braunschweig bekommt und die drei Jungs dann öfter da sein werden, dass sein ‚Mama-Freund' ein großes Auto hat, aber er auch gern mit seinem Papa S-Bahn fährt.' [...]

Künftig, so haben es sich Silke und Steffan vorgenommen, soll sich das Beziehungsnetz vervollständigen, wenn zu Richards zehntem Geburtstag auch die drei Söhne von Paul und Steffans Freundin dabei sein werden. „Langsam kann ich mich an den Gedanken, die andere Frau kennen zu lernen, gewöhnen", denkt Silke an die Zukunft. Damit wäre dann die so genannte Patchwork(Flickwerk-)Familie beisammen. Während früher amerikanische Siedlerfrauen Stoffreste aus verschiedenen Farben zu neuen Stoffbahnen zusammenflickten, machen sich heute immer mehr Menschen auf den Weg, nach ähnlichem Muster neue Familien zusammenzusetzen, um damit die Trennung für die Kinder erträglich zu gestalten und beiden Eltern die Möglichkeit zu geben, eine intensive Beziehung zu den Kindern aufrechtzuerhalten.

(Deutsche Lehrer Zeitung Nr. 7/8 v. 20.2.1997, S. 19; Verf.: Dietmar Bender)

1. *Beschreiben Sie die Parallelen, die Elisabeth Beck-Gernsheim (M 58 a) zwischen Strukturen in der Arbeitswelt sowie im Hinblick auf die Verteilung von Armut und den Entwicklungen im Bereich der Familie zieht. Inwiefern ist die von ihr beschriebene Entwicklung zur „Bastelbiografie" ein „Kennzeichen der Moderne" (vgl. zum Konzept der Modernisierung M 22 c, Stichworte: Differenzierung, Individualisierung)?*
2. *Erörtern Sie die These Beck-Gernsheims auch unter der kritischen Fragestellung, ob hier nicht vielleicht eher Ausnahmeerscheinungen zu sehr generalisiert und zu einem Gesamttrend hochstilisiert werden.*
3. *In M 58b wird über das Zustandekommen einer „Patchwork-Familie" und das Leben darin berichtet. Der Autor weist im Vorspann zu diesem Report darauf hin, dass es sich in solchen Familien „emotional reicher" leben lässt als in zerrütteten Normalfamilien. Wie beurteilen Sie selbst die hier geschilderten Verhältnisse, auch im Hinblick auf die Situation der Kinder (vgl. auch M 59 b)?*

M 59 Von der „neolokalen Gattenfamilie" zur „multilokalen Mehrgenerationenfamilie"

Es kann kein Zweifel daran bestehen, dass die drei Revolutionen (die industrielle, die demographische und die Werterevolution) auch die Beziehungen des Individuums zu seiner Familie tief greifend verändert haben. Diese Veränderung lässt sich aber nicht als Indivi-

dualisierung, Singularisierung oder Auflösung der familialen Beziehungen interpretieren; vielmehr muss sie wie folgt gesehen werden: als Übergang von der neolokalen Gattenfamilie mit kleinen Kindern zu einer multilokalen Mehrgenerationenfamilie mit lebenslangen Beziehungen zwischen Generationen, ohne dass diese unter einem gemeinsamen Dach leben müssen. [...]
Unter einer *neolokalen Gattenfamilie* versteht man in diesem Zusammenhang ein verheiratetes Paar, das an einem »neuen« (*neo-*), von den Herkunftsfamilien verschiedenen Ort (*-lokal*) einen Haushalt gründet und dort mit seinen Kindern *für sich* lebt. Von einer *multilokalen Mehrgenerationenfamilie* spricht man, wenn man eine aus mehreren Generationen bestehende und an verschiedenen Orten (*multilokal*) lebende Familie in ihren lebenslangen sozialen Beziehungen betrachtet.

(Hans Bertram / Simone Kreher, Risiko Einsamkeit. Lebensverläufe und Individualisierung in der Zukunft, in: Funkkolleg Deutschland im Umbruch, Studienbrief 5, S. 16/26. Deutsches Institut für Fernstudienforschung an der Universität Tübingen 1998)

Vergleicht man die Kontaktmuster der Familienmitglieder zueinander, so kann man feststellen, dass beispielsweise in der Kontaktstruktur deutscher Familien die Geschwister eine sehr viel geringere Bedeutung haben als die Großeltern, weil die Geschwister nicht so häufig genannt werden wie die Großeltern. Es ist festzuhalten, dass die klassische Differenzierung von Kernfamilie zu erweiterter Familie die Tatsache, dass die Beziehungen im Lebensverlauf in Abhängigkeit von den Kindern, dem Lebensalter der Eltern und anderer Verwandter variieren, nicht widerspiegelt. Im Regionalvergleich haben die Großeltern in allen Regionen der Bundesrepublik eine größere Bedeutung in Bezug auf die Kontakthäufigkeit als die eigenen Geschwister, sodass eine Differenzierung zwischen Kernfamilie und erweiterter Familie eigentlich nicht mehr aufrechterhalten werden kann. [...]
Zunehmend sichere Lebenszeit für einen größeren Prozentsatz der Bevölkerung führt auch zu einer Funktionserweiterung traditioneller Funktionen der Familie. So gut wie alle Theorien familialer Entwicklung lassen die Familiendynamik mit dem Auszug der Kinder aus dem Elternhaus als „Empty-nest“-Phase enden. Die Daten zeigen aber, dass die „Empty-nest“-Phase zwar den Auszug der Kinder aus dem Elternhaus markiert, damit aber keinesfalls auch das Ende der Familienentwicklung. Denn die Beziehungen zwischen den zunehmend älter werdenden Eltern und den ebenfalls zunehmend älter werdenden Kindern enden eben nicht mit der Ausdifferenzierung neuer Haushalte, sondern bleiben offenkundig bis zum Tode der Eltern bestehen und bedürfen daher sowohl von den Eltern als auch von den Kindern her einer Vielzahl neuer, teilweise sehr personenbezogener Strategien, um diese Beziehungen in den Lebensverlauf des eigenen Lebens zu integrieren.
So bleibt festzuhalten, dass die zunehmend sicheren Lebenszeiten und der geringer werdende Prozentsatz von Kindern in unserer Bevölkerung eben *nicht* dazu geführt hat, dass die Familie als Beziehungs- und Lebensmodell obsolet geworden ist und durch Alternativen ersetzt wird, sondern dass die Gewichtung der Familienbeziehungen von der Sozialisation in der Kleinkind- und Kindphase ergänzt wird um jene Beziehungen und Funktionen zwischen alt gewordenen Kindern und sehr alt gewordenen Eltern. Vielleicht ist es sinnvoll, in diesem Kontext neben die Sozialisationsfunktion der Familie auch eine Funktion zu stellen, die man als Generationensolidarität bezeichnen könnte und die möglicherweise neben der Sozialisationsfunktion und der Regenerationsfunktion* als dritte, aber nun zunehmend neue Funktion moderner Familien ein Kernelement familialer Beziehungen geworden ist. [...]
Entscheidend für die Sicherheit und die Stabilität privater Beziehungen, so lassen sich die Ergebnisse zusammenfassen, ist die Generationenfolge, weil nur mit Kindern und Enkeln private Beziehungen im Lebensverlauf stabil bleiben können. Eltern mit Kindern und Großeltern mit Enkeln leben in Beziehungsmustern mit den nachfolgenden Generationen, während die Personen ohne Kinder im Wesentlichen mit ihrer Herkunftsfamilie in Bezie-

hungen stehen, die naturgemäß mit dem Tod der eigenen Eltern mehr oder minder beendet werden, was durch die noch lebenden Geschwister und andere Verwandte nicht mehr kompensiert werden kann. Auch das Zusammenleben ist für die Sicherheit privater Beziehungen in der Generationenfolge weniger wichtig als das Vorhandensein von Enkeln und Kindern. Mit den Ergebnissen dieses Abschnitts wird deutlich, dass das Modell der Haushalts-Familie wirklich nur noch eine vorübergehende Phase im Lebensverlauf von Menschen darstellt. Im Kontrast dazu ist die multilokale Mehrgenerationenfamilie jedenfalls in der Bundesrepublik tendenziell Realität geworden. [...]

Zusammenfassung:

Wenn man heute über Ehe und Familie in einer lebensverlaufstheoretischen Perspektive nachdenkt und die gewandelte Zusammensetzung der Altersgruppen der deutschen Bevölkerung zum Ausgangspunkt der Analyse von Familien und Familienentwicklungen im Lebenslauf macht, so lassen sich vier Aussagen formulieren

1. Die Zunahme alter Eltern und Großeltern in unserer Gesellschaft und die Abnahme der Zahl der kleineren Kinder hat nicht dazu geführt, dass die Familie an Bedeutung und Funktionen verloren hat, sondern es hat – wie sehr häufig in der Geschichte der Familie – eine deutliche Funktionsverlagerung und teilweise sogar eine Funktionserweiterung gegeben. Dominierte in der Diskussion der Fünfziger- und Sechzigerjahre die Sozialisations- und Reproduktionsfunktion der Familie, so muss man heute davon ausgehen, dass neben der Sozialisations- und Reproduktionsfunktion der Familie auch die Funktion der Generationensolidarität ein wesentlicher Bestandteil familialer Beziehungen und damit der Familie geworden ist.

2. Familienbeziehungen zwischen den Generationen folgen nicht in allen Punkten den Vorstellungen, die bisher entwickelt wurden. Es ist zwar richtig, dass die Neugründung einer Familie zum Neuaufbau von lebenslangen Beziehungen zum Partner und zu den Kindern führt. Es ist aber nicht richtig, dass dieser Neuaufbau einen Bruch mit der Herkunftsfamilie bedeutet und schon gar nicht, dass heute der Auszug der Kinder aus dem Elternhaus notwendigerweise aus der Perspektive der Eltern die Aufgabe der Beziehungen zu diesen Kindern bedeutet. Ganz im Gegenteil: Beziehungen zu Kindern haben im Lebensverlauf – was die Häufigkeit angeht – eine größere Bedeutung als die Beziehungen zu den Partnern. [...] Nicht die krisenhafte Ablösung vom Elternhaus, sondern die Entwicklung lebenslanger Beziehungen mit Eltern und Großeltern bei gleichzeitiger Selbstständigkeit von frühster Jugend an ist das zentrale Problem der Entwicklung der erwachsenen Persönlichkeit. Solche lebenslangen Beziehungen ändern notwendigerweise die Sicht der Eltern auf die kindliche Entwicklung, wie auch das Jugendalter als Bindeglied zwischen kindlicher Unselbstständigkeit und zunehmender Unterstützung der erwachsenen Kinder für die eigenen Eltern eine andere Bedeutung bekommt. Längere Unterstützung der Kinder durch die Eltern („Hotel Mama") haben im Lebensverlauf der Eltern eine hohe Funktionalität. Denn die Elternsolidarität im jungen Erwachsenenalter gibt den Kindern einen anderen Erfahrungshintergrund für die selbst zu leistende Solidarität im hohen Alter der Eltern.

3. Dieser Wandel familiärer Beziehungsmuster [...] wurde bisher im Wesentlichen deswegen übersehen, weil über die Begriffsdefinition von Familie als Haushalt zusammenlebender verwandter Personen ein Konzept von Familie übernommen wurde, ohne aber im Rahmen empirischer Analysen zu prüfen, ob das Haushaltskonzept heute noch den gelebten Familienbeziehungen angemessen ist. Dieses – so kann man schlussfolgern – führt dazu, ein Bild von Ehe und Familie zu zeichnen, das sich vor allem auf die Familie mit kleinen Kindern konzentriert, die aber nur einen Teil des Lebensverlaufs von Erwachsenen ausmacht und jenen Teil von Familie a priori ausblendet, der sich im höheren Lebensalter

anschließt und der zu einer Neubewertung der Beziehungen zwischen alten Eltern und alten Kindern geführt hat. [...]

4. Es kann daher gar kein Zweifel bestehen, dass Individualisierungsprozesse in modernen Gesellschaften, die zu einer Ausdifferenzierung von Lebens- und Haushaltsformen geführt haben, auch die Beziehungen des Individuums zu seiner Familie tief greifend verändert haben. Diese Veränderung lässt sich aber weder als Individualisierung, Singularisierung oder Auflösung der familialen Beziehungen interpretieren, sondern als ein Übergang von der neolokalen Gattenfamilie mit kleinen Kindern zu einer multilokalen Mehrgenerationenfamilie mit lebenslangen Beziehungen zwischen Generationen, ohne dass diese Generationen noch unter einem Dach leben müssen.

(Hans Bertram / Simone Kreher, Lebensformen und Lebensverläufe in diesem Jahrhundert, in: Aus Politik und Zeitgeschichte B 42/96 v. 11.10.1996, S. 22–30)

1 *Auch der Berliner Soziologe Hans Bertram geht davon aus, dass sich die Beziehungsstrukturen zwischen Individuum und Familie „tief greifend verändert" haben (M 59). Erläutern Sie, was er mit den „drei Revolutionen" meint (vgl. dazu M 13 a/b, M 29/30 und die Einleitung zu M 61).*

2 *Bertrams in zahlreichen Veröffentlichungen vorgetragene These (s. M-Überschrift) beruht auf umfangreichen empirischen Untersuchungen über die Kontaktstrukturen zwischen Familienmitgliedern. Stellen Sie heraus, zu welchen Ergebnissen er im Hinblick auf die Häufigkeit der Kontakte zwischen den Generationen (Enkel / Kinder – Eltern / Großeltern) gekommen ist. Was meint er mit dem Begriff der „Generationensolidarität"?*

3 *Erörtern Sie, ob es sich bei dem Begriff „multilokale Mehrgenerationenfamilie" nicht um eine unzulässige Erweiterung des Begriffs Familie handelt (vgl. dazu auch M 56b). Inwiefern ist nach Bertram das „Haushaltskonzept" von Familie den „gelebten Familienbeziehungen" nicht mehr angemessen?*

M 60a Funktionsgewinn oder Funktionsverlust der Familie?

Die Annahme, die Familie habe in der Neuzeit einen (erheblichen) *Funktionsverlust* erlitten, geht von der Vorstellung aus, die älteren Familienformen – vor allem der *Oberschicht* – hätten eine Vielzahl wirtschaftlicher, kultureller, erzieherischer, religiöser, juristischer, politischer und pflegerischer Funktionen ausgeführt. Da die meisten dieser Aufgaben heute an *spezialisierte Institutionen* der Gesellschaft übergegangen sind, glauben die – kulturkritischen – Verfechter dieser Hypothese, gerade hinsichtlich der bedeutsameren Tätigkeiten feststellen zu können, dass die Familie außer der bloßen Reproduktion von Nachkommenschaft kaum noch wesentliche Aufgaben habe. Der Familienhaushalt sei nicht mehr für die Wahrnehmung von Aufgaben der materiellen Lebensfürsorge, der Sicherheits- und Unterhaltsleistungen zuständig. [...] Aus diesen nur teilweise richtigen Beobachtungen folgern die einen, die Familie als Institution habe sich überlebt und sei überflüssig, weil weithin funktionslos; die anderen sprechen von einer „Verstaatlichung" oder „Vergesellschaftung" der Familie, wenigstens jedoch von einer „funktionalen Spezialisierung". [...]

Neidhardt hat darauf hingewiesen, dass die Abgabe bestimmter Funktionen von der Familie an andere gesellschaftliche Institutionen die notwendige Voraussetzung für andere, neue Leistungen darstellt, die die Familie aufgrund der gewandelten Gesellschaftsbedingungen erbringen muss. Zum anderen sind der Familie vielfältige, komplexe sozialisatorische Aufgaben zugewachsen, die heute jede Familie, will sie nicht als *verwahrlost* gelten, wenigstens grundsätzlich und partiell übernehmen muss. Nach den in den Industriegesellschaften geltenden pädagogischen Grundsätzen soll die Familie die Fähigkeiten des Kindes bestmöglich fördern und dabei seine Bedürfnisse und Wünsche repektieren. [...]

Die Familie steht unter einem dauernden Zwang gesellschaftlicher Forderungen; dies gilt vor allem für eine gelingende Erziehung und Förderung der Kinder. Kinder aufzuziehen ist zum anstrengenden, ja ängstigenden Beruf für die Eltern – tatsächlich meist vor allem für die Mütter – geworden. Die gesteigerten Anforderungen nicht allein bei der frühkindlichen Erziehung, sondern auch durch die *gewandelten Erziehungsziele* (zu Autonomie und Selbstverantwortung – aber auch zum funktionierenden Konsumenten) der „vergöttlichten Kinder“ sind ungleich schwerer, weil vielförmiger als früher, zu bewältigen. Dank der wachsenden Komplexität des öffentlichen Lebens und der Tatsache, dass die Familienangehörigen an unterschiedlichen gesellschaftlichen Teilsystemen partizipieren, bleibt es nicht aus, dass Probleme dieser Systeme als Konfliktpotenziale in die Familie zurückwirken. Der heutigen Familie kommt darum auch noch die schwierige Aufgabe des *psychischen Spannungsausgleichs zusätzlicher Konflikte* zu. Nicht zuletzt aufgrund der Dominanz sowohl der außerhäuslichen Erwerbstätigkeit als auch der kindzentrierten Sozialisationsaktivitäten drohen vielfach die *partnerschaftlich-eheliche Interaktion und Kommunikation ins Hintertreffen* zu geraten. Die hohen emotionalen Erwartungen, die die Partner bei der Eheschließung ineinander und in die helfende Wirkung der Institution „Ehe“ gesetzt haben, können unter diesen Umständen kaum erfüllt werden. Das Gefühl der – wechselseitigen – *Überforderung* kann lähmend wirken! Die erhöhte persönliche Bedeutung der Familie gegenüber anderen Lebensbereichen scheint mit einer familialen *Konflikterhöhung* verbunden zu sein.

Außer diesen primären Aufgaben der Sozialisation kommen noch vielfältige Anforderungen, die von gesellschaftlichen Institutionen auf die Familie reflektiert werden. Dadurch steht sie, insbesondere in Person der Eltern, unter einem permanenten Rechtfertigungsdruck gegenüber den professionellen Kompetenzen, deren Autorität weithin als maßgeblich auch für das eigene familiale Handeln angesehen wird. [...]

Kindergarten, Schule, Musikschule, Jugend- und Turnverein bedeuten somit höchstens eine partielle Entlastung für die Familie, stellen jedoch gleichzeitig eine Herausforderung und Belastung dar. Dies nicht nur, weil sich die Familie mit den von dorther – wie auch von den Massenmedien – kommenden Einflüssen auseinander setzen muss, sie hat vielmehr auch vielfältige *Zu- und Nacharbeit* zu leisten. [...] Dazu kommt in unserer konsumorientierten und monetär bestimmten Gesellschaft, dass sämtliche Reaktionen der Familie auf an sie herangetragene Anforderungen meistens auch einen *Kostenfaktor* darstellen: Kindergarten- und Musikschulgebühren, Zuschüsse zum Schulbus, Beiträge für die Elternvereinigung und Schulausflüge sowie zum Jugend- bzw. Sportverein summieren sich oft zu nicht unerheblichen Summen. [...] Die Ermöglichung solch vielfältiger, meist aber auch unumgänglicher sozialer Kontakte schafft für die Kinder jenen sozialisierenden Rahmen, der für ihre Entwicklung von weit reichender Bedeutung ist und heute bestimmend sein kann für ihre *beruflichen Chancen* und ihre *Platzierung* in der Gesellschaft. [...]

Vor allem im ländlichen Raum müssen von der Familie vielfältige und teilweise kostspielige sozialisatorische Servicedienste geleistet werden, sollen die Kinder und Jugendlichen an den „normalen“, heute üblichen Bildungs- und Unterhaltungsangeboten teilnehmen. Diese familialen Leistungen beschränken sich nicht nur auf Fahrdienste, durch die die Familie die oft spärlichen öffentlichen Angebote ausgleichen muss; sie beinhalten vielmehr oft arbeits- und berufsorientierte Sozialisationsfunktionen.

Das familiale System wird dann vollends überfordert, wenn ein Familienmitglied noch zusätzlicher Betreuungsleistungen bedarf, weil es krank, gebrechlich oder behindert ist. Der weit gehende Wandel der Formen bedeutet somit eher eine Zunahme denn eine Verminderung der familialen Aufgaben.

(Johannes Neumann, Funktionsverlust der Familie? Anmerkungen zum Aufgabenwandel in der gegenwärtigen Familie, in: Hans-Georg Wehling (Red.), Familienpolitik, Stuttgart/Berlin/Köln 1989, S. 67 ff.)

M 60b Familie und Gesellschaft – wechselseitige Beeinflussung

Die [...] aufgezeigten Wandlungen in den Familienstrukturen müssen in ihrer Wechselbeziehung gesehen werden zum allgemeinen Wandel von Gesellschaft, Wirtschaft und Kultursystem, was wiederum für die familienpolitischen Konsequenzen bedeutsam ist. Dieser gesellschaftliche Wandel hat neue Lebenswirklichkeiten auch auf der Ebene von Familie und Ehe mit sich gebracht. Er ist zugleich Ausdruck und bis zu einem gewissen Grade Ergebnis des Wandels auf der Ebene der kleingruppenhaften Lebensformen. Es ist also keineswegs so, dass das familiale Zusammenleben lediglich die abhängige Variable gegenüber gesamtgesellschaftlichen Veränderungen darstelle; die Mikroebene von Familie und Ehe erweist sich vielmehr als ein Ort sich verändernder Lebensstile und sich wandelnder Wertorientierungen, und diese veränderten Lebensvollzüge in der Vielzahl der einzelnen Familien und Ehen begründen in ihrer Massenhaftigkeit Tendenzen eines Wandels gesellschaftlicher Strukturen auf der Makroebene. So stellt sich das Verhältnis von Familie und Gesellschaft als ein Verhältnis wechselseitiger Beeinflussung dar und nicht als eine einseitige Bestimmung der Familie von der Makroebene der Gesellschaft und Wirtschaft. Dennoch wird in der Familiensoziologie davon ausgegangen, dass es eher der „realen Machtverteilung" zwischen diesen verschiedenen Ebenen entspricht, „wenn man den Einfluss der Makrosysteme auf das Mikrosystem Familie höher einschätzt als den Einfluss in umgekehrter Richtung".[1]

(Max Wingen, Familienpolitik – Grundlagen und aktuelle Probleme, hg. von der Bundeszentrale für politische Bildung, Bd. 339, Bonn 1997, S. 85, bzw. als UTB Nr. 1970, Stuttgart 1997, S. 96)

1. *Erläutern Sie knapp die „klassischen" Funktionen der Familie: Reproduktion*, Existenzsicherung, Sozialisation*, Spannungsausgleich. Welche dieser Funktionen hat Ihrer Meinung / Erfahrung nach die Familie weitgehend oder z.T. an gesellschaftliche Institutionen abgegeben?*

2. *Die vorindustrielle Familie besaß in weiten Bereichen auch die Funktion der „Produktion". Erläutern Sie, was damit gemeint ist und inwiefern diese Funktion durch die Industrialisierung fast vollständig „ausgelagert" wurde. In welchen Familien ist sie heute noch vorhanden?*

3. *Der Autor von M 60 ist der Auffassung, dass die Aufgaben der Familie eher zahlreicher, die Anforderungen von außen größer und belastender geworden sind. Welche Fakten und Tendenzen führt er dafür an?*

4. *Im Hinblick auf Bereiche und Probleme wie Kinder- und Jugendkriminalität, Drogenkonsum, Schulversagen, undiszipliniertes und aggressives Verhalten von Kindern und Jugendlichen wird häufig darauf hingewiesen und darüber geklagt, dass die Familie ihre Sozialisationsfunktion nicht mehr hinreichend erfülle. Erörtern Sie diese These auch auf dem Hintergrund der in M 60b beschriebenen Wechselbeziehung zwischen Familie und Gesellschaft.*

[1] Hans-Joachim Hoffmann-Nowotny, Die Zukunft der Familie – Die Familie der Zukunft, in: Uta Gerhardtu.a. (Hrsg.), Familie der Zukunft, Lebensbedingungen und Lebensformen, Opladen 1995, S. 327

IV. Wertewandel in Deutschland

Das Thema des folgenden Kapitels wird in einer neueren Veröffentlichung wie folgt zusammenfassend beschrieben:

„In den westlichen Industriegesellschaften sind wir in den letzten Jahrzehnten Zeugen eines geradezu atemberaubenden sozioökonomischen Wandels. Auslösender Faktor dieser historisch einmaligen Dynamik war ein umfassender Modernisierungsschub, der in allen Lebensbereichen einschneidende funktionale* und strukturelle* Veränderungen zur Folge hatte. Diese Veränderungen erzwangen ihrerseits wiederum kulturelle Anpassungsprobleme, die zu enormen normativen* Verwerfungen führten. Die verschiedenen Dimensionen dieses mentalen Qualitätssprunges lassen sich mithilfe der sozialwissenschaftlichen Theorie vom Wertewandel umfassend beschreiben und interpretieren. Seine Hauptthese lautet, dass vor allem zwischen den frühen 60er-Jahren und der Mitte der 70er-Jahre ein geradezu epochaler Wertewandelschub stattgefunden hat, der die allgemeine Wertelandschaft grundlegend, aber auch irreversibel*, verändert hat. Sein substanzieller Kern lässt sich vor allem als normative Gewichtsverlagerung beschreiben: Traditionelle *Pflicht- und Akzeptanzwerte** erfuhren einen kräftigen Bedeutungsschwund, während umgekehrt *Selbstentfaltungswerte* kräftig expandierten."

(Gerd Hepp, Wertewandel und familiale Leitbilder. GFP Geschichte, Erziehung, Politik, Nr. 1/98, Pädagogischer Zeitschriftenverlag, Berlin 1998, S. 2)

Die begrifflichen Konzepte der „Modernisierung" und der „Industriegesellschaft", von denen diese Darstellung ausgeht, haben Sie in Kapitel I. kennen gelernt. Die „funktionalen und strukturellen Veränderungen", von denen der Text spricht, wurden für einen der wichtigsten Lebensbereiche, den der Familie, im dritten Kapitel umfassend dargestellt. Mit dem Aspekt des Wertewandels nehmen wir nunmehr eine Dimension des sozialen Wandels in den Blick, die der Text als Reaktion („kulturelle Anpassung") auf den Modernisierungsprozess beschreibt und deren Hauptinhalt er als eine „normative Gewichtsverlagerung" kennzeichnet, weg von Werten wie Pflichterfüllung und Anerkennung von Traditionen und Institutionen („Akzeptanz') hin zu Werten wie Selbstbestimmung, Selbstverwirklichung und Befreiung aus gesellschaftlichen Zwängen.

Wir wollen den Fragenkomplex, der sich aus dieser Darstellung ergibt, in der Weise bearbeiten, dass wir zunächst untersuchen, was man überhaupt unter Werten versteht und wie man ihr Vorhandensein (ihren Schwund, ihren Wandel) feststellen kann (1. Abschnitt). Daran schließen sich zwei Abschnitte an, die den ersten Ansatz der „Wertewandelsforschung" (R. Inglehart) sowie wichtige Ergebnisse der Umfrageforschung in Deutschland dokumentieren. Der vierte Abschnitt ist zunächst einer Kontroverse zu der Frage gewidmet, ob im Zuge des Wandels von Pflicht- und Akzeptanz- zu Selbstentfaltungswerten nicht eine „Gesellschaft von Ichlingen" (U. Beck), eine „Ego-Gesellschaft", zu entstehen droht, in der die Menschen nur noch auf ihren eigenen, vor allem materiellen Vorteil bedacht sind und das solidarische Verantwortungsgefühl für das Wohl der Gesamtgesellschaft verloren zu gehen droht. Zu dieser Frage wird sodann – als der aktuellste Stand der Wertewandelsforschung – die „Wertesynthesetheorie' der Speyerer Forschungsgruppe von Helmut Klages vorgestellt.

1. Werte und Methoden ihrer Erforschung

M 61 Werte: Vorstellungen des Wünschbaren

Die beiden Gründungsväter der modernen akademischen Disziplin Soziologie – Durkheim* und Weber* – haben Werte ins Zentrum ihrer Theorien gestellt; für beide steuern Werte das Handeln von Individuen und halten so die Gesellschaft zusammen. Werte sind in Personen internalisiert und in der Gesellschaft institutionalisiert. Die Menschen tragen in sich ein Gewissen, dem sie im Fühlen, Denken und Handeln folgen wollen. Die Gesellschaften haben geschriebene und ungeschriebene Gesetze, an denen sie sich selber messen lassen wollen und die für ihre Mitglieder verbindlich sind; das Grundgesetz, in dem Grundwerte und Grundrechte formuliert sind, bildet hier nur die Spitze, die täglichen Deklamationen von Werten in Predigten, Politikerreden oder Leitartikeln hingegen die Basis des Eisbergs. Werte sind also für den Zusammenhalt der Gesellschaft entscheidend; oder in der soziologischen Fachsprache ausgedrückt: Werte sind ein Mechanismus der sozialen Integration.[1] Werte sind keineswegs der einzige Mechanismus der sozialen Integration; Gesellschaften können ihre Mitglieder auch dadurch zusammenhalten, dass sie ein angenehmes Leben garantieren, an die Einsicht der gegenseitigen Abhängigkeit appellieren oder Zwang und Gewalt ausüben. Aber viel spricht dafür, dass die Gründungsväter der Soziologie gemeinsame Werte als den entscheidenden Mechanismus ansahen. [...]

Was sein soll – im Denken der Menschen oder nach den Dokumenten der Gesellschaft – garantiert den Zusammenhalt dessen, was ist. Für eine soziologische Analyse von Werten scheint mir die Definition Kluckhohns (1951) am besten geeignet: „Ein Wert ist eine Vorstellung des Wünschbaren, die die Wahl verfügbarer Formen, Mittel und Ziele des Handelns beeinflusst.“ [...]

Wenn Werte Vorstellungen des Wünschbaren sind, dann sollten sie das Handeln nicht determinieren, aber orientieren. Das Handeln ergibt sich auf der einen Seite aus Antrieben, Motiven, Zielen, sagen wir kurz: aus *Wünschen*, auf der anderen Seite aus Werten, also Vorstellungen des Wünsch*baren*. Das Handeln ist also das Produkt der Abwägung zwischen Impulsen aus dem Inneren der Person und Kriterien für diese Impulse, die die Person sich zu eigen gemacht hat. Die Person handelt nicht nach der Blaupause von Werten, aber sie richtet die Entscheidungen über ihr Handeln auch nach Werten. Weil die Person aber ihr Handeln an Werten orientiert, sind Werte ein Mechanismus der sozialen Integration.

Vorstellungen des Wünschbaren können mit Wünschen durchaus in Konflikt stehen; sie sind geradezu die Instanz, vor der Wünsche sich rechtfertigen müssen. Ein Konflikt zwischen Wunsch und Wunsch läuft im Innern der Person ab; er kann nicht nach Maßstäben entschieden, sondern nur nach Dringlichkeit gelöst werden. Ein Konflikt zwischen Wunsch und Vorstellung des Wünschbaren ist entscheidbar, weil die Vorstellung ein abstrakter und allgemeiner Maßstab für die Wünsche ist. *Abstrakt* ist die Vorstellung, weil sie sich von spezifischen Handlungen löst und allgemeine Elemente herausarbeitet, die in vielen Formen sich konkretisieren können. Eben deshalb kann der Wert nicht Blaupause, sondern nur Orientierungspunkt des Handelns sein. Der Wert der Leistung

---

[1] Sozialintegration soll hier als der Zusammenhalt der Gesellschaft verstanden werden, der auf Motiven der Gesellschaftsmitglieder beruht. Sicher kann eine Gesellschaft auch durch Zwang zusammengehalten werden, der die Motive der Gesellschaftsmitglieder übergeht. Mit Durkheim (1893) kann man die Entwicklung von traditionalen zu modernen Gesellschaften damit beschreiben, dass der Zusammenhalt immer weniger auf Zwang und immer mehr auf einem Konsens über Werte beruht.

etwa ist kein Modell für berufliche Arbeitswut; er kann Maxime für die Berufsarbeit oder für Freizeit, Sport, Politik und für das Leben überhaupt sein. *Allgemein* ist die Vorstellung, weil sie nicht nur im Kopf einer Person existiert, sondern von mehreren Personen geteilt wird. Kein Wert ohne das Wort, das ihn benennt. Keine Definition eines Wertes, ohne eine Auseinandersetzung zwischen mehreren darüber, was mit dem Wort gemeint ist. Keine langfristige Gültigkeit eines Wertes ohne die sozialen Techniker, die über diese Auseinandersetzungen entscheiden – ohne Sprache und Schrift, Rundfunk und Fernsehen, ohne Öffentlichkeit, Intellektuelle und Publikum, ohne Verfassung und Rechtsprechung. Medien, Öffentlichkeit und Recht geben Werten *soziale Realität* jenseits der Person.

Aber die soziale garantiert noch keine *psychische Realität.* Die soziale Realität schafft zwar einen Orientierungspunkt für alle; aber sie muss psychische Realität in jedem einzelnen Menschen werden, um sein Handeln zu orientieren und zur sozialen Integration beizutragen. Werte müssen nicht nur im Kopf präsent, sondern auch im Herzen wirksam sein. Die Person muss sich mit ihnen identifizieren, sie sich zu eigen machen. Die Verinnerlichung oder Internalisierung von Werten schafft eine Instanz, einen Richter für das Wünschbare in der Person: das Gewissen. Weil eine Verletzung von Werten Scham nach sich zieht, ist der Einzelne bereit, darauf zu verzichten, was er zu tun wünscht, und zu tun, was er nicht wünscht. Aus der Natur der Sache ist die Verinnerlichung von Werten schwer greifbar; jeder andere ist für das Gewissen eines Menschen ein Außenstehender. Aber wenn die Person sich Vorstellungen des Wünschbaren wirklich zu eigen gemacht hat, dann muss sie diesen Vorstellungen auch dann folgen, wenn die Verwirklichung der eigenen Interessen unter gegebenen äußeren Umständen das Gegenteil nahe legt; und sie müssen, wenn Randbedingungen des Handelns sich verändern, im großen Ganzen unverändert bleiben. Internalisierte Werte müssen *bewahrungskräftig* und *langfristig konstant* sein. Entsprechend können sich Außenstehende auf zwei Weisen davon überzeugen, dass jemand einen Wert internalisiert hat. Wenn jemand gegen den von ihm selbst erkannten Vorteil im Sinne eines Wertes handelt, dann muss er den Wert verinnerlicht haben. Weil wir in der Regel nur nahe stehende Personen in diesem Konflikt beobachten können, ist das eine sehr anspruchsvolle Strategie; sie lässt sich kaum auf sozialwissenschaftliche Erhebungen großer Bevölkerungen übertragen. Weniger anspruchsvoll ist die zweite Strategie. Wenn jemand sich über längere Zeit zu dem gleichen Wert bekennt, dann muss er den Wert verinnerlicht haben. Gewiss, das Bekenntnis zu einem Wert kann instrumentell gemeint sein – mit dem Ziel, den anderen zu beruhigen oder zu täuschen. Aber je größer die soziale Distanz zum Frager ist, desto weniger Anlass hat der Befragte, das Bekenntnis einzusetzen, desto leichter fällt es ihm, ehrlich zu sein. Diese Strategie sollte sich also auf die Befragung großer Bevölkerungen übertragen lassen, in denen der Befragte einem wildfremden Interviewer Rede und Antwort steht; sie sollte dort sogar, verglichen mit dem Alltag in engen Sozialbeziehungen, Vorteile haben.

Der Begriff des Wertes enthält also vier eng zusammenhängende Bedeutungselemente. Als soziale Realität sind Werte *abstrakt* und *allgemein*; sie sind Maßstab für viele Handlungen und Orientierungspunkt für viele Personen. Als psychische Realität sind Werte *bewahrungskräftig* und *langfristig konstant*; sie müssen den Konflikt mit den erkannten eigenen Interessen überstehen und die Veränderungen von Randbedingungen überdauern können. Werte stehen gleichsam hinter den Kulissen des täglichen Lebens; wie aber kann man sie dann auf der Bühne des täglichen Lebens wahrnehmen?

(Heiner Meulemann, Werte und Wertewandel. Zur Identität einer geteilten und wieder vereinten Nation, Juventa, Weinheim 1996, S. 48–51)

M 62

Vermittlung von Werten und Grundüberzeugungen

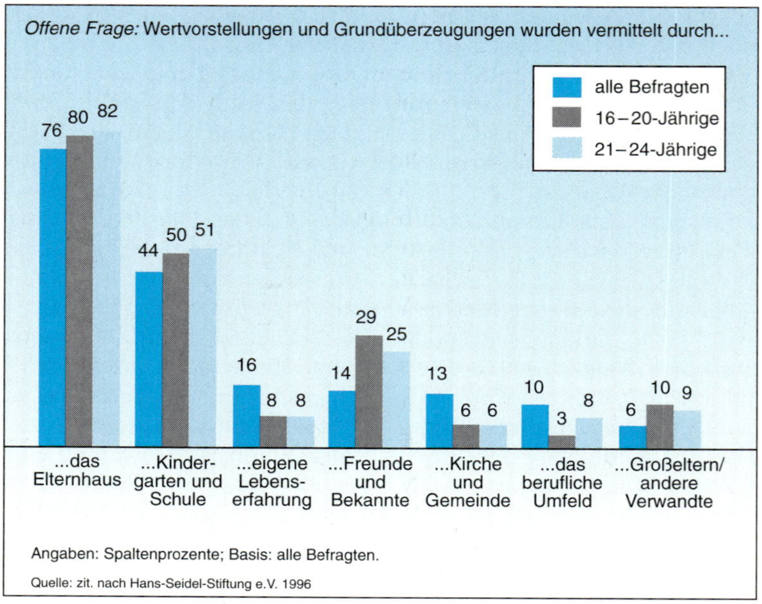

(Martin Greiffenhagen, Politische Legitimität in Deutschland, Bertelsmann, Gütersloh 1997, S. 411)

1 *Erläutern Sie anhand des ersten Textteiles (Z. 1–31) den zentralen Satz: „Werte sind ein Mechanismus der sozialen Integration." Worin manifestieren sich die Werte einer Gesellschaft? Was will das Bild von der Basis und der Spitze des Eisberges verdeutlichen? Welche Beziehung besteht zwischen Werten und Handeln?*

2 *Erläutern Sie die Konfliktmöglichkeit, die sich aus dem Unterschied zwischen Wünschen und Vorstellungen des Wünschbaren (= Werten) ergibt, und den „abstrakten" und „allgemeinen" Charakter von Werten, der die Entscheidbarkeit solcher Konflikte grundsätzlich ermöglicht (Z. 32-50).*

3 *Der letzte Abschnitt des Textes (Z. 51 ff.) will zeigen, dass das Vorhandensein von Werten in der sozialen Realität nicht ausreicht, um den Zusammenhalt einer Gesellschaft (die „soziale Integration") zu garantieren. Erläutern Sie, was mit der Internalisierung von Werten gemeint ist und wie ihr Gelingen von Außenstehenden erkannt werden kann. – Zum Instrument der Befragung s. ausführlich M 63.*

4 *Die Internalisierung von Wertvorstellungen geschieht durch Menschen und Institutionen des sozialen Umfeldes, in dem Menschen aufwachsen (Sozialisationsinstanzen): Untersuchen Sie dazu das Befragungsergebnis zur Bedeutung einzelner Instanzen (M 62). Entspricht es auch Ihren Erfahrungen? Wie erklären Sie sich die Unterschiede zwischen allen Befragten und den 16- bis 24-Jährigen im Hinblick auf die Instanzen „Freunde / Bekannte" und „Kirche / Gemeinde"?*

Wer von Wertewandel spricht, muss sich darüber im Klaren sein, auf welche Weise man einen solchen Wandel feststellen und messen kann. Wir wollen daher vor allem zu der wichtigsten Methode, die Sozialwissenschaftler zur Feststellung solcher (und vieler anderer) Prozesse anwenden, eine etwas eingehendere Erläuterung geben; sie kann helfen, die im Folgenden dargestellten Ergebnisse der Wertewandelsforschung besser verstehen und einschätzen zu können.

M 63 Umfrageforschung: Seismograf des Werte-Wandels

Werte leiten die Reden und Taten von Menschen und Werte sind der selbst gesetzte Maßstab einer Gesellschaft. Im Alltag fühlen wir uns ohne weiteres sicher, aus den Reden und Taten unserer Mitmenschen auf ihre Werte zu schließen; und wir kennen die wichtigsten Werte, die in unserer Gesellschaft gelten, selbst wenn wir sie nicht genau erklären können. In der Wissenschaft machen wir uns den Prozess, in dem wir Werte erschließen und interpretieren, bewusst und unterwerfen ihn bestimmten Regeln; sozialwissenschaftliche Methoden sind Regeln für die bewusste Kontrolle alltäglicher sozialer Vorgänge. Wir fragen unseren Nachbarn, was er für wichtig hält, und wir versuchen Verfassungen und Gebote, so gut wir können, zu verstehen. In ähnlicher Weise führt der Soziologe Umfragen in der Bevölkerung über Werte durch und unterwirft Dokumente zu Werten einer Inhaltsanalyse. Die Umfrage und die Inhaltsanalyse sind die typischen Methoden, mit denen die Soziologie Werte untersucht.

Umfrage und Inhaltsanalyse

In einer *Umfrage* werden die Menschen nach Werten gezielt gefragt; die Äußerungen, aus denen der Soziologe auf die Werte der Befragten schließt, werden erst durch die Methode produziert. Eine *Inhaltsanalyse** richtet sich jedoch auf Dokumente, auf Äußerungen, die nicht durch die Methode produziert worden sind, sondern gleichsam ungefragt gegeben wurden. Solche Dokumente finden sich in großer Zahl in einer Gesellschaft: Verfassungen, Parteiprogramme, Regierungserklärungen, Gerichtsentscheide u.a.m. Solche Dokumente werden täglich in großer Zahl produziert und verteilt: Reden und Interviews von Politikern, Leitartikel, Fernseh-Features, Bestsellerromane u.a.m. Die Verfassungen der Bundesrepublik und der Bundesländer stellen Grundwerte heraus. [...] Die Leitartikel, in denen der Verfall der Leistung beklagt oder vor der Bedrohung der Freiheit gewarnt wird, sind kaum zählbar; und Bücher, in denen die Kosten sozialen Aufstiegstrebens – Johannes Mario Simmel: „Es muss nicht immer Kaviar sein" – oder die Schwierigkeiten einer glücklichen Beziehung zwischen den Geschlechtern – Eva Heller: „Beim nächsten Mann wird alles anders" – dargestellt werden, erreichen eine Millionenauflage. Mit tausend Zungen und ohne Unterlass äußert sich die Gesellschaft, wie wert oder unwert ihr Freiheit, Leistung und Gleichberechtigung sind. Alle diese Äußerungen sind leicht greifbar, während man einen ganzen Erhebungsstab aufbauen muss, bevor man mit einer Befragung zu Äußerungen der Gesellschaft gelangt. Warum wird sie dann noch befragt? Warum verlassen sich die Soziologen nicht auf die tausendfältigen Selbstdarstellungen einer Gesellschaft, wenn sie etwas über sie wissen wollen? Warum werden Reisekosten und Stundenlohn für Interviewer nicht gescheut, wenn man mit den Kosten für Fotokopien auch zurechtkäme? Dafür gibt es zwei Gründe – einen auf der Seite des fragenden Forschers und einen auf der Seite der ungefragt redseligen Gesellschaft.
Der Forscher kann nur in einer Umfrage genau die Fragen stellen, die ihn interessieren. Gewiss, er könnte auch die Dokumente der Gesellschaft gegen den Strich lesen, gleichsam nach Versprechern suchen oder auf Zwischentöne lauschen. Aber dazu ist nicht nur ein immenser Aufwand an empirischer* Arbeit in Bibliotheken und Archiven, sondern ein ebenso großer Aufwand an theoretischer Arbeit erforderlich. Wer sagt mir, dass ein bestimmtes Dokument nicht so, sondern ganz anders gemeint ist? Eine Inhaltsanalyse, die über das Offensichtliche hinausgehen will, braucht viele Annahmen, die sich häufig nur schwer begründen lassen und in den meisten Fällen strittig bleiben werden. In dieser Situation aber ist es dann einfacher, sich auf den Konsens unter den Forschern und zwischen den Forschern und der Gesellschaft zu verlassen und eine einfache und direkte Frage an einen Querschnitt der Bevölkerung zu stellen. „Interessieren sie sich für Politik?" – diese Frage fragt nach dem politischen Interesse. Kurzum: Eine Befragung ist zwar aufwendiger, aber einfacher als eine Inhaltsanalyse. Während sich der Aufwand einer Befragung mit den Routinen eines Befragungsstabes meis-

tern lässt, ist es nicht sicher, ob die Probleme einer Inhaltsanalyse, die sich nicht auf die vorhandenen Dokumente und den manifesten Sinn beschränken will, sich lösen lassen. Das aber hat wiederum seinen Grund auf der anderen Seite, der Seite der Gesellschaft.
Die Gesellschaft, die sich in den Dokumenten ausdrückt, kann als Kollektiv natürlich nicht sprechen. Entweder ergreifen Einzelne für die Gesellschaft das Wort oder Verfahren stellen die Zustimmung aller für die Äußerungen einiger weniger sicher. Ein Leitartikler erhebt seine Stimme, weil er seine Mitmenschen vor den Folgen ihrer Blindheit schützen will; eine Kommission formuliert ein neues Programm für eine Partei, weil sie von den Organen der Partei bestellt oder gewählt wurde. Es sind immer Personen, die für die Gesellschaft sprechen – Personen, die sich berufen fühlen, oder Personen, die berufen sind. Für eine Inhaltsanalyse ihrer Äußerungen aber ergibt sich daraus die Schwierigkeit, von diesen Äußerungen auf die Meinungen der Bevölkerung zu schließen. Vielleicht ist die Bevölkerung nicht so blind, wie der Leitartikler glaubt; oder sie hält den Leitartikler sogar für paranoid*. Und vielleicht bleibt das neue Parteiprogramm der Kommission Papier; oder es findet auf einem Parteitag nicht die nötige Zustimmung. Kurzum: Ob die Dokumente, die für eine Inhaltsanalyse bereitliegen, die Werte der Bevölkerung widerspiegeln, ist zumindest nicht sicher. Selbst Massenzeitschriften geben nicht die Meinung der breiten Bevölkerung wieder, sondern der Journalisten, die für die breite Bevölkerung ihre Stimme erheben; Kauf oder Abonnement bedeuten die Zustimmung en bloc, nicht aber zu spezifischen Aussagen. In den überwiegenden Fällen also werden Dokumente die Meinung von – selbst ernannten oder legitimierten – Eliten ausdrücken. Ob die Meinung der Elite mit der Meinung der Bevölkerung übereinstimmt, ist aber eine eigene empirische Frage, die sich am besten durch eine Umfrage in der Bevölkerung beantworten lässt. Die Befragung ist gleichsam eine demokratische, die Inhaltsanalyse eine aristokratische Methode. Wenn man Werte im Querschnitt der Bevölkerung erfassen will, ist die Umfrage die angemessene Methode. [...]
Die Umfrageforschung bleibt also der Königsweg der Forschung zum Wertwandel. Die Erhebungspraxis ist zwar aufwändig, aber sie lässt sich standardisieren*; und eine standardisierte Frage mit vorgegebenen Antworten lässt sich leichter als Indikator* eines Wertes im Querschnitt der Bevölkerung verstehen als bestimmte Äußerungen in einem Dokument, das von Eliten formuliert und für die Bevölkerung gedacht ist. Inhaltsanalysen aber können Umfragen unterstützen und ergänzen. Sie erweitern die historische Perspektive; sie untermauern Trends mit Ergebnissen aus anderen Datenquellen und sie eröffnen schließlich die wichtige Forschungsfrage, wie – in Umfragen erhobene – Wertewandlungen des Bevölkerungsquerschnitts mit – in Dokumenten formulierten – Wertewandlungen der Elite zusammengehen. [...] Umfragen aber haben ihre eigenen Probleme, die Ergebnisse zum Wertwandel beeinträchtigen können. Sie sollen im Folgenden dargestellt werden.

Werte und Fragen

In einer Umfrage sollen Werte durch Fragen erhoben werden. In der Sprache der Wissenschaftstheorie ist der Wert das „Konzept“, die Frage die „Operationalisierung“*, ob und inwieweit nun die Frage den Wert trifft, ist das Problem der „Gültigkeit“* der Frage. Im Alltag können wir gar nicht fragen, ohne zu unterstellen, dass die Gültigkeit der Frage kein Problem ist. Wenn ich meinen Nachbarn frage, ob er Freiheit oder Gleichheit als politisches Ziel für wichtig halte, so weiß ich, was ich meine, und bin sicher, dass mein Nachbar mich versteht. In der Umfrageforschung aber ist die Gültigkeit der Frage ein Problem; selbst wenn der Wissenschaftler definiert hat, was er unter Freiheit und Gleichheit versteht, weiß er nicht, wem er – durch den Mund eines Interviewers – diese Frage stellen wird und wie die Befragten diese Frage verstehen werden. In der Umfrage muss die Frage „standardisiert“ werden: Einleitende Sätze, eigentliche Fragen und mögliche Antworten müssen so formuliert sein, dass sie genau für das gewünschte Konzept gültig sind. Nicht nur, weil sie vielen Menschen gestellt werden soll, muss eine Frage standardisiert

werden, sondern – viel entscheidender – weil sie ein bestimmtes Konzept treffen muss. In einer wissenschaftlichen Umfrage müsste auch eine Frage, die nur einer Person gestellt werden soll, standardisiert werden.
Diese Überlegung gilt für alle Sachverhalte, die in Umfragen erfragt werden sollen; aber sie gilt für Werte in besonderem Maße. Werte als „Vorstellungen des Wünschbaren" nämlich haben keinen Referenten außerhalb des Kopfes des Befragten; sie sind ja die Prinzipien, die sein Handeln leiten. Im Gegensatz zu einer Einstellung, die als Handlungsneigung gegenüber Objekten definiert wird, hat ein Wert kein Objekt. Daher ist es einfacher, nach Einstellungen als nach Werten zu fragen; einfacher nach der Wiedereinführung der Todesstrafe [...] als nach der Rangfolge von Freiheit und Gleichheit zu fragen. Gewiss kann man auch in einem Fragebogen eine Rangfolge von Freiheit und Gleichheit genau so direkt erbitten, wie man sie von einem Nachbarn erfragen würde. Aber dann hat man keine Kontrolle darüber, was unter den erfragten Werten verstanden wird. Sofern die Annahme, dass ein Wert weitgehend gleich verstanden wird, sich gut begründen lässt, kann man durchaus „direkte Fragen" stellen; in der Tat geschieht das nicht selten in der Umfrageforschung zu Werten, wenn auch nicht immer mit einer Begründung der kritischen Annahme. Sofern aber die Annahme eines durchgängigen gleichen Verständnisses des erfragten Wertes zu riskant erscheint, muss man den Wert indirekt erfragen. Das geschieht durch „Indikator-Fragen", die den Wert durch Objekte indizieren, die mit ihm bewertet werden können; Indikatorfragen degradieren gleichsam Wert- zu Einstellungsfragen. In der Tat arbeitet die Umfrageforschung zu Werten häufig – und nicht in den schlechtesten Beispielen – mit Indikator-Fragen. Die beiden Arten von Fragen sollen am Beispiel des Wertes der politischen Teilhabe erläutert werden (s. Kasten).

Man kann politische Teilhabe als ein Beispiel für „Selbstentfaltungswerte" „Pflicht- und Akzeptanzwerten"* begrifflich gegenüberstellen und in der Formulierung „sich politisch engagieren" vom Befragten zusammen mit anderen Lebenszielen auf einer Notenskala von 1 bis 7 bewerten lassen. Man hat damit eine direkte Bewertung des Wertes politischer Teilhabe; aber man weiß nicht genau, was der Befragte gemeint hat: Die allabendliche Betrachtung der Tagesschau, die Beteiligung an der Bundestagswahl, die politische Diskussion mit Freunden, den Besuch von Parteiversammlungen, oder was? Auf der anderen Seite kann man politische Teilhabe als aktive Mitarbeit in der Politik definieren, die über passive Informationssammlung hinausgeht, und fragen: „Welche Rolle sollte ein ganz normaler Durchschnittsbürger eigentlich bei den lokalen politischen Angelegenheiten in seiner Stadt oder seiner Gemeinde spielen?" Man hat dann eine Indikator*-Frage; der Wert der politischen Teilhabe wird durch das Objekt kommunale politische Angelegenheiten indiziert. Man kann dann weitgehend sicher sein, dass alle Befragten die Frage gleich verstanden haben und kann aus den Antworten der Befragten entnehmen, was sie als Teilhabe verstanden haben: das Registrieren lokaler politischer Informationen oder die aktive Mitarbeit in der Kirche, in Verbänden oder in der Gemeindeverwaltung. Aber man hat damit nur einen möglichen Aspekt des Werts politischer Teilhabe erfasst; ebenso könnte man ihn durch Mitsprache in nationalen Angelegenheiten erfassen. Umgekehrt aber deutet die Beteiligung an lokalen Angelegenheiten auch auf andere Werte als die politische Teilhabe, etwa auf die Identifikation mit der Ortsgemeinde, die Heimatverbundenheit. Allgemein gesagt: Ein Wert kann durch mehrere Objekte indiziert werden, umgekehrt kann ein Objekt für mehrere Werte ein Indikator sein. Die Bedeutung des Werts und die Bedeutung der Indikator-Frage sind niemals vollständig deckungsgleich. Deshalb gibt es eine Austauschbarkeit der Indikatoren für ein Konzept, in unserem Fall: für einen Wert. Die Brücke zwischen Wert und Frage wird hergestellt, indem die Bedeutung des Werts und die Frageformulierung expliziert und verglichen werden.

(Heiner Meulemann [= M 61], S. 55–57, 59f.)

1 *Was unterscheidet eine Umfrage von einer Inhaltsanalyse schriftlicher Dokumente?*

2 *Legen Sie die Gründe dar, die auf der Seite der Forscher und auf der Seite der Gesellschaft dafür sprechen, die Umfrageforschung als den „Königsweg der Forschung zum Wertewandel“ zu bezeichnen. Fertigen Sie dazu eine stichwortartige tabellarische Gegenüberstellung der Vor- und Nachteile beider Methoden an.*

3 *„Umfragen haben ihre eigenen Probleme“ heißt es am Ende des ersten Textteils. Erläutern Sie dazu zunächst die Begriffe „Konzept“ und „Operationalisierung“ (s. Glossar) und wenden Sie sich sodann dem zentralen Problem der „Gültigkeit“ (Validität) der Fragen zu, das Sie sich am besten anhand einfacher Beispiele klar machen können. Welche besonderen Schwierigkeiten ergeben sich dabei für die Frage nach Werten? Vgl. dazu das Beispiel im Kasten (Frage nach dem Wert „politische Teilhabe“).*

2. Die „stille Revolution“ – Ronald Ingleharts Theorie vom Wertewandel

M 64 Von „materialistischen“ zu „postmaterialistischen“ Wertorientierungen

Wertewandel ist heute ein geläufiger Begriff. Viele verwenden ihn, ohne zu wissen, dass er gleichzeitig ein Fachterminus ist, mit einem theoretischen Konzept und wissenschaftlichen Kontroversen darüber.
Das Thema „Wertewandel“ verband sich von Anfang an mit dem Namen des amerikanischen Politikwissenschaftlers Ronald Inglehart, der seine Forschungen 1970 begann und sie 1977 in seinem Buch „The Silent Revolution. Changing Values and Political Styles among Western Publics“ veröffentlichte. Ingleharts Studie deckt einen umfassenden Wertewandel auf vielen Lebensfeldern auf, und seine Theorie liefert heute einen wichtigen Schlüssel für das Verständnis politischer Kultur. Wir stellen ihre wichtigsten Elemente vor:
Ingleharts Theorem* besteht aus verschiedenen Bausteinen. Es nimmt seinen Ausgang von der Beschreibung eines tief greifenden Umbruchs, den er aufgrund empirischer* Untersuchungen in allen entwickelten Industrieländern entdeckt:
„Innerhalb weniger Jahrzehnte hat der wirtschaftliche, technologische, politische und soziale Wandel die Kulturen der entwickelten Industriegesellschaften in vielen Bereichen entscheidend verändert. Die Einstellung zur Arbeit, die Inhalte politischer Auseinandersetzungen, die religiösen Überzeugungen der Menschen, ihre Haltung gegenüber Scheidung, Abtreibung und Homosexualität, der Stellenwert von Kindern und Familie – all das ist in Bewegung geraten. Man könnte sogar so weit gehen zu sagen, dass die Menschen in der entwickelten Industriegesellschaft genau das vom Leben erwarten: den unablässigen Wandel.“
Dieser Wandel vollzieht sich unterschiedlich rasch, vor allem aber in Stufen, die von „Generationen“ abhängig sind. Diese Generationen sind nicht notwendig *biologisch* in der Abfolge von Eltern und Kindern gefasst, sondern *soziologisch* als Altersgruppen, die durch gleiche einschneidende Erfahrungen geprägt sind. Es kann also durchaus sein, dass wir in dem einen Land auf mehr Generationen stoßen als in dem anderen: weil die sozioökonomische und politische Entwicklung für mehr solche Ereignisse oder Phasen sorgte, die sich unauslöschlich in dem biografischen Grundmuster solcher Generationen eingeprägt haben.
Damit ergibt sich die Frage, welcher Art diese Erlebnisse sind und welches Sozialisationsgeschehen hinter ihnen vermutet wird. Inglehart benutzt zwei Hypothesen: die *Man-*

gelhypothese und die *Sozialisationshypothese*. Die Mangelhypothese besagt, dass die Wertprioritäten eines Menschen sein sozioökonomisches Umfeld darin spiegeln, dass er den Dingen den höchsten Wert beimisst, die relativ knapp sind. Die Sozialisationshypothese besagt, dass die grundlegenden Wertvorstellungen eines Menschen die Bedingungen spiegeln, unter denen er aufgewachsen ist. Inglehart verbindet beide Hypothesen zu folgender Aussage über die Entwicklung der westlichen Zivilisation nach dem Zweiten Weltkrieg:

„Zusammengenommen implizieren diese beiden Hypothesen, dass jüngere Altersgruppen in westlichen Ländern aufgrund des in der Geschichte beispiellosen Wohlstandes und des anhaltenden Friedens seit 1945 ihrer ökonomischen und physischen Sicherheit viel weniger Wert zumessen als ältere Menschen, die größere ökonomische Unsicherheit erlebt haben. Umgekehrt weisen Menschen der jüngeren Generation den nicht materiellen Bedürfnissen wie Gemeinschaftsgefühl und Lebensqualität eine höhere Priorität zu.“

Damit sind die beiden entscheidenden Begriffe gefallen, die sich seither mit dem Namen Inglehart verbinden: *„materialistisch“* und *„postmaterialistisch“*. Auf der einen Seite eines bipolaren Wertesystems stehen nach Inglehart

- *materielle Grundbedürfnisse:* Zu ihnen zählen außer den körperlichen Bedürfnissen aller Art wirtschaftliche Stabilität, Wirtschaftswachstum, Preisstabilität, ferner Ruhe und Ordnung in Staat und Gesellschaft, starke Streitkräfte. Den anderen Pol bilden
- *soziale und Selbstverwirklichungsbedürfnisse:* Hierzu zählen geistige, schöpferische, ästhetische und kontemplative* Bedürfnisse, soziale Bedürfnisse wie „Zugehörigkeitsgefühl“, Bedürfnisse nach Mitsprache in Staat und Gesellschaft, Meinungsfreiheit, weniger Anonymität, aber auch z.B. Werte, die Gegenstand von Natur- und Denkmalschutz sind.

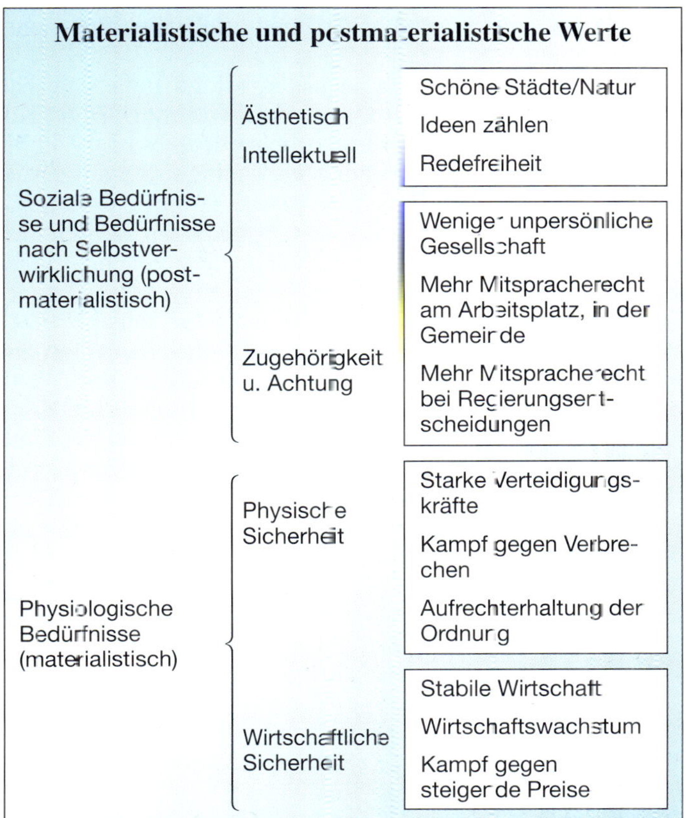

Zit. nach Inglehart, R. 1977.

Wenn Ingleharts Theorie richtig war, müssten sich bei seinen Studien folgende Ergebnisse zeigen:

1. Die nach dem Krieg Sozialisierten müssten stärker einer ‚postmaterialistischen‘, ‚nachbürgerlichen‘ Lebensanschauung und Gesellschaftsauffassung zuneigen als die vor dem Krieg Aufgewachsenen, und
2. die Angehörigen des Bürgertums müssten eher als die Arbeiter zu solcher postmaterialistischen Weltsicht neigen.

Inzwischen haben die Ergebnisse zahlreicher Untersuchungen Ingleharts Theorie im Großen und Ganzen bestätigt. Seine Mangelhypothese schließt sich an die Bedürfnisskala von Maslow* an, den allerdings nur die eine Richtung interessierte: Wer unter Bedingungen von Not und Gefahr aufgewachsen ist, wird sein Leben lang auf Sicherheit sinnen und Vorsorge gegen die Wiederholung seiner schlimmen Erfahrungen treffen. Auch wenn er später wohlhabend wird und in politischen Umständen großer Sicherheit leben sollte, wird er dessen ungeachtet stets mit der Vorsorge gegen Not und Gefahr beschäftigt sein. Praktisch bedeutet das einen nie zu verlierenden Vorrang von Werten materieller Ausstattung (z.B. der persönlichen Alterssicherung, aber auch Formen öffentlicher Sicherheit durch Polizei und Armee) vor sozialen oder ästhetischen Werten und einem Interesse an einem Lebensstil, der Selbstverwirklichung und persönliche Identität verspricht.

Diese Hypothese entspricht der Alltagserfahrung. Jeder kennt wohlhabende Menschen, die ihren Wohlstand stets gefährdet sehen, weil sie ihn nicht für selbstverständlich halten, sondern ihn als den im Grunde unwahrscheinlichen Kontrast zu einer entbehrungsreichen Jugend betrachten: Er könnte auch wieder verloren gehen, nichts ist sicher, und man muss sich wappnen.

Hat somit diese Fahrtrichtung der Hypothese: von erfahrener Not zu nie aufgegebenem Sicherheitsstreben, hohe Plausibilität*, so ist doch unsicher, ob auch die Gegenrichtung stimmt: von erfahrener Sicherheit zur Geringschätzung der materiellen Voraussetzungen dafür und statt dessen zu einer Orientierung an postmaterialistischen Werten der Selbstverwirklichung und des Lebensgenusses.

Gegen die einfache Umkehrung der Maslow'schen Theorie sprechen zwei Bedenken: Wer sagt uns, dass die Luxuserfahrungen der Postmaterialisten ähnlich dauerhafte Wirkungen zeigen wie die Entbehrungserfahrungen der Materialisten? Das zweite Bedenken betrifft die Kürze des empirisch zur Verfügung stehenden Beobachtungszeitraums, also nur wenige Jahrzehnte.

Und so hat es von Anfang an viel Kritik zu Ingleharts Theorie gegeben. Seine Kritiker brachten kleinste Veränderungen, Abschwächungen oder Knicke der postmaterialistischen Einstellungskurven mit wirtschaftlichen Rezessionen* in Verbindung, um zu zeigen, dass die Sicherheit eines unter günstigen Bedingungen aufgewachsenen Postmaterialisten keineswegs so stabil ist wie die lebenslange Sorge eines unter Entbehrungen aufgewachsenen Materialisten. Im Falle von Arbeitslosigkeit, so wollten die Kritiker Ingleharts beweisen, vergisst der Postmaterialist nicht nur seine angenehme Jugend, sondern auch seine hohen Ideale von Selbstverwirklichung.

Inglehart hat diese Kritiken geprüft und sie in seinem 1989 erschienenen Buch beantwortet. Er verfügt inzwischen über längerfristige Zeitreihen eines Wertebarometers, das ihm eine große Fülle von politischen Einstellungen und Werthaltungen europäischer, dazu auch anderer Populationen der Welt zur Verfügung stellt.

Schon der umfassendere Titel »Kultureller Umbruch« zeigt, dass Inglehart seiner Theorie inzwischen größere Dimensionen gibt. Jetzt geht es nicht mehr nur um die Frage materialistisch oder postmaterialistisch, sondern um tiefgegründete Bewegungen, die sowohl zeitlich wie im Blick auf die Ursachen weiterreichen als die an Maslow orientierte These.

Neben wirtschaftlicher Prosperität nennt Inglehart heute als weitere Ursachen für einen Wertewandel:

- technologische Entwicklungen, die für einen wachsenden Teil der Bevölkerung die Befriedigung existenzieller Bedürfnisse garantieren,
- die Erfahrung von außenpolitischem Frieden für eine ganze ‚biologische' Generation in der westlichen Welt,
- das steigende Bildungsniveau,
- die Ausbreitung der Massenkommunikation,
- wachsende geografische Mobilität.

Alle diese Faktoren sind Folgen (und ihrerseits wiederum Quellen) der *Modernisierung* unserer Gesellschaft. Begonnen hat dieser Prozess schon vor langem, als Folge von Individualismus und Demokratie. Wertewandel ist allen westlichen Staaten deshalb systemimmanent. [...] Nach dem Zweiten Weltkrieg, zumal seit den späten 60er-Jahren, hat sich diese Entwicklung dann so rapide verstärkt und beschleunigt, dass sie in den Mittelpunkt theoretischer wie politischer Aufmerksamkeit rückte.

Wertewandel und die Entwicklung der westdeutschen Demokratie sind eng miteinander verknüpft [...]. Die veränderten ökonomischen und sonstigen gesellschaftlichen Rahmenbedingungen zeigen gleichzeitig zweierlei Wirkung: neue Werte (z.B. soziale Achtung, Zugehörigkeit, Selbstverwirklichung) und neue Fähigkeiten, die sich auf immer breitere Bevölkerungskreise ausdehnen wie die Kompetenz für politische Partizipation (Selbstwertgefühl, soziales Vertrauen, Glaube an die Chance eigener Einflussnahme auf den politischen Prozess). Inglehart hat für diese Zusammenhänge eine anschauliche Grafik erstellt.

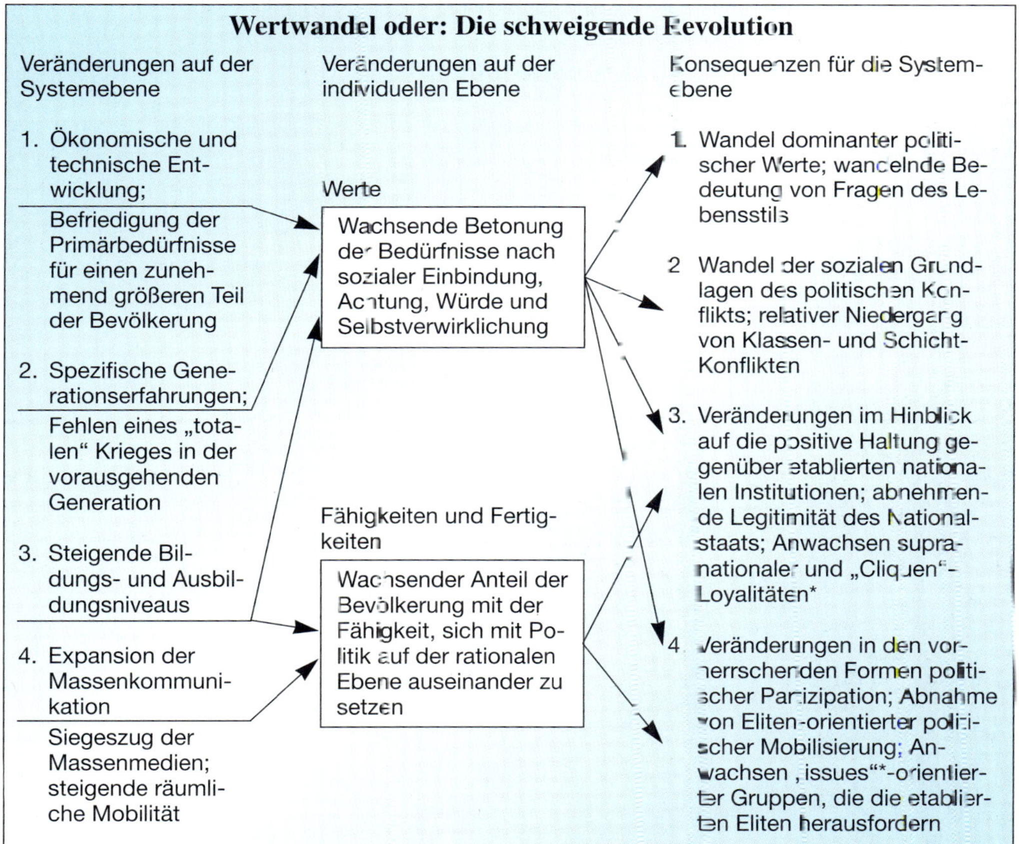

(Nach: Ronald Inglehart, The Silent Revolution, Princeton 1977, S. 5, übersetzt von Dietrich Thränhardt/Herbert Uppendahl, Politische Parteien in der Bundesrepublik Deutschland, Klett, Stuttgart 1981, S. 91)

Inglehart konnte die erwarteten Unterschiede zwischen Alterskohorten* im Blick auf materialistische und postmaterialistische Wertvorstellungen in seinen Analysen, trotz kurzfristiger Schwankungen, im Großen und Ganzen belegen. Der gewaltige Corpus von Umfragedaten zeigt, dass die Generationenunterschiede über den gesamten Zeitraum von 1970 bis 1988 stabil geblieben sind, dass also diejenigen, die in ihrer Jugend günstig sozialisiert wurden, auch wenn sie älter wurden, ihre postmaterialistischen Grundsätze nicht aufgaben. Lebenszyklische Veränderungen fallen dagegen nicht ins Gewicht. Denn das war ein anderes Argument gegen Ingleharts These: Könnte es nicht sein, dass das bloße

Älterwerden von Menschen sie vorsichtiger und materialistischen Gesichtspunkten gegenüber wieder offener macht?
Wenn es noch eines Beweises für die Brauchbarkeit des Inglehart'schen Theoremes bedürfte, würde er darin liegen, dass die sozialwissenschaftliche Forschung für viele Studien inzwischen einen so genannten ‚Inglehart-Index' verwendet, der hohe Aussagekraft hat. Er markiert eine deutliche Scheidelinie zwischen Bevölkerungsgruppen mit eher materialistischen und eher postmaterialistischen Werten. Deutliche Unterschiede finden sich nach dem Inglehart-Index vor allem zwischen: 1. *Alten und Jungen* und 2. Menschen mit *hoher und niedriger Bildung*. Ein ausgesprochenes ‚Postmaterialismus-Syndrom' mit stimmigen Einstellungen und Verhaltensweisen zeigt sich statistisch vor allem bei jüngeren Menschen mit hoher formaler Ausbildung.
(Martin und Silvia Greiffenhagen, Ein schwieriges Vaterland, List, München 1993, S. 156–160)

M 65 Postmaterialismus-Index von Inglehart[1]

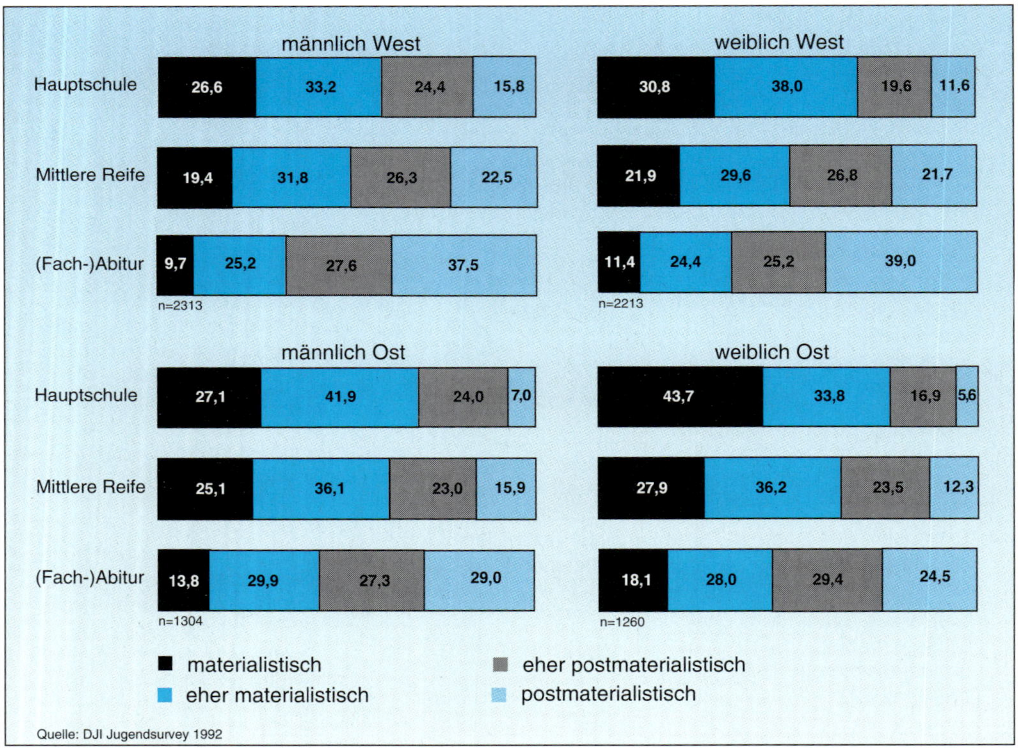

(Martina Gille, Wertorientierungen und Wertewandel bei Jugendlichen und jungen Erwachsenen, in: Politische Studien Nr. 336 v. Juli/August 1994, S. 57)

[1] Die Kurzversion des Postmaterialismus-Indexes von Inglehart basiert auf einer Rangreihe von vier Zielen. Die beiden materialistischen Ziele sind „Aufrechterhaltung von Ruhe und Ordnung in diesem Lande" und „Kampf gegen die steigenden Preise". Die beiden postmaterialistischen Ziele sind „mehr Einfluss der Bürger auf die Entscheidung der Regierung" und „Schutz des Rechts auf freie Meinungsäußerung". Als Postmaterialisten bzw. Materialisten werden diejenigen Befragten klassifiziert, die entweder beiden postmaterialistischen oder beiden materialistischen den 1. Rang geben. Diejenigen, die einem materialistischen Ziel den 1. Rang und einem postmaterialistischen Ziel den 2. Rang geben, nennen wir „eher materialistisch". Jene Gruppe von Befragten, die einem postmaterialistischen Ziel den 1. Rang gibt und einem materialistischem Ziel den 2. Rang, nennen wir „eher postmaterialistisch".

[1] *Analysieren Sie anhand von M 64 das Konzept und die Ergebnisse der Untersuchungen des amerikanischen Politologen Ronald Inglehart, der in den 70er-Jahren die Diskussion über den Wertewandel einleitete.*

- *Erläutern Sie die beiden Hypothesen, die Inglehart zur Grundlage seines theoretischen Konzeptes machte.*
- *Der zweite „Baustein“ des Konzeptes ist die Zweiteilung des Wertesystems in „materialistische“ und „postmaterialistische“ Wertvorstellungen. Was ist damit gemeint?*
- *Wie lautet die These, zu der Inglehart die beiden Bausteine verknüpfte und die er durch seine Befragungsergebnisse (vgl. Kasten S. 131) bestätigt sah?*

[2] *Inwiefern hat Inglehart seine Theorie in den 80er-Jahren erweitert? Welche weiteren Faktoren (neben denen der Mangel- und der Sozialisationshypothese) sind demnach für den Wertewandel verantwortlich? Welche Veränderungen ergeben sich daraus auf der Ebene des politischen und des sozialen Systems (vgl. dazu vor allem auch die Übersicht S. 133)?*

[3] *Dem in M 65 dargestellten Untersuchungsergebnis liegt der ursprüngliche, auf vier Ziele beschränkte Postmaterialismus-Index von Inglehart zugrunde. Wie kommt die Zuordnung zu den vier Kategorien zustande? Welche auffälligen Unterschiede ergeben sich nach Geschlecht, Region und Bildungsniveau? Welche plausiblen Erklärungen haben Sie dafür?*

3. Ergebnisse empirischer Forschung zum Wertewandel in der alten und neuen Bundesrepublik

M 66 Wertewandlungen in der alten Bundesrepublik 1949-1990

Indikatoren zu Gleichheit, Leistung, Mitbestimmung und Akzeptanz*. Alle Zeitreihen mit Messungen in den 50er- und 70er-Jahren, mindestens einer dazwischenliegenden Messung sowie mindestens einer folgenden Messung.

	Gleichheit		Leistung			Mitbestimmung					Akzeptanz	
						Politik			Erziehung			
	Glückes Schmied	Gleiche Bildungschancen	Leben als Aufgabe	Leben ohne Arbeit	Intrins. Arbeitsmotive	Polit. Interesse Ja	Polit. Disk. Durchschn.	Polit. Effektivität	Erziehungsziel	Schulischer Zielw. Ordn.	Kirchgang nie	Scheidung erleichtern
Jahr	(1)	(2)	(3)	(4)	(5)	(6)	(7)	(8)	(9)	(10)	(11)	(12)
1949					51							
1950												
1951					47				23			
1952				13	50	27						
1953					46		1,17				13	13
1954					51				27			
1955	53			13	46							
1956			59		52						15	
1957				11	50				28			
1958		66		12						59		
1959				14	49	29	1,71	25			16	
1960			61	13		27						

	Gleichheit		Leistung			Mitbestimmung					Akzeptanz	
						Politik			Erziehung			
	Glückes Schmied	Gleiche Bildungschancen	Leben als Aufgabe	Leben ohne Arbeit	Intrins. Arbeitsmotive	Polit. Interesse Ja	Polit. Disk. Durchschn.	Polit. Effektivität	Erziehungsziel	Schulischer Zielw. Ordn.	Kirchgang nie	Scheidung erleichtern
Jahr	(1)	(2)	(3)	(4)	(5)	(6)	(7)	(8)	(9)	(10)	(11)	(12)
1961						31	1,70				17	*8*
1962	65		52	13	60	37						
1963	62	73	58	13							19	
1964			60						29		24	
1965					52	35	1,85		29		32	
1966										*38*		*18*
1967					49	39			32		32	
1968			58					35			30	
1969					47	41	2,10	31	39		35	*42*
1970												
1971						43						
1972			53	18		46	2,34	35	45		36	
1973			48	20		49	*2,03*			28		*43,39*
1974				17	40	47		26	45			
1975	62		50	18		41						
1976	55			16		46	2,23	39	51		39	31
1977	59		48	13							43	
1978	63		51	18			*1,86*		45			
1979		50			38	43	*1,88*		44	30	42	28
1980	61		48	21		49	*1,96*	40			46	26
1981			49	17	46	48	*1,91*		52			
1982			43			47	*1,99*				50	
1983						49	*2,01*		49			
1984		45			49	53	*2,00*				51	
1985			43			48	*1,98*					
1986		52				53	*1,98*		54	32	51	
1987	49			21	39	43	*1,94*		52			
1988			43			46	*1,95*	39			53	
1989						50	*1,98*		67			
1990			45	19	48	54	2,24	38		32	61	30

Quellen, Frageformulierungen, Maße und Anmerkungen: kursive Zahlen beziehen sich auf Frageformulierungen, die zwar nicht mit den Frageformulierungen der übrigen Zahlen, aber untereinander übereinstimmen.

Spalte 1: Allensbacher Jahrbuch Bd. 9, 1993, S. 15. *Zwei Männer unterhalten sich über das Leben. Der eine sagt: Jeder ist seines Glückes Schmied. Wer sich heute wirklich anstrengt, der kann es auch zu etwas bringen. Der andere sagt: Tatsächlich ist es so, dass die einen oben sind und die anderen sind unten und kommen bei den heutigen Verhältnissen auch nicht hoch, so sehr sie sich auch anstrengen. Was würden Sie persönlich sagen, wer von beiden hat eher Recht – der Erste oder der Zweite?* Prozentsatz der Erste

Spalte 2: Meulemann 1987: *Hat bei uns jeder die Möglichkeit, sich ganz nach seiner Begabung und seinen Fähigkeiten auszubilden?* Prozentsatz Ja.

Spalte 3: Unveröffentlichte Ergebnisse des Instituts für Demoskopie Allensbach. *Zwei Männer/Frauen unterhalten sich. Der/die Erste sagt: „Ich betrachte mein Leben als Aufgabe, für die ich alle meine Kräfte einsetze. Ich möchte in meinem Leben etwas leisten, auch wenn das oft schwer und mühsam ist.“ Der/die Zweite sagt: „Ich möchte mein Leben genießen und mich nicht mehr abmühen als nötig. Man lebt schließlich nur einmal und die Hauptsache ist doch, dass man etwas von seinem Leben hat.“ Was meinen Sie, welcher von diesen beiden Männern/Frauen macht es richtig, der/die Erste oder der/die Zweite?* Prozentsatz „Der/die Erste".

Spalte 4: Unveröffentlichte Ergebnisse des Instituts für Demoskopie Allensbach. *Glauben Sie, es wäre am schönsten zu leben ohne arbeiten zu müssen?* Prozentsatz „Ja". Berufstätige Bevölkerung. 1962 Mittelwerte aus 2 Stichproben, 1972 Mittelwert aus 4 Stichproben, 1981 Mittelwert aus 2 Stichproben.

Spalte 5: EMNID-Informationen 1974: Nr. 4/5; 1979: Nr. 6; 1987: Nr. 8/9; 1990: Nr. 7/8; *Empfinden Sie Ihre Arbeit als schwere Last, notwendiges Übel, Möglichkeit, Geld zu verdienen, befriedigende Tätigkeit oder Erfüllung einer Aufgabe?* Prozentsatz „Befriedigende Tätigkeit und Erfüllung einer Aufgabe". Berufstätige Bevölkerung. Bei Prozentsummen über 100 Umrechnung der Prozentwerte.

Spalte 6: Bis 1982: Allensbacher Berichte 1981: Nr. 3. *Interessieren Sie sich für Politik?* Prozentsatz „Ja". 1990 Mittelwert aus drei Stichproben.

Spalte 7: 1953–1972. Baker et al. Germany transformed, Cambridge 1981, S. 40, 274, 312–3. *Verschiedene Frageformulierungen* zur Häufigkeit politischer Diskussion. Durchschnittswerte aus mehreren Vorgaben, hoher Wert = häufige Diskussion. 1976 und 1990: eigene Berechnungen nach verschiedenen Quellen. Kursive Zahlen aus Eurobarometer liegen grundsätzlich niedriger, da Antwortverweigerungen in die Basis mit mittlerem Wert eingehen; Werte für 1976 (1.90) und 1990 (2.01) nicht aufgenommen

Spalte 8: *Leute wie ich haben so oder so keinen Einfluss darauf, was die Regierung tut.* Prozentsatz „Lehne ab". Der Einbruch 1974 erklärt sich vermutlich daraus, dass 1974 im Gegensatz zu den übrigen, benachbarten Messzeitpunkten kein Wahljahr war.

Spalte 9: Alle Zahlen außer 1965 und 1990 aus EMNID-Informationen und aus Umfrage & Analyse 1992 Nr. 3/4. *Auf welche Eigenschaften sollte die Erziehung von Kindern vor allem hinzielen: Gehorsam und Unterordnung, Ordnungsliebe und Fleiß oder Selbstständigkeit und freien Willen?* Prozentsatz Selbstständigkeit und freien Willen. Alle Prozentuierungen, außer 1951, 1972, 1976, 1979, 1981, 1983, 1986 und 1989 beruhen auf Mehrfachnennungen; die Prozentsummen für die übrigen Zeitpunkte sind in zeitlicher Folge 105, 113, 108, 115, 116, 119, 107, 109, 108. Die dargestellten Zahlen sind um diese Prozentsummen bereinigt.

Spalte 10: Verschiedene Quellen. *Was sollten nach Ihrer Meinung die Kinder auf der Schule ganz allgemein in erster Linie mitbekommen? Bitte wählen Sie auf dieser Karte die drei Punkte aus, die Ihnen am wichtigsten erscheinen.* 9 Vorgaben. Prozentsatz „Ordnung und Disziplin"; 1966 Prozentsatz „Gehorsam, Ordnung, Disziplin"; übrige Vorgaben nur z.T identisch.

Spalte 11: Baker et al. 1981, S. 311. Die Vorgabe *„Seltener"* wurde mit *„Nie"* zusammengefasst, wenn zuvor *„Einmal im Jahr"* oder *„Mehrmals im Jahr"* vorgegeben war. Konfessionslose als Nichtkirchgänger.

Spalte 12: Institut für Demoskopie Allensbach. *Soll die Ehescheidung möglichst leicht gemacht werden, oder sollten Ehen überhaupt unlösbar sein?* 1961, 1966, 1969, 1973: *Sind Sie für eine Erleichterung der Scheidung oder für eine Erschwerung, oder halten Sie sie in der bisherigen Form für richtig?* 1961 diese Formulierung mit leichten Veränderungen. Die zweite Frageformulierung bringt „Wie bisher" als Fragevorgabe, die erste nicht; die Prozentuierung zur ersten Fragestellung bezieht sich auf 3, die Prozentuierung zur zweiten Fragestellung auf 4 Vorgaben. Wegen der mangelnden Vergleichbarkeit der Frageformulierungen sind die Prozentwerte zur zweiten Fragestellung kursiv gesetzt. Angegeben ist der Prozentsatz *„Möglichst leicht"* bzw. *„Für Erleichterung"*. Für 1973 liegen zwei Zahlen vor: März/April 43%, August/September 39%.

(Heiner Meulemann [= M 61], S. 76–78; dort auch genauere Angaben zu den einzelnen Quellen)

In M 66 sind die Ergebnisse unterschiedlicher Messungen zu vier Werten über 40 Jahre hin zusammengestellt. Machen Sie sich die Anlage und die begriffliche Kategorisierung der Tabelle klar (mit dem Begriff „Akzeptanz" ist streng genommen kein Wert, sondern die akzeptierende Haltung zu Institutionen wie z. B. Familie, Kirche und deren Werten und Normen gemeint): Dabei ist wichtig, die Indikatoren, an denen das Vor-

handensein der jeweiligen Wertvorstellungen gemessen wurde, genauer zu verstehen, als es durch die Stichworte in der Kopfzeile zu den 12 Spalten möglich ist. Vergleichen Sie dazu die in der Legende angegebenen Fragestellungen / Aussagen. Wir werden uns im Folgenden auf einige wenige Indikatoren beschränken und zwar auf die in den Spalten 3 und 4 (Leistung), 9 (Erziehung), 11 und 12 (Akzeptanz) wiedergegebenen. (Eine vollständige und ausführliche Analyse gibt Heiner Meulemann, Werte und Wandel, Weinheim und München 1996, S. 71–134.)

M 67a Leistung: Rückgang

Leistung ist, was man als Ergebnis eigener Anstrengungen ansehen kann. Leistung ist ein Medium der Selbstverwirklichung. Man kann sein ganzes Leben als Leistung ansehen, aber vor allem die berufliche Arbeit wird als Leistung bewertet. Eine gute Arbeit verlangt soziale Anerkennung; sie muss leistungsgerecht belohnt werden. Wo der Zusammenhang zwischen Anstrengung und Erfolg nicht erkennbar ist oder Anstrengung und Erfolg in grobem Missverhältnis stehen, da wird es schwer, jemanden zu Leistungen zu bewegen. Leistungen werden zwar auch um ihrer selbst willen erbracht, aber genau dies kann durch ungünstige Umstände verhindert werden. Eine Gesellschaft, die Leistung ermöglicht, bindet die Individuen an sich. Leistung ist für die soziale Integration nicht nur in dem handfesten Sinne bedeutsam, dass alle von der Arbeit jedes Einzelnen leben, sondern auch in dem Sinne, dass Chancen individueller Leistung Voraussetzung sind für die Anerkennung des sozialen Ganzen. Leistung wird in erster Linie im Beruf gefordert; aber sie kann auch eine Perspektive auf das Leben überhaupt sein.

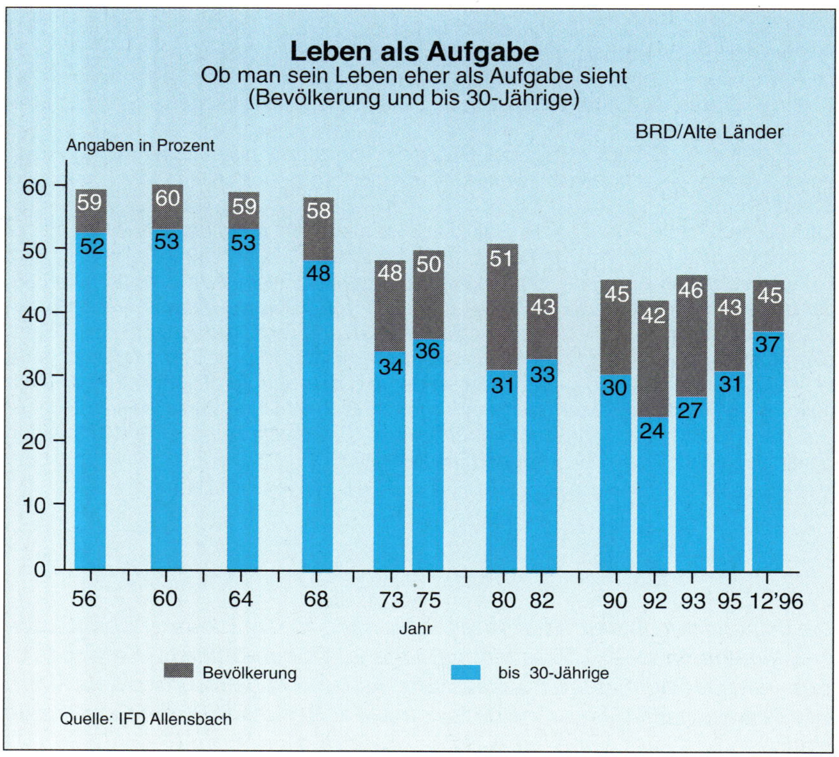

(Grafik: Thomas Gensicke [= M 16 a], S. 43)

„Das Leben" und der Beruf

Man kann sein ganzes Leben als Leistung sehen. Leistung fordert eher eine asketische* als eine hedonistische* Haltung gegenüber dem Leben. Der Prozentsatz derjenigen in der Bevölkerung, die „ihr Leben als Aufgabe nehmen", liegt zwischen 1956 und 1968 zu 6 Zeitpunkten bei 60%, zwischen 1972 und 1981 aber liegt er zu 7 Zeitpunkten bei etwa 50%; zwischen 1982 und 1990 zeichnet sich mit drei Messungen und 44% erneut ein leicht rückläufiger Trend ab (Tabelle M 66, Spalte 3); eine asketische Einstellung gegenüber dem Leben ist also in der zweiten Hälfte der 60er-Jahre um 10 Prozentpunkte und in den 80er-Jahren noch einmal um 5 Prozentpunkte zurückgegangen.

(Heiner Meulemann [= M 61], S. 87–88)

M 67b Was der Rückgang von „Leistung" (nicht) bedeutet

Viel spricht dafür, dass die Bedeutung von Leistung sich gewandelt hat. Die Bedingungen, unter denen die Kohorten* groß geworden sind, haben sich in den letzten Jahrzehnten nachhaltig gewandelt: Die Erziehung in Familie und Schule ist [...] sehr viel liberaler geworden; die materiellen Bedingungen, unter denen die jüngeren Kohorten aufwuchsen, sind sehr viel günstiger als die, unter denen die älteren Generationen aufwachsen mussten. Warum sollten die jüngeren Kohorten das gleiche bedingungslose – man möchte fast sagen: freudlose – Verständnis von Leistung in sich aufnehmen wie die älteren Kohorten. In der Welt, in der sie groß wurden, mussten sie einfach ein anderes Verständnis von Leistung entwickeln. Nicht die Intensität des Leistungsverhaltens hat sich gewandelt, sondern die Intensität, mit der die aufeinander folgenden Generationen ihr Leben als Leistung sehen, oder besser: es gelernt haben, ihr Leben als Leistung zu sehen.
Wenn aber der Wert Leistung Anhängerschaft verliert, weil das Verständnis von Leistung sich gewandelt hat, dann erscheint die Erregung der Öffentlichkeit über den Wertewandel der alten Bundesrepublik zumindest übertrieben. [...] Die jungen Leute verstehen Leistung anders als die alten. Und deshalb arbeiten die jungen Leute keineswegs weniger als die alten [...]. Im Gegenteil: Vielleicht wird mit einem distanzierten Verhältnis zur Arbeit, das mit dem Erfolg in der Sache zugleich die Bestätigung der Person sucht und die Leistung und Genuss in ein Gleichgewicht bringt, heute mehr geleistet als mit dem traditionellen Arbeitsethos, das die Hingabe der Person ohne Rücksicht auf den Erfolg einklagte und den Genuss der Leistung unterordnet. Den Deutschen ist Leistung nicht abhanden gekommen – weder als Wert noch als Verhalten. Aber die alte Bundesrepublik hat sich gewandelt: von einer Arbeits- zu einer Leistungsgesellschaft, die zugleich eine Freizeitgesellschaft sein kann.

(Heiner Meulemann [= M 61], S. 93)

Beschreiben Sie anhand von M 67a/b die Entwicklung zum Wert „Leistung". Erläutern Sie, warum H. Meulemann zu der Einschätzung kommt, dass die öffentliche Erregung über den „Rückgang des Wertes Leistung zumindest übertrieben" erscheint. Stimmen Sie seiner Aussage zu, dass eine „Leistungsgesellschaft zugleich eine Freizeitgesellschaft" sein kann?

M 68 Erziehung: Von Akzeptanz* zur Selbstentfaltung

Abb. 1: Erziehungsziele 1951–1995. Elterliche Erziehungsziele in der Bundesrepublik Deutschland (ohne neue Länder) im Zeitverlauf

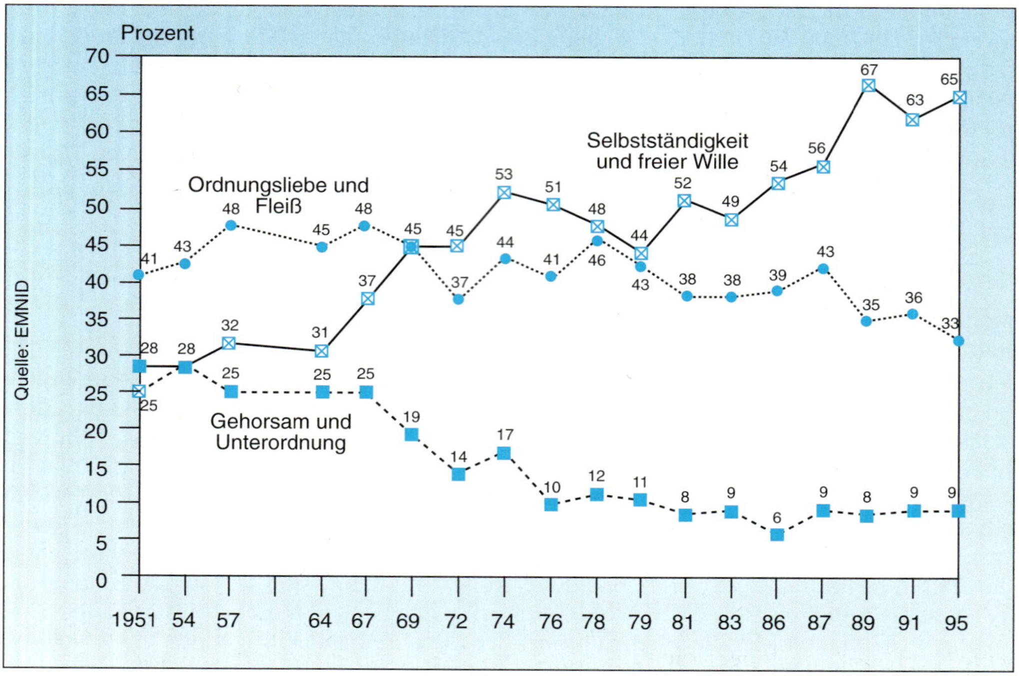

(Aus: Thomas Gensicke, Sozialer Wandel durch Modernisierung, Individualisierung und Wertewandel, in: Aus Politik und Zeitgeschichte, B 42/96 v. 11.10.1996, S. 10)

Aus Abb. 1 ist erstens eine dramatische Scherenbewegung im Verhältnis zwischen den tendenziell an Boden verlierenden Wertegruppe „Gehorsam und Unterordnung" und der tendenziell drastisch an Boden gewinnenden Wertegruppe „Selbstständigkeit und freier Wille" erkennbar, die den aktuellen Wertewandel – auch hinsichtlich seiner vorherrschenden Trendrichtung von Pflicht- und Akzeptanz- zu Selbstentfaltungswerten – von zentralen Indikatoren her abbildet.
Zweitens ist erkennbar, dass der Wertewandel schubartig – und somit als „Wertewandelsschub" – um die Mitte der 60er-Jahre einsetzte. Die Jahre vorher, in denen nur geringfügige Werteveränderungen sichtbar werden, können als Bestandteile einer Konstanzphase interpretiert werden, die mit den entwicklungsverzögernden Bedingungen im Nachkriegsdeutschland nach 1945 in unmittelbarer Verbindung stand.
Drittens kann aus der Abbildung abgelesen werden, dass der Wertewandelstrend zwar über die erfassten 45 Jahre hinweg Unregelmäßigkeiten aufweist, die sich auf bestimmte sozialökonomische und politische Krisensituationen konzentrieren, dass er aber im Ganzen stabil blieb. [...]
Aus der Abbildung kann viertens auch abgelesen werden, dass eine den *Pflicht- und Akzeptanzwerten* zuzurechnende Wertegruppe „Ordnungsliebe und Fleiß" ihr Ausprägungsniveau im Wesentlichen erhalten konnte. Es erweist sich hierin, dass der Wertewandel keineswegs pauschal und radikal zuungunsten „älterer" Werte verlief, wie manchmal unrichtigerweise behauptet wird – vielmehr vollziehen sich im Wertewandel auf eine sehr selektive und „überlegt" anmutende Weise Umgewichtungen von Werten in deutlicher

Entsprechung zu der Veränderung der im Prozess des sozialen Wandels an die Menschen gerichteten Handlungsanforderungen.

Wendet man sich der Abb. 2 zu, dann kann man erkennen, wie sich der auf Durchschnittsberechnungen beruhende Gesamttrendverlauf des Wertewandels bei den einzelnen Altersgruppen darstellt:

Abb. 2: Entwicklung elterlicher Erziehungswerte 1954–1995 nach Altersgruppen (Trend)

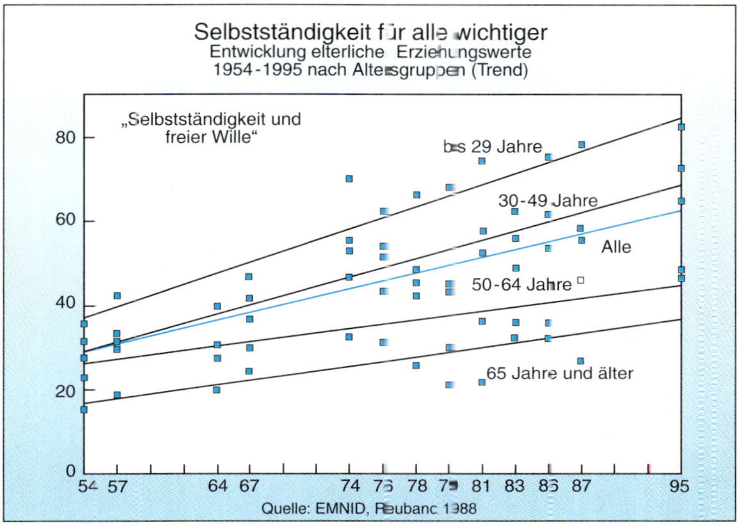

(Thomas Gensicke [= M 16 a], S. 49)

Erstens wird erkennbar, dass der Wertewandel generationsspezifische Intensitätsunterschiede aufweist. Je jünger die erfassten Menschen waren, desto stärker waren sie vom Wertewandel geprägt und desto „steiler" verlief bei ihnen im Großen und Ganzen der Wertewandelstrend.

Zweitens wird aber gleichzeitig auch deutlich, dass der Wertewandel – wenngleich mit unterschiedlicher Heftigkeit – alle Altersgruppen erfasste, dass er also keineswegs als ein „Jugendphänomen" anzusprechen ist.

Man kann allerdings drittens auch erkennen, dass die Regressionsgeraden der Altersgruppen auseinander streben, d.h. die gemeinsame Prägung durch den Wertewandel verhindert nicht zunehmende Generationsunterschiede. Um die Mitte der 90er-Jahre lagen die Werte der verschiedenen Altersgruppen trotz des gemeinsamen Eintritts in den Wertewandel weiter auseinander als um die Mitte der 50er-Jahre.

(Helmut Klages, Werte und Wertewandel, in: Bernhard Schäfers / Wolfgang Zapf [Hg.], Handwörterbuch zur Gesellschaft Deutschlands, Opladen 1998, S. 701 f.)

1 *M 68 gibt eins der bekanntesten und meist diskutierten Ergebnisse der Wertewandelsforschung wieder. Machen Sie sich zunächst klar, wie die grafische Darstellung zu den drei Erziehungszielen (Abb. 1) zustande kommt. Auf welchen Frageformulierungen und Antwortmöglichkeiten beruht sie (s. M 66, Anmerkung zu Spalte 9)?*

2 *Wegen des Stellenwertes von M 68 haben wir eine ergänzende Darstellung (nach Altersgruppen) und jeweils eine differenzierte Auswertung hinzugefügt. Versuchen Sie aber zunächst einmal selbst zu beschreiben, was man Ihrer Meinung nach aus den beiden Grafiken entnehmen kann, und vergleichen Sie Ihre Analyse mit der von Helmut Klages.*

M 69 Akzeptanz: Rückgang

Wenn Selbst- und Mitbestimmung immer höher bewertet werden (vgl. M 66, Spalte 6–10), sollte Akzeptanz zurückgehen, also die selbstverständliche Hinnahme von Institutionen. Die Person will selbst entscheiden, was ihr zuvor die Institutionen bestimmt haben. Institutionen zu rechtfertigen, war und ist eine der Aufgaben der Religion; aber Institutionen können auch ohne religiöse Rechtfertigung hingenommen werden. Akzeptanz war in religiöser Praxis und religiösem Glauben enthalten, bevor sie sich als religiös nicht gebundene Werthaltung der Anerkennung der Werte und Normen von Institutionen denken ließ. Akzeptanz muss daher zuerst in der *Religiosität,* dann in der *Moralität* gesucht werden; aber sie lässt sich an der Moralität direkter ablesen als an der Religiosität.

Akzeptanz ist ein zentraler Faktor sozialer Ordnungsbildung. Sie stellt eine der Grundsatzvoraussetzungen sozialen Handels dar. Definieren lässt sich Akzeptanz als die Chance, für bestimmte Meinungen, Maßnahmen, Vorschläge und Entscheidungen bei einer identifizierbaren Personengruppe ausdrückliche oder stillschweigende Zustimmung zu finden und unter angebbaren Bedingungen aussichtsreich auf deren Einverständnis rechnen zu können.

(Bernhard Schäfers [Hg.], Grundbegriffe der Soziologie, Opladen 1998, S. 5)

Religiosität

Religiosität ist die Realität der institutionellen Formen der Religion im Denken und Handeln der Menschen, im Glauben an die christlichen Dogmen auf der einen Seite, in der Praxis kirchlicher Riten auf der anderen Seite. Nur zu den kirchlichen Praktiken liegen Zeitreihen vor, die bis in die 50er-Jahre zurückreichen. Zwischen den 50er- und den 80er-Jahren gehen kirchliche Praktiken deutlich zurück – wie sich an einer Vielzahl von Indikatoren ablesen lässt. Zunächst einmal verdoppelt sich zwischen 1953 und 1979 der Prozentsatz der Konfessionslosen auf 5% und steigt bis 1991 auf 7%. Aber auch bei der in den Kirchen verbleibenden Majorität zeigt sich ein deutlicher Rückgang des Kirchenbesuchs. Zwischen 1953 und 1979 fällt der „regelmäßige" Kirchenbesuch bei Katholiken von 60% auf 36% und der „regelmäßige" oder „unregelmäßige" Kirchenbesuch bei Protestanten von 51% auf 31%; der Prozentsatz derer, die nie in die Kirche gehen, steigt zwischen 1953 und 1963 zunächst langsam, zwischen 1963 und 1976 aber sehr stark um 20 Prozentpunkte auf rund 40% an, um bis 1982 nur noch geringfügig anzusteigen und bis 1988 bei etwas mehr als 50% konstant zu bleiben (siehe Tabelle M 66, Spalte 11).
Wenn kirchliche Religiosität zurückgegangen ist, so wird man nicht überrascht sein, wenn Gefühle der Leere und der Sinnlosigkeit angestiegen sind; religiöser Glaube und religiöse Praxis sollten ja die Bewältigung solcher Gefühle erleichtern. [...]
„Kennen Sie das, dass einem das Leben oft so sinnlos vorkommt?" Diese Frage bejahen 1963 41% der Bevölkerung; bis 1976 steigt dieser Prozentsatz über drei Zeitpunkte kontinuierlich auf 48%, um bis 1981 zu drei Zeitpunkten auf dieser Höhe zu verbleiben. Man kann sich schwer eine mehr handfeste Entwicklung denken, die für diesen Anstieg um 7 Prozentpunkte ursächlich sein könnte: Das Ergebnis deutet wohl auf ein steigendes Gefühl der Sinnlosigkeit.
Der Rückgang kirchlicher Praktiken ist sicher ein deutliches, aber dennoch nicht eindeutiges Zeichen für den Rückgang von Religiosität. Sie kann sich auch in diffusen religiösen Gefühlen oder in nichtchristlichen Glaubensvorstellungen äußern, für die aber – wie für die christlichen Glaubensüberzeugungen – keine bis in die 50er-Jahre zurückgehenden Zeitreihen vorliegen. Von allen Dimensionen der Religiosität haben die kirchlichen Praktiken jedoch einen gewissen Vorrang als Indikatoren für Akzeptanz: Sie erfassen die Hinnahme von Institutionen nicht nur im Denken, sondern im Handeln; sie sind nicht nur innere Überzeugung, sondern auch öffentlich sichtbares „Bekenntnis". Insofern haben wir den Rückgang von Akzeptanz in einer zentralen Dimension erfasst.

Moralität

Moralität ist die Voreinstellung der Person, die Werte und Normen von Institutionen über die eigenen Impulse und Interessen zu stellen. Während Religiosität Akzeptanz indirekt am Beispiel religiöser Praktiken und religiöser Überzeugungen erfasst, ist Moralität ein direktes Zeichen für Akzeptanz. Wie die Religiosität umfasst auch die Moralität mehrere Dimensionen – von der Anerkennung spezifischer Institutionen und der in ihnen verkörperten Werte bis zur Unterstützung einzelner moralischer Normen; aber die Breite des konzeptuell Denkbaren ist hier noch spärlicher empirisch abgedeckt. Nur zur Anerkennung der Institution Ehe liegen zwei Zeitreihen vor, die bis in die 50er-Jahre zurückreichen. Die erste fragt direkt nach der Legitimität der Ehe. „Die Einrichtung der Ehe grundsätzlich für notwendig" halten 1949 91%, 1963 93%, 1976 72% und 1978 68% der verheirateten Bevölkerung; in einer etwas anderen Frageformulierung stimmen 1991 83% der Verheirateten und 72% der gesamten Bevölkerung dem Satz „Die Ehe ist eine überholte Einrichtung" nicht zu. Zwischen 1949 und 1963 und zwischen 1976 und 1978 bleibt die Legitimität der Ehe also konstant; zwischen 1963 und 1976 verliert sie jedoch mehr als 20 Prozentpunkte. Die zweite Zeitreihe fragt indirekt nach der Legitimität der Ehe – über den Wunsch nach einer Scheidungserleichterung. „Soll die Ehescheidung möglichst leicht gemacht werden oder möglichst schwer gemacht werden, oder sollen Ehen überhaupt unlösbar sein?" 1953 wollten 13% der Bevölkerung die Ehescheidung möglichst leicht machen. 1976 aber – vor dem Inkrafttreten des Zerrüttungsprinzips in § 1565 BGB am 1.7.1977 also – schon 31% (siehe M 66, Spalte 12). Der entscheidende Wandel liegt hier – wie eine leicht abgewandelte Frage zeigt, deren Ergebnisse in der Tabelle kursiv gesetzt sind – zwischen 1966 und 1969. Beide Fragen zeigen also einen deutlichen Legitimitätsverlust der Ehe gegen Ende der 60er-Jahre.

(Heiner Meulemann [= M 61], S. 125–129)

Beschreiben Sie, an welchen messbaren Verhaltensweisen und Einstellungen der Rückgang von Akzeptanz gemessen wurde (vgl. M 66). Worin liegen Gemeinsamkeiten, worin Unterschiede von „Religiosität" und „Moralität"? In welchem der beiden Akzeptanzbereiche ist die Entwicklung zugleich am deutlichsten wie am kontinuierlichsten verlaufen (vgl. M 66, Spalte 11/12)?

M 70 Wertewandlungen als Wertwandel: Synopse der Trends

Die dargestellten Entwicklungen waren auf unterschiedliche Werte mit Indizes gerichtet, die auf unterschiedlichen Abstraktionsebenen lagen: Die Entwicklungen bezogen sich auf Gleichheit, Leistung, Mitbestimmung und Akzeptanz; sie wurden aus Meinungen, Einstellungen und Verhaltensweisen erschlossen. Keine dieser Messungen bezog sich unmittelbar auf Werte. Das ist kein Mangel der Instrumente, sondern liegt in der Sache begründet. Werte als solche sind nicht fassbar, sondern nur Wertentscheidungen, die sich in Handlungen oder Äußerungen niederschlagen. Solange Werte nicht expliziert werden, sind sie viel diffuser, sobald sie expliziert sind, viel differenzierter als die Instrumente, mit denen sie methodisch erfasst werden sollen. Wie im sozialen Alltag sind Werte auch in der sozialwissenschaftlichen Forschung Schemata, mit denen sich Reden und Taten einheitlich interpretieren lassen. Aufgabe ist es daher jetzt, eine einheitliche Interpretation für eine Reihe von Meinungen, Einstellungen und Verhaltensweisen aus unterschiedlichen Sachbereichen zu finden und die zeitlichen Schwankungen dieser Indizes als eine einzige Entwicklung zu sehen. Mit einem Satz: Aufgabe ist es, die Wertewandlungen als Wertwandel zu verstehen.

In jeder der Zeitreihen aus der Tabelle auf Seite 135f. kann man eine Periode relativer Konstanz zwischen 1950 und den frühen 60er-Jahren, einen akuten Wandel in den späten 60er- und frühen 70er-Jahren und eine zweite Periode relativer Konstanz seit dem späten 70er-Jahren entdecken. Zeitlich gesehen können alle Wertewandlungen in einem Wertwandel erfasst werden, in dem Konstanz, Umbruch und Wiederverfestigung aufeinander folgen. Wenn man nun diese bemerkenswerte Gleichzeitigkeit der Entwicklungen akzeptiert, bleibt die Frage, was sich gewandelt hat. Von den vier untersuchten Werten hat nur einer – Gleichheit – sich nicht gewandelt. Wie können die Wandlungen von Leistung, Mitbestimmung und Akzeptanz auf einen Nenner gebracht werden? Um den folgenden Versuch einer Antwort zu veranschaulichen, ist eine Zeitreihe für jeden Wert aus Tabelle M 66 noch einmal in Abbildung 1 dargestellt. Mitbestimmung ist dabei durch zwei Reihen vertreten, eine für politische Teilhabe und eine für Egalitarismus* in der Erziehung.

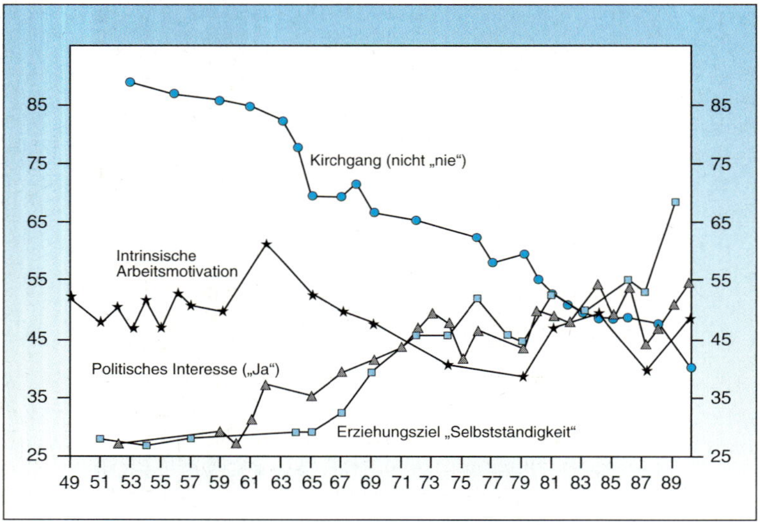

Abb. 1: Leistung, Mitbestimmung, Akzeptanz: Synopse der wichtigsten Trends 1949–1990

Auf der Suche nach Lebenssinn in Beruf, Familie und Politik

Nehmen wir zum Ausgangspunkt, dass der Wert Akzeptanz in der Bevölkerung zurückgeht, wie es der rückläufige Kirchgang in Abb. 1 zeigt. Akzeptanz kann insofern als fundamentaler Wert angesehen werden, als sie nicht auf spezifische strukturelle Bedingungen einer Gesellschaft, sondern auf die Voraussetzungen des menschlichen Lebens und des sozialen Zusammenlebens überhaupt antwortet. Akzeptanz ist die Voreinstellung der Person, die Vorgaben von Institutionen hierzu als selbstverständlich zu übernehmen. Ein Rückgang von Akzeptanz muss die Anforderungen an das Individuum steigern, auf eigene Faust Lebenssinn zu finden. Dabei geht es nicht darum, eine intellektuell stichhaltige Lösung zu finden, sondern ein – weitgehend implizites – Selbstverständnis, das im Alltag trägt. Das entscheidende Problem ist, dass Lebenssinn nicht mehr als Traditionsgut übernommen werden kann, sondern in einer glaubhaften Weise geschaffen werden muss. Wo kann das Individuum nun Werte, also Vorstellungen des Wünschbaren finden, wenn sie ihm nicht mehr selbstverständlich mitgegeben werden?

Als Erstes bietet sich an, in der *Berufsarbeit* und im beruflichen Erfolg Ruhe vor dem Problem zu finden. Berufliche Tätigkeit und beruflicher Erfolg können um ihrer selbst willen als wünschbar angesehen werden, unabhängig von der Einsicht in die Notwendigkeit der Arbeit und unabhängig vom materiellen Ertrag der Arbeit. Aber wie das

(Zeichnung: Jan Tomaschoff/CCC)

Schwinden einer intrinsischen* Arbeitsmotivation in Abbildung 1 zeigt, geht die Bewertung von Arbeit als Leistung zurück. Ob tatsächlich nachlässiger und mit weniger Hingabe gearbeitet wird oder nicht, ist dabei – wie in M 67b gezeigt – nicht ausgemacht. Es ist auch gar nicht bedeutsam; entscheidend ist, dass Arbeit immer weniger als Selbstzweck und damit immer weniger als möglicher Lebenssinn gesehen wird. Es wäre durchaus denkbar, dass man seine Pflicht treu erfüllt, ohne die Pflichterfüllung im geringsten als persönlichen Lebenssinn zu betrachten. Wenn nun Akzeptanz zurückgeht und Leistung nicht als ein Weg, Lebenssinn zu finden, gewählt wird, so bleiben noch zwei andere Wege offen: die Identifikation mit der Familie und die Teilhabe an der Politik: Sinn kann im privaten oder im öffentlichen Leben gesucht werden.

Identifikation mit der *Familie* heißt, für die Kinder leben und arbeiten; auch wenn dies nur eine Verschiebung des Problems sein sollte, so ist es doch eine sehr wirksame und langfristig gültige Verschiebung. Die wachsende Bedeutung des Erziehungsziels Selbstständigkeit in Abbildung 1 verweist auf die wachsende Bedeutung der Familie als einer Quelle von Lebenssinn. Auch hier ist es wiederum nicht wichtig, ob tatsächlich mehr auf Selbstständigkeit und weniger auf Ordnung hin erzogen wird; wichtig ist vielmehr, dass sich die Idee durchgesetzt hat, dass in einem bewussten und wissenschaftlichen Stil erzogen werden sollte. Naive, auf den Vollzug der Erziehung gerichtete Ziele werden durch die Person des Kindes betonende, stärker wissenschaftlich begründete Erziehungsziele abgelöst. Eine solche Rationalisierung der Erziehung schließt Liebe und Intimität keineswegs aus, sondern als wissenschaftlich begründete Methodik und wissenschaftlich legitimiertes Ziel geradezu ein. Noch allgemeiner steht das Anwachsen des Erziehungsziels Selbstständigkeit für ein gestiegenes, von Psychologie und Soziologie angeleitetes Interesse an der Regelung familialer Beziehungen, das unmittelbar als Reaktion auf die nachlassende Selbstverständlichkeit von Institutionen, auf schwindende Akzeptanz verstanden werden kann.

Teilhabe an der *Politik* heißt, zugespitzt formuliert, für größere Gemeinschaften in einer selbstbezogenen Form leben. Sich in einem breiteren Horizont zu bewegen und auf Geschehnisse weit entfernt vom privaten Alltag Einfluss zu haben – solche Gefühle können eine Orientierung auch für das persönliche Leben geben. Das Anwachsen des politischen Interesses in Abb. 1 verweist auf die wachsende Bedeutung der Politik als einer Quelle von Lebenssinn. Auch hier wiederum deutet dieses Anwachsen nicht notwendig auf ein Anwachsen realer politischer Einflussnahme, sondern viel eher auf eine neue Sichtweise auf die Politik. Während die politische Realität früher selbstverständlich hingenommen wurde, gelten politisches Interesse und Engagement heute als eine Chance persönlicher Selbstverwirklichung. Und weil diese neue Sichtweise sich auf die Ideale der Aktivität und der Teilhabe beruft, kann sie wiederum als eine Reaktion auf schwindende Akzeptanz verstanden werden. [...]

*Wertwandel als zweite Säkularisierung**

Der Wertwandel hinter den Wertewandlungen kann nun in zwei Sätzen zusammengefasst werden: Erstens: Der Rückgang von Akzeptanz bedeutet, dass Lebenssinn nicht mehr von Institutionen übernommen werden kann, sondern in einer alltäglichen tragfähigen Form geschaffen werden muss. Zweitens: Da Lebenssinn in beruflicher Leistung nicht mehr gefunden wird, wird er in der Mitbestimmung gesucht – sei es im Familienleben, das nach dem Muster öffentlicher Lebensbereiche gedeutet wird, sei es in politischer Teilhabe, die als Teil des privaten Alltags gilt. Dieser Wertwandel kann als eine Art zweiter Säkularisierung* verstanden werden, die auf die Säkularisierung des 19. Jahrhunderts folgt und deren soziale Basis erweitert. Während die erste Säkularisierung in elitären* Segmenten der Bevölkerung religiöse Motive auf die Berufsarbeit umgelenkt hat (vgl. M 21), ist die zweite Säkularisierung durch eine gleichzeitige Abwertung religiöser und beruflicher Motive in der breiten Bevölkerung charakterisiert. Dieser neuerliche *Verlust der Religion an sozialer Verbindlichkeit* kann nicht mehr auf die gleiche Weise wie zuvor kompensiert werden; er trifft auf eine breitere soziale Basis und fordert andere Lösungen heraus. Aus diesem Grunde ist der Rückgang von Akzeptanz in den 60er-Jahren von einem Rückgang beruflicher Leistungswerte begleitet und durch einen Anstieg der Mitbestimmung kompensiert. Pointiert gesagt: Was die Religion nicht mehr bietet, wird nicht im Beruf, sondern in der Freizeit gesucht.

Wenn man – wie hier skizziert – den Wertwandel in der Bundesrepublik der 60er-Jahre als Säkularisierung versteht, dann lässt sich eine strukturelle Entwicklung finden, die den Wertwandel *ausgelöst und begleitet* haben kann: die Ausweitung der Chancen kultureller Teilhabe, die *Expansion des Bildungswesens* auf der einen, die *Durchsetzung der Massenmedien* auf der anderen Seite. Jede dieser beiden Entwicklungen berührt die Werte des Menschen: Jede verändert die Deutung, die dem privaten und dem sozialen Leben gegeben wird; jede verändert die Vorstellungen des Wünschbaren. Beide Entwicklungen gemeinsam haben vermutlich zu der *Entwertung von Institutionen* auf der einen Seite, der *Aufwertung von Mitbestimmung* auf der anderen Seite beigetragen, die sich als eine neuerliche Säkularisierung verstehen lassen. Beide Entwicklungen haben in der Bundesrepublik etwa gleichzeitig stattgefunden: Die Schülerzahlen steigen seit Beginn der Sechzigerjahre (vgl. M 24 a/b, S. 52), das Fernsehen ist etwa ab 1965 in fast allen Haushalten zu finden (vgl. M 23, Abb. 5 a, S. 50). Die beiden Entwicklungen kennzeichnen zwar jede westeuropäische Industrienation, aber ihre Gleichzeitigkeit ist nicht überall gegeben, z.B. nicht in den USA, wo das Fernsehen sich schon in den Fünfzigerjahren durchgesetzt hat, die Bildungsexpansion aber in den Sechzigerjahren stattfand. Die Gleichzeitigkeit beider Entwicklungen ist jedoch für eine Erklärung des Wertwandels sehr bedeutsam: Es gibt keine zwingenden Gründe, dass beide Entwicklungen zusammentreffen. Aber ihr Zusammentreffen kann ihre Kraft als Auslöser des Wertewandels verstärkt haben und Besonderheiten der deutschen Entwicklung erklären.

(Heiner Meulemann [= M 61], S. 130–134; Abb. 1: S. 131)

M 70 versucht die verschiedenen Trends des Wertewandels 1949–1990 in einem theoretischen Erklärungsmodell miteinander zu verknüpfen (zum Theorie-Begriff s. S. 96). Zeichnen Sie den Gedankengang des Autors im Einzelnen nach und erörtern Sie, inwieweit sich der beschriebene Wertewandel auf den Nenner „Säkularisierung durch Expansion des Bildungswesens und der Massenmedien" bringen lässt.

M 71a Akzeptanz moralischer Gebote in West- und Ostdeutschland 1990–1995: Verurteilung der Übertretungen in %

	Ausgangswerte in %							Differenzen				
	West				Ost			O-W			West	
	81	90	94	95	90	94	95	90	94	95	81–90	90–94
Werte: Ehe und Familie												
Geschlechtsbeziehungen zwischen Minderjährigen	73	66	60		83	73		17	13		–6	–6
Außereheliches Verhältnis	73	64	59		76	58		12	–1		–9	–5
Prostitution	58	48	38		66	49		18	11		–10	–10
Homosexualität	60	42	35		52	33		10	–2		–18	–7
sich scheiden lassen	33	21	16		27	14		6	–2		–12	–5
Werte: fremdes Leben												
Abtreibung	51	39	40		33	21		–6	–19		–12	–1
Mord aus polit. Gründen	94	87	90		94	95		7	5		–7	–3
in Notwehr töten	46	31	27		41	30		10	3		–15	–4
Werte: eigenes Leben												
Euthanasie	49	47	32		51	34		4	2		–2	–5
Selbstmord	70	55	51		70	52		15	1		–15	–4
Regel der Reziprozität*												
Schwarzfahren	80	78	78	75	93	85	80	16	7	5	–2	0
Steuern hinterziehen	76	68	67	63	88	72	63	20	5	0	–8	–1
Gefundenes Geld behalten	73	62	52	55	69	51	53	7	–1	–2	–11	–10
Für d. eig. Vorteil lügen	65	56	45	44	69	47	43	13	2	–1	–9	–11
Missbrauch v. Sozialleistungen	86	83	88		91	88		8	0		–3	–5

Frage: Könnten Sie mir bitte für jeden der folgenden Punkte sagen, ob Sie das in jedem Fall für in Ordnung halten, oder unter keinen Umständen, oder irgendwo dazwischen? Dargestellt sind die Prozentsätze für die Wahlen von 0–3 auf einer 11-stufigen Skala, die dem Pol „auf keinen Fall" nahe waren. – Vorgaben teilweise abgekürzt.

Quelle: Institut für Demoskopie 1995: 64–70

(Heiner Meulemann [= M 61], S. 361)

1 *M 71 beruht auf Befragungen, die 1981, 1990 und 1994 bzw. 1995 in Westdeutschland sowie 1990 und 1994/95 in Ostdeutschland durchgeführt wurden und sich insgesamt dem Wertebereich „Akzeptanz" (vgl. M 69) zuordnen lassen. Analysieren Sie die Daten im Hinblick auf*

- *die Veränderungen in Westdeutschland (Richtung, Tempo und Ausmaß nach einzelnen moralischen Geboten und Wertbereichen)*
- *die Entwicklung in Ostdeutschland, auch im Vergleich zu Westdeutschland.*

Könnte man sagen, dass der Osten 1990 fast in allen Bereichen (Ausnahmen?) strenger wertete als der Westen, sich aber bis 1994/95 weitgehend angeglichen hat?

2 *Diskutieren Sie die Veränderungen bei ausgewählten Geboten: Bewerten Sie den Wandel eher positiv oder eher negativ (als „Werteverlust") ? Woher nehmen Sie Ihre eigenen Wertmaßstäbe? Wie lassen sich einzelne sehr deutliche Veränderungen (z.B. bei Homosexualität, Euthanasie) Ihrer Meinung nach erklären (vgl. dazu auch den in M 70 wiedergegebenen Erklärungsansatz, Stichwort: Säkularisierung*)?*

M 71b Werte in der neuen Bundesrepublik

Ähnlich wie zur „Akzeptanz moralischer Gebote“ (M 71 a; vgl. M 69) liegen auch zu den Werten Gleichheit, Leistung, Mitbestimmung, Egalitarismus* in der Erziehung und Religiosität Befragungsergebnisse für die beiden Landesteile nach der Vereinigung (1990–1994/95) vor. Sie geben interessante und überraschende Hinweise auf die Beantwortung der Frage, wie weit sich die Deutschen in Ost und West im Sinne einer Entwicklung zur „inneren Einheit“ einander angenähert haben. Der folgende Text fasst die Ergebnisse dieser Untersuchungen knapp zusammen.

Gleichheit: Ostdeutsche Skepsis verstärkt sich

West- und Ostdeutsche rücken auf zwei miteinander sachlich und semantisch verwandten Dimensionen der *Gleichheit* voneinander ab: Die Ostdeutschen sehen die Ungleichheit zwischen Individuen zunehmend skeptischer und sie bauen zunehmend mehr auf staatliche Vorsorge als auf eigene Verantwortung. Nach dem Ende eines paternalistischen* Staats bleibt die Haltung des Etatismus* nicht nur bestehen, sondern verstärkt sich. [...] Die DDR propagierte die Ergebnisgleichheit* und diskreditierte die Chancengleichheit. In der Transformation Ostdeutschlands ist aber die Realität der Chancengleichheit rauer als in der Normalität Westdeutschlands, sodass die Ostdeutschen lieber zu den alten Lehren Zuflucht nehmen als die neuen zu beherzigen. [...] Erst wenn die realen Verhältnisse die Verheißungen der Chancengleichheit auch in Ostdeutschland glaubwürdig machen, können die Ostdeutschen aus diesem Zirkel ausbrechen. Erst langfristig können daher im Osten die neuen Verfassungselemente Pluralismus und Markt und die Herausforderungen des Wandels der Chancengleichheit und der Selbstentfaltung stärkere Geltung verschaffen.

Leistung: Zunehmende Distanzierung

Zum Wort *Leistung* laufen die Tendenzen für die Perspektive auf das soziale und das persönliche Leben einander entgegen. Als Perspektive auf das *soziale* Leben nähern sich die Vorstellungen zuerst an, um sich dann zu distanzieren: Der Glaube an die Rechtfertigung sozialer Ungleichheit durch Leistung bleibt im Westen konstant; er ist im Osten 1990 stärker und nach 1992 aber schwächer als im Westen. Die erwartete Annäherung endet in einer unerwarteten Distanzierung. Als Perspektive auf das *persönliche* Leben überhaupt bleibt die Distanz konstant: Den Westdeutschen ist das Leben konstant seltener „eine Aufgabe“, „Fleiß und Ehrgeiz“ konstant seltener eine Lebensmaxime und „Leistung“ konstant seltener ein wichtiges Erziehungsziel als den Ostdeutschen. Als Perspektive auf das persönliche Leben im Beruf bleibt eine Distanz konstant oder wächst sogar: Den Westdeutschen ist die „Arbeit für das Wohlbefinden“ konstant seltener wichtig; die Distanz wächst bei der Präferenz der Arbeit vor der Freizeit, beim Glauben an die „Arbeit als die wichtigste Tätigkeit des Menschen“ und bei der Wertschätzung des Berufs jenseits des Geldes. Lediglich die Wichtigkeit des „Erfolgs im Beruf“ bleibt im Westen konstant und lässt im Osten nach. [...]

Wie der rückläufige Glaube an die Rechtfertigung von Ungleichheit durch Leistung kann auch die rückläufige Bedeutung des beruflichen Erfolgs enttäuschte Erfahrungen der Ostdeutschen nach der Wende spiegeln. Aber abgesehen von dieser Zeitreihe, beherrschen Distanzierung und Konstanz die Entwicklung von Leistung als einer Perspektive auf das persönliche Leben. Kurzum: Der Osten passt zwar seinen Glauben an Leistung als Rechtfertigung sozialer Ungleichheit dem Westen an, aber vergrößert seinen Vorsprung in der Identifikation mit Leistung als Motor des persönlichen Lebens. Statt auf die erwartete Annäherung deutet die durchschnittliche Tendenz des Werts Leistung auf eine Distanzierung der beiden Landesteile.

Mitbestimmung: Antrieb zum politischen Handeln im Osten geringer

Zum Wert der *Teilhabe an der Politik* ergaben sich unerwartete Übereinstimmungen nach der Wiedervereinigung der beiden Teilstaaten. [...]
Nach der Wiedervereinigung in beiden Landesteilen etwa gleich stark sind das politische Interesse, die Wichtigkeit des politischen Einflusses, die Wichtigkeit des politischen Engagements und die Identifikation mit der Demokratie. Aber nur beim politischen Interesse, das im Ausnahmejahr 1990 in der DDR sogar größer war als in der alten Bundesrepublik, und der Identifikation mit der Demokratie hat die Übereinstimmung Bestand. [...]
Die Wichtigkeit des politischen Einflusses und die Wichtigkeit des politischen Engagements für das persönliche Leben jedoch bleiben im Westen konstant, während sie im Osten abfallen, sodass die beiden Landesteile sich wieder voneinander entfernen. Auf diesen beiden Dimensionen, die die Bereitschaft zur politischen Teilhabe erfassen, hat offenbar die besondere Situation der Vereinigung bei den Ostdeutschen zu einer besonderen, aber nicht beständigen Begeisterung geführt. [...]
Überblickt man die Entwicklungen zur politischen Teilhabe, so finden sich drei Tendenzen: Konstanz der Übereinstimmung beim politischen Interesse und der Identifikation mit der Demokratie, Erosion* der anfänglichen Übereinstimmung bei der Wichtigkeit des politischen Einflusses und Engagements für das persönliche Leben, Konstanz der Distanz beim Vertrauen in die Demokratie und den Wertansprüchen an die Politik. Die Basis der politischen Teilhabe im Privaten ist und bleibt in beiden Landesteilen gleich – wie die erste Tendenz zeigt; aber je mehr sich die Werthaltungen dem Handeln nähern, desto eher erodieren sie im Osten – wie die zweite und dritte Tendenz zeigen. [...]
Die Gleichheit der motivationalen und kognitiven Basis politischer Teilhabe im Privaten bleibt konstant; die Differenz der Antriebe zum Handeln in der Öffentlichkeit wächst. Von der konstanten Gleichheit abgesehen, deutet die durchschnittliche Tendenz auch bei der politischen Teilhabe auf eine Distanzierung der beiden Landesteile.

Egalitarismus in der Erziehung: Tendenz zur Distanzierung

Zum Wert des *Egalitarismus* im Privatleben* liegen für den Egalitarismus der Geschlechter keine Zeitreihen vor, sodass das vermutete Überdauern des Systemeffekts nicht überprüft werden kann. Für die Generationsbeziehung kann die vermutete Annäherung jedoch an drei Zeitreihen verfolgt werden: Wenn Erziehungsziele unabhängig voneinander eingeschätzt werden können, betonen die Ostdeutschen zunehmend stärker Konventions-Werte; wenn zwischen Erziehungszielen gewählt werden muss, entscheiden sich die Westdeutschen zunehmend häufiger für Autonomie-Werte als die Ostdeutschen – im Hinblick auf die Familie wie die Schule. Statt der erwarteten Annäherung findet sich eine Distanzierung; sie ergibt sich bei beiden Zeitreihen zu Autonomie-Zielen daraus, dass der Osten sich von einem konstanten Westen entfernt. Kurzum: Auch für die Werte des Egalitarismus im Privatleben ist die nicht nur durchschnittliche, sondern einhellige Tendenz eine Distanzierung zwischen den Landesteilen.

Religiosität: Zunehmende Schrumpfung im Osten

Zur *Religiosität* dominieren Prozesse der Distanzierung: Die christliche Religiosität beider Landesteile bewegt sich auf allen, die diffuse* auf fast allen Zeitreihen auseinander; wenn man die Zustimmung zur Fristenregelung des Schwangerschaftsabbruchs als Indikator der Religiosität nimmt, kommt ein weiterer Distanzierungsprozess hinzu. Auch zur Religiosität ist die nahezu einhellige Tendenz also eine Distanzierung zwischen den Landesteilen.
Zur christlichen Religiosität allein ist die Distanzierung jedoch ganz und gar einhellig. Das ist überraschend und verlangt eine Erklärung. Ein Staat, der eine säkulare* Utopie verwirklichen wollte, musste den „fremden Gott“ des Christentums an den Rand des Wissens

und Handelns der Bevölkerung drängen; tatsächlich hat die SED nach innen ihre Macht mit dem gewonnenen Kirchenkampf etabliert. Nach dem Zerfall der Macht der SED und dem Ende der DDR hätte man daher ein Wiederaufleben der christlichen Religiosität erwarten können. Statt dessen überlebt die Säkularisierung nicht nur als ein funktionales Residuum* der alten Machtverhältnisse, sondern verstärkt sich: Der erzwungenen Säkularisierung der DDR folgt eine freiwillige Säkularisierung in Ostdeutschland.
Vielleicht hat das Ende der Opposition gegen den alten Staat den Kirchen Sympathie entzogen und den Anfang der Unterstützung der Kirchen durch den neuen Staat ihnen Antipathie geschaffen. So lässt sich die wachsende Differenz vor allem der Kirchenmitgliedschaft und des Kirchgangs, indirekt aber auch noch der Betpraxis, des Gottesglaubens, des religiösen Selbstverständnisses und der Alltagsbedeutung des Glaubens als „Trost und Kraft“ verstehen; so wird schließlich auch die wachsende Distanz in der Zustimmung zur Fristenregelung des Schwangerschaftsabbruchs verständlich, die von den Kirchen bekämpft wurde. Aber die Unpopularität eines Rollenwechsels der Kirchen aus der Opposition gegen den Staat in die Kooperation mit dem Staat allein kann die Distanzierung nicht erklären. Denn auch die diffuse* Religiosität entwickelt sich in beiden Landesteilen überwiegend auseinander. Die erzwungene Säkularisierung hat die Religiosität nicht in diffuse Formen abgedrängt, sondern sich auf diffuse Formen übertragen. Das Ende der DDR hat für die diffuse Religiosität die gleiche Folge wie für die christliche: Sie lebt nicht wieder auf, sondern schrumpft weiter. Der Rückgang der christlichen und diffusen Religiosität (vgl. M 78c, S. 168) kann seine Ursache nicht in der – zu Recht oder Unrecht – negativen Wahrnehmung der Kirchen haben; er muss auch positiv aus dem religiösen Denken der Bevölkerung motiviert sein.

(Heiner Meulemann [= M 61], S. 372–377)

M 71c

Ergebnisse zu Wertunterschieden und Prognosen für Wertangleichungen zwischen West- und Ostdeutschland

Wert: Aspekte	Ergebnisse	Prognose für West	Prognose für Ost
Gleichheit der Chancen	W	⇒	⇑
Leistung	O	⇒	⇓
Mitbestimmung			
Teilhabe an der Politik	W	⇒	⇑
Egalitäre Erziehung	W	⇒	⇑
Egalitäre Partnerschaft	O	⇑	⇒
Akzeptanz			
Religiosität	W	⇓	⇒
Moralität	O	⇒	⇓

W stärker im Westen O stärker im Osten
⇑ Anstieg ⇓ Rückgang ⇒ Konstanz

Überblickt man die vermuteten Wege der Annäherung, so ist nicht zu übersehen, dass der Osten stärker auf den Westen als der Westen auf den Osten zukommen sollte. Das ergibt sich aus der Basis der Prognosen, der wachsenden Erfahrung des Ostens mit der heute gemeinsamen, aber dem Westen schon lange vertrauten Sozialverfassung. Nur dort, wo die DDR Systemeffekte geschaffen hat, beim Egalitarismus der Partnerschaft, der Religiosität und der Moralität, kommt für den Westen die Möglichkeit der Anpassung auf. Nur dort, wo die Systemeffekte die Wiedervereinigung überdauern, könnte diese Möglichkeit auch Realität werden: beim Egalitarismus der Partnerschaft und der Religiosität. Bei allen übrigen Werten, insbesondere bei dem für moderne Industriegesellschaften zentralen Wertepaar Gleichheit und Leistung und bei der Teilhabe in der Politik, sollte sich der Osten dem Westen anpassen.

(Heiner Meulemann [= M 61], S. 394)

1 *Fertigen Sie eine Übersicht an, in der Sie – nach eingehender, das Verständnis sichernder Bearbeitung der einzelnen Textteile – die Entwicklung im vereinten Deutschland zu den einzelnen Werten stichwortartig festhalten. Zum Verständnis der einzelnen Wertbegriffe und der Entwicklung bis 1990 in Westdeutschland können Sie ggf. auf M 66 – M 69 zurückgreifen (M 71 b).*

2 *Das überraschende/enttäuschende Ergebnis der Untersuchungen, auf die der Text Bezug nimmt, lässt sich in der Weise zusammenfassen, dass im Vergleich zur Ausgangsposition in allen Bereichen eher eine weitere Distanzierung als eine Annäherung zwischen den beiden Landesteilen stattgefunden hat. Stellen Sie fest, nach welchem der folgenden alternativen Muster sich dieser Prozess vollzogen hat:*
– Distanzierende Entwicklung in beiden Landesteilen
– Konstanz im Westen, Distanzierung im Osten
– Distanzierung im Westen, Konstanz im Osten

3 *M 71 c fasst schematisch die Prognosen zusammen, die der Autor von M 71 b zur zukünftigen Entwicklung der Wertorientierungen in beiden Landesteilen stellt und deren Begründungen wir hier nicht ausführlich darstellen können. Achten Sie bei der Analyse auf die Anlage dieser Tabelle und formulieren Sie das Ergebnis in klaren Sätzen (Beispiel: Der Wert Religiosität war 1995 im Westen stärker ausgeprägt als im Osten; in Zukunft wird er im Westen an Bedeutung verlieren, im Osten wird er auf dem niedrigeren Niveau bleiben. Ergebnis: Anpassung auf niedrigem Niveau; vgl. dazu M 78c, S. 168). Überprüfen Sie, inwieweit in den verschiedenen Wertbereichen Angleichungen prognostiziert werden (vgl. auch den kurzen Text zur Tabelle.)*

4. Was ist dran, an der „Ego-Gesellschaft“?

Typisierungen von Gesellschaft gibt es in großer Zahl (s. den ersten Abschnitt von Kap. V, S. 170ff.). Die Rede von der „Ego-Gesellschaft“ (vgl. den SPIEGEL-Titel vom 30.5.1994) meint, dass immer mehr (vor allem jüngere) Menschen in ihren Einstellungen und ihrem Verhalten nur ihr eigenes materialistisches* Interesse im Auge haben und die Orientierung am Gemeinwohl und am Prinzip der Solidarität mehr und mehr verloren geht, wenn „jeder für sich und gegen alle“ (so der Untertitel eines 1994 erschienenen Buches zur „Ego-Gesellschaft“) handelt.
Wir wollen uns mit der These von der „Ego-Gesellschaft“ in zwei Schritten auseinander setzen. Im ersten Teil wird im Anschluss an einen Auszug aus dem SPIEGEL-Artikel die Kontroverse zu einem ZEIT-Artikel des Münchener Soziologen Ulrich Beck dokumentiert, in dem sich Beck mit scharfen Worten gegen die Klage über den Freiheitsdrang und die angebliche Ich-Bezogenheit

(DER SPIEGEL Nr. 22 v. 30.5.1994)

der heutigen Jugend wandte. Im zweiten Abschnitt werden die Ergebnisse der empirischen Untersuchungen der z. Zt. wohl bedeutendsten Wertewandelsforschung wiedergegeben: der Speyerer „Wertetypenforschung“ (Helmut Klages, Thomas Gensicke), welche die Verbreitung bestimmter typischer Wertorientierungen insbesondere bei Jugendlichen in den 90er-Jahren untersucht hat.

M 72 Der „Tanz ums goldene Selbst“

Wandeln sich die Deutschen von einer Solidargemeinschaft zu einer Gesellschaft von Egoisten? Politiker, Soziologen und Psychologen beobachten einen Verfall des Gemeinsinns und die ungenierte Hinwendung zur Bedürfnisbefriedigung um fast jeden Preis: „Erfülle deine Wünsche. Egal, wer darunter zu leiden hat.“

Wenn er ausnahmsweise mal die Kanzlei verlässt und auf einen Kaffee nach draußen geht, will er nicht von „irgendwelchen Pennern“ gestört werden. Da sitzt er dann. Walkman im Ohr, die *Frankfurter Allgemeine* auf dem Schoß, und blickt nur manchmal auf, um einem hübschen Mädchen, am besten Typ Cindy Crawford, kurz zuzublinzeln. Christian Wolff, 32, Anwalt in einer Großkanzlei, tut einiges, um für einen Gewinner gehalten zu werden.

Er verdient gut, arbeitet hart und sieht seine Freundin, eine Modedesignerin, nur am Wochenende. Darüber ist er ganz froh, die lockere Beziehung gibt ihm das Gefühl, nicht festgelegt zu sein.

Den Urlaub verbringt der Oberstleutnant der Reserve bei den Übungen der Bundeswehr. Ansonsten möchte der Mann, der sich selbst als „eher konservativ“ bezeichnet, mit dem Rest der Welt nichts zu tun haben. „Beim Wort Gesellschaft“, sagt er, „fällt mir nur Stehempfang ein.“ [...]

Sylvia Schneider, 35, geht ihren Weg ebenfalls allein. Die Cutterin wohnt seit 15 Jahren in einer Dreizimmerwohnung, die Vorstellung, „irgendwann einmal nach Hause zu kommen, und da sitzt dann mein Mann und schaut Fernsehen“, erschreckt sie.

Manchmal wünscht sich die Hobby-Kampfsportlerin ein Kind, aber eine Familie will sie nicht gründen. Gelegentliche Übernachtungen bei ihrem Freund genügen ihr vollauf. Sich selbst bezeichnet sie als Egoistin, „weil mich weder die anderen noch die Dritte Welt interessieren, sondern nur das, was ich als Nächstes tue“.

Ein paar Exoten? Übrig gebliebene Yuppies, unverbesserliche Narzissten*, für die das Leben [...] bloß aus Konsum, aus Fitness, Schönheit und der Sorge um das eigene Wohl besteht? Oder Repräsentanten einer Gesellschaft von Hedonisten*? [...]

„Erst komme ich und dann lange nichts“ – das Motto der zwei hat sich durchgesetzt. Sie gehören zu der wachsenden Zahl von Deutschen, die mit Begriffen wie „Bürgersinn“ oder „Gemeinwohl“ nichts mehr anfangen können; sie bekennen sich dazu, und sie verändern das psychosoziale Gefüge der Republik: Die zwei Wohlstandsdrittel der Bundesbürger wandeln sich zur Ego-Gesellschaft.

Überkommene Lebensformen, die sich an Klassen und Religionsgemeinschaften, Familie und Geschlechterrollen orientierten, zerfallen. Genormte Biografien werden abgelöst durch hochindividuelle Lebensgestaltungen, in denen Solidarität mit anderen allenfalls eine Nebenrolle spielt. [...]

Die Neigung, sich in Vereinen und Parteien, Kirchen und Gewerkschaften zu engagieren oder ihnen nur beizutreten, sinkt. [...]

„Der Einzelne“, klagt der für die Bundesregierung arbeitende Politologie-Professor Wolfgang Bergsdorf, „versucht sein Selbstverständnis stärker als vor 20 Jahren aus sich heraus zu entwickeln. Dramatisch wurden die Bereitschaft und die Fähigkeit abgebaut, sich zu binden, sich Aufgaben zu stellen, sich Pflichten zu unterwerfen.“ [...]

„Den Tanz ums goldene Selbst“ nennt der Münchner Soziologie-Professor Ulrich Beck diese radikale Ich-Bezogenheit. Hatten die Bundesbürger in den ersten Nachkriegsjahrzehnten vor allem ein glückliches Familienleben, den Bau des Einfamilienhauses, das Auto und die gute Ausbildung für die Kinder im Sinn, so habe heute die Entwicklung der eigenen Fähigkeiten, die Suche nach der persönlichen Identität oberste Priorität. [...]

„Selbstbehauptung und Autonomie sind zur wichtigsten Maxime unserer Gesellschaft ge-

worden“, sagt die Berliner Psychologie-Professorin Eva Jaeggi. Wer sich nicht an sich selbst festhalten könne, der gehe auf Dauer unter.
Im Gegenzug ist Solidarität, das Zauberwort der 70er-Jahre, zu einer Floskel verkommen, die nach dem Zusammenbruch der realsozialistischen Systeme nicht einmal mehr im linken Lager kämpferische Anhänger findet. Und schon gar nicht unter Jugendlichen: „Insbesondere die höher Gebildeten befinden sich auf dem Weg zur Ellenbogen-Gesellschaft“, ermittelte der Gießener Psychoanalytiker Horst-Eberhard Richter. „Sie sind selbstzufriedener, durchsetzungsfähiger, ehrgeiziger und dafür weniger sozialorientiert, als sie es noch vor einem Jahrzehnt waren.“
Das erste Gebot der jungen Generation formulierte der Kölner Werbe-Experte Willi Schalk bei einem Vortrag über die Konsumtrends der Zukunft: „Nimm deine eigenen Bedürfnisse wichtiger als alles andere, und erfülle deine Wünsche konsequent. Egal, wer darunter zu leiden hat. Hauptsache, du entbehrst nichts.“ Greif zu, wickel es aus, schieb es in den Mund und erfahre das Glück: „Ich & mein Magnum‘. So wirbt Langnese jetzt für ein Speiseeis.

(DER SPIEGEL Nr. 22 v. 30.5.1994, S. 58–61)

1 *Stellen Sie aus dem SPIEGEL-Bericht (Auszug; M 72) gegenüber:*
- *alle Begriffe, mit denen die „Ego-Gesellschaft“ charakterisiert wird,*
- *alle Begriffe, mit denen die in der Sicht des SPIEGEL verloren gegangene Orientierung am „Gemeinwohl“ skizziert wird. Welches Bild ergibt sich?*

2 *Untersuchen Sie, worauf die Aussagen des SPIEGEL-Berichts basieren. Auf welche Fakten, Entwicklungen, Aussagen von Wissenschaftlern usw. weist er hin? Welche konkreten Belege werden für die einzelnen Aussagen angeführt?*

„Individualismus für alle?“ – Eine Kontroverse um Ulrich Becks Plädoyer für die „Kinder der Freiheit“

M 73 Ulrich Beck: Die Spaßverderber in der Krise

Ulrich Beck (geb. 1944)
(Foto: Wolfgang Maria Weber/INTERFOTO)

Sind wir eine Gesellschaft von Ichlingen? Fast möchte man dies bejahen, wenn man die populären Schlagworte Entsolidarisierung, Werteverfall, Kultur des Narzissmus*, Egoismus-Falle, Anspruchsdenken oder Hedonismus* Revue passieren lässt. Franz Kamphaus, Bischof von Limburg, schreibt etwa: „Mit jeder Bewegung auf dem unendlichen Spielfeld der Freiheit gehen Krisen von Beziehungen einher. Aufkündigungen von Loyalitäten*, Risse in Traditionsketten. [...] Lebt der Mensch, der seine Freiheit ausleben will, am Ende sich selber aus? Gehen moderne Gesellschaften an ihrer Atomisierung zugrunde, an Solidaritätserschöpfung?“ [...]
Es gilt, auf eine komplizierte Frage eine einfache, verständliche Antwort zu geben. Die Frage lautet: Was ist die Moderne*? Die Antwort: unter anderem auch politische Freiheit, Citizenship, Bürgergesellschaft*. Die Pointe dieser Antwort lautet, dass Sinn, Moral, Gerechtigkeit keine der modernen Gesellschaft vorgegebenen, gleichsam exterritorialen Größen sind. Ganz im Gegenteil. Die Moderne verfügt über eine eigenständige, lebendige, zugleich uralte und hochaktuelle Sinnquelle: politische Freiheit. Diese aber versiegt durch tätigen Gebrauch nicht, sondern sprudelt um-

so lebhafter. Moderne heißt demnach, dass eine Welt traditioneller Sicherheit zwar untergeht, aber an ihre Stelle tritt, wenn es gut geht, rechtlich sanktionierter* Individualismus für alle.

Wir Deutschen leben nicht in einer Kulturkrise, schon gar nicht erleben wir einen Werteverfall, sondern uns droht etwas sehr viel „Schlimmeres". Unsere Worte der Freiheit beginnen Taten und Alltag zu werden und stellen damit die Grundlagen unseres bisherigen Zusammenlebens in Frage, die auf der Voraussetzung beruhten, dass wir von politischer Freiheit nur reden, nicht aber nach ihr handeln. Die Katastrophe ist also, dass wir mehr und andersartige Freiheit verkraften müssen, als im Bilderbuch der Demokratie vorgesehen ist.

Wir „leiden" also an Freiheit und nicht an einer Krise. Genauer: an den unbeabsichtigten Folgen und Ausdrucksformen von immer mehr Freiheit. Wenn sich diese Andeutung erhärten lässt, dann artikuliert sich in der Rede vom „Werteverfall" etwas anderes, nämlich die Angst vor der Freiheit, wie auch die Angst vor den Kindern der Freiheit, die mit neuartigen, andersartigen Problemen zu kämpfen haben, welche die verinnerlichte Freiheit aufwirft: Wie kann die Sehnsucht nach Selbstbestimmung mit der ebenso wichtigen Sehnsucht nach geteilter Gemeinsamkeit in Einklang gebracht werden? Wie kann man zugleich individualistisch sein und in der Gruppe aufgehen? Wie ließe sich die Vielfalt der Stimmen, in die jeder Einzelne zerfällt in einer unübersichtlichen Welt, zu einer politischen Stellungnahme und Tat, die über den Tag hinaus weist, bündeln?

Die Räume, in denen moralisch verantwortlich gedacht und wahrgenommen wird, werden zum einen kleiner und intensiver – sie umfassen die eigene Nahwelt, und hier steigern sich die Ansprüche ins Unerfüllbare; sie werden zum anderen immer weiträumiger und damit unhandlicher, ja handlungsunzugänglich, zumal Jugendliche bewegt, was Politik weitgehend ausklammert: Wie löst man die globale Umweltzerstörung auf? Wie ist zu verhindern, dass die Dritte Welt gänzlich in Armut abstürzt? Wie kann der Hoffnungstod der Arbeitslosigkeit – der gerade den Kindern des Wohlstands droht – abgewendet, überwunden werden? Wie mit der Aids-Gefahr leben und lieben? Alles Fragen, die mit Fallgeschwindigkeit durch die Raster der großen politischen Organisationen stürzen, mit der Folge, dass die Kinder der Freiheit eine hochpolitische Politikverleugnung üben: Sie hassen Vereine mit ihren Formalismen und ihrem – wie sie es sehen – verschrobenen und verlogenen „selbstlosen" Engagement und praktizieren eine Abstimmung mit den Füßen, deren politische Brisanz schon von den DDR-Oberen unterschätzt wurde: Sie bleiben einfach weg. [...]

Die Jugendlichen haben – endlich – auch etwas für sich entdeckt, mit dem sie die Erwachsenen zur Panik treiben können: Spaß, Spaß-Sport, Spaß-Musik, Spaß-Konsum, Spaß-Leben. Da aber Politik, so wie sie praktiziert und repräsentiert wird, als todsicherer Spaßverderber wirkt, verstehen sich Jugendliche selbst als „unpolitisch". Allerdings sind sie dies auf eine sehr politische Weise: Kinder der Freiheit finden und erkennen sich wieder in einer bunten Rebellion gegen Stumpfsinn und Pflichten, welche ohne Gründe, ohne dass man sich mit ihnen identifizieren kann, ausgeführt werden sollen.

Im Kern haben wir es nicht mit einem Werteverfall, sondern mit einem Werte-Konflikt zu tun, mit zwei in Stil und Inhalt verschiedenartigen Gesellschafts-, Politik- und Demokratiebildern. Diejenigen, die über Werteverfall jammern, sitzen letztlich auf einem gefährlich hohen Ross. Sie reiten auf ihren Grundüberzeugungen herum und beklagen sich über die „undankbare Jugend", die einfach nicht wahrhaben will, wie toll unsere Institutionen(lenker) alles managen.

Viele Jugendliche sehen sich vor völlig veränderte Welt- und Problemlagen gestellt, auf die auch die Erwachsenen und die von ihnen geleiteten Institutionen schon deswegen keine Antwort wissen, weil sie sie weder erfahren haben noch ernst nehmen. Die Gefahr der neuen Vielfalt liegt aber nicht in der angeblichen Unübersichtlichkeit, die dies mit sich bringt; sie liegt vielmehr in der Unfähigkeit der politischen Parteien, Gewerkschaften, Kirchen und Vereine, mit der Vielfalt umzugehen. Für sie alle gilt, den Individualismus nicht länger zu verteufeln, sondern als ein wünschenswertes und unvermeidliches Produkt der demokratischen Entwicklung in Deutschland anzuerkennen. Es ist das westliche Erbe, das sich hier artikuliert. Erst dann lässt sich die Frage danach wirklich aufwerfen, welche politischen Orientierungen und Gestaltungsräume in der individualisierten und globalisierten Gesellschaft der zweiten Moderne entstehen.

Was mich erstaunt und verbittert, ist, dass die konservative Larmoyanz über den angeblichen Verfall der Werte nicht nur grundfalsch

ist, sondern vor allem auch den Blick auf die Quellen und Bewegungen blockiert, aus denen die Bereitschaft zum Anpacken der Zukunftsaufgaben entstehen kann. Was als Werteverfall verteufelt wird, erzeugt Orientierungen, welche diese Gesellschaft – wenn überhaupt – in die Lage versetzen könnte, die Zukunft zu meistern.
Der Grundgedanke liegt darin: Ohne den Ausbau und die Stärkung politischer Freiheit und ihrer Sozialform in der Bürgergesellschaft* läuft in Zukunft gar nichts, zumal Wertewandel und Demokratieakzeptanz Hand in Hand gehen. Zwischen den Selbstentfaltungswerten und dem Ideal der Demokratie besteht eine innere Verwandtschaft. Viele Befunde, die von der Erforschung des Wertewandels erbracht wurden, wie beispielsweise Spontaneität und Freiwilligkeit des politischen Engagements, Abwehr von Formalismen und Hierarchien* oder die Bereitschaft, sich nur dort einzusetzen, wo man Subjekt des Handelns bleibt, kollidieren zwar mit dem Parteiapparat, sind andererseits aber in Formen und Foren der Bürgergesellschaft durchaus sinnvoll.
(Süddeutsche Zeitung v. 5.11.1996, S. 13)

M 74 Kurt Sontheimer: Ulrich Becks grundloses Vertrauen in die „Kinder der Freiheit"

Kurt Sontheimer
(geb. 1928)
(Foto: © Isolde Ohlbaum)

Ulrich Beck, Soziologieprofessor an der Universität München, ist durch sein Buch über die „Risikogesellschaft" rasch berühmt geworden. Sein Begriff „Risikogesellschaft" ist längst in die Alltagssprache eingegangen. Beck traf mit ihm das von der Ökologiebewegung entfachte Empfinden, dass wir in einer zunehmend gefährdeten Welt und Umwelt leben. Dabei ist Ulrich Beck alles andere als ein Konservativer. Was ihn so interessant macht, ist sein unbefangenes Bemühen, für ein neues, wie er meint, zeitgemäßes Verständnis von Gesellschaft und Politik zu plädieren, das den Wünschen und Bedürfnissen der jungen Generation Rechnung trägt, die mit der konventionellen Politik, wie sie in Bonn, München und andernorts betrieben wird, nichts zu schaffen haben will. Er findet es ganz in Ordnung, dass die Jungen sich von jener Politik abwenden und „einfach wegbleiben". [...]
Er will eine neue Demokratie, die den von der jungen Generation vollzogenen Wertewandel zur Grundlage nimmt für den Bau einer „Bürgergesellschaft"*, welche die alte Politik, deren Fehler und Schwächen zutage liegen, ablösen soll. [...]
In seinem Aufsatz im Feuilleton der SZ vom 5. November „Die Spaßverderber in der Krise" polemisiert Ulrich Beck gegen das weit verbreitete zeitgenössische Gejammer über Werteverfall und Werteverlust und stellt *einen* Wert als den für die Demokratie entscheidenden heraus: die politische Freiheit, die sich in der Öffentlichkeit konkretisieren muss.
Nun geht es in der Demokratie in der Tat primär um die Freiheit und die richtige Ordnung der Freiheit. Erstaunlich ist nur, wie Ulrich Beck zu der Behauptung gelangt, bisher sei bei uns von politischer Freiheit nur geredet worden, nicht aber danach gehandelt: erst die junge Generation, die er „Kinder der Freiheit" nennt, sei jetzt im Begriff, aus Worten Taten und ein Alltagsverhalten werden zu lassen. Sie haben die Demokratie „verinnerlicht", wobei allerdings nicht erklärt wird, wie das vor sich geht, was es bedeutet und wie daraus die öffentlich wirksame politische Freiheit werden soll.
Beck konstatiert einen Wertekonflikt, einen Gegensatz zwischen „zwei in Stil und Inhalt verschiedenartigen Gesellschafts-, Politik- und Demokratiebildern". Er schlägt sich ganz auf die Seite seiner Freiheitskinder, denen er ein waches Bewusstsein von veränderten Welt- und Problemlagen attestiert, auf welche die Erwachsenen keine Antwort wüssten. Diese müssten erst noch lernen, mit der von den Jungen praktizierten Vielfalt und dem Individualismus der neuen Freiheit umzugehen. Was als Werteverfall verteufelt werde, bringe just jene „Orientierung" hervor, mit denen sich die Zukunft meistern lässt, und man kön-

ne dabei sogar noch Spaß haben. Die neue Art von Demokratie, die auf den Werten individueller Selbstentfaltung gegründet werden soll und allen institutionellen Festlegungen und Hierarchien den Laufpass gibt, ist ein politikfernes Wunschbild, eine Idealkonstruktion, die mit der sozialen Wirklichkeit, der Realität von sozialen Interessen und den daraus entspringenden Machtauseinandersetzungen nichts zu tun hat und auch nichts gegen sie vermag. Man mag damit den Jungen schmeicheln und sie fatalerweise in ihrer Ablehnung der herrschenden Politik bestärken, aber ein funktionierendes demokratisches Gemeinwesen lässt sich auf der Basis eines Individualismus der Freiheit, der sich nur dort engagiert, „wo man Subjekt des Handelns bleibt", nicht errichten.

Ulrich Beck irrt sich, wenn er meint, in dem Bestreben der Jungen und in seiner eigenen Theorie artikuliere sich „das westliche Erbe". Gewiss gehört zu diesem Erbe das Nachdenken über Freiheit und Demokratie, aber die westliche Tradition – mit Ausnahme des Anarchismus* – hat dem Nutznießer der Freiheit nie den Freibrief ausgestellt, zu tun und zu lassen, was ihm beliebt und Spaß macht. Das westliche Denken hat sich immer wieder der Frage stellen müssen, wie Freiheit und Ordnung vernünftig miteinander kombiniert werden können, wie die politische Freiheit des Einzelnen mit der Freiheit des anderen koexistieren kann, und inwieweit das freie Individuum eine Verantwortung für seine Mitmenschen und die im Staat organisierte Gemeinschaft hat. Weil es in der Tat heute geistige und moralische Tendenzen gibt, die dieses Erbe vernachlässigen, ist es ja zu einer Diskussion über Werteverfall, Mangel an Gemeinsinn und den Missbrauch demokratischer Freiheiten gekommen, gegen die Beck so heftig polemisiert mit dem Ziel, sie der Lächerlichkeit preiszugeben.

Er sollte sich jedoch fragen, ob sein beherztes Eintreten für die Stärkung der politischen Freiheit auf der Basis eines unbeschränkten Individualismus nicht auf eine Einladung zur Anarchie hinausläuft, auf einen individualistischen Liberalismus ohne soziale Verantwortung.

Man muss sich nur vorstellen, wie denn die Jungen mit ihrer neuen Politik jene schwierigen Probleme meistern wollen, deren Ausklammerung sie den Herrschenden zum Vorwurf machen. („Wie löst man die globale Umweltzerstörung auf?" etc.), und man wird rasch erkennen, dass der für notwendig gehaltene Einzug der neuen Politik in unsere Gesellschaft zu einem Debakel führen müsste, das binnen kurzem alle Fehler und Kurzsichtigkeiten der alten Politik in den Schatten stellt. Wir tun gut daran, uns darauf nicht einzulassen.

Ich fürchte, Ulrich Beck hat sich mit seiner unkritischen Sympathie für die politisch nicht angepasste Jugend, für die er eine Art Guru geworden ist, in eine Sackgasse verrannt, die das notwendige vernünftige Wirken für eine freiheitliche Demokratie versperrt, anstatt es zu öffnen. Er ist zum Utopisten geworden.

Nach den historischen Erfahrungen mit den Folgen utopischen Denkens ist dies bestimmt kein Weg, der in eine bessere Zukunft führen kann. Wie man mit der unbestreitbar vorhandenen Politikunlust und dem Freiheitsbegehren der jungen Generation richtig umgeht, dies freilich ist ein weites Feld.

(Süddeutsche Zeitung v. 3.12.1996, S. 13)

1 *Die Kontroverse zwischen dem bekannten Münchener Soziologen Ulrich Beck (zu der von ihm entwickelten „Individualisierungstheorie" s. M 50) und dem Münchener Politikwissenschaftler Kurt Sontheimer knüpft an das in M 72 angesprochene Thema an. Arbeiten Sie die beiden Positionen deutlich heraus und achten Sie dabei auch auf folgende Fragen:*

- *Worüber beklagt sich Ulrich Beck? Was wirft er den Kritikern, die „über Werteverfall jammern", vor?*
- *Wie beschreibt er das theoretische Konzept der „Moderne" (vgl. dazu M 22), aus dem er die Entwicklung zu immer mehr Freiheit ableitet?*
- *Wie interpretiert Beck das schwindende Interesse von Jugendlichen an den traditionellen Formen politischen Engagements? Was wirft er „Parteien, Gewerkschaften, Kirchen und Vereinen" vor?*

- *Beck setzt gegen die etablierten Formen politischen Handelns in Großorganisationen „Formen und Foren der Bürgergesellschaft*", die allerdings nicht näher konkretisiert werden. Wie könnten solche Formen Ihrer Meinung nach aussehen? Wie könnten sie z.B. die Armut in der Dritten Welt oder die Arbeitslosigkeit bekämpfen helfen?*
- *Sontheimer beruft sich in seiner Kritik an Beck auf ein anderes, auf der westlichen Tradition beruhendes Verständnis von Demokratie und Freiheit. Welchen Gesichtspunkt sieht er in Becks „unbeschränktem Individualismus der Freiheit" vernachlässigt? Wozu kann in seiner Sicht „der individualistische Liberalismus" führen?*
- *Sontheimer kritisiert Becks „utopisches Denken". Was meint er damit?*

2 *Nehmen Sie zu der Kontroverse zwischen Beck und Sontheimer Stellung. Achten Sie bei Ihrer Beurteilung der beiden Positionen auch auf Kriterien wie Realitätsbezug und Sachlichkeit der Argumentation.*

M 75 Bischof Kamphaus: Spaß ist keine treffende Kategorie

Bischof Franz Kamphaus
(Foto: dpa/Elsner)

Zum Aufsatz „Die Spaßverderber in der Krise" in der SZ vom 5.11. (M 73):
Weiß leuchtet vor schwarzem Hintergrund am hellsten. Eine These lässt sich am einfachsten aufbauen, indem man die Gegenseite herausstellt. So verwundert es nicht, dass Ulrich Beck in der Einleitung einen katholischen Bischof zu Wort kommen lässt. Kirche und vor allem die Autoritäten gelten vielen als der Prototyp der „Spaßverderber" der Moderne. Dem katholischen Freiheitsskeptiker, der eine moralisch verfallene Gesellschaft von Ichlingen beklagt, wird Tocqueville* entgegengesetzt, der der Freiheit göttliche Qualitäten bescheinigt. Dieses Klischee soll nicht unwidersprochen bleiben.
Es verwundert mich zunächst, dass Beck meine Fragen als Negativfolie für seine These nutzt, obwohl wir einander in den Schlussfolgerungen sehr nahe sind. Ob man von bürgerschaftlichem Engagement spricht oder von der Erfahrung von Gemeinschaft im solidarischen Handeln, Einigkeit besteht darüber, dass die Lösung der Zukunftsfragen nicht vom Beharren in überkommenen bürokratischen Strukturen zu erwarten ist, weder in der Kirche noch in der Gesellschaft. Dass es hinter den erreichten Freiheitsstand des Subjekts auch in der Kirche kein Zurück gibt, hatte ich in dem von Beck zitierten Artikel eigens betont. Glaubwürdigkeit können die Kirche und andere Institutionen nur gewinnen, wenn sie die Angst vor der Freiheit überwinden.
Die Angst vor den Kindern der Freiheit treibt mich nicht um. Ich würde jedoch nicht so schnell wie Beck die Kinder der Freiheit mit der Jugend identifizieren. Kinder der Freiheit sind wir inzwischen alle. Und die Frage, wie man zugleich individuell sein und in der Gruppe leben kann, geht meines Erachtens quer durch die Generationen. Stellen nicht gerade die alten Menschen heute einen hohen Prozentsatz von „Singles", weil sie etwa nach dem Verlust des Partners ihre Individualität nicht im Heim oder im gemeinsamen Wohnen mit ihren Kindern einschränken möchten? Und was unterscheidet die Reiselust der älteren Generation von der Umtriebigkeit der Jüngeren?
Diese Unschärfen in der Argumentation von Beck rühren möglicherweise daher, dass er selbst noch gar nicht so lange von einem Saulus des Ausmalens von Solidaritätseinbrüchen infolge der Individualisierung zum Paulus einer Verkündigung der Solidaritätspotenziale individualisierter Menschen konvertiert ist. Es ist ja in der Tat in Zeiten des Umbruchs immer leichter, das Vergehende zu beschreiben als das Neuentstehende. Allzu griffige Formulierungen überspielen leicht die Schwierigkeit, überhaupt erst einmal zu einer angemes-

senen Beschreibung von moralischem Handeln unter den Bedingungen der Individualisierung zu kommen. Es erscheint mir jedenfalls zweifelhaft, ob „Spaß“ eine treffende Kategorie ist, um die politisch-moralische Kraft der Kinder der Freiheit auf den Begriff zu bringen. […]

In der Tat erleben wir in unserer Gesellschaft derzeit einen Prozess der Integration von Moral in die Selbstverwirklichungsvorstellungen. Das diesen Prozess begleitende Missverständnis lautet: Die Konzentration auf Selbstverwirklichung impliziert eine wachsende Egozentrik; Individualisierung führt zur Entsolidarisierung. Das kann, muss aber nicht so sein. Viel häufiger scheint sich vielmehr eine Haltung herauszubilden, die Beck an anderer Stelle zutreffend als „solidarischen Individualismus“ bezeichnet. Das heißt: Immer mehr Menschen in unserer Gesellschaft sehen Moral als Teil ihres persönlichen Lebensentwurfs, weniger als Beachtung eines Pflichtenkatalogs. Daher verbinden sie mit dem moralischen Handeln ein Gefühl persönlicher Befriedigung. Das kann einem Außenstehenden leicht wie ein einziger Niedergang erscheinen: „Die tun ja nur, was ihnen gefällt.“ Solche Urteile sind aber falsch und ungerecht. Deshalb sollte die Beschreibung des neu entstehenden Moralverständnisses solchen Eindruck auch nicht neu nahe legen („Spaß“), sondern dessen moralische Kraft freizulegen versuchen. Denn auch unter den veränderten Bedingungen führt Moral nicht zu einem Handeln, das einfach nur Spaß macht, aus dem Elemente des Mühsamen, des Widerstrebenden und Unangenehmen getilgt sind. Es enthält weiterhin die Herausforderung, Dinge zu tun, die nicht unbedingt einen Lustgewinn versprechen, die man aber aufgrund der eigenen moralischen Option zu tun gewillt ist.

Die jungen Männer, die ihren Ersatzdienst in kirchlichen Basisprojekten im Amazonasgebiet oder in einer Favela in Rio leisten, die jungen Frauen, die ein freiwilliges soziales Jahr in einem Altersheim absolvieren, suchen offenbar noch etwas anderes als Spaß. Sie suchen eine Möglichkeit, ihre Kraft und Gesundheit in den Dienst anderer einzubinden. Institutionen werden in Zukunft ihre Glaubwürdigkeit daran zu messen haben, inwieweit sie diesen freiwilligen (!) Bindungen Raum geben, ohne ein Engagement moralisch zu erpressen, von oben bevormunden oder nach außen vermarkten zu wollen. Angesichts der vielen jungen und alten (!) Menschen, denen ich Tag für Tag in solchen Diensten begegne, habe ich keinen Anlass, ein Lamento über Werteverfall und Egoismus anzustimmen. Und ich habe ebenso wenig Anlass, an der Zukunft der Kirche zu verzweifeln. Denn die moralische Kraft unserer Gesellschaft scheint mir durchaus auf Quellen angewiesen zu sein, die auch Beck nennt: die religiösen Erfahrungen des Judentums und des Christentums.

(Franz Kamphaus, Bischof von Limburg, in: Süddeutsche Zeitung Nr. 273, 1996, S. 8)

1 *M 75 ist ein Leserbrief, mit dem Bischof Kamphaus auf Ulrich Becks Kritik an den „Spaßverderbern“ (M 73) reagiert. Inwieweit kritisiert Kamphaus die Position von Beck, inwieweit stimmt er ihr zu? Was genau meint er mit dem Begriff „solidarischer Individualismus“?*

2 *Erarbeiten Sie eine eigene Position zu der in M 73 – M 75 diskutierten Frage nach dem Zusammenhang zwischen Freiheit, Individualismus bzw. Egoismus, Solidarität und politisch-sozialem Engagement.*

M 76a Genießen und helfen – Allensbach-Studie: Wofür sich Leben lohnt

Wie es mit der Bereitschaft steht, sich sozial zu engagieren, hat jetzt das Institut für Demoskopie in Allensbach untersucht. Eine repräsentative Langzeitstudie über den Sinn des Lebens bringt ein auf den ersten Blick widersprüchliches Ergebnis zutage. Auf die Frage: „Worin sehen Sie vor allem den Sinn Ihres Lebens?“ gibt es die eindeutige Antwort: „Dass ich glücklich bin, viel Freude habe.“ 68% der deutschen Bevölkerung stellen damit Glück und Lebensgenuss an die erste Stelle ihres Lebenssinns. Dahinter steht zudem noch ein klarer Trend. Denn diese Haltung hat sich kontinuierlich von 49% im Jahr 1974 über 60% im Jahr 1992 auf jetzt 68% an die Spitze der Lebensorientierung gesetzt. Doch lässt sich daraus nicht vorschnell ein Trend zum Egokult schließen. Dies zeigen die gesellschaftlichen Ziele der Deutschen. Gut ein Drittel der Bürger wollen an ihrem Platz mithelfen, eine bessere Gesellschaft zu schaffen. Noch etwa ein Viertel sieht es als sinnstiftend an, ganz für andere dazusein und anderen zu helfen. Als moralische Instanz tritt das persönliche Gewissen in den Vordergrund (53% im Jahr 1997). Sich mit allen Kräften für eine bestimmte Idee einsetzen will rund ein Viertel der Bevölkerung. Ausdrücklich religiöse Motivationen treten kontinuierlich in den Hintergrund. Nur noch jeder fünfte Bürger richtet seine ethische Verpflichtung an Gott aus, in Ostdeutschland gar nur noch jeder zehnte. Wenn Glück und Freude zunehmend stärker als „der Sinn des Lebens“ gesehen werden, muss ehrenamtliche Arbeit auch Spaß machen dürfen und zur persönlichen Bereicherung beitragen. Die reine Helferrolle wird immer weniger akzeptiert.

(Sozialcourage. Das Magazin für soziales Handeln, hg. vom Deutschen Caritas-Verband, Nr. 3/1998, S. 29; Verf.: Thomas Becker)

M 76b Ein Großteil ist engagiert

[...] Kritiker berufen sich auf Ergebnisse international vergleichender Studien, denen zufolge in Deutschland angeblich sehr viel weniger ehrenamtliche Tätigkeit geleistet wird als in anderen Ländern. Gründe für die angebliche relative Ehrenamtsabstinenz der Deutschen sind schnell bei der Hand: Den Erkenntnissen der Sozialforschung zufolge habe in Deutschland ein Wertewandel stattgefunden, der von insgesamt abnehmenden Pflicht- und Akzeptanzwerten in Richtung von Selbstentfaltungswerten verlaufen sei und der zur Durchsetzung eines rigiden Individualismus wie auch zur Entstehung einer *„Egogesellschaft“* oder *„Ellenbogengesellschaft“* beigetragen habe.

Der Wertewandel ist eine nicht wegzudiskutierende Tatsache, doch der behauptete negative Einfluss auf die ehrenamtliche Tätigkeit der Deutschen ist unseren Untersuchungen zufolge falsch. Aufklärungsarbeit scheint notwendig.

Ein *erstes, sehr wichtiges Ergebnis unseres repräsentativen Surveys* „Wertewandel und bürgerschaftliches Engagement 97“* [...] lautet: Die Quote der freiwillig Engagierten, derjenigen also, die in Deutschland ehrenamtliche Arbeit im weitesten Sinne des Wortes leisten, beträgt in Wahrheit 38 Prozent, womit Deutschland einen Spitzenplatz in der internationalen Vergleichstabelle einnimmt. (Genauer gesagt liegt sie in den westlichen Bundesländern bei 39 und in den östlichen Bundesländern bei 35 Prozent der Menschen ab 18 Jahren.) [...]

Selbst dann, wenn man die groben und offenbar unbrauchbaren Kritiken an der Ego- und Ellenbogengesellschaft einmal beiseite lässt, bleibt doch genügend Material über den Wandel der Gesellschaft übrig, das, *auf den ersten Blick,* eigentlich eher für eine Abnahme der freiwilligen ehrenamtlichen Tätigkeit zu sprechen scheint. Haben wir denn nicht, so könnte man fragen, eine „Medien- und Informationsgesellschaft“, in der immer mehr Menschen sehr viel Zeit vor dem Fernseher oder auch neuerdings vor dem Computer verbringen? Haben wir nicht eine „Freizeitgesellschaft“, in welcher das Reisen zum Volkssport geworden ist, in welcher Hobbys und Do-it-yourself-Aktivitäten blühen und in welcher eine enorme Vielzahl von Angeboten des Kultursektors um die Zeit und die Aufmerksamkeit der Menschen werben? [...] Läuft nicht die ganze gegenwärtige Gesellschafts- und Kulturentwicklung darauf hinaus, den Einzelnen mehr und mehr auf sich selbst zu verweisen und ihn zu zwingen, an die Verfolgung eigener Ziele und Interessen zu denken? Bleibt unter diesen Bedingungen denn wirklich noch eine wachsende Zeit und Energie für „ehrenamtliche“ Tätigkeit übrig? Und muss man denn nicht überhaupt davon ausgehen, dass ein freiwilliges Engagement, das scheinbar unverrückbar den Stempel des Altruismus, der Selbstlosigkeit also, an der Stirn zu tragen scheint, angesichts eines Wertewandels, der von den traditiona-

Grafik: Motive des Engagements in der Bundesrepublik Deutschland 1997. Was es für einen bedeutet, sich freiwillig zu engagieren

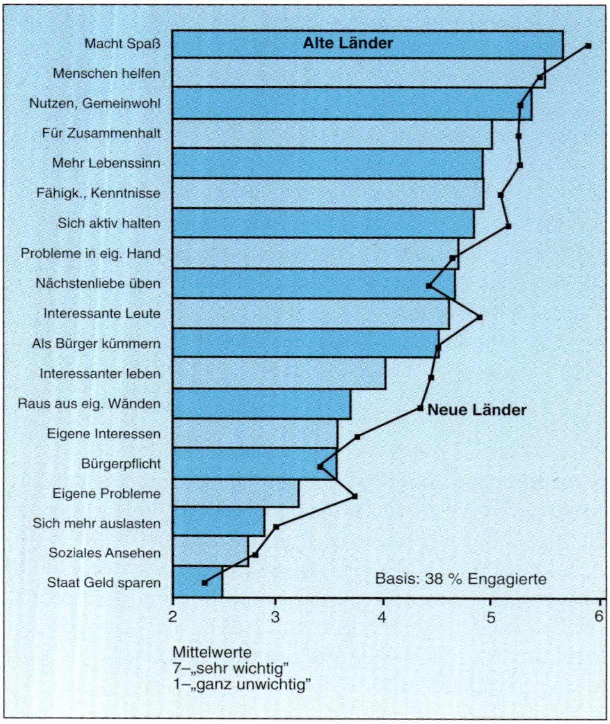

len Tugenden der Dienst- und Pflichtbereitschaft zur Selbstentfaltung hinführt, notwendigerweise in seinen Grundlagen eingeschränkt wird?

In der Tat wäre es heute wahrscheinlich sehr schlecht um die freiwillige ehrenamtliche Tätigkeit bestellt, wenn sie *ausschließlich* von traditionellen Tugenden abhängig wäre, denn diese Tugenden sind im Zeichen des gesellschaftlichen Werte- und Mentalitätswandels bei den überwiegenden Teilen der Bevölkerung und insbesondere bei der Jugend ganz zweifellos im Rückgang begriffen.

Dass das freiwillige unbezahlte Engagement erstaunlicherweise dennoch angewachsen ist, erklärt sich kurz gesagt daraus, dass es von den im Vormarsch befindlichen Selbstentfaltungswerten nicht etwa unterminiert und eingeschränkt, sondern vielmehr umgekehrt kräftig unterstützt und mitgetragen wird. Natürlich gibt es auch heute noch eine große Zahl von Menschen, die in das ehrenamtliche Engagement traditionelle pflichtethische Tugenden einbringen, und wir können sehr froh darüber sein, dass dies so ist. Auf der anderen Seite spielen im Motivationsuntergrund des Engagements heute aber auch ganz andere Dinge eine Rolle, was ich anhand der Grafik verdeutlichen möchte, welche die Ergebnisse des Surveys 97 wiedergibt.

(Helmut Klages, Engagement und Engagementpotential in Deutschland, in: Aus Politik und Zeitgeschichte B 38/1998, S. 31–33)

(Foto: Oliver Schulz/Bearbeitung: Christa Oldenburg)

(Foto: Mike Schröder/argus)

1 *Analysieren Sie die in M 76 a/b wiedergegebenen Ergebnisse einer Langzeitstudie des Instituts für Demoskopie Allensbach und der Untersuchung des Speyerer Forschungsinstitutes von Helmut Klages (vgl. die Einleitung zum folgenden Abschnitt). Wie kommt der Autor des Berichts in M 76 a dazu, trotz des „klaren Trends“ zum Ziel „Glück und Lebensgenuss“ nicht „vorschnell auf einen Trend zum Egokult“ zu schließen? Wie erklärt Klages die „auf den ersten Blick“ widersprüchlichen Erkenntnisse? Gibt es in Ihrer Lerngruppe Mitglieder, die sich einer ehrenamtlichen Tätigkeit widmen? Muss eine solche Tätigkeit Ihrer Meinung nach auch „Spaß machen“?*

2 *Überprüfen Sie, ob für die in den Untersuchungen festgestellte Einstellung Jugendlicher der Begriff des „solidarischen Individualismus“ (M 75) zutrifft.*

3 *Diskutieren Sie konkrete Möglichkeiten für Jugendliche, sich gesellschaftlich zu engagieren. Nehmen Sie hier auch Stellung zu der Behauptung von Ulrich Beck, dass Jugendliche „Vereine hassen“ (M 73, S. 154 o.r.).*

Wertesynthese statt Werteverfall – Ergebnisse der Speyerer Wertetypenforschung

U.a. der Überprüfung der These von der Ego-Gesellschaft („individueller Wertewandel zugunsten einer individualisierten und bedürfnismaximierenden Lebensweise“) hat sich seit Ende der 80er-Jahre die „Speyerer Wertewandelforschung“ unter der Leitung von Prof. Helmut Klages gewidmet, die sich dem Forschungsansatz nach sowohl von Inglehart (s. M 64) als auch von dem Ansatz des Allensbacher demoskopischen Instituts (E. Noelle-Neumann) deutlich unterscheidet (M 77). Wir wollen im Folgenden wesentliche Ergebnisse der Speyerer Untersuchungen darstellen.

M 77 Die Wertesynthesetheorie von Helmut Klages

Während Inglehart und die in seiner Tradition arbeitenden deutschen Wertewandelforscher die beobachteten Wertveränderungen in der bundesdeutschen Bevölkerung wohlwollend als Fortschritt zu einem qualitativ höherwertigen gesellschaftlichen und politischen Entwicklungsniveau interpretierten, warnten andere vor den Gefahren eines Werteverfalls. Zu den warnenden Stimmen zählen insbesondere Elisabeth Noelle-Neumann und andere Vertreter des Allensbacher Institutes für Demoskopie, die das Vordringen von Selbstentfaltungswerten auf Kosten traditioneller bürgerlicher Tugenden wie Bereitschaft zu Disziplin und Pflichterfüllung als gesellschaftliche Auflösungserscheinungen beklagen. Die Forschungsarbeiten der Postmaterialismustheoretiker und der Allensbacher Demoskopen vollzogen sich voneinander unabhängig und lange Zeit sogar, ohne dass man überhaupt voneinander Kenntnis nahm.
Die bereits seit 1947 vom Allensbacher Institut relativ kontinuierlich durchgeführten Studien über den Wandel von Einstellungen und Werten in Deutschland machten Noelle-Neumann auf einen epochalen Werteumbruch im Jahre 1968 aufmerksam, von dem sie sagt, dass er sich später zwar verlangsamt, aber niemals umgekehrt habe. Diesen Umbruch führt

Noelle-Neumann unter anderem auf das Wirken der Frankfurter Schule* zurück, das sie interpretiert als bewusste Strategie, „um die Tradierung von Werten in der Bundesrepublik Deutschland zu unterbrechen".

Die zentralen Stränge des Werteverfalls in den jüngeren Generationen, der in der Bundesrepublik Deutschland einen bisher nie gekannten Generationskonflikt erzeugt habe, äußern sich nach Noelle-Neumann auf folgende Weise:

- Die Bindung der Menschen an Religion und Kirche nimmt ab.
- Die Beschränkung individueller Freiheit durch Normen, Hierarchien* oder Autoritäten wird immer weniger akzeptiert.
- Tradierte Tugenden wie Höflichkeit, gutes Benehmen, Pünktlichkeit, Ordentlichkeit, Sauberkeit und Sparsamkeit verlieren an Bedeutung.
- Die bürgerliche Leistungsethik weicht einer zunehmenden Freizeitorientierung.
- Die Ansprüche der Menschen an staatliche Institutionen wachsen ins Uferlose.
- Der Gemeinschaftssinn und die Bindungsfähigkeit der Gesellschaftsmitglieder nehmen ab.
- Die Bereitschaft und die Fähigkeit der Menschen, sich in erprobten Formen in politischen Gemeinwesen zu engagieren, sind rückläufig.

In diesen Entwicklungen sieht Noelle-Neumann eine Aushöhlung der Fundamente, auf die eine pluralistische Gesellschaft zwingend angewiesen ist. Sie fordert deshalb eine Art Werterenaissance, wobei sie eine wertmäßig fundierte Erziehung und eine entsprechende Einwirkung auf die öffentliche Meinung als mögliche Ansatzpunkte für eine Stabilisierung des gesellschaftlichen Wertehaushaltes nennt. [...]

Die von Klages begründete Schule der Wertewandelforschung, die ebenfalls eine empirisch* fundierte Analyse der Prozesse des Wertewandels in Deutschland und anderen Industriestaaten liefert, unterscheidet sich sowohl von der Schule Ingleharts als auch von den Positionen Noelle-Neumanns deutlich.

Von Inglehart trennen Klages insbesondere die von diesem unterstellte evolutionäre* Qualität des Wertewandels, die Art und Weise, wie Inglehart die Einordnung der Werte in die Kategorien Materialismus und Postmaterialismus vorgenommen hat (s. M 64) und die von diesem unterstellte Eindimensionalität* der Materialismus-Postmaterialismus-Achse. Dem eindimensionalen Erklärungsmodell Ingleharts stellt Klages einen Ansatz gegenüber, der von dem Bedeutungsverlust von Pflicht- und Akzeptanzwerten zugunsten von Selbstentfaltungswerten als einem generellen Trend, nicht als einer evolutionären Entwicklung ausgeht. Dabei betont Klages die Ambivalenz* des Wertewandels, die Existenz unterschiedlicher Wertdimensionen und Wertkombinationen sowie die Möglichkeit konstruktiver und destruktiver Wertsynthesen.

Von Noelle-Neumann trennt Klages vor allem die Ablehnung der These eines Werteverfalls. Doch auch Klages konstatiert

- einen immer radikaler auftretenden Anspruch auf eine individuelle, nur eigenen Entscheidungen entspringende und nicht rechenschaftspflichtige Lebensgestaltung;
- ein Staatsverständnis, das das politische Gemeinwesen vorwiegend als Dienstleistungseinrichtung versteht;
- eine sukzessive Auflösung der Normbindung sozialen Verhaltens;
- eine zunehmende Abkehr von großen Organisationen;
- einen zunehmenden Verfall der parlamentarischen Demokratie und
- einen zunehmenden Verfall von Arbeitsdisziplin und Leistungsbereitschaft.

Seine Analysen sind aber stärker vom Bemühen um Neutralität geprägt und seine Urteile erscheinen differenzierter als die Noelle-Neumanns. Auf diese Weise entgeht ihm auch die Bedeutung von positiven Momenten des Wandels nicht, die durchaus Anlass zur Hoffnung geben, etwa

- die trotz abnehmender Parteibindungen zunehmende Bereitschaft der Menschen zur Beteiligung am politischen Leben;

– das mit dem wachsenden Desinteresse an den konventionellen Beteiligungsangeboten der repräsentativen parlamentarischen Demokratie einhergehende steigende Interesse an unkonventionellen Formen der politischen Partizipation;
– die zunehmende Bereitschaft Randgruppen zu tolerieren;
– die wachsende Bereitschaft zum Verzicht in einer schwierigen Lage.

Hervorzuheben ist auch, dass Klages allgemein als problematisch empfundene gesellschaftliche Entwicklungen im Unterschied zu Noelle-Neumann nicht als unmittelbares Ergebnis des Wertewandels interpretiert. Diese versteht er vielmehr in erster Linie als Diskrepanz zwischen gewandelten Werten auf der einen und unveränderten und unzureichenden Wertverwirklichungsangeboten auf der anderen Seite. So führt Klages im Hinblick auf die von Noelle-Neumann als Auflösungserscheinungen gebrandmarkten Phänomene des Rückgangs der Arbeitsmotivation und der zunehmenden Freizeitorientierung aus, dies sei nicht die Folge einer grundlegenden Erschütterung der kollektiven Arbeitsmoral. Vielmehr handele es sich bei der zunehmenden Fixierung der Menschen auf die Freizeit um eine „kompensatorische* Werterfüllung", ausgelöst durch eine mit dem Vordringen von Selbstentfaltungswerten und dem Zurücktreten von Pflicht- und Akzeptanzwerten einhergehende „Erwartungsenttäuschung" in der Arbeitswelt, für die die qualitativen und quantitativen Angebotsdefizite dieses Bereichs verantwortlich seien. Aus einem solchen Blickwinkel stellen sich auch die bedenklichen Entwicklungen, die der Wertewandel zumindest mitverursacht, nicht nur als gravierende gesellschaftliche Probleme dar. Sie verweisen auf der anderen Seite ebenso auf neue Potenziale, die durch den Abbau der Diskrepanz zwischen Wertverwirklichungsbedürfnissen und -bedingungen gesellschaftlich produktiv gemacht werden könnten.

(Olaf Winkel, Wertewandel und Politikwandel, in: Aus Politik und Zeitgeschichte B 52–53/1996, S. 15–17)

1 *Beschreiben Sie die Richtung, in der Elisabeth Noelle-Neumann die Untersuchungsergebnisse des Allensbacher Instituts (vgl. einige Zeitreihen in M 66) interpretiert (M 77).*

2 *In welcher Hinsicht unterscheidet sich das Konzept der Speyerer Werteforschung (Helmut Klages) zum einen von dem Ronald Ingleharts (s. M 64), zum anderen von dem Noelle-Neumanns? In welchen Punkten gibt es Gemeinsamkeiten? Versuchen Sie dazu die in den Spiegelstrichen genannten bedenklichen und positiven Faktoren konkreter (an Beispielen) zu erläutern.*

3 *Erläutern Sie, wie nach Klages die auch von ihm „als problematisch empfundene gesellschaftliche Entwicklung" zustande kommt: Durch welche Situation in der Arbeitswelt („qualitative und quantitative Angebotsdefizite") bedingt, suchen Menschen ihre „Werteerfüllung" in der Freizeit? Vergleichen Sie zu dieser Interpretation auch die Deutung des Wertewandels durch H. Meulemann (s. M 70, S. 143 ff., zusammenfassend S. 146).*

4 *M 77 empfiehlt am Schluss nur sehr abstrakt den Abbau der Diskrepanz zwischen den „Wertebedürfnissen" der Menschen (Selbstentfaltung) und den Werteverwirklichungsbedingungen (Situation in der Arbeitswelt). Wie könnte eine solche Annäherung aussehen? Sehen Sie die Aussichten dafür eher günstig oder ungünstig? Vergleichen Sie dazu auch M 76.*

M 78 Wertetypen zwischen „Konventionalisten" und „Idealisten"

M 78a Zur Konstruktion des Speyerer Wertetypenschemas

Tabelle: Speyerer Typenschema für Wertetypen

	Pflicht- und Akzeptanzwerte[1]	Hedonistisch-materialistische Selbstentfaltung[2]	Idealistische Selbstentfaltung[3]
Typ 1: Ordnungsliebende Konventionalisten	*hoch*	niedrig	niedrig
Typ 2: Perspektivenlose Resignierte	niedrig	niedrig	niedrig
Typ 3: Aktive Realisten	*hoch*	*hoch*	*hoch*
Typ 4: Hedonistische Materialisten	niedrig	*hoch*	niedrig
Typ 5: Nonkonforme Idealisten	niedrig	niedrig	*hoch*

[1] *Gesellschaftsbezogene Pflicht- und Akzeptanzwerte:* Disziplin, Gehorsam, Leistung, Ordnung, Pflichterfüllung, Treue, Unterordnung, Fleiß, Bescheidenheit; *persönlichkeitsbezogene Pflicht- und Akzeptanzwerte:* Selbstbeherrschung, Pünktlichkeit, Anpassungsbereitschaft, Fügsamkeit, Enthaltsamkeit

[2] *Hedonistische Werte:* Genuss, Abenteuer, Spannung, Abwechslung und Ausleben emotionaler Bedürfnisse; *materialistische Werte:* hohes Einkommen, materieller Wohlstand

[3] *Gesellschaftsbezogen:* Emanzipation von Autoritäten, Gleichbehandlung, Gleichheit, Demokratie, Partizipation und Autonomie des Gesellschaftsmitglieds; *persönlichkeitsbezogen:* Kreativität, Spontaneität, Selbstverwirklichung, Ungebundenheit, Eigenständigkeit

Das Speyerer Schema ist natürlich eine grobe Vereinfachung und soll in erster Linie eine qualitative Vorstellung der Verteilung bestimmter Reaktionen auf die gesellschaftliche Modernisierung liefern.

Typ I ist so konstruiert, dass er konventionelle Werte hoch schätzt (Gesetz und Ordnung, Sicherheit, Fleiß und Ehrgeiz), materialistische Werte (hoher Lebensstandard) und hedonistische* Werte (Bedürfnisdurchsetzung und Lebensgenuss) dagegen niedrig (Konsumismus). Ähnlich soll auch das Verhältnis von Typ 1 zu Werten des kritischen Engagements ablehnend sein (politisches und soziales Engagement, Toleranz und Kreativität). So in etwa muss man sich wohl das ideale Persönlichkeitsprofil des guten Untertanen der traditionellen Gesellschaft vorstellen, folgsam und konform, wenig selbstorientiert.

(Thomas Gensicke [= M 16 a], S. 25)

Es liegt bei „ordnungsliebenden Konventionalisten" also eine „Wertekonstanz" vor. Ihr entscheidendes Kennzeichen ist die Neigung zur Modernisierungsabwehr und zur Suche nach Situationen, in denen sie sich an möglichst eindeutigen und veränderungsfesten Sinngehalten und Aufgabenstellungen orientieren und Belohnungen für ein erwartungsentsprechendes Verhalten empfangen können.

Typ 2: Perspektivenlose Resignierte (alle drei Wertebereiche relativ niedrig ausgeprägt): Bei dieser z.Z. verhältnismäßig gleich bleibend großen Bevölkerungsgruppe liegt ein Werteverlust vor, den man [...] auf eine durch mangelnde Lebenserfolge bedingte „Misserfolgsorientierung" deuten kann. Es kann sich hier um frustrierte Konventionalisten, oder auch um ehemalige Angehörige der nachfolgend behandelten Typen 4 und 5 handeln, die in den ihnen zugänglichen Handlungsfeldern keine ausreichenden Möglichkeiten für die Verwirklichung ihrer Selbstentfaltungswerte finden konnten. Ihr entscheidendes Kennzeichen ist die Neigung zur Suche nach Nischen, in denen sie – bei unauffälligem Verhalten – möglichst unbehelligt von Herausforderungen zur risikohaltigen Eigenaktivität und -verantwortung den Sturm der Veränderung überleben können.

Typ 3: Aktive Realisten (alle drei Wertebereiche verhältnismäßig hoch ausgeprägt): Bei dieser insgesamt leicht anwachsenden, in etwa gleichmäßig über die Altersklassen verteilten Teilgruppe [...] hat im Zuge des Wertewandels eine „Wertesynthese" stattgefunden. Die Menschen, die dieser Gruppe angehören, sind dazu in der Lage, auf die verschiedenartigsten Herausforderungen „pragmatisch" zu reagieren, gleichzeitig aber auch – mit starker Erfolgsorientierung – ein hohes Niveau von „rationaler" Eigenaktivität und -verantwortung anzustreben und ggf. auch auszufüllen. Sie sind auf eine konstruktiv kritikfähige und flexible Weise institutionenorientiert und haben verhältnismäßig wenig Schwierigkeiten, sich in einer vom schnellen Wandel geprägten Gesellschaft zu bewegen. Mit allen diesen Eigenschaften nähern sie sich dem generalisierungsfähigen Sollprofil menschlicher Handlungsfähigkeiten unter den Bedingungen moderner Gesellschaften an. Ihre „Schwachstelle" ist ihre Neigung zu einem Aufstiegsstreben, das sich an langfristig berechenbaren Maßstäben und Leitern orientiert.

Typ 4: Hedonistische Materialisten (Hedonistisch-materialistische Selbstentfaltung hoch, die beiden übrigen Wertebereiche niedrig ausgeprägt): Diese Bevölkerungsgruppe [...] weist verschiedenartige Ausprägungsvarianten auf. Gemeinsam ist allen „Hedomats" die Fähigkeit zu einer mobilen Anpassung an die jeweiligen Umstände. Insofern nähern sie sich ebenfalls – jedenfalls an einem bestimmten Punkt – dem Sollprofil menschlicher Handlungsfähigkeiten unter modernen Lebensbedingungen an. Sie unterscheiden sich von den aktiven Realisten aber dadurch, dass sie sich in der Praktizierung ihrer Beweglichkeit viel stärker vom „Lustprinzip" leiten lassen. Sie lieben eher das Spielerische und Unverbindliche, wie auch den schnellen und nach Möglichkeit anstrengungslosen Zugriff auf Chancen, die sie leicht zugunsten anderer wieder verlassen, wenn sie von denen mehr erwarten können. In ihren höherwertigen Ausprägungen sind sie kreative Wellenreiter im bewegten Meer der Unstetigkeiten, mit denen in der Ära der *Globalisierung** zu rechnen ist; in ihren Niederungen sind sie verantwortungsscheue Gelegenheitssucher, die im Grenzfall auch nicht die Übertretung gesellschaftlicher Spielregeln und Normen und die Verletzung der Interessen anderer scheuen, um zum Ziel zu gelangen.

Typ 5: Nonkonforme Idealisten (Idealistische Selbstentfaltung hoch, die beiden anderen Wertebereiche niedrig ausgeprägt): [...] Das entscheidende Kennzeichen dieser Gruppe ist, dass sie auf der Bewusstseinsebene starke Modernisierungsbejaher sind, wobei sie sich aber an hochgespannten Idealen – oder auch Ideologien – individualmenschlicher Emanzipation und gesellschaftlicher Egalität orientieren. Der alltäglich erlebbaren, von belastungsreichen Anpassungsherausforderungen und -zwängen geprägten Wirklichkeit der Modernisierung stehen sie von daher eher kritisch und hilflos gegenüber. Bei ihren eigenen Versuchen, mit dieser Wirklichkeit zurechtzukommen, sind sie wenig enttäuschungsfest und hochgradig frustrationsanfällig. Sie neigen von daher dazu, sich in berufliche Nischen – wie z.B. die des Journalisten oder Lehrers – zu retten, die ihnen bei relativer Sicherheit und Abgeschirmtheit ein Ausleben ihrer Reflexionsneigungen gestatten.

(Helmut Klages [= M 68], S. 706–707)

M 78b Die Verbreitung der Wertetypen in Westdeutschland 1987–1997

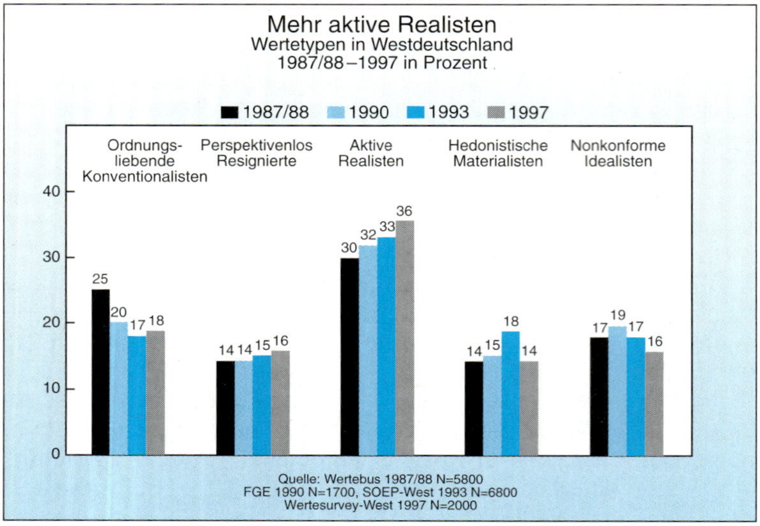

Grafik 1: Mehr aktive Realisten. Wertetypen in Westdeutschland 1987/88–1997 (Bevölkerung ab 18 Jahre)

Die Grafik 1 zeigt die Verteilung von Wertemustern (die wir Wertetypen nennen) in der erwachsenen westdeutschen Bevölkerung zu vier Messpunkten. Obwohl drei Möglichkeiten des Wertekonfliktes – ausgedrückt in der subjektiven Zuordnung zu den Typen *Ordnungsliebende Konventionalisten, Nonkonforme Idealisten und Hedonistische Materialisten* – zugelassen waren, erreicht die Wertesynthese (*Aktive Realisten*) mit etwa einem Drittel stets die stärksten Anteile in der Bevölkerung. Auch die Variante des Werteverlustes (*Perspektivenlose Resignierte*) erzielt mit etwa 15 Prozent zu jedem Zeitpunkt nennenswerte Anteile. Die gesamte Verteilung ist zwar ziemlich stabil, dennoch gibt es einen deutlichen Trend weg vom konventionalistischen Wertekonflikt bzw. der sich dem Wertewandel verweigernden Wertekonstanz (*Ordnungsliebende Konventionalisten*). Konventionalisten sind von der Diskrepanz zwischen hoch ausgeprägten Pflicht- und Akzeptanzwerten (Gesetz und Ordnung, Sicherheit, Fleiß und Ehrgeiz), aber niedrig ausgeprägten hedonistisch-materiellen Selbstentfaltungswerten (Lebensgenuss und Lebensstandard) und niedrig ausgeprägten idealistischen Selbstentfaltungswerten (Kreativität und Engagement) beherrscht. Von den drei oben genannten konflikthaften Wertetypen nimmt zwischen 1990 und 1993 anteilmäßig nur der des so genannten hedonistischen Materialisten (kurz *Hedomat*) zu, der hoch ausgeprägte hedonistische und materielle Werte mit abgesenkten Pflicht- und Akzeptanzwerten kombiniert. Der Anteil des Typus des Idealisten, für den ein idealistisch motivierter Konflikt mit den Pflicht- und Akzeptanzwerten typisch ist, stagniert dagegen. Das gilt auch für den Anteil der Resignierten (Möglichkeit des „Werteverlustes").

Dass die Tendenz zur Ego-Gesellschaft 1993 tatsächlich nicht ganz aus der Luft gegriffen war, bestätigt sich anhand der Daten für die Gruppe der 18- bis 30-Jährigen (Grafik 2). Zwar ist es beruhigend, hier einen etwa ebenso hohen Anteil an Pragmatikern (Aktive Realisten) vorzufinden. Erwartungsgemäß ist auch, relativ wenige Konventionalisten anzutreffen (die offensichtlich immer weniger „nachwachsen"). Auch Resignierte sind nur unterdurchschnittlich vertreten.

Beunruhigend ist jedoch, dass bei den jüngsten befragten Westdeutschen zwischen 1987/88 und 1993 die Tendenz zum Hedomat viel stärker ausgeprägt ist als in der Gesamtbevölkerung, was ganz klar zuungunsten der Idealisten geht. Das sieht insbesondere zwischen 1990 und 1993 ganz nach einem Werteschock zuungunsten der idealistischen

Grafik 2:
Mehr aktive Realisten
Wertetypen in Westdeutschland 1987/88–1997 (Auswahl: 18 - 30-Jährige)

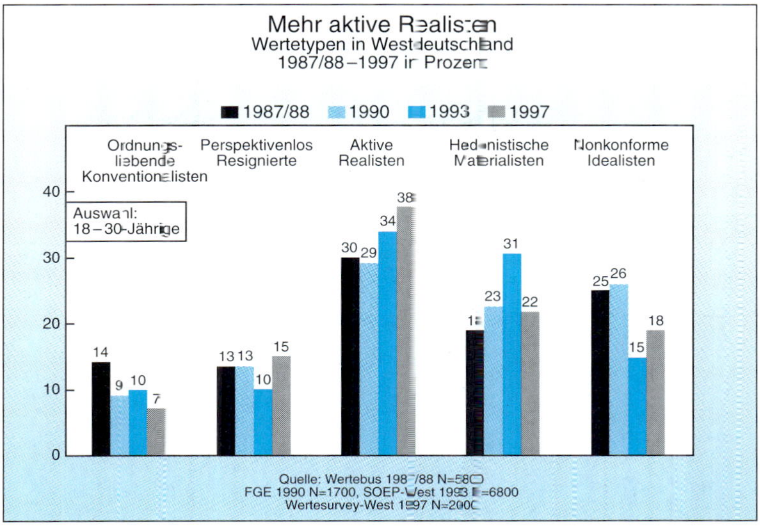

Werte aus, zumindest wenn sie von hedo-materialistischen und Pflicht- und Akzeptanzwerten abgekoppelt sind.

Ein Hintergrundfaktor der Expansion des Hedomaterialismus unter den jungen Leuten (bis 1993) auf Kosten des Idealismus ist sicherlich der Zusammenbruch des Staatssozialismus, der bis dahin als idealistisches Gegenmodell zum kapitalistischen System fungierte. Ein weiterer Faktor dürfte das expandierende Privatfernsehen sein, das inzwischen die jungen Leute von Kindheit an fest im Griff hat und diese dem Trommelfeuer der Konsumwerte aussetzt. Wenn man außerdem die weithin grassierende Politikverdrossenheit bedenkt, lässt sich der erdrutschartige Verfall des bisherigen Leittypus des Idealisten bei jüngeren Leuten verstehen. Profiteur war der Hedomat, ein jugendlicher Typus, der einen offenen – „natürlichen“ – Egoismus zur Schau stellt und – deutlich stärker als alle anderen Wertetypen – Gewalt als Mittel der Problemlösung akzeptiert. Damit entwickeln Hedomats eine Neigung, den Wertekonsens der Bevölkerung überhaupt in Frage zu stellen. Zwar hat die Bevölkerung Pflicht- und Akzeptanzwerte ab- und Selbstentfaltungswerte aufgewertet, dennoch hält sie im breiten Konsens an einer Gruppe von Werten wie „Gutes Familienleben“, „Vertrauensvolle Partnerschaft“, „Freundschaft“, ‚Gesundheitsbewusstsein“ und „Umweltbewusstsein“ fest. Diese Konsenswerte sind vom Wertewandel wenig tangiert (s. M 78 c). Man kann sagen, dass sie die Sinnbasis des eigentlich „Wertvollen“ sind, die ihren Schwerpunkt im überschaubaren Nahbereich der Individuen hat.[1]

Hedomats entwickeln nun die Neigung, sich von diesen Grundvorstellungen des Sinn- und Wertvollen[2] abzukoppeln. Damit beginnt sich bei ihnen das Werteverständnis überhaupt grundlegend zu ändern, sodass Werte nur noch Teil einer Anpassungsstrategie an die äußeren (materiellen oder genießerischen) Möglichkeiten sind.

(Thomas Gensicke, Sozialer Wandel durch Modernisierung, Individualisierung und Wertewandel, in: Politik und Zeitgeschichte B 42/96 v. 11.10.1996, S. 13ff.; Z. 22ff. und Grafik 2: Thomas Gensicke [= M 16 a], S. 26 56)

---

1 Diese Grundwerte Familie, Partnerschaft, Freundschaft, Gesundheit und Natur sind [...] Ausdruck eines Trends von der Orientierung an der (objektiven) sozialen Norm zum (subjektiven) Wert als Leitgröße des menschlichen Verhaltens.

2 Ein Grundwertekonsens hat sich in der Bevölkerung inzwischen auch in Bezug auf die Gesellschaft hergestellt: Persönliche Freiheit, Soziale Gerechtigkeit, Recht und Ordnung sowie Frieden sind die allgemein geteilten gesellschaftlichen Grundwerte der Bevölkerung.

Nach einem heftigen „Flirt" mit dem hedonistischen Materialismus und einer erdrutschartigen Abwendung vom nonkonformen Idealismus, insbesondere zwischen den Messzeitpunkten 1990 und 1993, geht die Entwicklung bei den jungen Leuten im Westen nun (1997) eindeutig in Richtung aktiver Realismus (Grafik 1, S. 167 o.; im Osten war sie bereits erfolgt).
(Thomas Gensicke [= M 78 c], S. 25f.)

M 78c **Grafik 1: Wertorientierungen 1997**

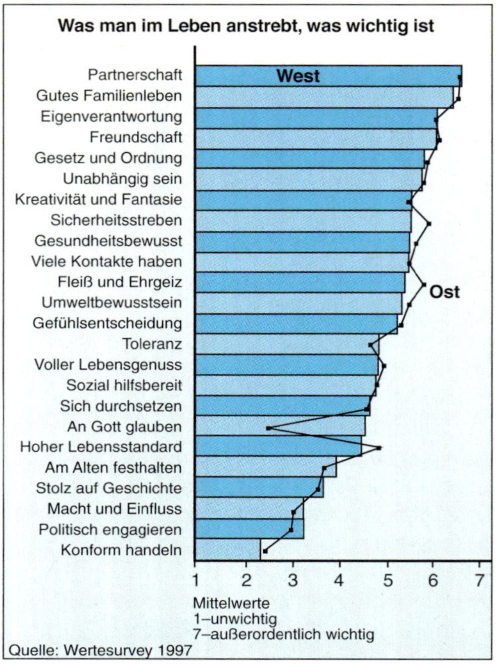

Grafik 2: Wertveränderungen 1987/88 – 1997

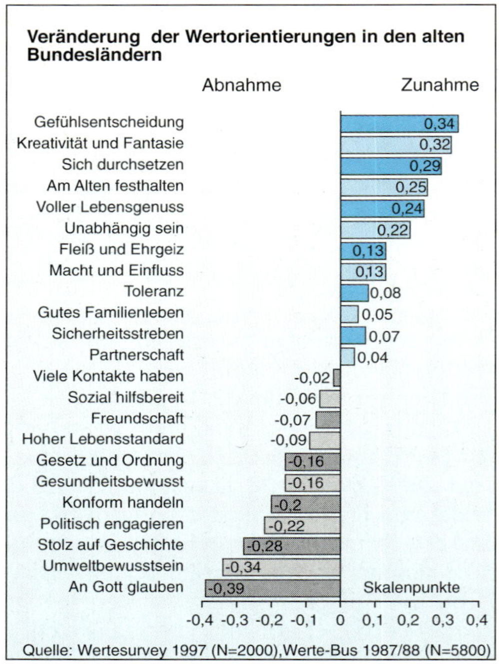

(Thomas Gensicke, Sind die Deutschen reformscheu? Potenziale der Eigenverantwortung in Deutschland, in: Aus Politik und Zeitgeschichte B 18/1998, S. 21f.)

1 *Mit dem Inhalt der Materialien M 78a/b sollten Sie sich am besten im Zusammenhang (ggf. in Gruppenarbeit) vertraut machen. Das Arbeitsergebnis (z.T. Erläuterung, z.T. Zusammenfassung der Informationen) könnte sich an folgenden Fragen orientieren:*
- *a) Welche Wertekategorien und Wertegruppen liegen der Speyerer Werteforschung zugrunde?*
- *b) Wie werden die fünf „Wertetypen" konstruiert?*
- *c) Welche Hauptmerkmale charakterisieren diese Typen?*
- *d) Wie hat sich die Verteilung der Wertetypen bei allen Erwachsenen und bei der Gruppe der 18- bis 30jährigen von 1987/80 bis 1993 bzw. 1997 entwickelt?*
- *e) Was sagen die Ergebnisse der Untersuchungen über die These von der Tendenz zur „Ego-Gesellschaft" aus?*
- *f) Wie wird die Zunahme des „Hedomaterialismus" 1987–1993 erklärt?*

2 *„Generell scheint die Zunahme des* Individualismus *die erklärende Klammer für die nicht allzu dramatischen Veränderungen der Mittelwerte in der westdeutschen Bevölkerung in den letzten zehn Jahren zu sein." (Thomas Gensicke [= M 78 c], S. 22). Erläutern Sie diese Aussage anhand der grafischen Darstellung (M 78, Grafik 2). – Zur Religiosität („An Gott glauben") in West und Ost vgl. M 71b, S. 150, Z. 90 ff., 105 ff.*

M 79 Der „aktive Realist“ in der modernen Gesellschaft

Welche Rolle spielt nun die Wertesynthese in Form der aktiven Realisten in der modernen Gesellschaft? Einen Trend zur Wertesynthese (also der zunehmenden Vereinbarkeit von Werten, die vormals stärker kontrastierten) konnten wir in unseren Bevölkerungsbefragungen in letzter Zeit generell feststellen. Unter jungen Leuten war der Typus des Aktiven Realisten neben dem Idealisten und dem Hedomat immer attraktiv, wobei allerdings periodische Schwankungen auftraten (vgl. M 78b). Einen relativ krisenfesten Schwerpunkt hat die Wertesynthese vor allem in den älteren mittleren Jahrgängen. Interessant ist an der Wertesynthese, dass sie mit noch höherer Wertschätzung der ohnehin hoch ausgeprägten konsensuellen Wertebasis der Bevölkerung (vgl. S. 167, Anm. 1 und 2) einhergeht. Aktive Realisten weisen jedoch auch eine hoch entwickelte Verantwortungsethik* auf und sind überproportional in so genannten Verantwortungsrollen vertreten.

Das Profil von Menschen mit Wertesynthese verweist vor allem auf einen geglückten Sozialisationsprozess*. Innerhalb dieses Prozesses wird bereits in jungen Jahren eine breite Wertebasis aufgebaut, die als „wetterfeste“ Ziel- und Strebenssphäre vor allzu schneller Frustration und Resignation geschützt ist. Die Wertesynthese ermöglicht eine individualisierende Umdeutung von Pflicht- und Akzeptanzwerten, die diese zu Tugenden* im Rahmen einer eigenaktiven Lebensführung in Verantwortungszusammenhängen umfunktioniert (vgl. M 75, M 76 a/b). Dabei mögen günstige soziale Umstände und eine hohe Leistungs- und Karriereorientierung mitspielen, eine exklusive Bindung der Wertesynthese an formal günstige Soziallagen* gibt es jedoch nicht. Sie tritt vielmehr in allen Lagen bis zur unteren Mittelschicht auf.

(Thomas Gensicke [= M 78 b], S. 15)

(Zeichnung: Burkhard Mohr/CCC)

1 *Erläutern Sie, was die Speyerer Forschung unter „Wertesynthese“ versteht und inwiefern der Typ des „aktiven Realisten“ diese Synthese verkörpert (vgl. M 79).*

2 *Den „geglückten Sozialisationsprozess“, auf den die Entstehungsmöglichkeit der Wertesynthese (also auch das Heranwachsen „aktiver Realisten“) zurückgeführt wird, charakterisiert der Text nur andeutungsweise. Versuchen Sie seine Merkmale konkreter zu erläutern. Gibt es hier „schichtspezifische“ Bedingungen?*

3 *Der Begriff „Tugend“ mag für Sie altmodisch, überholt, moralisierend klingen. In welchem Zusammenhang wird er hier eingeführt? Was will er besagen (vgl. Glossar)?*

V.

In welcher Gesellschaft werden wir leben? – Gesellschaftsmodelle und Gesellschaftsprognosen

In den vorausgehenden Kapiteln und Abschnitten war wie selbstverständlich immer auch die Rede von bestimmten Typen von Gesellschaft. Was die Begriffe „Industriegesellschaft“ und „moderne Gesellschaft“ angeht, so hatten wir ihre Bedeutung und ihre Entstehung (als Ergebnis sozialen Wandels) eingehend dargestellt. „Prinzipiell lässt sich ‚Gesellschaft‘ mit Präfixen aller Art versehen“, heißt es in M 80 c, und in der Tat hat es vor allem in den letzten Jahren eine wahre Inflation solcher Typisierungen von Gesellschaft gegeben (vgl. M 80a) und immer wieder entstehen neue. Was es damit auf sich hat, wollen wir in einem ersten kurzen Abschnitt zu klären versuchen und uns dann einem Typus von Gesellschaft zuwenden, der nach allgemeiner Auffassung am ehesten und am nachhaltigsten die Gesellschaft der Zukunft charakterisieren wird: der *„Informationsgesellschaft“.* Was haben wir von ihr zu erwarten? Inwieweit wird sie unser Leben verändern? Welche Chancen und Risiken lassen sich absehen?

1. Begriffe, Typisierungen, Modelle von Gesellschaft

M 80 In welcher Gesellschaft leben wir?

M 80a Schlagzeilen

Protestgesellschaft

Eine wissenschaftliche Studie sieht im geschiedenen Mann einen „Prototyp des modernen Menschen“ in einer familien- und ehelosen Gesellschaft.

Heroin
Die süchtige Gesellschaft

Die Klasse – ein Spiegelbild der deutschen „Konflikt-Gesellschaft“?

Das Ende der Single-Gesellschaft?

Moralität, Institutionen und die Bürgergesellschaft

Zumal in „vaterloser Gesellschaft“ gilt, dass Männer nicht einfach geboren, sondern gemacht werden – faktisch vor allem durch die Mütter.

Solidarische Gesellschaft als Zukunft

Post-industrielle Gesellschaft

MUTTERMALE DER AUSBEUTERGESELLSCHAFT

Ende der „Arbeitsgesellschaft“?

Hooligans, Jugendbanden, Rechtsradikale – abweichendes Verhalten in komplexen Gesellschaften

Informationsgesellschaft

Auf dem Weg zur „Zweidrittelgesellschaft“?

• Risikogesellschaft

Die Eindrittelgesellschaft

Leistungsgesellschaft

Dürfen Muslime hier Tiere schächten? Kann das Kopftuch Kündigungsgrund sein? Der multikulturelle Alltag vor Gericht.

Kinder greifen zur Gewalt, weil Eltern sie in der Wohlstandsgesellschaft allein lassen.

(Fritz Blumöhr u.a., Die Gesellschaft der Bundesrepublik Deutschland, Bamberg 1993, S. 152)

M 80b

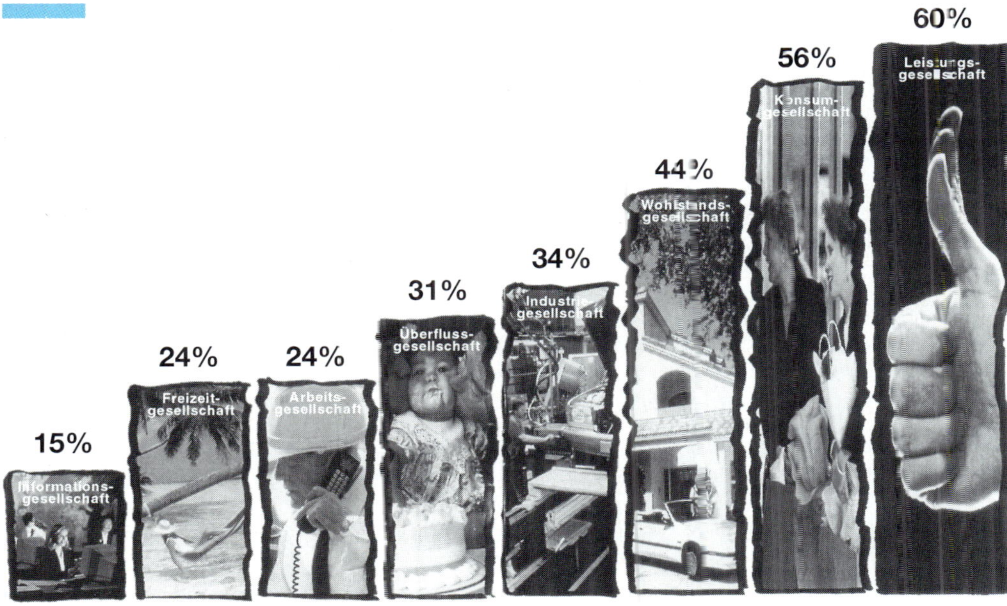

(Ludwig-Erhard-Stiftung [Hrsg.], Im Klartext, Nr. 19/1997, S. 17)

M 80c Charakter und Funktion von Gesellschaftsbegriffen

Gesellschaftsmodelle bzw. Gesellschaftstypisierungen sind Bezeichnungen, die für prägende Strukturen und zentrale Entwicklungen einer bestimmten historischen Epoche stehen. Sie sind begriffliche Hilfsmittel, um wichtige Trends und Probleme schlaglichtartig zu bündeln. Während Gesellschaftsanalysen zum Ziel haben, mit Hilfe der Methoden der empirischen Sozialforschung wichtige soziale Tatbestände einer Gesellschaft zu ermitteln, bieten *Gesellschaftsbegriffe* darüber hinausgehende Deutungsmuster. Zumindest stillschweigend schließen sie immer auch Zukunftsvorstellungen mit ein. Je nach betrachtetem Zeitabschnitt und der zugrunde liegenden Absicht ergeben sich naturgemäß unterschiedliche Vorschläge. Prinzipiell lässt sich *„Gesellschaft"* mit Präfixen aller Art verbinden, was die Gefahr einer gewissen Beliebigkeit mit sich bringt. Von einem Gesellschaftsmodell sollte jedoch nur dann gesprochen werden, wenn es theoretisch eingebettet, d.h. mit einer Theorie des *sozialen Wandels* verbunden ist.

Gesellschaftsmodelle sind keine Theorien im engeren Sinne. Insofern können sie auch empirisch nicht widerlegt werden. Da es ihnen darauf ankommt, wichtige Tendenzen frühzeitig zu erkennen, ziehen sie empirische Belege notwendigerweise selektiv heran. Ihre Zeitdeutungen finden dann besonders Anklang, wenn sich viele Zeitgenossen in ihnen wieder finden. Solche Gesellschaftsmodelle eröffnen nicht nur einen mehr oder minder gültigen Zugang zu strukturellen Wandlungsprozessen, sondern signalisieren auch Ängste, Hoffnungen und Befürchtungen. Über ihre analytische Funktion hinaus und möglicherweise unabhängig von ihrem Erkenntniswert entfalten Gesellschaftsmodelle so gesellschaftliche Wirkung.

(Bernhard Schäfers/Wolfgang Zapf [Hg.], Handwörterbuch zur Gesellschaft Deutschlands, Opladen 1998, S. 253f.)

1 *Versuchen Sie die in M 80a zusammengestellten Gesellschaftsbegriffe konkreter zu erläutern. Was soll jeweils zum Ausdruck gebracht werden? Welche Typisierungen erscheinen Ihnen mehr, welche weniger berechtigt? Mit welchen können Sie eigene Vorstellungen und Erfahrungen verknüpfen? Kennen Sie weitere Begriffe dieser Art?*

2 *M 80 b stellt das Ergebnis einer Umfrage („Welche Gesellschaftsbegriffe treffen Ihrer Meinung nach am ehesten zu?") dar. Entspricht es auch Ihren Vorstellungen? Vielleicht können Sie eine eigene kleine Befragung durchführen. Die Frage könnte z.B. lauten: Welche drei der in M 80a genannten Gesellschaftsbegriffe erscheinen Ihnen am zutreffendsten?*

3 *Beschreiben Sie anhand von M 80 c den Charakter, die Intention, das Wirklichkeitsverhältnis und den Stellenwert von Gesellschaftsbegriffen und -typisierungen. Inwiefern können solche Begriffe „unabhängig von ihrem Erkenntniswert" gesellschaftliche Wirkung entfalten?*

4 *M 80 c misst dem Begriff „Modell" einen höheren Anspruch zu als dem Begriff „Typisierung". Erläutern Sie diesen Hinweis (zum Theorie-Begriff s. Einleitungstext zu M 50, S. 96). Inwiefern könnte man danach z.B. den Begriff „Industriegesellschaft" als Modell, den Begriff „Konsumgesellschaft" nur als „Typisierung" bezeichnen?*

Im Folgenden haben wir eine Reihe von Gesellschaftsbegriffen ausgewählt und kurz (i.d.R. durch Lexikonartikel) charakterisiert, die in der politischen und soziologischen Diskussion schon seit Jahren eine mehr oder weniger bedeutende Rolle spielen. (Der „Informationsgesellschaft" ist ein eigener Abschnitt gewidmet.) Die Zusammenstellung ist ein Angebot, aus dem Sie vielleicht den ein oder anderen Ihnen am wichtigsten (interessantesten) erscheinenden Begriff auswählen und unter den folgenden (bereits in M 80 a–c angesprochenen) Fragestellungen analysieren können:

- Wie ist der Begriff zustande gekommen? Auf welche prägenden Strukturen, Entwicklungen, Veränderungen usw. beruft er sich?
- Handelt es sich um eine Typisierung von vielleicht nur geringer Reichweite und beschränktem Erkenntniswert oder eher um ein in eine umfassende Theorie eingebettetes Modell?
- Inwieweit verweist der jeweilige Begriff auf feststellbare Fakten (ist also auch „empirisch getränkt")? Inwieweit beruht er stärker auf Interpretationen und Deutungen (ist also stärker „theoretisch konstruiert")?
- Welche Typisierungen nehmen Bezug auf in diesem Arbeitsbuch angesprochene Inhalte/Begriffe/Entwicklungen/Veränderungen/Theorien? Welche erscheinen Ihnen selbst am plausibelsten/wichtigsten/zukunftsträchtigsten?

M 81a Postindustrielle Gesellschaft

Die *„postindustrielle Gesellschaft"* gibt es in verschiedenen Varianten, deren zwei wohl einflussreichsten von Jean Fourastié* und Daniel Bell* vorgedacht wurden. Die erste fasst die *sektorale* Entwicklung einer Volkswirtschaft* als wichtigsten Indikator für die gesamtgesellschaftliche Entwicklung auf; die zweite stellt *kulturelle Wandlungsprozesse* in den Vordergrund. Gemeinsam ist beiden, dass eine interne Entwicklungslogik die Gesellschaft von einer Stufe zur nächsten vorantreibt.
Nach Fourastié (1954) verschiebt sich im Zuge eines längerfristigen Entwicklungsprozesses der Schwerpunkt einer Volkswirtschaft in drei Stufen vom *primären* über den *sekun-*

dären hin zum *tertiären Sektor* (vgl. Grafik unten und M 18 b). Die mittlere Phase, die Industriegesellschaft also, stellt nur eine Übergangsperiode zwischen agrarischer und tertiärer Zivilisation dar. In ihr entstehen große wirtschaftliche Ungleichgewichte, doch schließlich werden im Dienstleistungssektor die Arbeitsplatzverluste des sekundären Sektors ausgeglichen, ähnlich wie dieser in der Vergangenheit die im Gefolge der Agrarrevolution freigesetzten Arbeitskräfte aufgenommen hat. Dafür ist zum einen die geringe Produktivität von *Dienstleistungen* verantwortlich, zum anderen das wachsende Bedürfnis nach immateriellen Gütern.

Auch Daniel Bells Entwicklungsvision ist eine grundsätzlich technikbejahende, wenngleich mit dem von ihm prognostizierten Anwachsen einer neuen, hedonistischen* Klasse einige pessimistische Untertöne nicht zu übersehen sind. Bell hebt in seiner Gesellschaftsanalyse auf die zunehmende Bedeutung von *Bildung und Kultur* ab. Das „axiale* Prinzip“ der *Industriegesellschaft* ist das des optimalen Einsatzes knapper Güter, während die *postindustrielle Gesellschaft* durch *Zentralität theoretischen Wissens* gekennzeichnet ist (s. Kasten u.). Dies drückt sich in Institutionen aus, die mit der Akkumulation*, Kodifikation* und Verarbeitung von Wissen beschäftigt sind. Nicht mehr die stoffliche Produktion prägt demnach die Gesellschaft, sondern geistige Leistungen; Macht schöpft sich nicht mehr aus Kapital-, sondern aus Informationsbesitz.

(Bernhard Schäfers/Wolfgang Zapf [= M 80 c], S. 255)

Schema der Entwicklung der Beschäftigtenzahl beim Übergang von der Agrar-Zivilisation zur Dienstleistungs-Zivilisation (nach Fourastié)

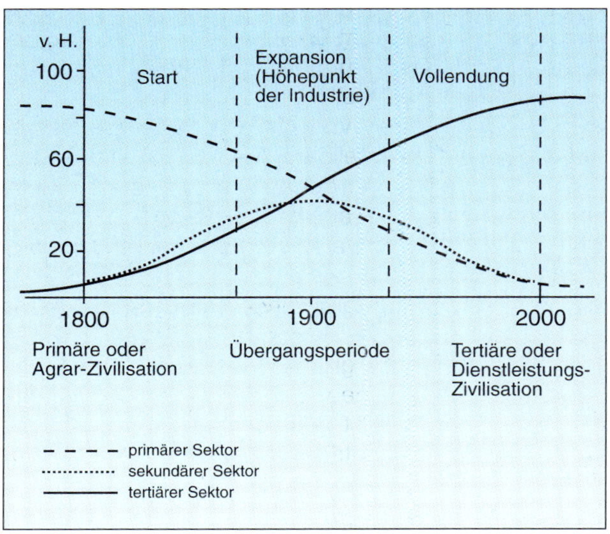

(Friedrich-Wilhelm Henning, Die Industrialisierung in Deutschland 1800 bis 1914, Schöningh, Paderborn 1995, S. 21)

In der Einleitung zu seinem Buch *Die nachindustrielle Gesellschaft*, zuerst 1973 in den USA erschienen, unterscheidet Bell fünf Dimensionen oder Komponenten postindustrieller Gesellschaften:

„1. Wirtschaftlicher Sektor: der Übergang von einer Güter produzierenden zu einer Dienstleistungswirtschaft;
2. Berufsstruktur: der Vorrang einer Klasse professionalisierter und technisch qualifizierter Berufe;
3. Axiales* Prinzip: die Zentralität theoretischen Wissens als Quelle von Innovationen und Ausgangspunkt der gesellschaftlich-politischen Programmatik;
4. Die Zukunftsorientierung: die Steuerung des technischen Fortschritts und die Bewertung der Technologie;
5. Entscheidungsbildung: die Schaffung einer neuen ‚intellektuellen Technologie‘ “

(Daniel Bell, Die nachindustrielle Gesellschaft, übers. von Siglinde Summerer u. Gerda Kurz, Campus, Frankfurt a. M. 1996)

M 81b Risikogesellschaft

Risikogesellschaft ist eine mit dem gleichnamigen Buch von Ulrich Beck (1986) eingeführte und allgemein bekannt gewordene Bezeichnung für die hochentwickelte Industriegesellschaft, in der Risiken die Dimension einer globalen Gefährdung des Lebens erreicht haben und zunehmend die gesellschaftlichen Verhältnisse und Entwicklungsprozesse beeinflussen.

In früheren Epochen waren Gefährdungen sinnlich wahrnehmbar und haben als persönliche Risiken keineswegs das Überleben der Menschheit bedroht. Heute hingegen hat im Zuge bisheriger Modernisierungsprozesse eine eigenmächtig gewordene technisch-wirtschaftliche Entwicklung ungewollt „Nebenfolgengefährdungen“ und „Selbstgefährdungspotentiale“ hervorgebracht, die das Leben auf der Erde in all seinen Erscheinungsformen bedrohen. Die sich dem unmittelbaren menschlichen Wahrnehmungsvermögen entziehenden, das Überleben gefährdenden Risiken (atomare, chemische, ökologische, gentechnische Gefahren) sind 1) örtlich, zeitlich und sozial nicht mehr eingrenzbar, 2) nicht zurechenbar nach geltenden Regeln von Kausalität, Schuld und Haftung, 3) weder kompensierbar* noch versicherungsfähig. Durch die globalen Gefährdungslagen sind auch die Reichen und Mächtigen betroffen. In der Regel sind Verteilungskonflikte* der (früheren) Mangel- und Klassengesellschaften durch das Problem der Bewältigung der Überlebensgefahren verdrängt oder zumindest abgeschwächt worden.
Mit der Herausbildung der Risikogesellschaft ist eine weitergehende *Individualisierung* verbunden: Infolge abnehmender Einflussstärke überkommener Traditionen, Sitten, Lebensgemeinschaften, Kontrollen und Sicherheiten ist das Individuum verstärkt den Chancen und Risiken einer eigenverantwortlichen Gestaltung seines Lebens ausgeliefert.
Mit wachsender Information über die globalen Risiken bestimmt in der Risikogesellschaft das Bewusstsein das Sein. Die Bewältigung der Überlebensgefahren setzt voraus, dass die Risikogesellschaft und der Modernisierungsprozess *reflexiv* werden, das heißt sich selbst zum Thema und Problem machen (Überprüfung bisher geltender Auffassungen, Werte, Normen, Konventionen und Verhaltensmuster, Modernisierungskritik). Letztlich ist entscheidend, wie schnell und effektiv durch entsprechenden Wandel von Bewusstsein, Werten, Institutionen und Verhalten eine ökologische Politik der Selbstbegrenzung die notwendige Macht und Durchsetzungsfähigkeit gewinnen kann.
(Karl-Heinz Hillmann, Wörterbuch der Soziologie, Kröner, Stuttgart 1994, S. 740f.)

Zitate aus Veröffentlichungen von Ulrich Beck:

„Gesellschaften, die zunächst verdeckt, dann immer offensichtlicher mit den Herausforderungen der selbst geschaffenen Selbstvernichtungsmöglichkeiten allen Lebens auf dieser Erde konfrontiert sind, nenne ich *Risikogesellschaften*“ (Beck, 1988, S. 109)

„Auch hier gibt es Ungleichheiten: Not zieht Gefahr an. Aber diese nehmen im globalen Einfluss der Gefahren ab. Schadstoffe im Trinkwasser machen auch nicht Halt vor den Trinkwasserhähnen der Generaldirektoren“ (Beck, 1991, S. 187)

„Angesichts der Universalität und Übernationalität des Schadstoffverkehrs wird das Leben des Grashalms im Bayerischen Wald letztlich vom Schließen und Einhalten internationaler Abkommen abhängig“ (Beck, 1986, S. 30)

„Individualisierung meint: Die Biografie der Menschen wird aus traditionellen Vorgaben und Sicherheiten, aus fremden Kontrollen und überregionalen Sittengesetzen herausgelöst, offen, entscheidungsabhängig und als Aufgabe in das Handeln jedes Einzelnen gelegt. Die Anteile der prinzipiell entscheidungsverschlossenen Lebensmöglichkeiten nehmen ab, und die Anteile der entscheidungsoffenen, selbst herzustellenden Biografie nehmen zu“ (Beck/Beck-Gernsheim, 1990, S. 12f.)

„Die freigesetzten Individuen werden arbeitsmarktabhängig und deshalb bildungsabhängig, konsumabhängig, abhängig von [...] Möglichkeiten und Moden in der medizinischen, psychologischen und pädagogischen Betreuung“ (Beck, 1986, S. 210)

„Mit ‚reflexiver Modernisierung‘ gemeint ist zunächst nicht unbedingt Reflexion von Modernisierung, sondern »Reflexivität« im Sinne von ungewollter, oft auch ungesehener

Selbstinfragestellung, Selbstveränderung. Modernisierung untergräbt – und verändert! – die Voraussetzungen und Rahmenbedingungen industriegesellschaftlicher Modernisierung; eben im Sinne z.B. von Enttraditionalisierung, Globalisierung* und Individualisierung. »Reflexive Modernisierung« besagt: Es beginnt ein Konflikt *in* der Moderne um die Rationalitätsgrundlagen, das Selbstverständnis der Industriezivilisation, und zwar *in* den Zentren industrieller Modernisierung und nicht nur in den Rand- und Überlappungszonen mit der Privatheit und in den sozialen Bewegungen*. Strukturen können nicht mehr nur reproduziert, sie müssen ausgehandelt, entschieden, gerechtfertigt, ja vielleicht sogar neu erfunden werden – in Betrieben und Organisationen ebenso wie in Familien und in der Politik.«

(Ulrich Beck/Anthony Giddens/Scott Lash, Reflexive Modernisierung. Eine Kontroverse, Frankfurt am Main 1996, S. 45)

M 81c Erlebnisgesellschaft

Erlebnisgesellschaft ist der von Gerhard Schulze geprägte kultursoziologische Fachausdruck für die modernen Industrie- und Dienstleistungsgesellschaften im ausgehenden 20. Jahrhundert. Dem Konzept der Erlebnisgesellschaft zufolge ist die moderne Gesellschaft nicht mehr primär durch Probleme der Knappheit oder der Überlebensfragen bestimmt, sondern durch Probleme des Überflusses und des Erlebens. Das Leitziel für Tun und Lassen der Mitglieder der Erlebnisgesellschaft ist ein als lohnend empfundenes Leben auf der Grundlage hochgradig individueller, weitgehend autonomer Lebensführung. Prägend für die Erlebnisgesellschaft sind darüber hinaus fünf große Milieus*, die sich vor allem durch gemeinsame Alltagserfahrung, Stiltypus, Präferenz für bestimmte Zeichen, Freund- und Feindbilder und Lebensphilosophien auszeichnen: 1) das in der Nachfolge des Bildungsbürgertums* stehende *Niveaumilieu,* 2) das dem Milieu der klassischen Unterschicht ähnelnde *Harmoniemilieu,* 3) das *Integrationsmilieu,* das den Milieus der Angestelltenschaft in Industriegesellschaften ähnelt, sowie zwei Milieus, die besonders charakteristisch für die Erlebnisgesellschaft sind, nämlich 4) das *Unterhaltungsmilieu* und 5) das *Selbstverwirklichungsmilieu.* Im Unterschied zu einer Gesellschaft, die in Klassen* gespalten oder sozial geschichtet ist (Schichtung*), stehen die Milieus der Erlebnisgesellschaft nicht mehr in eindeutiger hierarchischer* Unter- oder Überordnung zueinander, sondern eher im Sinne horizontaler Segmentierung* von *Teilkulturen,* zwischen denen Kommunikation problematisch und gegenseitiges Verstehen schwach entwickelt ist. (Manfred G. Schmidt, Wörterbuch zur Politik, Kröner, Stuttgart 1995, S. 273)

Die Erlebnisgesellschaft ist eine Formel, die leicht missverstanden werden kann. Wenn wir Soziologen eine Gesellschaft als diese oder jene bezeichnen, beschreiben wir die Veränderung von Mischungsverhältnissen. Ich konnte über fünf Jahrzehnte an solchen Veränderungen in Deutschland als Beobachter teilnehmen. Mir fiel auf, dass ein bestimmtes Grundmotiv der Glückssuche immer blasser wurde und ein anderes sich immer stärker in den Vordergrund schob. In den 60er-Jahren definierten wir Glück noch als etwas Äußerliches, Materielles. Haus, Auto, Geld. Inzwischen ist der Fokus unserer Zieldefinition von außen nach innen gewandert. [...]
Solange ich mit harten Überlebensproblemen befasst bin, kann ich mir keinen metaphysischen Luxus leisten. Wenn diese Probleme halbwegs gelöst sind und ich davon ausgehe, dass ich die mir biologisch zugemessene Lebensspanne durchleben kann, lande ich bei der Frage: Was will ich eigentlich auf dieser Welt? Wenn ich auf eine Religion zurückgreifen kann, ist das psychisch außerordentlich komfortabel. Finde ich diese persönliche Gottesvorstellung nicht, die mir den Sinn des Lebens von außen besorgt, bleibt nichts anderes übrig, als das zu tun, was Michel de Montaigne geraten hat: als Körper und Bewusstsein zu versuchen, sich ein schönes Leben zu machen. Der Religionsverlust ist ein Grundmotiv, das den Wandel zur Erlebnisgesellschaft befördert hat. Der Wunsch, dem Leben durch

Erleben einen Sinn zu geben, ist eine notwendige Konsequenz, wenn der Mensch selbst sowohl die Sinngebungsinstanz als auch das Medium des Lebenssinnes ist. [...]
Es genügt uns nicht mehr, zu haben, was wir wollen. Wir wollen etwas Bestimmtes sein. Das schlug sich in der neuen Lust am Outfit, der Freude am Genuss, an der Zugehörigkeit zu Unterhaltungsmilieus und am Reiz der äußeren Hüllen nieder. Natürlich haben Medien und Konsumgüterindustrie den Trend aufgegriffen und verstärkt. Die Botschaft war, dass die Welt gegenüber der Psyche eine Bringschuld hat. Das heißt: Es lohnt sich etwas noch nicht, wenn man etwas hat, es lohnt sich erst dann, wenn es eine bestimmte Wirkung in einem selbst auslöst. So geht es bei Gebrauchsgegenständen immer weniger um Funktionen und immer mehr um das Design. Zum Beispiel ist die Fahreigenschaft von Autos noch immer wichtig, aber im Mischungsverhältnis ist diese Bedeutung gegenüber seiner Ästhetik zurückgetreten. [...]
Der erlebnisrationale Mensch erwartet sich eine maximale innere Wirkung von äußeren Gegenständen. Dazu kann man auch Partner zählen, Umgebungen, in die man hineinreist, natürlich auch Konsumgüter, Filme, Angebote der Unterhaltungsindustrie und Musik. Das alles gruppiert man um sich, in der Hoffnung auf ein intensiveres Erlebnis: Instrumentalisierung der Umwelt zur Optimierung des Innenlebens.

(Gerhard Schulze, in: PSYCHOLOGIE heute, Februar 1999, S. 28f.)

M 81d Multikulturelle Gesellschaft

Multikulturelle Gesellschaft ist ein sozialwissenschaftlicher und tagespolitischer Begriff zur Bezeichnung einer Gesellschaft, die im Zusammenhang mit verschiedenen Bevölkerungsteilen durch mehrere unterschiedliche Kulturen gekennzeichnet ist. In der Multikulturellen Gesellschaft leben daher Menschen mit deutlich verschiedenartigen, zum Teil gegensätzlichen kulturellen Prägungen, Orientierungen und Lebensformen. Die kulturelle Vielfalt besteht hinsichtlich kulturell-ethnischer* Abstammung und Herkunft, Sprache, Religion, Nation, Staatsangehörigkeit, Weltanschauung, Wertsystem, Traditionen, Sitten, Bräuche, sozialer Normen, Formen des sozialen Zusammenlebens, Wirtschaftsweise, Verhaltensmustern (einschließlich Arbeitsverhalten, Konsum und Freizeitgestaltung). [...]
Eine wesentliche Ursache [für die Entstehung multikultureller Gesellschaften] bilden *Wanderungen,* die in neuerer Zeit stark zugenommen haben, insbesondere durch die wachsende Kluft zwischen Mangel- und Wohlstandsgesellschaften, durch globale Verbreitung von Informationen über letztere, durch den Ausbau großer Transportkapazitäten mit kurzen Reisezeiten.
Mitbedingt durch das verstärkte Streben nach Verwirklichung des Selbstbestimmungsrechts der Völker sind mittlerweile Vielvölkerstaaten auseinander gebrochen (z. B. UdSSR, Jugoslawien, Tschechoslowakei). In Wohlstandsgesellschaften ist die Multikulturelle Gesellschaft zu einem Hauptproblem kontroverser gesellschaftspolitischer Diskussion geworden. *Befürworter* erwarten eine soziokulturelle Bereicherung der eigenen Lebensmöglichkeiten, eine Verbesserung des Verständnisses für andere Kulturen und Völker sowie des weltweiten friedlichen Zusammenlebens. Hinsichtlich der Überalterung der angestammten Bevölkerung und künftig drohender Arbeitskräfteverknappung in Wohlstandsgesellschaften wird eine entsprechend ausgleichend wirkende Einwanderung gefordert. *Gegner* der Multikulturellen Gesellschaft befürchten eine zunehmende Überfremdung und Beseitigung der eigenen Kultur, Ethnie* und kollektiven Identität*, ferner Gettobildung, Integrationsprobleme, Zunahme sozialer Probleme und Konflikte, Verschärfung von Wohnungsnot und Arbeitsplatzrivalität, Arbeitslosigkeit, wachsende Kriminalität und Drogensucht, durch Ausländerhass gesteigerte politische Radikalisierung, dadurch zugleich eine Gefährdung der freiheitlich-demokratischen Lebensform.

(Karl-Heinz Hillmann [= M 81 b], S. 583f.)

M 81e Zweidrittel-Gesellschaft

Zweidrittel-Gesellschaft ist ein vergröberndes, im politischen Tageskampf eingesetztes Schlagwort zur Kennzeichnung der modernen Gegenwartsgesellschaft, in der die überwiegende Bevölkerungsmehrheit durch (relativ) sichere Arbeitsplätze und durch mittlere oder höhere Einkommen im Wohlstand leben kann, während eine große Bevölkerungsminderheit infolge ungünstiger, benachteiligter Lebensverhältnisse (Arbeitslosigkeit, unsichere Tätigkeiten auf niedrigen Niveaus Ausbildungssituation, Behinderung, Armut durch niedrige Altersversorgung, soziale Diskriminierung, Abhängigkeit von Sozialhilfe u. Ä. mehr) von der Mehrheit durch Umverteilung* mitgetragen wird und mit relativ niedrigen Versorgungsniveaus zufrieden sein muss. Die Zweidrittel-Gesellschaft ist demgemäß eine gespaltene Gesellschaft. In Wirtschaftsunternehmungen spiegelt sich die Zweidrittel-Gesellschaft teilweise in der Aufspaltung von Stamm- und Randbelegschaft wider. Wesentliche Ursachen sind: vor allem durch technischen Fortschritt bedingte steigende Arbeitsplatzanforderungen, denen nicht alle Arbeitskräfte gewachsen sind; Zunahme dauerhafter Massenarbeitslosigkeit, da im Rahmen weltwirtschaftlicher Konkurrenz Lohnkostensteigerungen (infolge gewerkschaftlicher Einkommens- und Umverteilungspolitik) durch betriebliche Rationalisierung, Arbeitsplatzabbau und durch Verlagerung von Arbeitsplätzen in Billiglohnländer aufgefangen werden. Vor allem ältere Dauerarbeitslose fallen beruflich zurück, neigen oft zur Resignation und sind zunehmend schwerer vermittelbar (Verfestigung der Arbeitslosigkeit und berufliche Ausgrenzung). Die verbleibenden Arbeitsplatzinhaber sind wiederum – insbesondere auf höheren Positionen – einem steigenden beruflichen Leistungs- und Erfolgsdruck unterworfen.

(Karl-Heinz Hillmann [= M 81 b], S. 957)

M 81f Globale Gesellschaft

Den sich in der *Zweidrittelgesellschaft* und den Wissenslagen des Informationszeitalters abzeichnenden Gefährdungen vermag der Nationalstaat kaum mehr entgegenzusteuern. Sinkende Transport-, Kommunikations- und Transaktionskosten* haben die grenzüberschreitende Mobilität von Gütern und Dienstleistungen, Kapital und Menschen erhöht. Räumliche Distanzen lassen sich immer schneller und billiger überwinden, hochwertige Produkte sich tendenziell überall auf der Welt herstellen. Politisch wurde die *Globalisierung* durch internationale Regime wie Handelsabkommen und Wirtschaftsblöcke vorangetrieben; einen wichtigen weiteren Schub brachte der Zusammenbruch des Sowjetimperiums. Kulturelle Angebote, wie Musikrichtungen, Lebensstile oder Speisen, vervielfältigen sich, sind in ihrer Vielfalt aber überall ähnlich. [...]
Die *ökonomische* Globalisierung schafft neue Wachstumschancen, wird in der Bundesrepublik aber hauptsächlich als scharfer Wettbewerb erfahren, der das bisherige Sozial- und Wirtschaftssystem in Frage stellt. Für viele dreht sich die Standortdebatte darum, wie viel *soziale Ungleichheit* und Ausgrenzung nötig und möglich sind, um den *Standort Deutschland* zu sichern. Während die Nachfrage nach sozialstaatlichen Leistungen steigt, wächst sowohl die Schwierigkeit sie zu finanzieren als auch die notwendige gesellschaftliche Unterstützung aufrecht zu erhalten. [...] Zur Gefährdung der solidarischen Grundlage nationaler Sicherungssysteme tritt die Gefährdung, wenn nicht schon Überlastung des globalen Ökosystems hinzu, die jede Gesellschaft zum Bestandteil einer internationalen *Weltrisikogesellschaft* macht.

(Bernhard Schäfers/Wolfgang Zapf [= M 81 a], S. 256f.)

M 81g Postmoderne (Gesellschaft)

Postmoderne ist ein unscharfer, mehrdeutiger, in verschiedenen Kultur- und Sozialwissenschaften variantenreich und zum Teil widersprüchlich verwendeter, inzwischen zum Modewort gewordener Begriff, der im Kern die gegenwärtig stark beschleunigte Auffächerung, Heterogenisierung* und Pluralisierung der modernen Kultur und Gesellschaft mit ihren verschiedenen Bereichen zum Ausdruck bringt. [...] Die Interpretation des Phänomens Postmoderne hängt von unterschiedlichen Orientierungsstandorten, Überzeugungen und Reflexionsergebnissen ab: *Die einen* meinen mit Postmoderne einen kulturellen Umbruch oder sogar eine neue Epoche, nachdem das Zeitalter der Moderne – die in umfassender Weise durch Rationalismus, Fortschrittsglauben und Technokratie bestimmt war bzw. noch ist – in eine tiefe Krise geraten sei (Umwelt- und Wachstumskrise, Kultur- und Wertkrise, Scheitern der marxistischen Utopie) oder nun zu Ende gehe. [...]
Andere hingegen (W. Welsch, Unsere postmoderne Moderne, 2. Aufl. 1993) sehen in der Postmoderne weder eine völlig neue Epoche noch eine Antimoderne, sondern die weiter gehende, radikale Entfaltung von Elementen, Möglichkeiten und Versprechen, die in der Moderne bereits angelegt waren. Im Zuge einer solchen Weiterentwicklung sei für die „postmoderne Moderne" kennzeichnend: Ablehnung des Absolutheits- und Totalitätsdenkens, allgemein gültiger Leitvorstellungen, von Hegemonie*-Anmaßungen und Monopolen, stattdessen Bejahung von Differenzierung und Pluralisierung in allen Bereichen, der Vielheit von weltanschaulichen Orientierungen, Denkansätzen, Wahrheiten, Wissensformen, Wertsystemen, »kulturellen Welten«, Sprachstilen, Kunstrichtungen, Maßstäben, Lebensformen und Handlungsmustern. Postmoderne wird dementsprechend als »Verfassung radikaler Pluralität« (Welsch) und Wirklichkeitsvielfalt aufgefasst, durch die erst wirkliche Demokratie erreicht werden kann. [...]
Allgemein bezeichnet Postmoderne in der Soziologie die Gesamtheit gegenwärtiger soziokultureller Prozesse, die auf eine zunehmende Differenzierung und Pluralisierung von weltanschaulichen Orientierungen, Wertsystemen, Einstellungen, Lebensstilen, Verhaltensweisen und Formen sozialer Beziehungen hinauslaufen, verbunden mit einer Zunahme von Orientierungsschwierigkeiten, Gegensätzen, Widersprüchen und Konflikten, aber auch von Möglichkeiten autonom-individueller Lebensgestaltung. [...] Kritiker der Postmoderne beklagen den Verlust allgemein verbindlicher Auffassungen und Werte. Postmodernisten hingegen verteidigen die radikale Pluralität der Lebensmöglichkeiten.

(Karl-Heinz Hillmann [= M 81 b], S. 682ff.)

Die in M 81 a–g kurz skizzierten Gesellschaftsmodelle, von denen Sie vielleicht einige unter den (o. S. 172) angegebenen Fragestellungen analysieren konnten, sind in den Sozialwissenschaften in vielfacher Weise diskutiert und kritisiert worden. Darauf können wir hier nicht näher eingehen (vielleicht sind ja auch Ihnen Schwächen und Stärken einzelner Modelle aufgefallen). Anhand von M 82 können Sie noch einmal (vgl. M 80c) den Charakter und den Stellenwert solcher Gesellschaftsmodelle reflektieren und erörtern. Der dann folgende Abschnitt (S. 180 ff.) gibt Gelegenheit, den in M 81 nicht berücksichtigten, inzwischen am meisten diskutierten Typ der „Informationsgesellschaft" genauer zu untersuchen.

M 82a Wozu Gesellschaftsmodelle dienen können

Bei aller Kritik im Einzelnen sollte festgehalten werden, dass Gesellschaftsmodelle ein wichtiges Element der öffentlichen Auseinandersetzung darstellen. Sie schärfen den Blick für die rasanten Veränderungen in der Arbeits- und Lebenswelt und machen deutlich, dass *technologische* Innovationen gleichzeitig *soziale* Innovationen nach sich zie-

hen und ökonomischer und soziokultureller* *Strukturwandel* zusammenwirken. Gesellschaftsmodelle dienen nicht zuletzt dazu, den Bürgern die Zukunftsdiskussion zugänglich zu machen. Insofern darf man sie nicht als deterministische* Zukunftsmodelle missverstehen; sie sollen gerade ausdrücken, wie und durch welche gesellschaftlichen Eingriffe die Zukunft gestaltet werden kann. Wie wollen wir z.B. das Verhältnis [...] zwischen den Geschlechtern, zwischen kinderlosen Familien und solchen mit Kindern organisieren? Wie soll die Medienlandschaft von morgen aussehen? [...] In welcher Art von Dienstleistungsgesellschaft wollen wir leben? [...]
Zeitdiagnostische Typisierungen sind daher nicht nur in wissenschaftlicher, sondern mehr noch in politisch-normativer* Hinsicht von eminenter Bedeutung. Es macht z.B. für die Wirtschafts- und Beschäftigungspolitik einen Unterschied, ob wir unsere Gesellschaft weiterhin als *„Industriegesellschaft“* begreifen oder nach dem *Dienstleistungsgesellschaft*-Modell einen Abbau des industriellen Sektors forcieren. Gesellschaftsmodelle vereinigen stets analytische mit prognostischen Dimensionen. Diese Vermischung von zeitdiagnostischen Vereinfachungen und spekulativen Zukunftsvisionen ist unvermeidlich, weil auch die schönsten Sozialstrukturdaten nie für sich sprechen, sondern stets der (theoriegeleiteten) Deutung bedürfen. Diese Deutung aber kann mehr oder weniger begründet sein.
(Bernhard Schäfers/Wolfgang Zapf [= M 81 a], S. 216)

M 82b

(Zeichnung: Peter Leger; © Stiftung Haus der Geschichte, Bonn)

1 *Verdeutlichen Sie die drei positiven Funktionen, die Gesellschaftsmodellen zugesprochen werden können (M 82 a: Schärfung des Blicks für den Zusammenhang technologischer und sozialer Veränderungen, Ermöglichung einer notwendigen Zukunftsdiskussion, politisch-normative Bedeutung).*

2 *Die Karikatur M 82 b will auf ein grundsätzliches Problem des Verhältnisses von Modell und Wirklichkeit hinweisen. Erläutern Sie die Aussageabsicht dieser Darstellung.*

3 *Die Karikatur und die beiden letzten Sätze von M 82 a könnten als Anlass zu einer grundsätzlichen Erörterung dienen: Sollte man sich in den Sozialwissenschaften nicht auf empirisches* Forschen beschränken und auf „theoriegeleitete Deutungen“ möglichst verzichten? Warum sprechen die „schönsten Sozialstrukturdaten nicht für sich“?*

2. Auf dem Weg in die „Informationsgesellschaft“

M 83 „Die Zukunft ist revolutionär“

(© Image Bank/Michel Tcherevkoff)

Die Kommunikationsgesellschaft der Zukunft hat längst begonnen. Wir befinden uns mitten in einem gewaltigen Umwandlungsprozess, dem Übergang von der Produktions- in die Informationsgesellschaft, wobei über den Begriff sicherlich noch ausgiebig debattiert werden kann. Wir wissen alle, dass eine neue Epoche mit neuen Anforderungen und neuen Herausforderungen begonnen hat. Es gilt deshalb, heute die Weichen richtig zu stellen.
Ähnlich, wie unsere Urgroßeltern beim Übergang von der Agrar- zur Industriegesellschaft in der zweiten Hälfte des 19. Jahrhunderts mit einschneidenden sozialen und kulturellen Umwälzungen konfrontiert wurden, so sind die Veränderungen, denen sich die heutige Generation beim Übergang zur Informationsgesellschaft stellen muss, ebenfalls revolutionär. Der Fortschritt entwickelt sich heute aber nicht in einzelnen Regionen, sondern vollzieht sich weltweit und in einem atemberaubenden Tempo. In einem Jahrzehnt finden größere Veränderungen statt als früher in einem ganzen Jahrhundert. [...] Das Zusammenwachsen der Systeme und Technologien, die Verschmelzung von Unterhaltungselektronik, Informationstechnologien und Telekommunikation führt zu einer Revolution, die nicht nur die bisher isolierten Branchen, sondern auch die Gesellschaft und die Lebens- und Arbeitswelt eines jeden radikal verändern wird. Dieser Wandel lässt sich nur mit der industriellen Revolution vergleichen, vollzieht sich jedoch in einem vielfach höheren Tempo. Information ist neben Boden, Arbeit und Kapital zum vierten Produktionsfaktor geworden.

(Ron Sommer, Vorstandsvorsitzender der Telekom AG: Perspektiven der Telekommunikation, in: Ingrid Hamm [Hg.], Kommunikationsgesellschaft der Zukunft, Verlag Bertelsmann Stiftung, Gütersloh 1997, S. 38–40)

M 84 Liegt die Zukunft in unserer Hand?

Waren in früheren Zeiten „alte Traditionen und Vergangenheiten“ bestimmend für das jeweils gegenwärtige Handeln und Empfinden, so ist heute die Jetztzeit in starkem Maße durch die Zukunft – die „Noch-nicht-Zeit“ – geprägt: Die Zukunft als etwas „Nichtexistentes, Konstruiertes, Fiktives“ tritt an die Stelle der Vergangenheit „als Ursache gegenwärtigen Erlebens und Handelns.“[1]

[1] Ulrich Beck, in: Süddeutsche Zeitung vom 27.9.1996, S. 13.

Wir sind Betroffene von Umwälzungen, die sich bereits vollziehen und die deswegen die Zukunft mitbestimmen. Wie kommt Zukunft zustande? Viele Entwicklungen und Tendenzen setzen sich in der Form einer anonymen, über Märkte koordinierten Interaktion durch technischer Wandel, Rationalisierung, Globalisierung* etc. Hier wirken sich die Verhaltensweisen einer Vielzahl von Akteuren und die Marktmechanismen unter den Zwängen des Wettbewerbs aus. Die Entscheider vollziehen mit und nach, was von den Märkten als Ergebnis komplexer Interaktionen hervorgebracht wird. Die Besonderheit der Marktinteraktion besteht darin, dass sie zu Ergebnissen führt, die niemand ausdrücklich anstrebt und niemand geplant hat. Dies ist das Phänomen der *Emergenz:* Die tatsächlichen Entwicklungen sind wohl Ergebnisse menschlichen Handelns, nicht jedoch Ergebnisse menschlicher Absichten oder Planung. „Diese Selbstläufigkeit der Gesellschaft muss verstanden werden.“[1] Insofern ist es einerseits banal, andererseits aber falsch und irreführend, zu behaupten, die Zukunft „liege in unserer Hand“[2], sie hänge „allein von uns ab – davon, was wir als Unternehmen und als Gesellschaft tun, von unseren Entscheidungen und Maßnahmen.“ Abgesehen davon, dass „wir als Unternehmen“ und „wir als Gesellschaft“ nicht handeln, hängt die Entwicklung eben nicht nur von bewussten unternehmerischen und politischen Entscheidungen ab, sondern wesentlich von einer „systemischen“ Interaktion von Entscheidungsprozessen, die zu ungeplanten und unvorhergesehenen Folgen führen kann. Aber es sind nicht nur anonyme Mechanismen, welche die künftigen Entwicklungen bestimmen. Über die Zukunft bestimmen durch ihr Verhalten sehr viele und durch ihre Entscheidungen eine beträchtliche Anzahl von Akteuren mit – zum Beispiel die *Politik*, also Kabinette, Parlamente, Ministerien, sowie Verbände, Gruppen, Medien etc., die auf Politik Einfluss zu nehmen versuchen. Auf der Seite der Wirtschaft sind es Unternehmensführungen, die strategische Entscheidungen treffen, aber auch die „Macher“ des technischen Wandels (Ingenieure, Informatiker, Physiker, Chemiker etc.) – die Inventoren und Innovatoren in Wissenschaft und in den Entwicklungslabors der Unternehmen. Des Weiteren sind auch die Tarifparteien beteiligt, die mit ihren Entscheidungen über die Bedingungen der Erwerbsarbeit die Zukunft der Arbeit mitgestalten. Entscheider sind ferner die Konsumenten, die über ihre Nachfrage (mit)bestimmen, was wo und wie produziert wird. In einem international verflochtenen Land wie Deutschland wirken sich schließlich die Entscheidungen anderer Länder und weltwirtschaftliche Entwicklungen aus.

(Gerhard Willke, Die Zukunft unserer Arbeit, hg. von der Bundeszentrale für politische Bildung, Bonn 1998, S. 38f.)

M 85a Typen zukunftsorientierter Aussagen

- *Trends* sind Fortschreibungen beobachteter Entwicklungen, unter Beibehaltung der zugrunde liegenden Strukturgrößen.
- *Projektionen* enthalten zusätzliche Informationen aus absehbaren Veränderungen der einbezogenen Strukturgrößen und geben die Ergebnisse von Trendberechnungen bei veränderten Strukturgrößen wieder; sie können auch Zielvorstellungen über wünschbare Entwicklungen enthalten.
- *Prognosen* sind Vorhersagen; in einem strikten Sinne sind Prognosen nicht möglich, weil es kein Wissen über künftige Ereignisse gibt. Üblicherweise sind mit Prognosen jedoch „bedingte Prognosen“ gemeint, d.h. Vorhersagen unter der Bedingung, dass sich die wichtigsten Einflussgrößen nicht ändern (Status-quo-Prognosen) oder in ganz bestimmter (angenommener bzw. unterstellter) Weise ändern (Szenarien).

---

1 N. Luhmann, Interview in: Universitas Nr. 604 (Okt. 1996), S. 1025f.

2 So der Titel des Buches von Aurelio Peccei (Club-of-Rome) von 1981: Die Zukunft in unserer Hand.

– *Szenarien* sind Beschreibungen möglicher künftiger Entwicklungspfade oder Zustände („Zukunftsbilder"), die sowohl quantifizierbare als auch qualitative Faktoren einbeziehen und erwartete Veränderungen ausgewählter Einflussgrößen in konsistenter Weise reflektieren. Auf unterschiedlichen Annahmen beruhende Alternativ-Szenarien können Handlungsspielräume und -erfordernisse aufzeigen.
– *Visionen* sind Gesamtvorstellungen über wahrscheinliche und angestrebte Zustände (z.B. eines Unternehmens, einer Gesellschaft). Visionen haben die Funktion einer katalytischen, organisierenden Kraft, an der sich das Denken und Handeln ausrichten kann – und soll.

(Gerhard Willke [= M 84], S. 41)

M 85b Beispiel: Studierendenzahl bis zum Jahr 2015

– Um die Zahl der Studierenden in 20 Jahren abschätzen zu können, müssen zunächst verschiedene Annahmen gemacht werden, z.B. über die voraussichtliche Entwicklung der Schülerzahlen, die vermutliche Erhöhung des Anteils der Schulabschlüsse mit Studienberechtigung, die durchschnittliche „Verweildauer" eines Studierenden an der Hochschule etc. In der neuesten Prognose der KMK[1] wird unterstellt, dass die bisherigen Verweildauern von 13,8 Semester an Universitäten und von 9,8 Semester an Fachhochschulen fortbestehen werden.
– Bei der Annahme zur „Übergangsquote" (d.h. dem Anteil der Studienberechtigten, der tatsächlich ein Studium aufnimmt) werden zwei Alternativen durchgerechnet, nämlich die bisherige Quote von 75% und eine angestiegene Quote von 85%: Bei der bisherigen Übergangsquote von 75% würden im Jahr 2011 fast 2,1 Millionen und bei 85% gut 2,3 Millionen Studienberechtigte studieren. In den Jahren danach würde die Zahl der Studierenden aufgrund der rückläufigen Geburten- und Schülerzahlen leicht auf 2,0 bis knapp 2,3 Millionen absinken.
– Wenn es gelänge, die durchschnittliche Verweildauer an den Universitäten auf 9,2 und an den Fachhochschulen auf 8 Semester zu senken, würde die Studierendenzahl beträchtlich sinken, nämlich auf rund 1,4 bis 1,6 Millionen. Ein zügigeres Studium würde sich somit in einer Verringerung der Zahl der Studierenden um rund 600 000 niederschlagen.

(Gerhard Willke [= M 84], S. 42)

1 *Der Telekom-Chef (M 83) beschreibt die Zukunft als „neue Epoche", den Weg dorthin als „revolutionär". Erläutern Sie die angesprochenen Entwicklungen, die Ron Sommer zu dieser Charakterisierung veranlassen. Wie beurteilen Sie selbst diese Entwicklungen und ihre Bewertung als „Revolution"?*

2 *M 84 geht der Frage nach, wie Zukunft eigentlich zustande kommt. Sind „anonyme (Markt-)Mechanismen" oder bewusste menschliche Entscheidungen für bestimmte Zukunftsentwicklungen verantwortlich? Projizieren Sie die Antwort, die Willke auf diese Frage gibt, auf die in M 83 angekündigte Zukunftsentwicklung. Wer oder was ist für die „revolutionäre" Entwicklung zur Informationsgesellschaft verantwortlich?*

3 *Zukunftsbeschreibungen sind seit vielen Jahren groß in Mode; es gibt eine eigene Zukunftsforschung. Machen Sie die Unterschiede zwischen den verschiedenen Typen zukunftsorientierter Aussagen (M 85a) deutlich.*

4 *Untersuchen Sie das in M 85b aufgeführte Beispiel. Um welche Art einer zukunftsorientierten Aussage handelt es sich? Für wie sicher halten Sie diese Aussage?*

[1] KMK = Kultusministerkonferenz (Prognose der KMK vom 8.7.1996)

Die Informationsgesellschaft – Begriff, Dimensionen, Erwartungen

M 86a „Eine neue Stufe der gesellschaftlichen Entwicklung“

Nach vorherrschender Meinung verkörpert die mit großen Erwartungen verbundene „Zukunftsvision Informationsgesellschaft“ nicht nur ein kurzfristiges Übergangsstadium der höchstentwickelten Industriegesellschaften, sondern eine neue Stufe der gesellschaftlichen Entwicklung, in der Informationen im Zuge der „(mikro-)elektronischen Revolution“ durch die modernen *Informations- und Kommunikationstechnologien (IuK)* einen neuen Stellenwert bekommen. [...]

Statt der zunächst prognostizierten *„nachindustriellen Wissensgesellschaft“* (vgl. M 81 a) mit postmaterialistischer Wertorientierung oder einer ganz auf Hochtechnologie setzenden „Wissenschaftsgesellschaft“ ist im Übergang zum nächsten Jahrtausend eine *superindustrielle* Informationsgesellschaft* im Entstehen, deren Auswirkungen über den wissenschaftlich-technischen Bereich weit hinausgehen. Kennzeichnend dafür sind u.a. Wachstumsprozesse des Wissens, Einführung der Neuen Medien, Aufbau einer starken Informationswirtschaft, Übergewicht der Informationsberufe, Entfaltung globaler Netzwerke für grenzüberschreitende Information und Kommunikation. Die empirisch* feststellbaren *quantitativen Verschiebungen* im Wissenshaushalt (der Informationsraten, -dichten, -zusammensetzungen) und Gesellschaftsgefüge (Sektoreneinteilung*, Berufsbilanz, Sozialstruktur) werden als Ursache oder zumindest Indikatoren* für *qualitative Verbesserungen* um neue Größenordnungen („Quantensprünge“) betrachtet: Entkopplung des Wirtschaftswachstums vom Rohstoff- und Energieverbrauch; Anhebung des allgemeinen Wissensniveaus; wissensbasierte gesellschaftliche Problemlösungsprozesse; umweltschonende Fertigungsverfahren; „intelligente“ Produkte usw.

An die Stelle des wohlfahrtsstaatlichen Ideals „Wohlstand für alle“ tritt die Vision des „Wissens für alle“, d.h. für alle Endnutzer mit Direktanschluss zu nutzerfreundlichen, kostengünstigen, möglichst interaktiven und multimedialen *IuK-Technologien*. Das soll ein Entwicklungsschritt zur informierten Gesellschaft mit offenen (deregulierten*, „flachen“) Informationsstrukturen und größtmöglichen Wissensfreiheiten werden. Darauf richtet sich gegenwärtig das Hauptinteresse von Politik, Öffentlichkeit, Wissenschaft und Wirtschaft in der Hoffnung auf innovative Lösungen der drängendsten Probleme, deren bisherige Lösungen nicht einfach fortgeschrieben werden können.

(Bernhard Schäfers/Wolfgang Zapf [= M 81 a], S. 313)

(Zeichnung: Burkhard Mohr/CCC)

M 86b Technische Innovationen als treibende Kräfte

Die gegenwärtige Phase fundamentaler gesellschaftlicher Veränderungen wird durch technische Innovationen ausgelöst, getragen und zugleich funktional* begrenzt. Das gilt für die elektronische Datenverarbeitung ebenso wie für die medialen Kommunikationsformen und die globalen Informationsnetze. Sie alle sind im Ursprung technikgeboren, im Betrieb technikgebunden, in der Wirkung technikübergreifend.

Unter den geläufigen Bezeichnungen des gegenwärtigen Zeitalters – schwankend zwischen Super- und Postindustrialismus – scheint die technische Signatur der *„Elektronischen Revolution"* am treffendsten zu sein, weil sie auf die drei herausragenden Innovationen auf dem Feld der Wissenstechniken verweist:

Erstens die „rechnende" *elektronische Datenverarbeitung* durch die Computertechnik, anstelle der deutend (miss-)verstehenden Wissensverarbeitung durch natürliche Intelligenz.

Zweitens die *elektronische Signalübertragung* durch die Nachrichtentechnik, mit gesellschaftlicher Breitenwirkung übernommen von den (massenhaften, aber nicht massenmedialen) Individualmedien der Telekommunikation sowie den Massenmedien Hörfunk und Fernsehen, mit Erweiterungstendenz zum Experimentierstadium der Multimedia.

Drittens im Zusammenfluss beider Entwicklungslinien die *elektronische Vernetzung* zu integrierten Träger- und Transportsystemen für globale, zunehmend auch mobile Information und Kommunikation.

Diese drei Innovationen, denen man noch die Automatisierungstechnik hinzufügen könnte, markieren die technischen Durchbrüche zum Informationszeitalter, deren Wege im weiteren Verlauf zu den neuen Wissenslagen, Wissensordnungen und Organisationsformen für technikgestützte, vernetzte Information und Kommunikation führen.

(Bernhard Schäfers/Wolfgang Zapf [= M 81 a], S. 315)

M 87 Was „Multimedia" bedeutet

Multimedia als Signalwort für die Informationsgesellschaft steht zunächst für den Abschied von der Dominanz der bisherigen Monomedien Buch oder Hörfunk und des Duomediums Fernsehen, das Ton und Bewegtbild kombiniert. Abschied von der Dominanz bedeutet allerdings keineswegs einen Ersatz dieser antiken Medien durch die neuen Medien. Noch nie ist in der Mediengeschichte ein altes Medium durch ein neues vollständig ersetzt worden. Immer haben neue Erfindungen das Ensemble der Medien erweitert. Diese Gesetzmäßigkeit der Mediengeschichte wird auch durch Multimedia nicht außer Kraft gesetzt. Gleichwohl wird Multimedia schon bald eine neue Qualität in der Mediennutzung bewirken. Denn Multimedia bedeutet die doppelte Verschmelzung sowohl der Inhalte wie der Trägermedien zu einem neuen Gesamtangebot, in dem Bild, Text und Ton miteinander verknüpft werden. Fernsehen, Radio, Zeitung, Buch, Video, CD-Rom und Computer verschmelzen zu einer Technologie und bieten ein integriertes Angebot an Telekommunikation und Datenverarbeitung an, das die bisherige Zeit- und Raumbindung der Information aufhebt. Dadurch entstehen neue Möglichkeiten dezentraler Organisationsstrukturen für Staat, Wirtschaft und Gesellschaft.

(Grafik aus: Bildungswerk Erzdiözese Freiburg [Hrsg.] Vor Ort 6, Freiburg 1988, S. 38)

Durch die Entflechtung von Ballungsräumen und -zeiten wird der Verkehr und die Umwelt entlastet und der Energieverbrauch gesenkt.
Multimedia steht aber auch für den Beginn der Re-Individualisierung der Massenmedien. Die technischen Möglichkeiten der Datenkompression, der Digitalisierung und des interaktiven Zugriffs ermöglichen dem Nutzer der Multimedia-Angebote eine enorme Steigerung seiner Souveränität als Konsument. Jeder wird künftig sich seine Information, Bildungs- und Unterhaltungsprogramme nach seinen speziellen Bedürfnissen und Interessen zusammenstellen können. Das Grundgesetz der Massenkommunikation lautet: Einer druckt oder sendet, viele lesen, hören oder sehen. Das neue Grundgesetz von Multimedia heißt: Jeder wird sein eigener Programmdirektor, jeder entscheidet selbst, welchen Inhalten er die knappe Ressource seiner Aufmerksamkeit zuwendet.
Multimedia bedeutet schließlich, dass die Transportwege der abrufbaren Kenntnisse nonlinear, dezentral und fließend sind, um die von Jacques Lacan und Michel Foucault propagierten Leitbegriffe der Postmoderne aufzugreifen. Das Internet bietet hierfür ein hervorragendes Beispiel. Es verdankt seine Entstehung der Idee, die Benutzbarkeit des Computer-Netzwerkes vor atomaren Schlägen zu sichern. Ergebnis war ein Netz, dessen Dezentralität zu seinem Charakteristikum wurde. Unbegrenzbar und grenzenlos ist dieses System mit weltweit mittlerweile 100 Millionen Nutzern, es ist unkontrollierbar und stellt eine anarchistische* Bedrohung für jedes autoritäre* und totalitäre* Regime dar. Auch den Demokratien bereitet es Kopfzerbrechen, weil dort radikales, demokratiefeindliches Gedankengut ebenso transportiert werden kann wie pornografische Inhalte und Verletzungen von Urheberrechten. Eine Lösung der Probleme ist nur auf globaler Ebene – also durch die UNO oder eine ihrer Unterorganisationen – denkbar, möglichst durch Selbstkontrolle und Selbstverpflichtung.

(Wolfgang Bergsdorf, in: Das Parlament Nr. 40 v. 25.9.1998, S. 5)

1 *M 86 a fasst in sehr dichter, begrifflich anspruchsvoller Darstellung wesentliche Elemente des Modells „Informationsgesellschaft“ zusammen. Nehmen Sie sich Zeit, die einzelnen Kennzeichen und Zielsetzungen / Erwartungen jeweils konkreter zu erläutern.*

2 *Beschreiben Sie, wie die drei „technischen Innovationen“ der „Elektronischen Revolution“ (M 86b, vergl. M 83) im Multimedia-Angebot verknüpft sind (M 87).*

3 *Erläutern Sie, in welcher Hinsicht sich das „Grundgesetz von Multimedia“ vom Gesetz der Massenkommunikation unterscheidet (M 87 Z. 46ff.). Inwiefern ist „jeder sein eigener Programmdirektor“?*

4 *Welche Bedeutung hat die „Dezentralität“ des Internets (M 87, letzter Abschnitt)? Inwiefern stellt dies Merkmal eine „anarchistische Bedrohung“ dar?*

M 88 Informations- und Kommunikationswirtschaft: Wachstum und Beschäftigung

M 88a

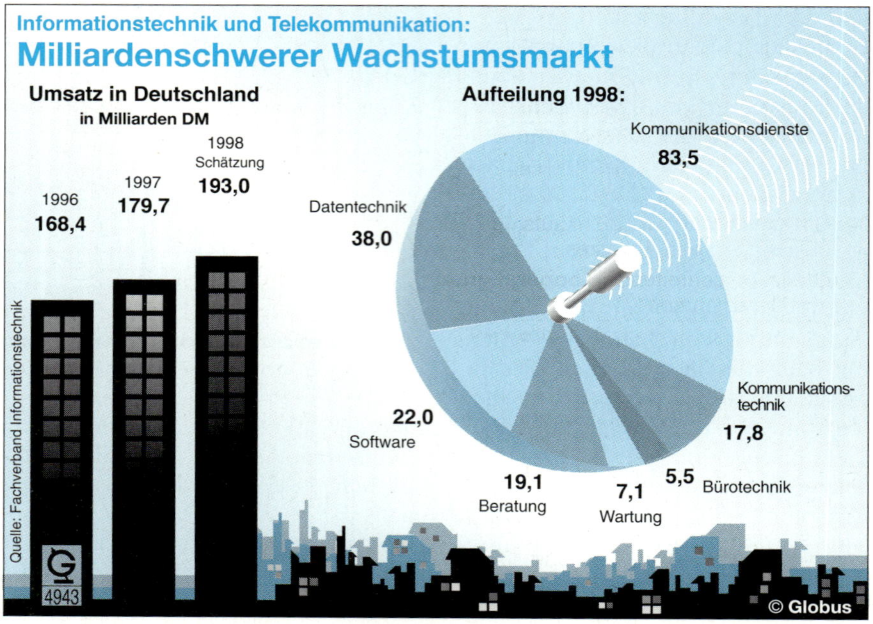

M 88b

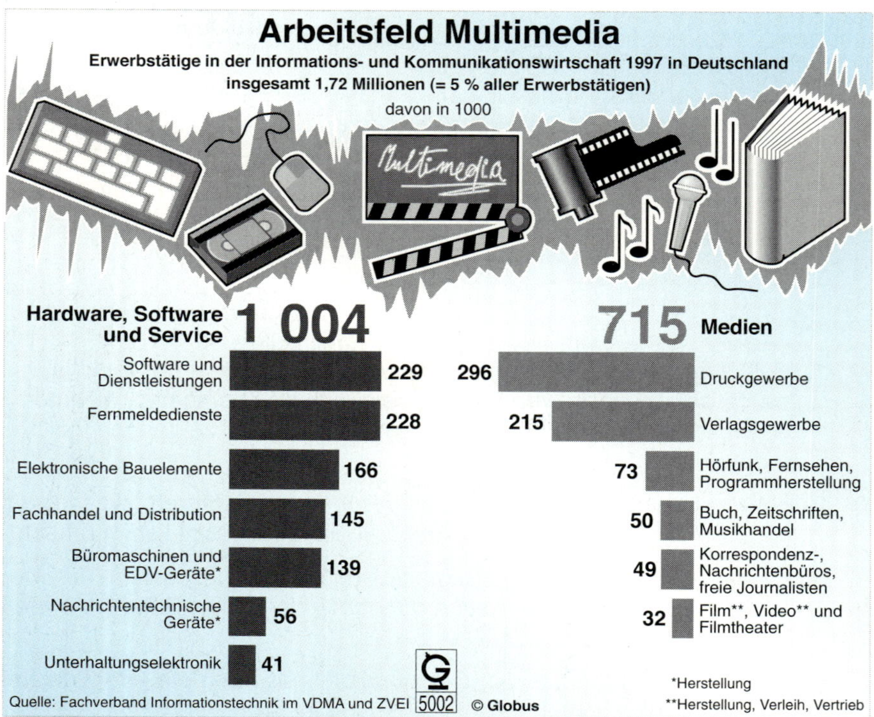

M 89 Erscheinungsbilder der Informationsgesellschaft und Auswirkungen auf die Arbeitswelt

Folgende Auswirkungen der Informationsgesellschaft auf die Arbeitswelt sind heute schon erkennbar:

Erscheinungsbilder der Informationsgesellschaft	→	**Auswirkungen auf die Arbeitswelt**
1. Umbruch durch **digitale Technik**	→	• Produktionsfaktor: **Information**
2. Zusammenschrumpfen der Entfernungen 3. Weltweite **elektronische Präsenz** der Unternehmen 4. **Globalisierung** des Einkaufs, der Produktion und des Absatzes 5. Grenzüberschreitende **Kooperationen** von Unternehmen	→	• Neue **Märkte** • Neue **Produkte** • Verkürzung der **Innovationszyklen*** • **Arbeiten** werden in das kostengünstigste Ausland verlagert.
6. Umfangreiche **Investitionsprogramme**	→	• Neue **Arbeitsplätze** • Neue **Dienstleistungsbereiche** • Neue **Existenzgründungen**
7. Verschärfung des **internationalen Wettbewerbs**	→	• **Rationalisierungen**
8. Internationalisierung der **Produkte** 9. Internationalisierung der **Unternehmenspolitik**	→	• Statt „made in germany" „made by ..." • Die **Marke**, nicht das **Herkunftsland**
10. Neue **Unternehmens-** und **Betriebsstrukturen**	→	• Nicht mehr die Größe eines Unternehmens ist entscheidend für den **Erfolg**, sondern seine durch die neuen Kommunikationsmittel erreichte **Schnelligkeit.**
11. Unternehmen verzichten zunehmend auf große **Firmenzentralen**	→	• Dezentrale Formen der **Kooperation** und der **Koordination** innerhalb des Unternehmens • Flache **Hierarchien*** und flexible **Organisationsstrukturen**
12. Veränderung des Begriffs **Arbeitsort**	→	• **Gruppenarbeit** • **Telearbeit** im Betrieb • Trennung von **Betrieb** und **Arbeitsort**: Bürogemeinschaften, Satellitenbüro, Telearbeit in der Wohnung des Arbeitnehmers • Neue Kommunikationszentren für Teleheimarbeiter und Satellitenbüros • **Wanderung** und **Verschiebung** der Arbeitsplätze • Größere Mobilität der Arbeitnehmer • Aus der Sicht des Unternehmens optimaler Personaleinsatz • Verwischung von **Arbeitsplatz** und **Wohnung** • Einbruch in die **Privatsphäre** • **Internationalisierung** der Arbeitsplätze
13. Veränderung der **Arbeitszeiten**	→	• Verwischung von **Arbeitszeit** und **Freizeit**: Es spielt eine immer geringere Rolle, wann und wo gearbeitet wird.
14. Neue **Definition der Arbeitszeit** [...]	→	• Das Unternehmen als sporadisches Kommunikationszentrum • Neue **Arbeitszeitmodelle** • **Wahlarbeitszeiten** • Größere **Eigenverantwortung** • Erweiterte **individuelle Möglichkeiten** • Kontrolle der „Anwesenheit" eines Mitarbeiters wird durch die **Prüfung seiner Leistung** ersetzt.

16. Verbreitung neuer **Technologien** und explosionsartige Vermehrung des **Wissens**	→	• Neue Anforderungen an die **Aus-** und **Weiterbildung** • Voraussetzungen müssen schon in der **Schule** geschaffen werden. • Einsatz **neuer Technologien** in der Schule • Entwicklung der Bereitschaft zum **lebenslangen Lernen** • Stärkere **Individualisierung der Lernprozesse** • **Industriegesellschaft** wird zur **Wissensgesellschaft.** • Steigerung der **Motivation** und des **Ausbildungsstandes** der Arbeitnehmer • Öffentlicher Zugang zu den digitalen Kommunikationswegen und Netzen • Durch höhere Qualifikation auch größere **soziale Kompetenz, Kreativität** und **Eigeninitiative**

(Michael Fuchs / Horst Udo Niederhoff / Wilhelm Schelsky (Hg.), Informationsgesellschaft und Arbeitswelt, Deutscher Instituts Verlag, Köln 1996, S. 28–30)

1 *Auf die ökonomische Bedeutung der Entwicklung zur Informationsgesellschaft können wir hier nur ansatzweise eingehen. Bei der Einschätzung der Darstellungen in M 88 a und b kann der Vergleich mit folgenden Daten helfen: Im gesamten Bereich der Industrie (verarbeitendes Gewerbe) sind etwa 6,8 Mio Menschen beschäftigt (darunter in der Autoindustrie 780 Tsd.). Der Umsatz in diesem Bereich beträgt rd. 1900 Mrd. DM (Autoindustrie 263,7 Mrd.).*

2 *Erläutern Sie einige der in M 89 aufgeführten Auswirkungen der Informationsgesellschaft auf die Arbeitswelt (z.B. durch konkrete Beispiele). Welche Auswirkungen schätzen Sie eher positiv, welche eher negativ ein?*

M 90 „Schöne neue Medienwelt?“ – Wie das künftige Kommunikationszeitalter den Alltag bestimmt

Steht die Medienrevolution vor der Tür? Findet das Einkaufen in Zukunft nur noch am Bildschirm statt? Gibt es bald keine Reisebüros mehr? Kommt die Online-Demokratie?

(Zeichnung: Berndt A. Skott/CCC)

Fast jeder zweite Bundesbürger (46%) will in Zukunft Behördengänge durch Online-Dienste ersetzen. Gut ein Drittel der Bevölkerung wünscht sich aktuelle Arbeitsplatzangebote per PC (37%). Und fast jeder vierte Bundesbürger (24%) würde sich gern von zu Hause aus an aktuellen Diskussionen mit Politikern per Internet beteiligen. Zu diesen Ergebnissen kommt das B.A.T. Freizeitinstitut in seiner aktuellen Studie „Der gläserne Konsument“.

Die Telekommunikation zwischen Multimedia und Internet kann unser gesammeltes Alltagsleben verändern. Die Kommunikationstechnologien werden im Privat- und Berufsleben einen immer größeren Raum einnehmen. Die Nutzung eines Kommunikationsnetzwerkes wie des Internets bietet Zugang zu Dienstleistungen neuer Art: Tele-Shopping, Tele-Banking und Tele-Learning sind in Zukunft keine Utopien mehr, auch wenn sie heute noch immer mehr Wunsch als Wirklichkeit sind.

Nur 3% der Bundesbürger machen derzeit regelmäßig von den Möglichkeiten des Einkaufes am Bildschirm Gebrauch. 33% der Bevölkerung aber würden gerne direkt am Fernsehschirm oder am Computer Informationen zu Produkten oder Dienstleistungen erhalten und gegebenenfalls auch kaufen und in Anspruch nehmen. Insbesondere Bevölkerungsgruppen, die in Familie und Beruf in besonderer Weise beansprucht sind, erhoffen sich von dem elektronischen Shopping-Service einen persönlichen Zeitgewinn.

Elektronische Bestell- und Einkaufsdienste ergänzen aber sie ersetzen nicht das Flanieren der Erlebniskonsumenten in den Shopping-Centern. Die Menschen wollen weiterhin mit allen Sinnen konsumieren.

Die Verbraucher erhoffen sich von der Telekommunikation ein bequemeres Leben, zum Beispiel durch elektronische Reisebuchung von zu Hause aus. Für Reisebüros wird es dennoch auch in Zukunft genug zu tun geben. Je mehr Direkt-Buchungen in Zukunft über das Internet erfolgen, desto mehr zusätzliche Dienstleistungen (zum Beispiel Fahrdienst zum Flughafen, Homesitting, Haustier-Betreuung, Reservierungen und Eintrittskarten für spezielle Veranstaltungen, Ereignisse oder Sehenswürdigkeiten) können die Angebotspalette der Reisebüros ergänzen. Das Reisebüro der Zukunft wird eine Agentur für Event- und Mobilitätsplanung sein. Inhalt und Qualität von Dienstleistungen verändern sich

Auch wenn zum Beispiel das Tele-Banking bei jedem dritten Verbraucher auf Interesse stößt, werden in Zukunft spezielle Servicekonzepte weiterhin erforder-

(Zeichnung: Burkhard Mohr/CCC)

(Zeichnung: Til Mette/STERN)

(Zeichnung: Karl Gerd Striepecke/CCC)

(Zeichnung: Thomas Plaßmann/CCC)

lich sein, um den direkten und persönlichen Kontakt zu den Kunden nicht zu verlieren. Banken als Beratungszentren können durch die Ausbreitung von Direkt- und Homebanking eher noch wichtiger werden.

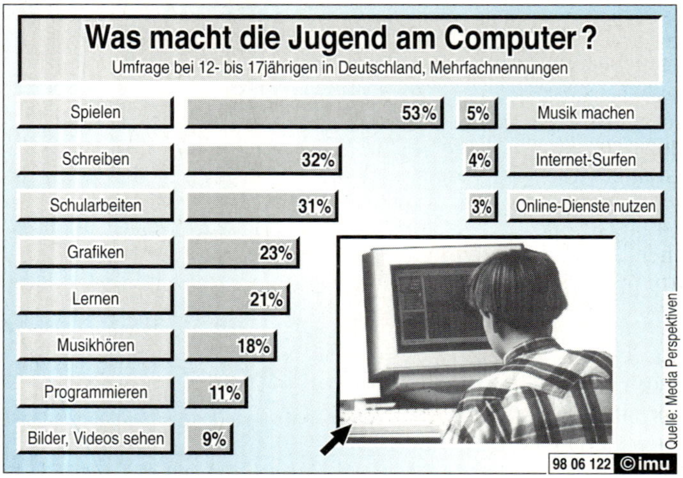

Der Einsatz von Multimedia in der öffentlichen Verwaltung könnte in Zukunft auch das Verhältnis von Behörden und Bürgern deutlich entspannen helfen: Weniger Wartezeiten, kaum noch Warteschlangen und keine knapp bemessenen Öffnungszeiten mehr – auch ein Grund dafür, warum sich Berufstätige (57 Prozent) an behördlichen Tele-Diensten besonders interessiert zeigen.

Sie werden in Zukunft viele Behördengänge überflüssig machen. Die Kommunen werden dazu übergehen, virtuelle Rathäuser zu schaffen, die den Dialog Bürger/Amt fördern und erleichtern. Die Anmeldung beim Einwohnermeldeamt und die Ummeldung des Autos können dann elektronisch erfolgen, ohne dass der Bürger immer persönlich in der Behörde erscheinen muss. Im künftigen Kommunikationszeitalter kann sich das Internet zu einem neuen demokratischen Massenmedium entwickeln. Politik und politische Institutionen können bürgernäher gestaltet werden. [...]

Zukunftsvisionen (Zeichnung: Karl Gerd Striepecke/CCC)

Die „schöne neue Medienwelt" von morgen kann das Leben sicher angenehmer und erlebnisreicher gestalten helfen, aber auch zu zusätzlichen zeitlichen und finanziellen Belastungen führen.

(Zeichnung: Mayk/CCC)

Die Angebotsvielfalt wird viele Menschen in Geld- und Zeitnot geraten lassen. Internet-User können schnell in die „Zeitfalle" der Informationsgesellschaft geraten. Das neue Kommunikationszeitalter kann erst dann Wirklichkeit werden, wenn die Menschen auch bereit und in der Lage sind, sich und ihre lieb gewordenen alten Lebensgewohnheiten zu ändern.

(Horst W. Opaschowski, in: Frankfurter Allgemeine Zeitung v. 25.8. 1998, S. B2)

M 91 Jeder sechste Deutsche nutzt das Internet

Die Zahl der Internet-Nutzer in Deutschland ist innerhalb eines halben Jahres um 33% auf 7,3 Millionen gestiegen. Nach einer Untersuchung der Nürnberger Gesellschaft für Konsumforschung (GfK) haben inzwischen mehr als 12 Millionen Menschen in Deutschland Zugang zum globalen Datennetz. Nach Einschätzung der Forscher erfreut sich das Internet in breiten Schichten der Bevölkerung einer steigenden Popularität. Mit 4,3 Millionen stellen die Online-Nutzer zwischen 20 und 39 Jahren weiterhin die größte Gruppe. Besonders stark vertreten sind weiterhin Personen mit einem hohen Einkommen und einer überdurchschnittlichen Bildung. Der Anteil der Frauen liegt weiterhin bei rund 30%.

Zu einem ähnlichen Ergebnis kommt eine europäische Studie der Marktforschungsunternehmen NOP, Infratest Burke und TMO. Danach ist die Zahl der Deutschen, die in den vergangenen zwölf Monaten das Internet oder Online-Dienste wie T-Online oder AOL genutzt haben, von 8,8 Millionen auf 12,3 Millionen gestiegen. Damit arbeiten 19% der Deutschen mit dem Internet. In der Gruppe der Personen, die jünger als 25 Jahre sind, liegt der Anteil schon bei 40%. Vor allem die private Nutzung ist im vergangenen halben Jahr kräftig angestiegen. Mit wachsender Nutzung des Internet ändern sich auch die Gewohnheiten beim Umgang mit anderen Medien. Menschen, die das Internet intensiv nutzen, schreiben weniger Briefe, telefonieren und faxen seltener und sehen auch deutlich weniger fern. Die Nutzung der Medien Zeitung, Zeitschriften und Radio korreliert dagegen nicht mit der Internet-Nutzung.

Das Internet wird zunehmend als Einkaufsmöglichkeit genutzt. Nach GfK-Angaben haben bereits 25% der Befragten in den vergangenen zwölf Monaten ein Produkt über das Internet gekauft. Besonders beliebt sind Bücher, gefolgt von Software, Kleidung, CDs, Haushaltswaren und Sportartikeln. Lebensmittel, Schmuck und Kosmetika werden als wenig geeignet für den elektronischen Handel angesehen. Im Durchschnitt werden beim elektronischen Kauf 190 DM ausgegeben.

Bereits 30% der Befragten haben Dienstleistungsangebote im Internet wahrgenommen. Der größte Anteil entfällt auf das Homebanking, meist mit Hilfe des Online-Dienstes T-Online. Reise- oder Hotelbuchungen sowie Versicherungen haben nach Ansicht der Internet-Nutzer zwar ein großes Entwicklungspotenzial, werden bisher aber nur in geringem Umfang genutzt. Bei den Zahlungssystemen überwiegt noch die traditionelle Rechnung, gefolgt von der Kreditkartenzahlung.

(Holger Schmidt, in: Frankfurter Allgemeine Zeitung v. 21.9.1998, S. 34

M 92a

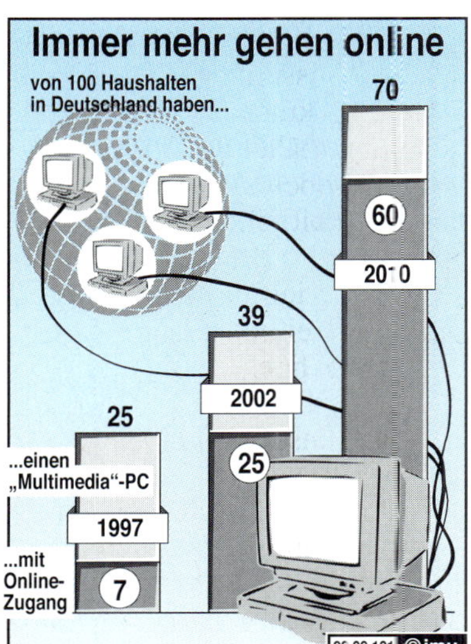

M 92b

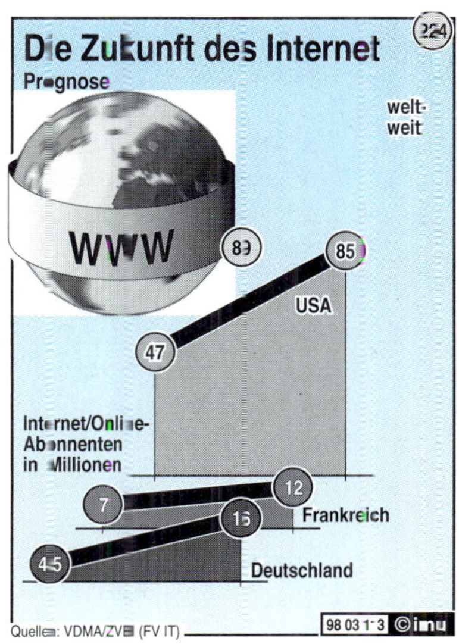

M 92c

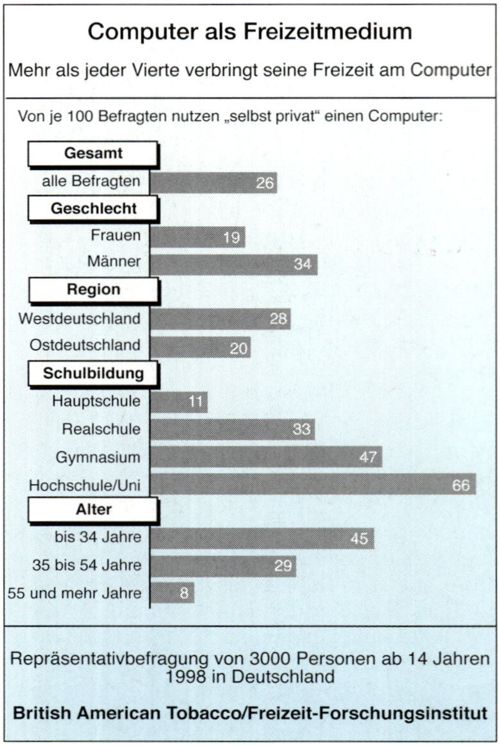

(© BAT British American Tobacco Freizeit-Forschungs-institut)

M 92d

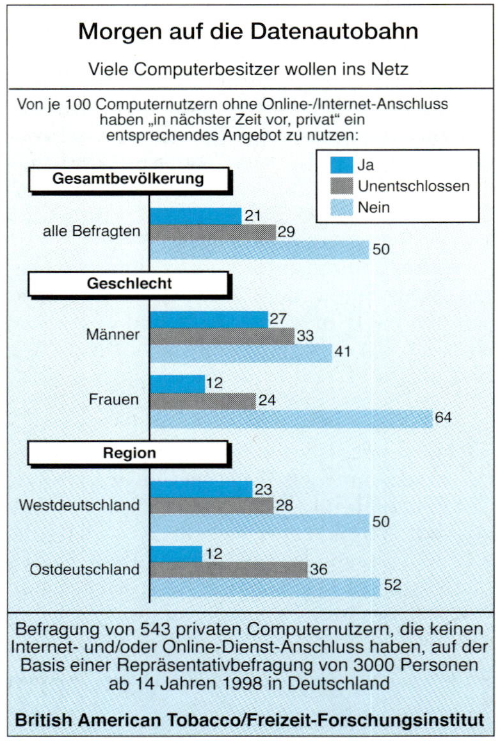

(© BAT British American Tobacco Freizeit-Forschungs-institut)

1 *Verschaffen Sie sich einen Überblick über die Bereiche des Alltagslebens und der Verwaltung, in denen die neuen Kommunikationstechnologien (hier die Online-Dienste) zum Einsatz kommen bzw. kommen können / werden (M 90). Welche Möglichkeiten erscheinen Ihnen sinnvoll und viel versprechend, welche vielleicht weniger nutzbringend?*

2 *Am Ende von M 90 ist von zusätzlichen zeitlichen und finanziellen Belastungen die Rede und davon, dass das neue Zeitalter erst dann Wirklichkeit werden könne, wenn die Menschen „auch bereit und in der Lage sind, sich und ihre lieb gewonnenen Lebensgewohnheiten zu ändern". Ist die „schöne neue Medienwelt von morgen" nun als Fortschritt oder Rückschritt zu beurteilen?*

3 *Beschreiben Sie, wie sich die Akzeptanz und die Nutzung der neuen Technologien (M 91, M 92 a–d) in den letzten Jahren entwickelt haben und wie sie sich den dargestellten Prognosen und Befragungsergebnissen zufolge in Zukunft entwickeln werden.*

Probleme, Chancen und Risiken

Da sich die folgenden Materialien inhaltlich z.T. leicht überschneiden, sei ihre Abfolge hier kurz beschrieben (auch um ggf. die Auswahl zu erleichtern):
M 93 weist auf das vieldiskutierte Problem der *Datenflut* hin; M 94 schildert in engagierter Form eine Reihe vermuteter *negativer Konsequenzen für die Gesellschaft,* die sich aus der Medienentwicklung ergeben könnten. Auswirkungen der neuen Technologien auf die *Umwelt* werden in M 95 beschrieben. M 96–M 98 bieten sodann eine umfassende systematische Gegenüberstellung von Zukunftsaussagen über Chancen und Gefahren der Informationsgesellschaft in den Bereichen *Wirtschafts- und Arbeitswelt* (M 96), *Wissenschaft und Bildung* (M 97) sowie *Öffentlichkeit und Politik* (M 98; mit einer besonderen Untersuchung der Frage nach den Partizipationschancen der Bürger in der „Cyber-Demokratie“ in M 99a/b).

M 93 Probleme durch Daten

Multimedia verändert durch vier wesentliche Faktoren den Umgang mit Daten und Wissen:
- Die Informationsverarbeitung in großen Mengen wird für den einzelnen Nutzer noch einfacher und besser überschaubar.
- Der Zugriff auf qualitativ hochwertige Information erfolgt viel schneller als bisher.
- Der Zugang zu Daten und Wissen ist ortsunabhängig.
- Die persönliche Anwesenheit des Nutzers ist nicht mehr erforderlich.

Diese vier Faktoren sind in unterschiedlicher Gewichtung die wesentlichsten Ursachen für gesellschaftliche Veränderungen. In der Informationsgesellschaft wird die Dynamik der gesellschaftlichen Entwicklung in starkem Maße durch die Anhäufung und Verarbeitung von Wissen und spezifischen Daten geprägt. Daten sind in diesem Fall nicht nur Zahlen und Buchstaben, sondern vor allem Texte, Bilder, Töne und Videosequenzen, ebenso wie Programme und Nachrichten. Daten in der Informationsgesellschaft haben also eine wesentlich komplexere Struktur und einen höheren inhaltlichen Wert als bisher.

Datenflut

Die Datenabhängigkeit der Informationsgesellschaft („Ich glaube nur, was ich schwarz auf weiß sehe und beweisen kann.“) ist Hauptursache für die immer stärker anschwellende Informationsflut. Durch diese eigeninitiierte, immer weiter anwachsende Informationswelle sinkt aber gleichzeitig die Effizienz. Zum ersten Mal in der menschlichen Entwicklung ist die unablässige Anhäufung von Wissen ein Problem. Die Selektion der wenigen wichtigen Informationen wird immer schwieriger.
Neue Strategien sind nötig, um diese Informationsflut zu bewältigen und die für den Einzelnen relevanten Daten zu ermitteln. Große Teile unserer Gesellschaft kämpfen bereits jetzt mit dem „Informationsmüll“, der in Form von Werbepost, Telefonmarketing oder Fernsehwerbung auf sie einstürzt. Nach Untersuchungen von Werner Kroeber-Riel liegt der Informationsüberschuss, also der Anteil nicht konsumierter Information am gesamten Informationsangebot der Massenmedien (Rundfunk, Fernsehen, Zeitschriften, Zeitungen) in der Bundesrepublik bei 98,1%. In den letzten drei Jahren hat sich laut einer Erhebung des Statistischen Bundesamtes in Wiesbaden der Anteil der gedruckten Informationen jährlich fast verdoppelt.
Auch der Zugang zu Datenbanken oder Internet ist gepflastert mit Werbe-E-mail oder virtuellen Produktinformationen. Über 80 000 Unternehmen, Institutionen und Parteien haben das „world-wide-webb“ (www) bereits als zukunftsträchtige Werbefläche entdeckt, und das

ist erst der Anfang: Durch Multimedia ist die gezielte (Werbe-) Information jedes Einzelnen möglich. Der Briefmarkensammler erhält nur Informationen über die neuesten Sammlermarken, der Hobby-Angler nur über die neuesten Angelhaken, ohne werbliche Streuverluste. Die Konsequenz: Information, einst Mittel, um Kontrolle über unsre Welt – auch die symbolische – zu gewinnen, „wird durch die technische Erfindungsgabe zu einer Form von Müll und wir zu Müllmännern und -frauen."[1] In Zukunft wird es immer schwieriger, Informationen richtig zu werten. Die Zukunftsfrage lautet nicht mehr: „Woher bekomme ich meine Informationen?", sondern „Welche Informationen oder Nachrichten sind für mich überhaupt wichtig?"

Bedeutungsinflation

Diese Bedeutungsinflation bekommen in erster Linie die etablierten Medien, allen voran das Fernsehen zu spüren. Ihre „Glaubwürdigkeit wird sinken". Die „Tagesschau" oder die „heute"-Nachrichten existieren zwar auch im multimedialen Zeitalter, ihr Stellenwert und ihre Kompetenz beim Zuschauer nehmen aber zugunsten von Spezial- und Spartenprogrammen (CNN, CNBC-Business-News, Arte-Kultur) deutlich ab. Nur hochspezialisierte Fachredaktionen haben dann noch die Selektivität, um aus der Informationsflut die richtigen Schlüsse zu ziehen und sie dem interessierten Zuschauer zu vermitteln.
Ob sich die Konsumenten im 21. Jahrhundert überhaupt noch für allgemeine Nachrichten interessieren, bleibt abzuwarten. Die verstärkte Kommerzialisierung durch Multimedia geht sicherlich zu Lasten der Qualität: Der Bildungsauftrag der Medien tritt weiter in den Hintergrund. Jeder Bürger kann sich in Zukunft seine Bildungsangebote und Fortbildungskurse selbst auf den heimischen Monitor holen; so die idealisierte Vorstellung von Medienkonzernen wie Kirch und Bertelsmann. Doch aller Voraussicht nach wird nur ein sehr geringer Anteil der Multimediakonsumenten die neue Technologie zur Weiterbildung nutzen. Selbst Medien-Lobbyisten wie Andrew Blau von der Benton Foundation geben zu: „Der Bildungs- oder Fortbildungsanteil durch interaktive Medien wird nach unseren Prognosen bei weniger als 2% liegen. [...] Das ist ein Nischenmarkt, der für die großen Medienkonzerne kaum interessant ist."

Sicherheit von Daten

Hauptknackpunkt der multimedialen Entwicklung ist der Datenschutz und die Datensicherheit. Die Fülle an Informationen machen eine effektive Kontrolle der Daten unmöglich. Das „Chaos" regiert bereits jetzt im Internet. Von Kinderpornos bis zur Nazipropaganda ist alles im Angebot. Jugend- oder Minderheitenschutz, im Grundgesetz mit oberster Priorität versehen, sind im Datennetz nicht mehr durchsetzbar: jüngstes Beispiel: ein Kinderpornohändler aus Ulm. Über den Internetanschluss der Universität versandte ein 23-jähriger Student fast zwei Jahre lang digitalisierte Fotos mit Kinderpornografie. Kunden aus der ganzen Welt bestellten direkt bei ihm über Datenleitung. Nur durch einen Hinweis von Interpol kam die Polizei dem Informatikstudenten auf die Spur. Er hatte seine digitalisierten Fotos zwischen Verwaltungsdaten der Uni und studentischen Lernprogrammen versteckt.
Auch die von Politikern oft geforderten „Daten-Sheriffs" als Überwacher im Internet haben gegen die innovativen Computercracks kaum eine Chance. Sie können den Missbrauch sicherlich eindämmen, verhindern können sie ihn nicht. Zu schnell schreitet die technische Entwicklung voran und zu lange dauert es, bis die neuesten Entwicklungen auch bei den Daten-Sheriffs ankommen und umgesetzt werden. Die Aufpasser hinken den Tätern technisch hinterher. Im Internet gelten eben andere Regeln.

[1] Ingrid Scheithauer, Wie ist das Informationsmonster zu zähmen?, in: Frankfurter Rundschau vom 19.6.1995, S. 16.

Wer in der Lage ist, seine „schmutzigen Daten" zwischen vielen anderen zu tarnen, ist vor Strafe sicher: wo kein Kläger, da kein Richter. Verdummung und Verrohung durch Propaganda und Gewalt sind Tür und Tor weit geöffnet. Bereits jetzt ist vielen Jugendlichen der Zugang zu Gewalt- und Pornofilmen, brutalen Nazi- oder Videospielen nicht mehr verwehrt. Die cleveren Knirpse schicken einfach den großen Bruder vor. Doch mit Video-on-Demand oder Pay-per-View benötigen sie nur noch den richtigen Zugangscode. Identität und Alter der Person sind zwar bei der erstmaligen Anmeldung anzugeben, doch danach kann jeder, auch der kleine Bruder, mit dem Zugangscode seine Lieblingsfilme abrufen; der Jugendschutz wird damit hinfällig.

(Till C. Rüger, Chaos auf dem Datenhighway – Multimedia und die Gefahren für die Informationsgesellschaft, in: Politische Studien Heft 354 v. Juli/August 1997, Hanns Seidel Stiftung, München 1997, S. 49–55)

(Zeichnung: Gerhard Mester/CCC)

M 93b Konsequenzen für die Gesellschaft

Neben dem Informationsmüll und dem Datenschutz zieht die Multimediatechnologie, ebenso wie jede andere neue Technologie (Fließband, Telefon, Fernsehen) vor ihr, direkte gesellschaftliche Konsequenzen nach sich.

Abbau der Chancengleichheit

Eine Auswirkung, vor der in erster Linie Soziologen warnen, ist eine weitere Abnahme der Chancengleichheit innerhalb unserer Gesellschaft. Der finanzielle Status entscheidet auf den Information-Superhighways über den Zugang zu wichtigen Informationen. „Where poor children sit in front of a television, tapping information from the best libraries in the country, ..."[1], diese idealistische Vision von Al Gore wird aller Voraussicht nach niemals in Erfüllung gehen. Über Zugang und Qualität der Informationen entscheidet das Portmonee, denn der multimediale Service ist nicht umsonst. Jeder will daran verdienen: die Unternehmen aus dem Telekom-Bereich, die Verlage und Filmproduzenten, sogar die Uni-

[1] Al Gore, Al Gore's Vision, editorial page of the New York Times 12/16/93; Zitat: „The Information-Superhighway, a new vision for America: Where poor children sit in front of a television tapping information from the best libraries in the country; where physicians examine patients hundreds of miles away, and where everyone calls up a vast array of newspapers, movies, encyclopedias and television programs at the flicks of a TV controller".

versitäten und Bibliotheken hoffen auf ihren Anteil an den „Mautgebühren“. Irgendwie müssen sich die gewaltigen Investitionen für Glasfaserkabel und Entwicklung ja wieder amortisieren. Klar, dass die Ärmsten der Armen als Kunden uninteressant sind, sie bringen keinen Gewinn, sondern kosten nur.
Politiker und Medienstrategen betonen immer wieder, dass der „Universal Access“, der Zugang für alle, gesichert sein muss, doch wer dafür bezahlt, steht in den Sternen. Erste Prognosen der US-Firmen AT&T und Pacific Bell ergaben, dass ein durchschnittlicher Haushalt in den USA zusätzlich 125 Dollar pro Monat ausgeben muss, um multimediale Serviceleistungen wie Internetanschluss, Video-On-Demand und interaktives Fernsehen zu genießen. Der einmalige Anschaffungspreis für die Hardware dürfte nach vorsichtigen Schätzungen des US-Verbraucherverbandes bei über 1300 Dollar liegen. Unerschwinglich für viele. Der Trend in den USA geht deshalb dahin, die Hardware nahezu kostenlos zu „verschenken“, um dann über die anfallenden Gebühren Gewinne zu erwirtschaften, ähnlich wie bei den Handys.

Medien-Analphabetismus

Auch die Medien-Analphabeten gehören zum Alltag in „Digitalien“. Durch Verweigerungshaltung oder technische Trägheit werden immer mehr Bürger ausgegrenzt. Deutliches Beispiel: das 00:00-Blink-Syndrom bei Videorekordern. In 67 % der bundesrepublikanischen Haushalte mit einem Videorekorder steht die Zeitanzeige auf 00:00, weil niemand in der Familie in der Lage ist, den Videorekorder richtig zu programmieren. Die moderne Kommunikationstechnik ist immer aufwändiger zu bedienen.
Multimediale Nutzung setzt Kompetenz und Wissen voraus, das viele Menschen nicht erwerben können oder wollen, weil ihnen das technische Verständnis fehlt. Dazu die New Yorker Soziologin Saski Sassen: „Jedes System sorgt für Ausschluss und Ungleichheit. So wird auch die zukünftige Welt mit [...] weltweiter Kommunikationsvernetzung zur Unterprivilegierung beitragen, denn zu den Alphabet-Analphabeten kommen die Medien-Analphabeten hinzu.“[1]
Selbst die von Technikern bereits entwickelte Voice-Controll-Fernbedienung setzt gewisse Kenntnisse voraus und verlangt sprachlich genau durchdachte Befehlsabfolgen. Also nicht die Bedienung von Knöpfen und Reglern ist das Problem, sondern den Überblick zu behalten über das Ganze, den Einblick in das Menü aus Teleshopping, Lernprogramm und interaktivem Gameboy zu bewahren. Der Generation der über 40-Jährigen bleibt diese Welt versperrt; sie sind nur zu einem geringen Prozentsatz bereit, sich vom rein rezeptiven Medium Fernsehen zu verabschieden und ihre Nachrichtensendung in Zukunft selbst zusammenzustellen. Laut einer MacKinsey-Studie liegt in Haushalten der PC-Versorgungsgrad bei 60%, wo 14- bis 16-Jährige die Maus klicken lassen. Der Prozentsatz geht streng gegen Null, wo Kinderlosigkeit grassiert.
Doch nicht nur die Ausgrenzung bestimmter Bevölkerungsgruppen durch Geld, Intelligenz und Technik ist problematisch, viel schwerwiegender ist die unterschiedliche Entwicklung dieser Gruppen: In einer Welt, in der die Information zur bestimmenden Ressource wird, entsteht viel schneller als bisher ein unüberbrückbarer gesellschaftlicher Graben, eine Zwei-Klassen-Gesellschaft.

Wissenskluft

Die von Phillip Tichenor, George Donohue und Clarice Olien 1970 entwickelte Wissenskluft-Hypothese geht davon aus, dass Personen mit einem höheren sozialen Status und/oder höherer formaler Bildungsqualifikation Informationen rascher aufnehmen als Personen, die nur über eine niedrige allgemeine Schulbildung verfügen und/oder den unteren sozialen

---

1 Verena Auffermann, Schöne alte Welt im Rückraum, in: Süddeutsche Zeitung v. 20.6.1995, S. 32

Schichten angehören. Wenn der Informationsfluss in einem sozialen System zunimmt, nimmt damit die Informationsdifferenz in einer Gesellschaft nicht ab, sondern zu; eine bereits vorhandene Wissensdifferenz vergrößert sich, die Wissenskluft wird größer.[1]

Diese Theorie ist innerhalb der Wissenssoziologie umstritten. Bisher fehlen exakte empirische Untersuchungen zur Wissensverschiebung innerhalb einer Gesellschaft. Ursache hierfür ist die Komplexität der Prozesse, die im Gehirn einer Einzelperson sowie im „kollektiven Gedächtnis" ablaufen. Der Autor Reinhold Horstmann ist zum Beispiel der Überzeugung: „[...] es gibt keinen Automatismus zwischen einer Erhöhung des Informationsinputs und der Vergrößerung von Wissensklüften." Er begründet seine Ansicht mit fehlenden empirischen Belegen und dem Glauben an die evolutive Kompetenz des Menschen. Sprich: Der Mensch ist in der Lage sich neuen Anforderungen geschickt anzupassen und vermeidet so ein Zerbrechen seiner Sozialstrukturen.

Bei Winfried Schulz heißt es dagegen: „[...] Der Wissenskluft-Hypothese zufolge nimmt in der Informationsgesellschaft die Ungleichverteilung des Wissens mehr und mehr zu. Die Informationsreichen werden gleichsam immer reicher, die Informationsarmen immer ärmer. [...] Es entsteht so etwas wie eine neue Klassengesellschaft mit einer Informationselite auf der einen Seite [...] und den Informationsparias auf der anderen Seite, [...] "[2]

Verlust von Gemeinsamkeit

Die Menschen innerhalb unserer Gesellschaft rücken also immer weiter auseinander, die gemeinsame Basis des Denkens und Wissens, Grundlage jeder hoch entwickelten Kultur, geht verloren. Banales Beispiel: Vor wenigen Jahren war die ZDF-Sendung „Wetten dass ...?" noch am Montag in der Schule und am Arbeitsplatz in aller Munde. Wer „Wetten dass ...?" verpasst hatte, konnte nicht mitreden. Für alle Übrigen gab es ein gemeinsames Erlebnis und eine gemeinsame Wissensgrundlage. Heute verteilt sich die Fernsehnation auf 30 Programme und kaum noch jemand redet am Montag über das Programm vom Samstag, zu viele andere Sendungen laufen inzwischen simultan zu „Wetten dass ...?". Dazu die Kulturtheoretikerin Christina von Braun: „In einer Medienwelt, in der mehr als fünfhundert Kanäle zur Verfügung stehen, ist ein kollektives Gedächtnis und damit gesellschaftliche Kohärenz nur noch schwer herzustellen."[3]

Gerade Multimedia mit seinem umfangreichen, individuell wählbaren Programmangebot verstärkt die Tendenz der reduzierten gesellschaftlichen Kohärenz. Wer völlig individuell fernsieht, sich individuell weiterbildet, sich individuell amüsiert und individuell arbeitet, hat nichts mehr, worüber er mit andern kommunizieren kann. Sprachlosigkeit und der Verlust von Gemeinsinn sind die Folge. Die soziale Entfremdung wird Realität, so Adolf Muschg: „[...] Bei medialer Individualisierung zerfällt jede soziale Gemeinschaft in Individuen, die nicht mehr gemeinschaftsfähig sind."[4]

Isolation trotz Interaktivität

Gerade durch die Interaktivität werden soziale Kontakte vorgegaukelt. Der Multimedia-PC ersetzt den Partner und die Familie. Über Internet kann jeder weltweit Kontakte knüpfen oder Freundschaften schließen, On-line mit Menschen in Amerika oder Japan kommunizieren, ohne sie jemals vorher oder nachher zu sehen.

Den Partner fürs Internet-Leben lernt man per Telefonhotline kennen: Für jeden Geschmack ist etwas dabei; ob hetero-, bi- oder homosexuell; ob Sado-Maso oder nur Kuschelsex. Mit Multimedia ist gefühlsechter Cyber-Sex über tausende Kilometer Entfer-

1 Michael Jäckel/Peter Winterhoff-Spurk, Politik und Medien, Vistas Verlag, Berlin 1994, S. 15ff.
2 W. Schulz, in: Fischer Lexikon Publizistik – Massenkommunikation, Frankfurt a.M. 1994
3 Joachim Neander, Wie das Kalb vor der Datenautobahn, in: DIE WELT v. 19.5.1995, S. 15
4 Referat von Adolf Muschg zum Thema „Medien in der Gesellschaft", Seminar der Initiative Jugendpresse (IJP): „Medienstrategien der Neunzigerjahre", 27./28.8.1994 in Hamburg

nung möglich; sauber und ohne Angst vor Aids oder Schwangerschaft. Man kann alles ausprobieren und sich einfach „wegbeamen“ lassen. Geht einem der Partner auf die Nerven, schaltet man ihn einfach ab. Der Ausstieg aus der Realität wird immer leichter.
Mann oder Frau kann endlich so sein, wie er oder sie wirklich will: ein einflussreicher Börsenmakler oder eine erfolgreiche Filmproduzentin; von tollen Parties und berühmten Freunden erzählen und sich sein/ihr Internetprofil so gestalten, wie Mann/Frau sich wirklich fühlt, auch wenn sie eine Kassiererin im Supermarkt oder er ein Kundenberater am Bankschalter der Sparkasse ist.
Die persönliche Anwesenheit wird durch den Multimedia-PC substituiert. Durch die neue Technologie entsteht nach Meinung von Herbert Kubicek eine neue soziale Kommunikation, in der die Medien immer mehr zum Vermittler sozialer Kontakte und zwischenmenschlicher Verhältnisse werden.

Fazit

Trotz hektischer Geschäftigkeit und ungebremstem Fortschrittsglauben in den oberen Etagen der Medienkonzerne, das echte interaktive Fernsehen und die wirkliche multimediale Kommunikation werden noch ein paar Jahre auf sich warten lassen. Experten sprechen hinter vorgehaltener Hand übereinstimmend von weiteren fünf bis zehn Jahren, bis die Ingenieure und Entwickler so weit sind.
Doch die gesellschaftlichen und sozialen Probleme, die dann auf uns zukommen, sind jetzt schon absehbar: Zum Teil sind die dargestellten problematischen Entwicklungstendenzen bereits vorhanden, die Ursache dafür liegt nicht allein bei Multimedia. Durch die Multimediatechnologie werden sie jedoch entscheidend verschärft.
(Till C. Rüger [= M 93 a], S. 56–63)

M 93 a/b konzentriert sich ganz bewusst darauf, der „schönen neuen Medienwelt“ (M 90) die Kehrseite der Entwicklung gegenüberzustellen und die Probleme und Gefahren zu beschreiben, die sich mit der Ausbreitung der Informations- und Kommunikationstechnologien ergeben können. Untersuchen Sie diese Darstellung auch unter dem Gesichtspunkt, inwieweit über bereits vorliegende Erfahrungen berichtet und inwieweit Annahmen über zukünftige Entwicklungen formuliert werden. Fertigen Sie zu den einzelnen Abschnitten der beiden Texte jeweils knappe stichwortartige Übersichten an, an denen sich die Diskussion (über die Beurteilung der Entwicklung durch den Autor) orientieren kann.

M 93c IUK-Technik und Umwelt

Die PC-Preise fallen in den Keller, und die Online-Vernetzung boomt: Innerhalb von 18 Monaten ist bis zum Sommer 1998 die Zahl der Online-Nutzer um 140% auf 5,6 Millionen gestiegen, und im Laufe des kommenden Jahres darf eine weitere Verdopplung erwartet werden. Aber nicht nur Banküberweisungen, Fahrplanauskünfte oder Telearbeit machen die Attraktivität der neuen Technik aus: Unsere gesamte Lebenswelt verändert sich, technischer Fortschritt steht im engen Wechselspiel mit gesellschaftlichem Wertewandel. Dabei spielen digitalisierte Information und Kommunikation eine, wenn nicht die entscheidende Rolle.

Die gesamte industrielle Produktion, die Telekommunikation und sämtliche Verwaltungsabläufe gehören zum Kernbereich der Anwendungen. Mithilfe der neuen Technologie wird rationalisiert und auch für die gewonnene Zeit gibt es neue Aufgaben: *Digital Entertainment*, so lautet eines der Schlagworte für die Medienwelt von morgen. Den Verbrauchern soll digitalisierte Unterhaltung schmackhaft gemacht werden, von in Echtzeit ablaufenden Flug- und Rennsimulationen über digitalisiertes Fernsehen mit einigen hundert Kanälen und Video-on-demand. Und mit Hilfe dieser Angebote sollen uns natürlich auch die vielen anderen Produkte unserer Wirtschaft nahe gebracht werden, durch Werbung ebenso wie durch die Möglichkeiten zum online-shopping.

Elektronik bedeutet Zukunft, Karriere und Prestige. Auch dadurch sind Elektrogeräte jeder Art der Deutschen liebstes Kind neben dem Auto geworden. Während aber Forschung und Entwicklung in fast allen Sektoren mithilfe der neuen Techniken wahre Quantensprünge vollführen, steckt die *Reflexion* über das Erreichte, die fundierte Auseinandersetzung mit den Chancen und Risiken der neuen Techniken, noch in den Kinderschuhen. Die aber ist unerlässlich, wenn wir den Weg in die Informationsgesellschaft ohne Systemcrash hinter uns bringen wollen. Das lässt sich am Umweltbereich verdeutlichen.

Zumindest theoretisch können durch Online-Vernetzung Rohstoffe eingespart werden. Allerdings hat die Sache einen Haken. So ist z.B. der Traum vom „papierlosen Büro", den der PC erfüllen sollte, nicht in Erfüllung gegangen. Im Gegenteil: Konzeptausdrucke, Fehlentwürfe usw. steigern den Auswurf an Altpapier um ein Vielfaches. Und auch die Internetzeitung, auf den ersten Blick ökologischer als die nach einmaligem Lesen weggeworfene Papierversion, braucht einer Ökobilanz im Auftrag des Umweltbundesamtes zufolge bis zu 16-mal so viel Energie wie die aus Papier gemachte.

Ebenso umstritten ist die Verkehrsvermeidung. Während das Wirtschaftsministerium Zahlen von jährlich bis zu 4,5 Milliarden einzusparender Verkehrskilometer als Chance herausstreicht, wächst der Verkehr und damit auch der Umweltverbrauch fleißig weiter. Das ist kein Einzelfall: Vielfach werden Erfolge für die Umwelt, etwa in der Reduzierung des Schadstoffausstoßes beim einzelnen Produkt, allein durch den insgesamt ansteigenden Material- und Energieverbrauch immer wieder zunichte gemacht. Dies zeigt, dass nur, wenn die politischen und gesellschaftlichen Rahmenbedingungen stimmen, High-Tech ihre zweifellos vorhandenen Potenziale sinnvoll entfalten kann. [...]

Die Enquête-Kommission „Schutz des Menschen und der Umwelt" forderte darum einstimmig, die Kompetenz aller Beteiligten im Umgang mit den neuen Möglichkeiten zu stärken. Sie hat Pionierarbeit geleistet, um geeignete politische Rahmenbedingungen zu empfehlen: In ihrem Abschlussbericht „Konzept Nachhaltigkeit" schlägt sie vier Strategien für die nachhaltige Herstellung und Nutzung von Informations- und Kommunikationstechniken vor:

1. Eine bessere Ressourcennutzung und die Vermeidung von Problemstoffen können durch umweltgerechtes Design und gesetzliche Regelungen wie eine umfassende IT-Geräterichtlinie erreicht werden. Eines der Zauberwörter, um die heutigen Zustände zu ändern, heißt *„Roadmap"*. Seit Jahren ein stehender Begriff in der Informatik bzw. der Informations- und Kommunikations-Industrie (IuK), könnten solche Landkarten auch für Umweltverträglichkeit und nachhaltige Produktgestaltung entwickelt werden.

2. Verbesserte Verbraucherinformation und Produktkennzeichnung sowie Regelungen für die öffentliche Beschaffung versprechen nachhaltige Potenziale in der Benutzung von IuK-Technik. Förderung von Eigenverantwortlichkeit ist in diesem Zusammenhang ein wichtiges Stichwort. Wo bleibt z.B. eine Stiftung ökologischer Warentests, die mittels moderner Datenbanktechnik die Vielzahl vorhandener Produkttests zusammenfasst und mit ökologischer Information anreichert, die konkrete Preisvergleiche auf lokaler Ebene ermöglicht und den Verbraucher gut aufbereitet zur Verfügung stellt? Dies, ebenso wie eine Nachhaltigkeitskampagne oder auch eine Akkreditierungsstelle für Organisationen, die Ökolabel* auf den Markt bringen wollen, könnte aus Mitteln der Werbung mitfinanziert werden.

3. Die intelligente Auswahl geeigneter Einsatzfelder, z.B. im Verkehr oder in der Gebäudetechnik, in der Produkt- und Prozessplanung eröffnet große Chancen für mehr Ökologie und neue Arbeitsplätze. Innovation darf nicht bei der Technik stehen bleiben, sondern muss auch soziale und strukturelle Erneuerung voranbringen. So werden beispielsweise Fahrzeuge erst durch intelligente Nutzung wirklich umweltverträglich, z.B. durch Car-Sharing, eine nahtlose Verzahnung mit öffentlichen Verkehrsmitteln und durch abgestimmte ganzheitliche Verkehrskonzepte – womit regionale Strukturen in der globalen Informationsgesellschaft ihr eigenes Gewicht erhalten. [...]

Die schnellen Innovationszyklen* in der Branche lassen uns kaum Zeit zum Luftholen, dennoch ist es höchste Zeit, die Potenziale der IuK-Technik für die Schaffung einer nachhaltigen Zukunft zu nutzen. Ein solch umfangreiches und wichtiges Programm kann aber von einzelnen Akteuren allein nicht sinnvoll bewältigt werden. Es fehlt an seriösen Untersuchungen und es fehlt am Dialog. Dringend erforderlich ist ein Responsible Care-Programm für die Branche – ein Branchendialog unter Einbeziehung der Anwender, der begleitet wird von einer intensiven Diskussion über Sinn und Unsinn der vielen neuen Produkte und Angebote.

(Jürgen Malley, Ein Branchendialog wird immer dringlicher, in: Das Parlament v. 6./13.11.1998, S. 25)

Beschreiben Sie, wie die Auswirkungen der neuen Technologien auf den Umweltbereich eingeschätzt werden: Welche Maßnahmen sind nach Auffassung des Autors notwendig um eine „nachhaltige Zukunft“ zu schaffen?

In den folgenden Texten (M 94–M 96), entnommen einem Aufsatz von Winfried Schulz (Prof. für Kommunikations- und Politikwissenschaft an der WiSO-Fakultät der Universität Erlangen-Nürnberg), werden zu drei Bereichen (Wirtschaft und Arbeit, Wissenschaft und Bildung, Öffentlichkeit und politische Prozesse) jeweils die zu erwartenden Chancen und Risiken der Medienentwicklung gegenübergestellt (einige Aspekte wurden schon in M 93 b/c angesprochen). Dabei handelt es sich um „eine Zusammenstellung von Prognosen, Erwartungen und plausiblen Thesen. Da die empirische Gültigkeit der Aussagen ungeklärt ist, enthalten sie keine Angaben über den Zeithorizont der Entwicklung. Es wird daher auch kein Versuch unternommen, Chancen und Risiken zu gewichten oder gegeneinander abzuwägen. Das relative Gewicht der einzelnen positiven und negativen Aspekte ist weitgehend abhängig vom sozialen Standpunkt und von den Wertmaßstäben des Betrachters. Häufig stehen dabei verschiedene Wertorientierungen miteinander in Konflikt“. (W. Schulz, Neue Medien – Chancen und Risiken. Aus Politik und Zeitgeschichte B 42/97 v. 10.10.1997, S. 4). Wir schlagen Ihnen vor, die drei Texte in Gruppenarbeit zu analysieren und bei der Vorstellung der Arbeitsergebnisse im Plenum die zahlreichen Aspekte, die der Text in sehr kompakter Form gegenüberstellt, möglichst mit eigenen Worten konkreter zu erläutern (z.B. durch die Erklärung von Begriffen, die Nennung konkreter Beispiele, den Verweis auf eigene Erfahrungen usw.). In die sich an den jeweiligen Gruppenbericht anschließende Diskussion sollte durchaus auch der Versuch einbezogen werden, auf den der Autor selbst bewusst verzichtet hat, nämlich „die Chancen und Risiken zu gewichten oder gegeneinander abzuwägen“.

M 94 Wirtschaft und Arbeit

Neue Medien und IuK-Techniken sind ein Wirtschaftsfaktor. Sie tragen nicht nur in steigendem Maße zur Wirtschaftsleistung bei, sie führen darüber hinaus zu erheblichen Veränderungen in Wirtschaft und Arbeit. Etikettierungen wie „Mediengesellschaft“ und „Informationsgesellschaft“ verweisen auf gesamtwirtschaftliche Folgen der Entwicklung. Die industrielle Produktion verliert weiter an Bedeutung für den wirtschaftlichen Wohlstand zugunsten des zunehmend informatisierten Dienstleistungssektors, insbesondere zugunsten der Medien- und Kommunikationswirtschaft.

1. Chancen

Der Medienbericht ‘94 der Bundesregierung weist für den Mediensektor – einschließlich Unterhaltungselektronik – eine Bruttowertschöpfung von 55,45 Mrd. DM im Jahr 1992 aus, das entspricht 1,83 Prozent des Bruttosozialprodukts. Eindrucksvoller ist die dort mitgeteilte Wachstumsrate von 63,2 Prozent von 1982 bis 1990, die deutlich über dem Wachstum der Gesamtwirtschaft liegt. Noch weit positiver hebt sich die Zunahme der Beschäftigtenzahl im Mediensektor von der Gesamtentwicklung ab (vgl. M 88 a/b). Die IuK-Technologien gelten als die Basisinnovationen an der Wende zum 21. Jahrhundert, die Kommunikationswirtschaft als die neue Schlüsselindustrie. Die EU-Kommission erwartet von den IuK-Techniken eine beträchtliche Steigerung der Produktivität und eine erhebliche Verbesserung der Qualität und Leistungsfähigkeit von Diensten.

Neue Techniken und Dienste wie Internet, ISDN, Mobilfunk, Telefax, E-Mail, Videokonferenz und elektronische Verkehrsleitsysteme verbessern die Kommunikationsinfrastruktur für die Wirtschaft, machen den Transport von Gütern und Menschen teilweise überflüssig oder optimieren ihn so weit, dass Zeit und Kosten gespart, Standortnachteile ausgeglichen und Umweltbelastungen vermindert werden.

Durch Telearbeit wird dezentrale Berufstätigkeit in häuslicher Umgebung möglich. Dadurch können Arbeitnehmer ihre Arbeitszeiten selbst bestimmen, Beruf und Familie lassen sich besser vereinbaren, für einige Bevölkerungsgruppen – z. B. Frauen mit Kleinkindern oder Behinderte – verbessert sich der Zugang zum Arbeitsmarkt, vor allem flexible Teilzeitarbeit wird erleichtert; Wege zu einer Arbeitsstätte erübrigen sich oder können reduziert werden, und daraus entstehen ökologische Vorteile. Unternehmen können spezialisierte Fertigkeiten und Know-how auf einem weltweiten Arbeitsmarkt nachfragen.

Die neuen Medien und Kommunikationstechniken haben eine Reihe neuer Wege des Vertriebs, des Angebots von Dienstleistungen und des Marketings eröffnet. Telebanking über Online-Dienste, Shopping über das Fernsehen, über Kataloge auf CD-ROM oder über Angebote im Internet kommen den Kunden entgegen und helfen den Unternehmen, Kosten zu reduzieren. Nicht zuletzt sind die neuen Medien auch neue Werbeträger, die oft einen zielgruppengenaueren, kostengünstigeren und erfolgreicheren Einsatz ermöglichen. Sie tragen dazu bei, dass die Werbeinvestitionen im Vergleich zur Wirtschaftsleistung überproportional steigen.

2. Risiken

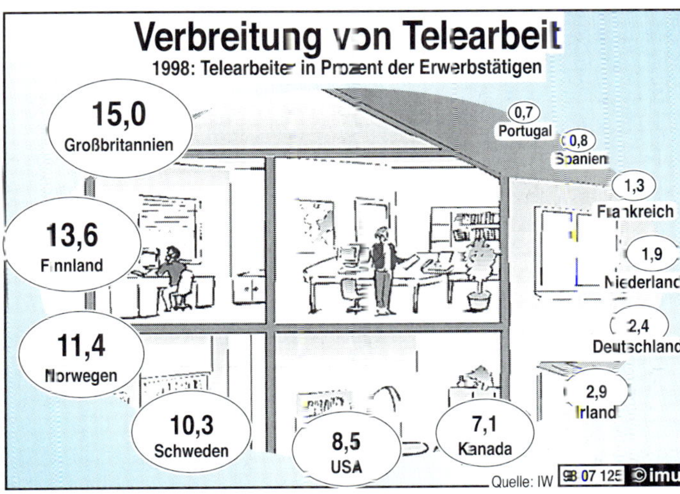

Gesamtzahl der Erwerbstätigen in Deutschland: rd. 27,5 Millionen

Skeptiker warnen vor überzogenen Erwartungen in Bezug auf die wirtschaftlich günstigen Folgen der Einführung neuer Medien und IuK-Techniken. Sie verweisen darauf, dass die Informatisierung nur zur Verschiebung von Leistungen und Wertschöpfungen aus einem Sektor in einen anderen führt. IuK-Techniken steigern zwar die Rationalisierungsmöglichkeiten und können somit produktivitätssteigernd wirken. In der Regel führt dies aber auch zur Beseitigung von Arbeitsplätzen und zu mehr struktureller Arbeitslosigkeit. Die Zunahme von Beschäftigten bei den neuen Medien wird zum Teil durch Rückgänge bei den herkömmlichen Medien aufgezehrt.

Negative Beschäftigungseffekte werden z.B. auch dadurch erwartet, dass „mentale Dienstleistungen“ wie Informieren und Ausbilden auf Videokassetten, Disketten oder CDs

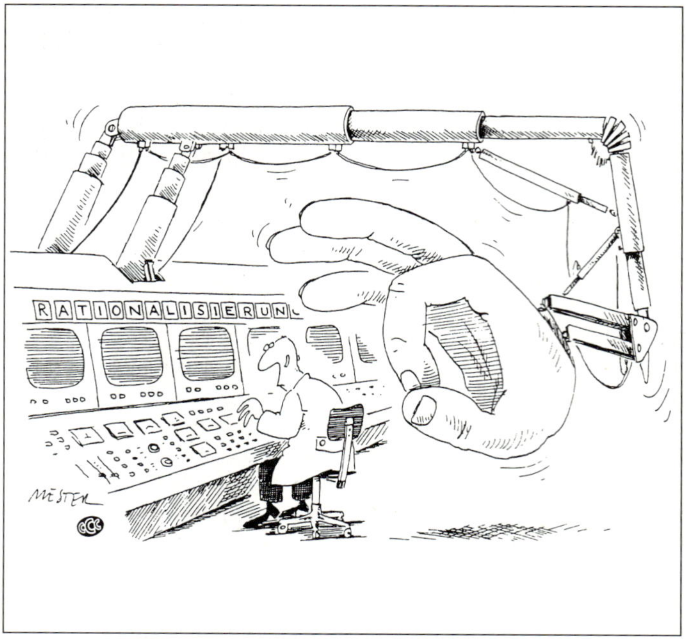

(Zeichnung: Gerhard Mester/CCC)

industriell vervielfältigt werden. Der Einsatz von Personal für solche Dienstleistungen erübrigt sich dann oder wird reduziert. Ein weiterer Negativeffekt entsteht durch Verlagerung von Arbeitsplätzen ins Ausland und „grenzüberschreitendes Sozial-Dumping*", sofern die Arbeitsaufträge und -ergebnisse über weltumspannende Datennetze transportiert werden können. Arbeit wird jeweils dort nachgefragt, wo sie am billigsten ist (z.B. Programmierung und Datenverarbeitung in Entwicklungsländern).
Teleshopping begünstigt unüberlegte Impulskäufe und die Verschuldung einkommensschwacher Bevölkerungskreise. Telearbeit birgt das Risiko der sozialen Isolierung, der Aushebelung des Arbeits- und Sozialrechts, der Diskriminierung von Arbeitnehmern – vor allem Frauen – mit einfachen Tätigkeiten (z.B. Dateneingabe, Schreibarbeiten), da solche am ehesten in Telearbeit vergeben werden können. Wer „fernab vom Betrieb arbeitet, ist ‚abgehängt'".
Die neuen Medien und Techniken schaffen elektronische Steuerungs- und Kontrollmöglichkeiten, die erhebliche Datenschutzprobleme aufwerfen und elementare Persönlichkeitsrechte – vor allem die informationelle Selbstbestimmung – einschränken können. Zugriffe auf die Kommunikationsendgeräte in den Haushalten (z.B. bei der Nutzung von Pay-TV, Video-On-Demand, Teleshopping, Telebanking) lassen sich zentral registrieren und in Nutzerprofile umsetzen, die für Marketingzwecke (im Prinzip auch für eine polizeiliche Überwachung) eingesetzt werden können. Teleshopping über Fernsehen oder Internet wirft eine Reihe noch ungelöster Probleme des Daten- und Verbraucherschutzes, der Sicherheit des Zahlungsverkehrs mit „Cyber-Geld" sowie des Vertrags- und Haftungsrechts auf.

(Winfried Schulz, Neue Medien – Chancen und Risiken, in: Aus Politik und Zeitgeschichte B 42/97 v. 10.10.1997, S. 4–6)

M 95 Wissenschaft und Bildung

Technologische Innovationen und deren Anwendung hängen eng mit dem Niveau von Bildung und Wissenschaft zusammen. Sie sind Folge der fortgeschrittenen Entwicklung von Forschung und Technik im ausgehenden 20. Jahrhundert und stimulieren wiederum deren Weiterentwicklung. Das gilt in besonderem Maße für die neuen Medien und IuK-Techniken.

1. Chancen

In den entwickelten Ländern gehört der Umgang mit Telefon, Computern, Fernsehen und Fernbedienung, Videotext, Internet und Online-Diensten, Videorekordern, CDs und CD-

Eines Tages war dann auch die Klasse 1b nur noch über E-Mail zu erreichen... (Zeichnung: Markus Grolik/CCC)

ROMs mehr und mehr zu den selbstverständlichen und allgemein verbreiteten Kulturtechniken. Hard- und Software – vor allem für Textverarbeitung, Tabellenkalkulation, Businessgrafik, Datenbanken und Online-Recherche – sind kostengünstig verfügbar und werden immer leichter handhabbar. Vor allem Angehörige der jüngeren Generation, die bereits mit den meisten der neuen Medien aufgewachsen sind, und Personen in qualifizierten Berufen, die mit moderner IuK-Technik am Arbeitsplatz umgehen, verfügen über eine hohe Medien- und Technik-Kompetenz.

Mit der Expansion der Medien nehmen absolut auch die Bildungs- und populärwissenschaftlichen Angebote beträchtlich zu, z.B. pädagogische Kindersendungen, dokumentarische und populärwissenschaftliche Sendungen bzw. Spartenkanäle im Fernsehen, Schulfunk und Telekollegs, populärwissenschaftliche und Fachzeitschriften sowie Kassetten, Videos, Disketten und CDs als Teachware und Informationsressource (Lexika, Wörterbücher, Kataloge usw.). Besonders dramatisch ist die Angebotserweiterung des Wissens durch Datenbanken, Internet und Online-Dienste.

Die neuen Medien bieten die Chance einer Bildungsrevolution. Ihr Einsatz in Schulen und Hochschulen kann den Unterricht anschaulicher und für die Lernenden interessanter machen, die Lernmotivation stärken und den Lernerfolg erhöhen. Vor allem komplizierte Wissensmaterien lassen sich durch geschickten Einsatz der Darstellungsmöglichkeiten audivisueller Medien – Infografik, Filme, Videos, Computeranimation und -simulation – didaktisch wirksam aufbereiten. Mit Hilfe programmierten Lernens und interaktiver Teachware kann das Lernpensum – z.B. beim Fremdsprachenlernen – den individuellen Lernmöglichkeiten und der jeweiligen Lernmotivation angepasst werden. Vor allem für Blinde bzw. stark Sehbehinderte verbessern sich erheblich die Lernmöglichkeiten durch den Einsatz neuer Audio-Medien, Computer und Software, die Text in Sprache und Sprache in Text umwandeln.

Neue elektronische Speichersysteme und Datennetze, insbesondere das Internet und Online-Dienste, machen sehr große Wissensbestände wie Lexika, Bibliografien, Bibliothekskataloge, Fachbücher, Datenbanken wie auch die Wort-, Bild- und Tonbestände einer Vielzahl publizistischer Medien relativ leicht und kostengünstig zugänglich und effektiv auswertbar. Besonders nützlich ist für den Anwender die Volltextrecherche mit Schlagwörtern, durch die sehr große Kataloge, Bibliografien und Textbestände thematisch schnell erschlossen werden können. Dieser Zugang zu Bibliotheken und anderen Dokumentenbeständen wird noch weit komfortabler, wenn erst eine große Zahl von Werken digitalisiert ist, so dass sie direkt auf den Computer am Arbeitsplatz oder zu Hause heruntergeladen werden können. Große Bibliotheken – wie etwa die Französische Nationalbibliothek – schaffen dafür gegenwärtig die Voraussetzungen.

2. Risiken

Die in der Medienentwicklung angelegte Tendenz der Selbstverstärkung kann vorhandene Wissensklüfte, kann das Bildungs- und Kompetenzgefälle innerhalb der Gesellschaft wie auch zwischen verschiedenen Ländern vergrößern. Dieses Risiko besteht auch für verhältnismäßig reiche Länder mit hohem Bildungsniveau, wenn nicht rechtzeitig in die Me-

dienausstattung der Schulen und Universitäten investiert wird. Allgemein profitieren entwickelte Länder mit guter Bildungs- und Forschungsinfrastruktur deutlich mehr vom Fortschritt der IuK-Techniken als unterentwickelte Länder, reiche und angesehene Universitäten mehr als arme und unbedeutende, Wissenschaftsgebiete mit einer „natürlichen" Nähe zum Computer wie Natur- und empirische Sozialwissenschaften mehr als z.B. Geisteswissenschaften.
Ebenso können Personen, die bereits gut vorgebildet sind und eine entsprechende Medienkompetenz besitzen, die Möglichkeiten neuer Medien und Techniken besser nutzen als die in dieser Hinsicht Unterprivilegierten. Ungleichheiten der Medienkompetenz und im Zugang zu neuen Medien gibt es nicht nur zwischen den sozialen Schichten, sondern in starkem Maße auch zwischen Männern und Frauen. Wer mit den neuen Kulturtechniken nicht umzugehen lernt, bleibt „Analphabet" – das ist die moderne Form des Analphabetismus (vgl. M 93 b).
Der durch die IuK-Techniken auf exponentielle Raten gesteigerte Zuwachs des Wissens führt zu Unübersichtlichkeit und Informationsüberlastung. Die Informationsfülle macht es immer schwieriger, das Wichtige und Relevante vom Unwichtigen und Irrelevanten zu unterscheiden, die Integrität der Quellen und die Zuverlässigkeit der Information einzuschätzen Mit der Beschleunigung des Wissenszuwachses erhöht sich zugleich die Verfallsrate des Wissens. Einmal angeeignetes Wissen wird schnell überflüssig oder inaktuell. Die Digitalisierung der Bibliotheksbestände und der Textkommunikation allgemein birgt nicht nur Chancen, sondern auch Risiken. Zum einen verlieren digital gespeicherte Texte gegenüber dem gedruckten Text einen mitunter wesentlichen Anteil ihrer Botschaft, der sich in Typografie und Layout, Bebilderung, Arten des Papiers und des Einbandes manifestiert. Es entsteht nicht nur ein ästhetischer Verlust, sondern auch ein Verlust an kunst- und kulturhistorischer Information. Zum anderen sind die in Datenbanken gespeicherten Informationen leicht und spurenlos manipulierbar. Der Siegeszug audiovisueller Medien bedroht die Kulturtechnik Lesen und hat bei den jüngeren Generationen zu einem Rückgang der Lesekompetenz und der Nutzung von Printmedien – vor allem von Tageszeitungen – geführt[1]. Der Umgang mit Video- und Computerspielen, aber auch programmiertes Lernen am Computer und Teleteaching begünstigen Individualisierung und soziale Isolation. Das kann Kreativitäts- und Leistungseinbußen zur Folge haben aufgrund eines Mangels an spontaner Kommunikation, sozialer Kontrolle, gegenseitiger Beobachtung und Anregung und anspornendem Wettbewerb.

Winfried Schulz [= M 94], S. 6–8)

M 96 Öffentlichkeit und politische Prozesse

Die Massenmedien liefern den Bürgern wie auch den Politikern eine Informationsgrundlage für die politische Meinungsbildung und für politische Entscheidungen. Sie konstituieren eine politische Öffentlichkeit und schaffen damit ein Forum zur Auseinandersetzung über politische Prioritäten. Die Medien wirken selbst mit an der Meinungsbildung und ergänzen als „vierte Gewalt" – durch Kontrolle und Kritik mächtiger Personen und Institutionen – die politischen Funktionen der drei klassischen Gewalten.

[1] Vgl. Helmut von der Lahr, Lesen: Verlust einer Schlüsselqualifikation für die Informationsgesellschaft. Forschungsergebnisse zu Leseverständnis und Sprachentwicklung von Kindern und Jugendlichen, in: Media Perspektiven (1996) 1, S. 2-7; Inez Bauer, Jugend und Tageszeitung. Ergebnisse quantitativer und qualitativer Studien, in: Media Perspektiven (1996) 1, S. 8–17

1. Chancen

Neue Medien kommen der Wahrnehmung dieser politischen Funktionen zugute. So steigern Verbesserungen der Nachrichtentechnik durch Satellitenkommunikation, Faxgeräte, Mobilfunk, miniaturisierte Bild- und Tonaufzeichnungsgeräte, Notebook-Computer und Bilddigitalisierung erheblich die Leistungsfähigkeit – vor allem Aktualität und Authentizität – des Journalismus. Der weltweite Zugang über Internet zu den verschiedensten politischen Organisationen und Quellen, Dokumenten und Datenbanken verbessert erheblich die Recherchenmöglichkeiten der Journalisten.
Das Angebotswachstum aller Arten von Medien erhöht nicht nur die Menge, sondern auch die Vielfalt der für die Bürger verfügbaren Information. Die Bürger können sich ihren individuellen Interessen entsprechend immer umfassender, immer unabhängiger von zeitlichen und räumlichen Beschränkungen informieren. Internet und Online-Dienste ermöglichen einen direkten und individualisierten Zugang zu den verschiedensten politischen Quellen weltweit, eröffnen neue Formen der politischen Beteiligung, der Meinungs- und Willensbildung, z.B. über News Groups*. Die Möglichkeit politischer Manipulation und Indoktrination durch einseitige Information wird deutlich verringert, das Überleben von Diktaturen immer schwieriger (vgl. M 87, S. 185, Z. 55 ff.).
Politiker und Interessenvertreter haben durch das Wachstum des Mediensystems mehr und unterschiedlichere Sprachrohre und Podien zur Verfügung. Auch für nicht etablierte Parteien, kleine Minderheiten und Gruppen mit Sonderinteressen verbessern sich die Chancen, im öffentlichen Diskurs zur Geltung zu kommen.
Mit der Erweiterung des Mediensystems verschärft sich allgemein der Wettbewerb unter den Medien und speziell der publizistische Wettbewerb um die aktuellsten Ereignisse, die attraktivsten Themen und die kompetentesten Interviewpartner, um besonders schnelle Übermittlung, um aufklärende Recherche und enthüllende Hintergrundberichte. Dies ist auch Folge davon, dass mehr Medien mehr Journalisten beschäftigen, die ihre Karrierechancen durch die Profilierung im investigativen* und kritischen Journalismus zu verbessern suchen. Die Wahrnehmung der Kritik- und Kontrollfunktion der Medien wird dadurch gefördert, ebenso ihre Beteiligung an der öffentlichen Meinungsbildung.

2. Risiken

Die Verbesserung der Nachrichtentechnik im professionellen wie auch im privaten Bereich lässt das Informationsangebot weiter lawinenartig anschwellen. Die Medien können aus der Fülle der von Agenturen und Diensten, von Informanten und eigenen Korrespondenten stammenden Nachrichten nur einen winzigen Bruchteil auswählen. Mit der Erhöhung des Selektionsdrucks werden vor allem Nachrichtenwert-Kriterien wie Neuigkeit, Überraschung, Dramatik und Negativismus für die Nachrichtenauswahl bedeutsam, und damit steigt auch das Risiko der Verzerrung von Nachrichten. Die Medien werden verleitet, die brandaktuelle Sensation der sorgfältig recherchierten Nachricht vorzuziehen, Persönlichkeitsrechte zu verletzen, unsichere Nachrichtenquellen zu benutzen oder sogar auf Nachrichtenfälscher hereinzufallen. [...]
Die Menge und Vielfalt der Angebote ist auch von den Mediennutzern nur noch schwer beherrschbar. Es macht zunehmend Mühe, in der Fülle der Informationen die wirklich wichtigen und nützlichen zu erkennen, zumal vieles nur der Befriedigung von Neugier, Sensationslust und Voyeurismus dient. Die vielfach kritische, den Konfliktaspekt von Politik betonende Berichterstattung ist der politischen Bildung nicht förderlich, begünstigt Politikverdrossenheit und eine negative Weltsicht.
Durch die Erweiterung des Informationsangebots vergrößert sich die Kluft zwischen den gut informierten und den schlecht informierten Bürgern. Wer eine gute Ausbildung und hohe Medienkompetenz besitzt, politisch interessiert und vorgebildet ist, kann das erweiterte Medienangebot am besten nutzen. Sein Wissen und sein politisches Interesse nehmen

weiter zu, sein Engagement wächst. Wer bisher schon in dieser Hinsicht unterprivilegiert ist, wird durch ein vermehrtes Informationsangebot nur überfordert. Er nutzt eher die besseren Unterhaltungsmöglichkeiten durch neue Medien und bleibt politisch abstinent. Die Kluft zwischen den politisch Aktiven und Passiven wird größer.
Neue Medien verbessern die Möglichkeiten, auf künstliche Weise realitätsgetreue Eindrücke und eine synthetische Wirklichkeit zu erzeugen. Davon wird zunehmend auch im Journalismus Gebrauch gemacht, z.B. mit der Bearbeitung digitalisierter Fotos, Computeranimation, Bluebox- und Paintbox-Techniken im Fernsehen. Die Unterscheidung zwischen Wirklichkeit und Fiktion, zwischen Wahrheit und Täuschung, wird dadurch immer schwieriger. Regierungen, Parteien und Interessengruppen versehen es immer geschickter, durch professionelles Themenmanagement und Ereignisinszenierungen die Medien zu instrumentalisieren und die Öffentlichkeit für ihre Absichten zu mobilisieren. Das Risiko wächst, dass politisch weit reichende Entscheidungen auf der Grundlage von inszenierter Wirklichkeit und einer manipulierten Öffentlichkeit gefällt werden.

(Winfried Schulz [= M 94], S. 9–11)

M 97 Chancen für mehr Bürgerbeteiligung in der Demokratie?

M 97a „Elektronische Demokratie“ als Chance

Das Internet bietet – im Gegensatz zum nur in einer Richtung sendenden Fernsehen – Chancen für mehr Transparenz des politischen Systems, für mehr Bürgerbeteiligung und neue Formen der Öffentlichkeit. Die Wurzeln der heutigen Demokratie liegen in Athen, in der Versammlung freier Bürger, wo die zentralen Themen der athenischen Republik besprochen und entschieden wurden. [...] Mit den neuzeitlichen Nationalstaaten entstand die Notwendigkeit, politische Prozesse unter den Bedingungen von Flächenstaaten zu organisieren. [...] Mit der Repräsentation entstand ein Verfahren, wie die Angelegenheiten der Region im Zentralparlament durch auf Zeit gewählte Vertreter artikuliert und entschieden werden. Der Nachteil der Repräsentation ist die räumliche und soziale Entfernung des Politikers vom Wähler und Staatsbürger.
Die ständige Präsenz von Print- und audiovisuellen Medien im politischen Geschehen und das Wachstum einer kontinuierlichen Berichterstattung aus der Mitte der Politik löst die widersprüchliche Entwicklung aus, dass die Bürger – soweit sie sich für Politik interessieren – einerseits immer besser informiert sind, andererseits aber in ihrem Bedürfnis nach politischer Teilhabe frustriert werden, denn allgemeine Wahlen finden in der Regel nur alle vier Jahre statt. Diese faktische Ohnmacht ist die Basis für die so genannte „Politikverdrossenheit“ und jenes von der Verfassung nicht vorgesehene Zwischenreich der Dauerpolitisierung durch die Mediengesellschaft, in der die Medien und Umfragen, Stimmungen und versierte Kommunikatoren die Politik gestalten. Auf diese Weise haben sich informelle plebiszitäre Elemente im Raum des Politischen etabliert, die in der Verfassung keine Entsprechung finden.
Bei wirklichen Plebisziten dagegen würden die Bürger zu klaren Entscheidungen ermächtigt und auch genötigt. Ihre Voten würden eindeutig zurechenbar, und mindestens im öffentlichen politischen Bewusstsein müssten sie hierfür Verantwortung übernehmen – dem ohnmächtig raunenden Geschimpfe über „die Politiker“ wäre der Boden entzogen. Während die audiovisuellen Medien eine diffuse, eher oberflächliche Dauerpolitisierung bewirken, zielt die Demokratie eigentlich auf verantwortliche politische Teilhabe und bürgerliches Engagement. Hier eröffnet der Terminus der „elektronischen Demokratie“ eine hoffnungsstiftende Vision. Sicherlich ist er eher ein plakativer Begriff ohne analytische Qualität[1]. Da der technische

[1] Zumal es eher um Digitalisierung als um Elektronik geht. Es gab zwar auch schon früher einige Verheißungen wie „Computerdemokratie“ oder „Kabeldemokratie“, die sich aber nicht erfüllten.

Zugang noch nicht allgemein verbreitet ist und auch manipulative Eingriffe nicht auszuschließen sind, werden plebiszitäre Modelle via Internet zwar auf absehbare Zeit kaum möglich sein. Aber eine realistische Chance besteht darin, das Handeln der Politik insgesamt transparenter zu machen und die Bürger stärker am politischen Geschehen zu beteiligen. Studien haben gezeigt, dass die Bürger dann zu verstärktem öffentlichem Engagement bereit sind, wenn sie die Erfahrung machen, dass es bei der Gemeindeverwaltung ernsthaft beachtet und dass darauf reagiert wird. Politische Dokumente wie Ratsprotokolle, Bebauungspläne und Gesetzesvorlagen können ins Netz gestellt werden. Wenn die Bürger selber überprüfen können, wie der Inhalt von Originaldokumenten lautet oder welche Auffassung etwa eine Kommunalverwaltung zu bestimmten politischen Streitfragen vertritt, dann wird so auch die Berichterstattung in den Medien durch diese unmittelbare Überprüfbarkeit zu größerer Sorgfalt und Sachlichkeit veranlasst.
Die neuen Informations- und Kommunikationstechniken bieten staatlichen Stellen und Gemeinden die Möglichkeit, den internen Informationsfluss zu verbessern, Vorgänge effizienter zu bearbeiten, Kosten zu senken und die Bürger kundenfreundlicher zu bedienen. Schon nutzen zahlreiche Verwaltungen auf allen Ebenen und in fast allen Bereichen die Informations- und Kommunikationstechniken zur rationelleren Erledigung ihrer Aufgaben. Das kommt den Bürgern und Steuerzahlern nicht nur mittelbar durch Kostensenkung zugute, es führt auch zu einer besseren Bedienung der Partner der öffentlichen Verwaltung. Moderne Kommunikationstechniken machen Verwaltungsorganisationen möglich, bei denen der Bürger an einer einzigen Anlaufstelle, etwa im Bürgerbüro einer Gemeinde, alle üblichen Angelegenheiten erledigen kann, was Gänge zu den unterschiedlichen Ämtern erspart. Dabei bleiben die bisherigen Ämter, die nicht direkt mit dem Bürgerverkehr zu tun haben, in ihren Zuständigkeiten wie Verantwortlichkeiten bestehen.

(Christoph H. Werth, Die Herausforderungen des Staates in der Informationsgesellschaft, in: Aus Politik und Zeitgeschichte B 40/98 v. 25.9.1998, S. 24f.)

M 97b Skepsis gegenüber der „Cyber-Demokratie"

Zweifellos stehen mit dem Netz neue technische Möglichkeiten zur Verfügung, die die herkömmliche Massenkommunikation zumindest partiell ergänzen. Wesentliche Merkmale des Internets und der Netzkommunikation sind

- ein im Vergleich zur herkömmlichen Massenkommunikation höherer Grad an Auswahlmöglichkeiten („Interaktivität");
- die Möglichkeiten zur Verknüpfung von Text, Bild und Ton („Multimedialität");
- ein hoher Grad an Individualisierung und Adressierbarkeit in der Kommunikation durch Möglichkeiten der asynchronen Kommunikation und durch ein höheres Maß an Selektivität sowie
- ein geringerer Grad an Organisation aufseiten der Anbieter („Kommunikatoren").

Netzkommunikation unterscheidet sich vor allem in *technischer* Hinsicht, aber weniger in der *sozialen* Perspektive von der Massenkommunikation. Das Potenzial der Netzkommunikation kann nicht isoliert vom gesamten Medienensemble betrachtet werden. Es sind vier soziale Faktoren, die der Netzkommunikation Grenzen setzen:
Zeitbudget: Das tagtäglich für Mediennutzung zur Verfügung stehende Zeitbudget ist begrenzt. In den letzten Jahrzehnten sind immer mehr Medienangebote hinzugekommen, ohne dass sich jedoch die Zuwendungszeit stark verändert hätte. Eine erhebliche Steigerung ist unwahrscheinlich. Wahrscheinlicher ist: Die Rezipienten werden die gleiche – oder leicht angestiegene – Zeit auf verschiedene Medien und auf immer mehr Anbieter und Angebote verteilen müssen. Wie viel Zeit wird für das Netz erübrigt?
Finanzierung: Alles, was angeboten wird, kostet Geld und muss bezahlt werden – entweder durch Anbieter, die Werbung oder die Rezipienten. Alle drei Finanziers haben be-

kanntlich Grenzen, selbst dann, wenn die Budgets noch gesteigert werden können. Bei immer mehr Anbietern und Angeboten im gesamten Medienbereich wird es also zu Umverteilungen kommen. Vor dem Hintergrund stagnierender Budgets der Privathaushalte wird es für die – doch recht teure – Netzkommunikation nicht einfach werden. Sie wird so schnell nicht zur „Jedermann-Kommunikation".

Inhalte: Eines ist und bleibt knapp: die Inhalte. Qualitativ hinreichende Angebote, für die die Nutzer bereit sind zu zahlen, sind und bleiben ein knappes Gut. Selbst professionelle Anbieter können sich derzeit nicht refinanzieren. Und: Wer kann und wird im Netz, neben einzelnen Organisationen, eigentlich politische Angebote machen – und wer wird für diese bezahlen?

Nutzeraktivitäten: Dass die Rezipienten ständig selbst aktiv auf die Suche nach den besten Informationen gehen, das ist eher unwahrscheinlich, zumindest bislang nicht durchgängig soziale Praxis.

Die knappen Ressourcen zwingen in Alltagssituationen zu aktivitätsmindernden Routinen. Es bedarf also der Anbieter, erkennbarer Angebotsstrukturen sowie technischer und sozialer Unterstützungen, wenn unter Alltagsbedingungen die Möglichkeiten der Netzkommunikation kontinuierlich genutzt werden sollen.

Die Erwartungen hinsichtlich der Entstehung einer „Cyber-Demokratie" mit besser informierten und politisch aktiven Bürgern müssen vor dem Hintergrund bisheriger Erfahrungen eher skeptisch beurteilt werden. Das Potenzial der Netzkommunikation wird zu eindimensional technisch betrachtet, soziale Faktoren werden zu wenig berücksichtigt. Und das Potenzial nimmt auch dann nicht zu, wenn es mehr Angebote gibt oder wenn mehr Menschen das Netz nutzen. Im Gegenteil: Damit wird die Notwendigkeit zur Schaffung von Organisationen zur Selektion und Aufbereitung, ähnlich wie in der Massenkommunikation, an Bedeutung gewinnen.

(Otfried Jarren, Internet – Neue Chancen für die politische Kommunikation?, in: Aus Politik und Zeitgeschichte B 40/98 v. 25.9.1998, S. 14f.)

1 *M 97a gibt zunächst einen Hinweis auf den Charakter unserer indirekten (repräsentativen) Demokratie im Unterschied zur direkten (unmittelbaren) Demokratie im antiken Athen. Erläutern Sie, wie der Autor aus dem Zwiespalt zwischen dem repräsentativen Charakter der Demokratie und der bestehenden ständigen politischen Information und Beeinflussung durch die Medien das Phänomen der „Politikverdrossenheit" erklärt.*

2 *Erläutern Sie, inwiefern der Autor in den Möglichkeiten der neuen IuK-Technologien eine „hoffnungsvolle Vision" sieht, eine Möglichkeit, die beschriebene Politikverdrossenheit abzubauen.*

3 *„Plebiszitäre Modelle via Internet" (also z.B. Volksabstimmungen im Sinne einer direkten Demokratie) hält der Autor zwar auf absehbare Zeit für kaum möglich. Wo liegen nach seiner Darstellung Möglichkeiten der „politischen Beteiligung" und der Verbesserung der Verwaltungsarbeit?*

4 *Der Autor von M 97 b beurteilt die Möglichkeiten der „elektronischen Demokratie" (M 97 a) eher skeptisch. Erläutern Sie die einzelnen „sozialen Faktoren", die das Entstehen einer „Cyber-Demokratie" (im Sinne der in M 97 a beschriebenen stärkeren politischen Partizipation) nach Meinung des Autors behindern.*

5 *Nehmen Sie auf dem Hintergrund von M 97 a/b zu den Chancen einer „elektronischen Demokratie" Stellung. Könnte die „Politikverdrossenheit" auf diese Weise abgebaut werden?*

Die folgende tabellarische Gegenüberstellung enthält fast alle Aspekte, die in den Materialien M 90–M 97 zur Einschätzung der Entwicklung zur Informationsgesellschaft zur Sprache gekommen sind. Sie kann als kleine „Check-Liste“ zur Sicherung der Arbeitsergebnisse dienen, soll hier aber vor allem dabei helfen, zum Schluss dieses Kapitels noch einmal einen für das Thema „Sozialer Wandel“ zentralen Aspekt zu verdeutlichen: Änderungsprozesse, die durch die Entwicklung in einem bestimmten Bereich angestoßen werden (im Fall der Informationsgesellschaft durch die technologische Entwicklung, die „elektronische Revolution“), können das Leben auch in anderen Bereichen (Wirtschaft, Gesellschaft, Politik) nachhaltig verändern. So war es beim Wandel von der Agrargesellschaft zur Industriegesellschaft, so wird es aller Voraussicht nach auch bei der Entwicklung zur „Informationsgesellschaft“ – das haben die Texte gezeigt – sein. Freilich: Über das Tempo, das Ausmaß, die Intensität und die Nachhaltigkeit dieses Wandlungsprozesses können auch Sozialwissenschaftler nur begründete Vermutungen anstellen.

M 98 Chancen und Risiken in Gesellschaft, Politik und Wirtschaft

Chancen

a) Individuum
- Einfachere Zugänglichkeit zu Informationen
- Zugang zu Dienstleistungen
- Förderung der Kreativität
- Förderung der Kommunikation
- Von der Passivität zur Aktivität
- Entstehen eines „neuen“ aktiven Medienkonsumenten
- Lernen mit Multimedia
- Weiterbildungsmöglichkeiten

b) Gesellschaft
- Freier globaler Markt für Information
- Free Flow of Information
- Interkultureller Dialog
- Vermittlung von Kultur
- Bildung
- Teleteaching

c) Politik und Recht
- Stärkung der Prozesse demokratischer Willensbildung

d) Wirtschaft
- Mehr Kleinunternehmen
- Mehr Dienstleister
- Telearbeit: Mehr Heimarbeitsplätze
- Mehr kreative Tätigkeit
- Kooperatives Arbeiten
- Schaffung neuer Arbeitsplätze
- Produktivitätssteigerung

Risiken

a) Individuum
- Psychosomatische Wirkungen
- Wirkungen auf das menschliche Nervensystem
- Drogenerscheinungen
- Schädigungen des zentralen Nervensystems bei Übernutzung
- Verlust der Intimität
- Manipulation
- Verzerrung und Verlust der Realitätswahrnehmung
- Drastische Zunahme der Produktion von Illusion
- Eskapismus: Realitätsflucht mit Gefahr zu Suchtverhalten
- Cocooning: Soziale Isolierung, soziale Abschottung vor dem wirklichen Leben
- Dominanz sekundärer Realität (Erleben aus 2. und 3. Hand)
- Verlust der Sprache

b) Gesellschaft
- Medien- und Informationsflut: Völlige Informationsüberlastung
- Desorientierung
- Desintegration durch Fragmentierung der Angebote
- Entleerung und Trivialisierung der Symbole
- Gewalt, Pornografie, Einfluss auf Kinder
- Wissenskluft-Hypothese
- „Kognitariat“ vs. Informationsproletariat/-analphabetismus

c) Politik und Recht
- Netze und das Thema rechtsfreier Raum
- Problem Urheberrecht
- Möglichkeit zu wirkungsvollen Mediengesetzen

d) Wirtschaft
- Wegfall von Berufsfeldern
- Isolierung am Arbeitsplatz, Telearbeit

(Birgit Ebbert/Klaus Peter Lilienfein [Hg.], Schöne neue Welt?, Aktion Jugendschutz (ajs), Landesarbeitsstelle Baden-Württemberg, Stuttgart 1996, S. 34–36)

Glossar

Die mit einem (H) gekennzeichneten Begriffe wurden entnommen: Karl-Heinz Hillmann, Wörterbuch der Soziologie, Kröner, Stuttgart 1994. Die mit einem (S) gekennzeichneten stammen aus: Manfred G. Schmidt, Wörterbuch zur Politik, Kröner, Stuttgart 1995.

Agrarrevolution. In der ehemaligen DDR in den 50er-Jahren durchgeführte Überführung der privaten Landwirtschaft in Landwirtschaftliche Produktionsgenossenschaften (Kollektivierung)

Akkumulation (lat.) „Anhäufung". Bezeichnung für den durch Profitmaximierung angetriebenen Prozess der Anhäufung, Wiedereinsetzung und Verwertung von Kapital. Der Marx'schen Theorie zufolge wird im Kapitalismus durch den Prozess der Anhäufung von Kapital der wirtschaftliche Reichtum der bürgerlichen Gesellschaft in einem bis dahin ungekannten Tempo vermehrt.

Akzeptanz(werte). Zur Erläuterung s. S. 137, 142, 144

Alterskohorte. S. → Kohorte

Ambivalenz (lat.). „Doppelwertigkeit", Zwiespältigkeit; bezogen auf Gefühle z. B. Hassliebe

anarchisch. Bezeichnung für einen Zustand oder Prozess, der durch das Fehlen von Gesetzen und Herrschaftsstrukturen gekennzeichnet ist (→ Anarchismus)

Anarchismus (griech.). Lehre von der Verneinung der Staatsgewalt und -ordnung oder sogar die Forderung nach allgemeiner Herrschaftslosigkeit als Inbegriff freiheitlicher Gesellschaftsordnung. Der Anarchismus hat sich als sozialrevolutionäre Bewegung im 19. Jahrhundert entwickelt. Seine Hauptvertreter waren Godwin, Stirner, Proudhon, Bakunin. Bekämpft wurden alle politischen und rechtlichen Zwangs- und Ordnungsmittel, vor allem der Staat, die Kirche, das Recht und (zum Teil) das Eigentum. (H, S. 23)

Anlagekapital. → Kapital, das einem Unternehmen zur Anschaffung und Erweiterung und zum Erhalt betrieblicher Anlagen (Grundstücke, Gebäude, Maschinen) zur Verfügung steht.

Anomie (griech. „Gesetzlosigkeit"). Krisenhafter gesellschaftlicher Zustand, der durch abweichendes Verhalten und Nichtbeachtung bisher gültiger Verhaltensregeln gekennzeichnet ist.

a priori (lat.). „Vom Früheren her", von vornherein; von der Erfahrung oder Wahrnehmung unabhängig; auf eine Erkenntnis bezogen, die sich rein begrifflich aus der Vernunft ergibt.

Arbeitsproduktivität. S. → Produktivität

asketisch. Bezeichnung für eine Lebenseinstellung, die durch den bewussten Verzicht auf Konsummöglichkeiten, Luxus, lustbezogenes Verhalten usw. gekennzeichnet ist.

Asylbewohner. Bewohner eines Asyls, d. h. einer Stätte, einer Unterkunft usw., die Schutz gegen Verfolgung garantiert.

Außensteuerung (engl. „other-directedness"). Auf den amerikanischen Soziologen D. Riesman zurückgehender → idealtypischer Begriff zur Kennzeichnung der spezifischen Verhaltenskonformität oder des vorherrschenden Sozialcharakters in den westlichen Industriegesellschaften. Der außen-gelenkte bzw. -geleitete Mensch orientiert sich in seinem starken Streben nach Sozialprestige in überangepasster, konformistischer Weise an den Erwartungen und Handlungen von Mitmenschen, zu Lasten überkommener Traditionen, innerer Wertprinzipien und persönlicher Autonomie. (H, S. 56)

Autarkie (griech.: „Selbstgenügsamkeit"). Unabhängigkeit und Selbstständigkeit (in der Wirtschaft: Unabhängigkeit einer Volkswirtschaft von Einfuhren lebensnotwendiger Güter)

autoritäre Regime. Bezeichnung für Regierungsformen, die zwischen Demokratie und Totalitarismus anzusiedeln sind. Von der Demokratie unterscheiden sich autoritäre Regime durch eingeschränkte bzw. gänzlich fehlende Freiheitsräume für gesellschaftlichen und politischen Pluralismus. Im Gegensatz zu → totalitären Diktaturen verzichten sie sowohl auf eine permanente Mobilisierung der Bevölkerung als auch auf eine alle Gesellschaftsbereiche durchdringende, ausformulierte Ideologie. In Gestalt von Einparteiensystemen und Militärregimen sind autoritäre Regime heute vornehmlich verbreitet in Ländern der Dritten Welt.

axial. Auf eine Achse bezogen (um die sich alles dreht)

Bedürfnishierarchie. Ein von dem amerikanischen Psychologen A. H. Maslow entwickeltes, erfahrungswissenschaftlich umstrittenes Ordnungsschema für die Unterscheidung der Bedürfnisarten des Menschen, das starke Verbreitung gefunden hat. Maslow geht von der folgenden pyramidenartigen Stufung aus: 1) physiologisch bedeutsame Bedürfnisse (bilden die Basis), 2) Sicherheitsbedürfnisse, 3) Bedürfnisse nach sozialer Zugehörigkeit und Anschluss, 4) Bedürfnis nach Wertschätzung durch andere (Sozialprestige), 5) Bedürfnis nach Selbstwert, 6) an oberster Stelle das Bedürfnis nach Selbstverwirklichung. Sind die Bedürfnisse der untersten bzw. der unteren Stufen befriedigt, dann gewinnt die nächsthöhere Bedürfnisstufe Vorrang. Der Grad der Befriedigung einzelner Bedürfnisse ist in verschiedenen Kulturen unterschiedlich. Ansonsten soll das Modell der Bedürfnishierarchie universell verbreitet sein. (H, S. 76)

Bell, Daniel geb. 10.5.1919 in New York; bedeutender Professor für Soziologie an verschiedenen amerikanischen Universitäten. – In stark beachteten und diskutierten Werken hat sich Bell mit der gegenwärtigen Entwicklung der modernen Industriegesellschaft auseinander gesetzt, die von einer Nachindustriellen Gesellschaft abgelöst wird. Diese ist durch beschleunigten wissenschaftlichen Fortschritt, durch neue Technologien, Bildungsexpansion und Dienstleistungen geprägt.

Bildungsbürgertum. Teile des deutschen Bürgertums (Produzenten, Kaufleute, Beamte, Intellektuelle, Wissenschaftler) in der ersten Hälfte des 19. Jahrhunderts, die in der sich herausbildenden Industriegesellschaft nach Selbstbestätigung und Emanzipation strebten, indem sie ihr soziales Prestige weniger auf den politischen Bereich als auf idealistische Werte und eine humanistische (am klassischen Altertum orientierte) Bildung bezogen.

Bismarck'sche Sozialgesetzgebung. Zur Regierungszeit Bismarcks eingeführte Gesetze zur sozialen Sicherung (Krankenversicherung 1883, Unfallversicherung 1884, Invaliden- und Alterssicherung 1889)

Bürgergesellschaft. S. → Zivilgesellschaft

Calvinismus. Zusammenfassender Begriff für die Vielzahl reformierter Kirchen, die auf den bedeutenden Kirchenreformer J. Calvin zurückgehen. Vgl. → Puritanismus

Deregulierung (von engl. deregulation = Abbau oder Zurücknahme regulativer Vorschriften). Wirtschaftspolitischer Fachausdruck für diejenigen (kraft Gesetz oder Vereinbarung zwischen Verbänden oder zwischen Wirtschaftsverbänden und Staat getroffenen) gesamtgesellschaftlich verbindlichen Entscheidungen, die auf den Abbau von Marktzutritts- und Marktaustrittsbeschränkungen sowie von Preis- und Mengenregulierungen gerichtet sind. (S, S. 211)

deterministisch (lat. determinare – begrenzen, bestimmen). Bezeichnung für eine Auffassung oder eine philosophische Lehre (Determinismus), nach der der menschliche Wille nicht frei, sondern von äußeren Ursachen bestimmt ist; allgemein: etwas festlegend, Freiheitsspielräume ausschließend.

Dialektik (griech.: Kunst des wissenschaftlichen Streitgesprächs). Philosophische Methode, durch Denken und Diskutieren in Gegensatzbegriffen zu Erkenntnissen und zur Überwindung der Gegensätze zu gelangen.

Differenzierung, soziale (lat. differentia – Unterschied). Prozess der Trennung, Besonderung und (horizontal wie vertikal) wirksamen Abgrenzung von zunächst sozialen Gebilden. → Horizontale soziale Differenzierung führt zu komplexen Strukturen von sozialen Positionen, Rollen und Verhaltensmustern. Vertikale Differenzierung ist gleichbedeutend mit der Entstehung von Herrschaftsverhältnissen oder führt bei bereits bestehenden „groben" Über- und Unterordnungsverhältnissen (→ Klasse) zu „feineren", mehrgliedrigen Abstufungen. Regionale Differenzierung trennt z.B. Stadt- von Landkultur. Differenzierung im mikrosoziologischen Sinne lässt komplexere Gruppenstrukturen entstehen. Differenzierung im makrosoziologischen Sinne hat die Entwicklung von partiell voneinander unabhängigen Teilkulturen bzw. Subsystemen und von gesellschaftlichem Pluralismus zur Folge. → Funktionale Differenzierung meint die Spezialisierung und Aufgabenverteilung unter Angehörigen einer Gesellschaft (Arbeitsteilung). (H, S. 153)

diffus (lat.). Ausgedehnt, weitläufig, zerstreut, nicht klar abgegrenzt, verschwommen

Durkheim, Emile (1858–1917). Franz. Soziologie-Professor; hatte großen Anteil an der Entwicklung der Soziologie zu einer eigenständigen Wissenschaft; die Gesellschaft, das Soziale ist für ihn keine bloße Hypothese, sondern eine Realität, deren Wirksamkeit durch die → Empirische Sozialforschung aufgewiesen werden kann.

Egalitarismus. Politische und soziale Theorie von der möglichst vollkommenen Gleichheit in der menschlichen Gesellschaft; bezogen auf die Erziehung: Förderung der Gleichberechtigung zwischen Eltern und Kindern

Eindimensionalität. Bezeichnung für ein Denken oder Handeln, das nur auf eine einzige Dimension (Richtung, Bereich) ausgerichtet ist und andere Dimensionen außer Acht lässt

elitär (franz.). Zu einer → Elite gehörig, sich ihr zurechnend oder sich entsprechend verhaltend

Elite (franz.). „Auswahl", „Auslese"; Inhaber höchster Führungspositionen einer Gesellschaft, die insgesamt eine soziokulturell, politisch und wirtschaftlich gestaltend tätige Minderheit bilden

empirisch. Auf die Wirklichkeit, die Erfahrung bezogen (im Unterschied zu „theoretisch", d.h. auf Überlegung und gedanklicher Verknüpfung beruhend); die Wirklichkeit durch Verfahren und Methoden erschließend, die nachvollziehbar und nachprüfbar sind und somit das Ergebnis von der Subjektivität des Forschers unabhängig machen; → Empirische Sozialforschung.

Empirische Sozialforschung. Systematische Erfassung und Deutung sozialer Erscheinungen. Empirisch bedeutet, dass theoretisch formulierte Annahmen an spezifischen Wirklichkeiten überprüft werden. Systematisch weist darauf hin, dass dies nach genauen Regeln vor sich gehen muss. Theoretische Annahmen und die Beschaffenheit der zu untersuchenden sozialen Realität sowie die zur Verfügung stehenden Mittel bedingen den Forschungsablauf. Unter Methoden der empirischen Sozialforschung versteht man die geregelte und nachvollziehbare Anwendung von Erfassungsinstrumenten wie Interview, Befragung, Experiment, Beobachtung, → Inhaltsanalyse.

Engels, Friedrich. 28.11.1820 Barmen – 5.8.1895 London. Sohn eines Fabrikanten. Kaufmann in Manchester, seit 1870 in London, seit 1845 Verbindung mit Karl Marx in wissenschaftlicher, publizistischer, organisatorischer Zusammenarbeit und finanzieller Unterstützung für K. Marx. Nach Marx' Tod Führer der Internationalen Sozialistischen Arbeiterbewegung in London; Herausgeber des 2. (1885) u. 3. Bandes (1894) des „Kapital" von K. Marx. Engels hat besonders die philosophisch-wissenschaftlichen Grundlagen des marxistischen Gedankengebäudes herausgearbeitet. Er ist erfolgreich hervorgetreten als Popularisator von Marx' Ideen. Durch die enge Zusammenarbeit lässt sich der Beitrag von Engels zu dem Werk von Marx schwer abschätzen. (H, S. 181)

Entscheidungsdilemma. Entscheidungssituation, die durch ein Dilemma gekennzeichnet ist, d.h. durch eine Zwangslage, in der nur die Wahl zwischen zwei unangenehmen Möglichkeiten besteht

Ergebnisgleichheit. Im Unterschied zu Chancengleichheit (Gleichheit der Ausgangsposition und der Ausgangsbedingungen) auf die *Ergebnisse* eines Prozesses, einer Entwicklung usw. bezogene Gleichheit.

Erosion (lat.). „Auswaschung", „Zernagung", „Auszehrung". Prozess, in dem etwas ursprünglich Vorhandenes mehr und mehr verloren geht

Esoterik (griech. eso – nach innen). Nur Eingeweihten zugängliche Lehre

Etatismus (von franz. état = Staat). Meist kritisch-abwertend verwendete Bezeichnung für eine politische Richtung und politisches Gedankengut, das die staatliche Machtsphäre im wirtschaftlichen und gesellschaftlichen Bereich auf Kosten der Freiheit der Individuen auszudehnen versucht; die Extremform des Etatismus ist der absolutistische Staat – „l'état c'est moi" („der Staat bin ich") (Ludwig XIV) – und der Staat eines → totalitären Systems.

etatistisch. Ausschließlich am Staatsinteresse orientiert; → Etatismus

Ethnie. Kulturell, sprachlich, geschichtlich miteinander verbundene Menschengruppe oder Minderheit (Volk, Stamm)

ethnisch (griech. ethnos – Volk). Auf die Zugehörigkeit zu einem Volk und seiner Kultur bezogen

ethnozentrisch. Bezeichnung für eine übersteigerte Form des Nationalbewusstseins, das die Überlegenheit des eigenen Volkes vor allen anderen Völkern in den Mittelpunkt stellt.

evolutionär (lat.) sich entfaltend, sich entwickelnd. Bezogen auf eine Veränderung, die sich gleichmäßig, langsam und stufenförmig aus Vorhandenem heraus ergibt (Gegensatz: revolutionär) und in eine bestimmte Richtung zielt.

feudalistisch. Nach Art des Feudalismus (auf dem Lehnsrecht aufgebaute Wirtschafts- und Gesellschaftsform, in der alle Herrschaftsfunktionen von der über den Grundbesitz verfügenden Oberschicht ausgeübt werden. Die Blütezeit des Feudalismus lag in Europa zwischen dem 10. und 13. Jahrhundert).

Flexibilisierung (von lat. flectere – beugen). Auflösung starrer schematischer Regelungen, vor allem in der Wirtschafts- und Arbeitswelt; zur Flexibilisierung der Arbeitszeit gehören Ausdehnung von Teilzeit-, Schicht- und Samstagsarbeit, Arbeitsplatzteilung (Job-sharing), kapazitätsorientierte variable Arbeitszeit („Kapovaz"), Arbeit auf Abruf, nach Qualifikation unterschiedliche Regelarbeitszeiten innerhalb einer Belegschaft.

Fourastié, Jean, *15.4.1907. Französischer Professor für Ökonomie und Soziologie; beschäftigte sich vor allem mit wirtschaftlichen Entwicklungsprozessen der Industriegesellschaft. Der Ausgangspunkt seiner statistisch belegten Diagnosen und Prognosen ist der wissenschaftlich-technische Fortschritt, der sich auf die Wirtschaftsgesellschaft → sektoral unterschiedlich auswirkt (vgl. → Tertiärisierung).

Frankfurter Schule. Von M. Horkheimer und Th. W. Adorno begründeter sozialphilosophischer und soziologisch-theoretischer Ansatz, der die Philosophie der Aufklärung und des deutschen Idealismus (insbes. Hegel), sozialökonomische Theorien des Marxismus und Erklärungsschemata der Psychoanalyse S. Freuds zu einer „kritischen Theorie" des Kapitalismus und der Lebensverhältnisse und sozialen Strukturen moderner Industriegesellschaften verbindet. Der Frankfurter Schule geht es um die Analyse der Entstehungs- und Funktionsbedingungen einer total verwalteten und von lediglich instrumental-technischer Rationalität beherrschten Welt ebenso wie sie die Möglichkeiten und Voraussetzungen einer Umgestaltung in Richtung auf eine freiheitlich-humane Gesellschaft zu erforschen trachtet. (H, S. 235)

funktional (lat.). Eine Funktion (Tätigkeit, Aufgabe) betreffend, einer Funktion dienend

Gehalt. Das dem Angestellten von seinem Arbeitgeber monatlich in gleicher Höhe auszuzahlende Arbeitsentgelt (im Unterschied zum Stundenlohn)

Großbürgertum. (Veralteter) Begriff für die Gesamtheit der zum oberen Mittelstand gehörigen Bürger (Großbürger)

Gültigkeit (Validität). Kriterium der → Empirischen Sozialforschung für die wissenschaftliche Qualität von Forschungsmethoden. Ein methodisches Vorgehen ist gültig, wenn damit tatsächlich das erfasst und gemessen wird, was festgestellt werden soll (Genauigkeit des inhaltlichen Aspekts einer Untersuchung)

Hedonismus (griech.). „Lustlehre". Bereits in der griechischen Philosophie begründete ethische Lehre, nach der der individuelle Genuss das höchste sittliche Prinzip, der individuelle Glückszustand die Tugend darstellt. Der wahrhaft glückliche Mensch ist darum derjenige, der seine Genussfähigkeit zu intensivieren weiß. Häufig wird angenommen, dass die Entwicklung zur Überflussgesellschaft zu Lasten der beruflichen Leistungsmotivation einen verstärkten Konsum – Hedonismus – als zentrale Wertvorstellung hervorgebracht hat. (H, S. 325)

hedonistisch. S. → Hedonismus

Hegemonie. Vorherrschaft (politisch, wirtschaftlich, sozial) einer Person, einer Gruppe oder eines Staates

Heterogenisierung. Im Gegensatz zu Homogenisierung (Prozess der Vereinheitlichung, des Gleichmachens) ein Prozess der Förderung und Vermehrung von Verschiedenartigkeit, Ungleichartigkeit, Andersartigkeit

homo optionis (lat.). „Mensch der Wahlmöglichkeit"

Hierarchie. Ordnungs- oder Herrschaftssystem, das durch das vertikale Prinzip von Über- und Unterordnung streng gegliedert ist

horizontal. Auf einer Ebene, nebeneinander liegend (vgl. horizontale → Differenzierung); Gegensatz: vertikal (nach Über- und Unterordnung gegliedert)

idealtypisch. Bezeichnung für eine Betrachtungsweise, die typische Merkmale von Personen, Gruppen, Strukturen usw. beschreiben will, indem sie wesentliche Züge besonders hervorhebt und unwesentliche vernachlässigt. Vgl. → Idealtypus

Idealtypus. Von → Max Weber geprägte Methode der Konstruktion von Begriffen und Theorien, die „durch einseitige Steigerung eines oder einiger Gesichtspunkte und durch Zusammenschluss einer Fülle von [...] Einzelerscheinungen, die sich jenen einseitig herausgehobenen Gesichtspunkten fügen, zu einem in sich einheitlichen Gedankenbilde" charakterisiert ist. In seiner begrifflichen Reinheit ist dieses Gedanken- bzw. Idealbild kein → empirisch gegebener Realtyp, in der Wirklichkeit nicht vorfindbar und insofern eine Utopie. Der Idealtypus ist von dem Gedanken des Seinsollenden, des Vorbildlichen fernzuhalten. Er soll der begrifflich-gedanklichen Ordnung der soziokulturellen Wirklichkeit dienen, in der die Erscheinungen nicht naturwissenschaftlich bedeutsamen Gesetzen folgen, sondern im Strom der Geschichte stets individuell-einmalig ausgeprägt sind. Durch die Ermittlung des Maßes der Annäherung einer geschichtlich-soziokulturellen Erscheinung bzw. eines konkreten Falles an einen oder mehrere solcher Idealtypen können die mannigfaltigen Phänomene eingeordnet und verstanden werden. (S, S. 409)

Identität (von lat. idem – derselbe). Übereinstimmung einer Person oder einer Gruppe mit sich selbst, mit dem, was sie ist und sein will („Selbigkeit“, Selbstverständnis); Identitätsbewusstsein verleiht Sicherheit.

Indikator (lat.), „Anzeiger“. Beobachtetes Phänomen, → empirisch ermitteltes Messergebnis oder Messzahl als Beweis für das Vorhandensein von theoretisch behaupteten Sachverhalten und Kausalverhältnissen. Soziale Indikatoren für die Messung der Lebensqualität in einer Gesellschaft sind z.B. Wohnraumfläche pro Einwohner, Schüler pro Lehrer, Einwohner pro Arzt, Ausgaben für Kindergartenplätze.

Individualisierung. Zur Erläuterung s. M 22c, S. 44

Inglehart, Ronald Franklin. *5.9.1934 Milwaukee/Wisconsin; amerikanischer Professor für Politische Wissenschaften; hat eine Theorie des intergenerativen Wertwandels entwickelt, die bereits in mehr als 40 Ländern empirisch getestet worden ist. Unter Bezugnahme auf das theoretische Modell der → Bedürfnishierarchie von A. Maslow vertritt Inglehart die Hypothese, dass in einer Mangelgesellschaft sozialisierte Individuen mehr zu materialistischen Wertprioritäten neigen, während die in einer Wohlstandsgesellschaft sozialisierten Individuen eher → postmaterialistische Wertprioritäten vertreten. Mit der Entfaltung der Wohlstandsgesellschaft in westlichen Ländern hat sich im Zuge der Generationenfolge im Sinne einer „stillen Revolution“ ein Wertwandel zugunsten der postmaterialistischen Werte ergeben. (H, S. 370)

Inhaltsanalyse (engl. content analysis). Methode der → Empirischen Sozialforschung zur systematischen qualitativen oder quantitativen Untersuchung des Inhalts und der Wirkungen von Mitteilungen aller Art (historische Dokumente, Zeitungen, Werbeanzeigen, Filme, Schulbücher, Autobiografien, Reden, Briefe, Tagebücher u.a. m.). Geleitet durch Forschungsziele und Hypothesen werden bestimmte, ggf. repräsentativ ausgewählte Mitteilungen nach der Häufigkeit des Vorkommens und der Bedeutung (Platzierung und Darstellungsart) bestimmter Themen, Ideen, Symbole, Begriffe, Ausdrücke (manifester, offenbarer Inhalt) untersucht, um Aufschlüsse über die Wertorientierungen, Interessen, Einstellungen und Wirkungsabsichten der Verfasser zu gewinnen (latenter, verborgener Inhalt). (H, S. 370)

Innovation (lat.) „Neuerung“. Bezeichnung für eine wissenschaftlich-technische, wirtschaftliche oder politisch-institutionelle Neuerung (Reform)

Innovationszyklus. Zeitraum, in dem eine → Innovation eingeführt, erprobt und zum Reifezustand gebracht wird

Interdependenz (lat.). Gegenseitige Abhängigkeit zweier oder mehrerer Akteure, Sachverhalte oder Prozesse innerhalb eines Beziehungssystems

intrinsisch (engl. intrinsic, „inner“, „innerlich“, „eigen“). Bezeichnet in der Psychologie, Pädagogik und in der Pädagogischen Soziologie eine Motivation, die von innen heraus durch ein starkes persönliches Interesse an Erkenntnisgewinn, Wissenserweiterung, an bestimmten Lehrstoffen, Lernvorgängen, Aufgabenbewältigungen und Problemlösungen („intrinsische Belohnungen“) zu Lernerfolgen führt. Extrinsisch ist dagegen eine Motivation, die erst durch äußere, nicht „in der Sache“ liegende Anreize und Bedingungen wie Belohnungen, Strafen, Zwänge, Identifikation mit einem Vorbild („extrinsische Belohnungen“) hervorgebracht und angetrieben wird. (H, S. 392)

investigativ (lat., aufspürend, nachforschend, aufdeckend). Bezeichnung für eine bestimmte Art von Journalismus, die es sich zum Ziel setzt, z.B. einen Skandal oder ein Verbrechen aufzudecken.

irreversibel. S. → Reversibilität

issues-orientiert. Bezeichnung für politisch-soziale Bewegungen und Interessengruppen, die sich auf bestimmte begrenzte Bereiche der Politik beziehen (vgl. → Neue soziale Bewegungen)

Kapital. In der Wirtschafts- und Sozialwissenschaften Bezeichnung mit unterschiedlichem Begriffsinhalt. Allgemein das der Gütererzeugung und dem Güterumlauf dienende Geld. Betriebswirtschaftlich die Summe der einer Unternehmung zur Verfügung gestellten und (geldwertmäßig) bewerteten Mittel. In der volkswirtschaftlichen Theorie – neben Arbeit und Grund und Boden – die Gesamtheit der „produzierten Produktionsmittel“, die mit dem Ziel privater Gewinnerzielung eingesetzt werden; infolge der unterschiedlichen sozialen Stellungen zum Eigentum an Produktionsmitteln und der rechtlichen Garantie des Privateigentums entsteht der Gegensatz von Arbeit (Arbeitnehmer, unselbstständig Beschäftigte) und Kapital (Kapitalbesitzer, Unternehmer, Manager) (H, S. 402 f.)

Kapitalismus (vom mlat. *capitale* = Grundsumme und von franz. *capitalisme*). Der Typus einer Wirtschafts- und Gesellschaftsordnung, die gekennzeichnet ist durch privates Eigentum an Produktionsmitteln, private Verfügungsgewalt über diese Mittel und die durch ihren Einsatz erzielten Gewinne, dezentrale Abwicklung von Austauschprozessen zwischen den Wirtschaftssubjekten über den Markt und wirtschaftliche, soziale und politische Interessengegensätze zwischen „Kapital“ (Unternehmen und Managern) und „Arbeit“ (lohn- oder gehaltsabhängige Arbeitnehmer und ihren Interessenvertretungen); allgemein schlagwortartige Bezeichnung für die verschiedenen Formen der Marktwirtschaft. (S, S. 462)

Klasse. 1) Ein sozialwissenschaftlicher Grundbegriff, der – ähnlich wie Stand, → Schicht, Schichtung und Kaste – zur Charakterisierung gemeinsamer und unterschiedlicher objektiver Lagen und/oder subjektiver Interessen von Bevölkerungsgruppen im → vertikalen Positionsgefüge der → Sozialstruktur dient. 2) In der Gesellschaftsanalyse des Marxismus sind Klassen diejenigen sozialen Gebilde, die sich durch markant unterschiedliche ökonomische Existenzbedingungen, Lebensweise, Interessen und Bildung von anderen Bevölkerungsgruppen unterscheiden. Die beiden Hauptklassen einer von der kapitalistischen Produktionsweise geprägten Gesellschaft sind nach dieser Sichtweise die Eigentümer von → Kapital (die Klasse der Kapitalisten bzw. die Bourgeoisie) und die Eigentümer bloßer Arbeitskraft, die Klasse der Lohnarbeiter (→ Proletariat). In Analysen historisch konkreter Gesellschaften wird das Zweiklassenschema erweitert und durch Berücksichtigung von Binnendifferenzierungen und von Zwischen- oder Nebenklassen ergänzt, wie z.B. Bauern, Handwerkern, Kleinbürgern, Intelligenz, dienstleistenden Klassen und dem „Lumpenproletariat“ (z.B. deklassierten Arbeitslosen). (S, S. 469)

Kodifikation. Ordnung und Zusammenfassung von Rechtsbestimmungen, wissenschaftlichen Erkenntnissen usw.

Kohorte (lat.: eine Truppeneinheit). Fachausdruck für eine Gruppe von Personen mit einer auf ihren Lebensablauf bezogenen gemeinsamen Eigenschaft, z.B. dem gleichen Geburtsjahrgang (Geburtskohorte), dem gleichen Schul- oder Berufseintrittsjahr, dem gleichen Eheschließungsjahr usw. Bei einer Kohortenanalyse wird diese Gruppe in bestimmten zeitlichen Abständen mehrfach auf mögliche Veränderungen (z.B. von Einstellungen) hin untersucht (befragt). Die Kohortenanalyse ist ein Instrument zur Messung von Veränderungen persönlicher Wertvorstellungen und Einstellungen in der Generationenabfolge.

Kommunismus. Höchste Stufe des → Sozialismus, auf der die völlige Gleichheit aller Gesellschaftsmitglieder hergestellt sein soll; allgemein: Bezeichnung für politische Systeme, die durch die Alleinherrschaft einer an der Ideologie des Marxismus orientierten Partei gekennzeichnet sind (Nordkorea, China, Kuba)

kompensatorisch (lat.). Aufwiegend, ausgleichend (z. B. ein Defizit, einen Mangel, entstandene Kosten)

Konsumption (lat. consumere – verbrauchen). Verbrauch, Nutzung von Verbrauchsgütern

kontemplativ (lat. contemplari – betrachten). In sich gekehrt, in sich versunken (im Gegensatz zu handelnd)

Krisenszenario. → Szenario, das auf die Darstellung und ggf. Bewältigung einer Krisensituation gerichtet ist

Langzeitstudie. Um Untersuchungsergebnisse (z.B. aufgrund von Beobachtung oder Befragung) besser bewerten zu können, werden in einer Langzeituntersuchung bestimmte Daten über mehrere Jahre hin wiederholt erhoben. Durch Vergleich kann festgestellt werden, welche Ergebnisse zeitüberdauernd Geltung haben.

Lautverschiebung. Verschiebung, Änderung eines Teils des Lautsystems einer Sprache in die gleiche Richtung; z. B. die Verschiebung der Laute b, d, g zu p, t, k (lat. decem, engl. ten)

Liberalismus. Weltanschauung und politische Bewegung seit dem 18. Jh., die eine Kontrolle der einzelnen Person durch den Staat oder andere Institutionen zu verringern und die freie Entfaltungsmöglichkeit der Individuen zu fördern trachtet, sowohl im politischen wie im wirtschaftlichen Bereich. – Der ökonomische Liberalismus setzte im Kern auf die Freiheit des Unternehmers, die sich auf privates Eigentum stützt, durch Innovationskraft und rationales Gewinnstreben die → Produktivität steigert, den Wettbewerb fördert und zu einem freien Spiel der Kräfte im arbeitsteiligen Wirtschaftsleben beiträgt.

Loyalität (franz.). Ein Verhalten, das durch Treue, Pflichterfüllung und Zuverlässigkeit (gegenüber der Regierung, dem Vorgesetzten usw.) gekennzeichnet ist

Makrostrukturen. Strukturen oder Gesetzmäßigkeiten des Aufbaus, der Entwicklung, Veränderung und gegenseitigen Einflussnahme von größeren sozialen Gebilden, gesellschaftlichen Zusammenhängen und kollektiven Prozessen. Die Makrosoziologie untersucht z. B. Verbände, Organisationen, Parteien, Betriebe, Kirchen, aber auch gesellschaftliche → Klassen, → Schichten oder Minderheiten als relativ stabile und institutionalisierte soziale → Systeme.

Marshallplan. Ein vom damaligen US-Außenminister Marshall entwickeltes Unterstützungsprogramm für das im 2. Weltkrieg zerstörte (westliche) Europa.

Materialismus (lat.). Inbegriff philosophischer Grundrichtungen, die in der „Materie“ (gegenüber dem Bewusstsein, den Ideen) die in letzter Instanz bestimmende Substanz der Wirklichkeit erkennen. – Allgemein: Lebenseinstellung, bei der materielle Werte (Geld, Besitztum, Luxus) im Vordergrund stehen (Gegensatz: Idealismus; auf geistige und ethische Werte ausgerichtete Einstellung)

Maxime. Lebensregel, Leitsatz, Verhaltensgrundsatz

Merkantilismus. Wirtschaftssystem im Zeitalter des Absolutismus (17./18. Jh. in Europa), das der Vergrößerung des nationalen (fürstlichen) Reichtums und der Macht des Staates dienen sollte; wirtschaftspolitisch wurde vor allem der Außenhandel (Export) gefördert. Die Bezeichnung Merkantilismus wurde von A. Smith (1723 – 1790) als Gegensatz insbesondere zu dem von ihm theoretisch interpretierten liberalen Industrie- und Marktwirtschaftssystem geprägt.

Mikroprozesse. Prozesse im Bereich kleiner wirtschaftlicher (Betriebe) oder sozialer (Kleingruppe, Familie) Einheiten (vgl. → Makrostrukturen)

Mikrozensus (lat). „Kleinstzählung“; seit 1957 von der amtlichen Statistik der Bundesrepublik Deutschland viermal jährlich durchgeführte Stichprobenerhebungen (dreimal 0,1 % und einmal 1% der Bevölkerung) zur laufenden Ermittlung von Bevölkerungs-, Wirtschafts- und Sozialdaten.

Milieu (franz.). „Lebensumstände", „Umwelt"; die für einen Menschen, eine Klasse, Schicht oder Bevölkerungsgruppe spezifische Gesamtheit der äußeren, natürlichen, geografischen und der soziokulturellen, wirtschaftlichen Lebensverhältnisse, die die jeweilige → Sozialisation, die praktischen Erfahrungen und Eindrücke und damit die Art und Weise des Denkens, Wertens, Entscheidens und Verhaltens selektiv beeinflussen. Gerhard Schulze („Erlebnisgesellschaft", s. M 81 c) unterscheidet folgende Milieus: (H, S. 554)
Das *Niveaumilieu* umfasst die älteren Personen, die über höhere Bildungsgrade verfügen. Typisch sind u.a. die akademischen Berufe wie Ärzte, Rechtsanwälte oder auch Hochschullehrer. Man bevorzugt z. B. Restaurants mit „gehobener" Atmosphäre, kleidet sich konservativ oder elegant, bevorzugt Konzerte, Museen, Opern u.ä., liest überregionale Tageszeitungen, spricht Hochsprache, wohnt meist in den eigenen vier Wänden und hat nur in wenigen Fällen Übergewicht.
Das *Harmoniemilieu* rekrutiert sich aus dem älteren Personenkreis mit geringer Bildung. Hier findet man überwiegend ältere Arbeiter und Verkäuferinnen, viele Rentner und Hausfrauen. Man kleidet sich in der Regel billig und unauffällig, kauft im Billig-Supermarkt, sieht viel fern, liest häufig die Bild-Zeitung oder Illustrierte, ist meist Pauschaltourist und oft übergewichtig.
Das *Integrationsmilieu* setzt sich aus älteren Bevölkerungsgruppen mit mittlerer Bildung zusammen und stellt eine Mischform beider erstgenannter Milieus dar. Typische Berufe sind mittlere Angestellte oder Beamte. Man kleidet sich gediegen bis unauffällig, fährt meist einen Mittelklassewagen, ist häufig in Vereinen aktiv, überwiegend verheiratet und pflegt Nachbarschaftskontakte. Die ästhetischen Präferenzen sind weit gestreut.
Das *Selbstverwirklichungsmilieu* umfasst die jüngeren Personen mit höherer Bildung. Typisch für dieses Milieu sind u.a. die aktive und passive Teilnahme an der Neuen Kulturszene (Kleinbühnen, Konzerte), das Frequentieren verschiedenster Kneipen, viele soziale und pädagogische Berufe, Individualtourismus, viel Freizeitsport, ein großer Freundeskreis und ein guter körperlicher Zustand. Man ist meist ledig.
Das *Unterhaltungsmilieu* schließlich rekrutiert sich aus der Gruppe der jüngeren Personen mit geringer Bildung. Man kleidet sich in diesem Milieu oft sportlich, aber mit billiger Massenware, ist oft Teil eines Sportpublikums, frequentiert Volksfeste, fährt gern mit dem Auto oder Motorrad durch die Gegend, spricht häufig dialektgefärbt, raucht relativ viel und interessiert sich wenig für öffentliche Angelegenheiten. (Georg Kneer u.a., Soziologische Gesellschaftsbegriffe, Fink, München 1997, S. 314)

monokausal (griech. monos – allein, lt. causa – Ursache, Grund). Etwas (ein Ergebnis, einen Zustand, eine Veränderung) auf eine einzige Ursache zurückführend (im Unterschied zu multikausal – vom Vorliegen mehrerer oder vieler Ursachen ausgehend)

Narziss. S. → Narzissmus

Narzissmus (griech.). Selbstliebe. Nach der griech. Mythologie war Narkissos ein schöner Jüngling, der sich verzehrend in sein auf einer Wasseroberfläche erscheinendes Spiegelbild verliebte und schließlich in eine Narzisse verwandelt wurde. In der späteren Literatur wurde Narziss zum Symbol hoffnungsloser Liebe und zum Sinnbild liebeskalter Selbstbezogenheit. (H, S. 590)

Nettoinlandsprodukt. Im Vergleich zum → Bruttoinlandsprodukt werden im Nettoinlandsprodukt die Abschreibungen (Ersatzinvestitionen) nicht mitberechnet.

Neue soziale Bewegungen. Eine sich in Deutschland seit Beginn der 1980er-Jahre ausbreitende Bezeichnung für strukturell und organisatorisch mannigfaltig und z.T. neuartig ausgeformte Personenkreise mit massenhaftem Umfang, die sich im Konflikt mit verfestigten technokratischen Strukturen und Herrschaftsverhältnissen gesellschaftspolitisch aktiv für die Bewältigung bestimmter, z.T. neuer und existenziell drängender Probleme einsetzen. (H, S. 607)
Zu den Neuen Sozialen Bewegungen zählen vor allem Ökologie- und Umweltschutzbewegungen, die Anti-Atomenergie-Bewegung, die neuen Frauenbewegungen, die Alternativwirtschaft, radikale Bewegungen älterer Bürger (z.B. die „Grauen Panther") sowie die nach gesellschaftlicher und rechtlicher Gleichbehandlung strebenden Homosexuellenbewegungen. Anhängerschaft und Anliegen der neuen Bewegungen überschneiden sich teilweise mit thematisch stärker spezialisierten politischen Protestbewegungen wie z.B. der Friedensbewegung der 80er-Jahre, den Dritte-Welt-Gruppen und teilweise auch der Bürgerinitiativen – Neue soziale Bewegungen sind hauptsächlich das Produkt des Modernisierungsprozesses in wirtschaftlich reichen, liberaldemokratischen Verfassungsstaaten. (S, S. 650 f.)

News Group. Thematisch gegliederte Übersichtsseite für Neuigkeiten und Informationen im Internet; kann bestimmten Gruppen von Internet-Nutzern zur internen Meinungs- und Willensbildung dienen.

Noelle-Neumann, Elisabeth. *19.12.1916 Berlin, Gründung des Instituts für Demoskopie Allensbach, seither Leitung des Institutes, seit 1988 zusammen mit R. Köcher. Noelle-Neumann hat entscheidend zur Etablierung und Weiterentwicklung der → empirischen Meinungs- und Kommunikationsforschung in Deutschland beigetragen.

Norm. *1. allg.:* Regel, Verhaltensstandard.
2. ethische/moralische Norm: Ideale Zielvorstellung als Orientierung für persönliches Handeln.
3. soziale Norm: Gesellschaftlich erwartete und sanktionierte Verhaltensanweisung. Nach der Stärke der Verhaltensforderung (und damit der Sanktionen) können die allgemein gültigen sozialen Regeln unterteilt werden in Gesetze (Muss-Normen), Sitten (Soll-Normen) und Bräuche bzw. Konventionen (Kann-Normen). Normen dienen

der umfassenden Regelung zwischenmenschlichen Verhaltens und sind, da sie Verhalten standardisieren und somit „berechenbar" machen, deshalb für den Fortbestand sozialer Gebilde unverzichtbar

normativ. Sich an → Normen orientierend; eine Aussage/Theorie ist normativ, wenn sie einen Sachverhalt im Hinblick auf eine bestimmte Norm bewertet oder beurteilt und so zum Ausdruck bringt, was eigentlich (nicht) sein soll. Im Unterschied dazu wird eine Aussage als deskriptiv bezeichnet, wenn sie einen Sachverhalt lediglich beschreibt.

Ökolabel. Etikett, Aufklebeschild zur Markierung und Empfehlung umweltfreundlicher Produkte.

Onkelehe. In der Zeit nach dem 2. Weltkrieg umgangssprachlich verwendeter Begriff für das Zusammenleben einer verwitweten Frau (und ggf. ihrer Kinder) mit einem Mann, den sie nicht heiratete, um ihre Witwenrente o. Ä. nicht zu verlieren

Operationalisierung. Anwendbarmachen von theoretischen Begriffen für die → empirische Forschung. Dabei müssen präzise Angaben gemacht werden, mit deren Hilfe entschieden werden kann, ob in der untersuchten Realität ein mit dem betr. Begriff bezeichnetes Merkmal (Tatbestand) vorliegt oder nicht. Im weiteren Sinne ein Verfahren immer weiter gehender Konkretisierung (Zuordnung von → Indikatoren zu theoretischen Begriffen).

Option (lat. optare – wünschen, wählen). Möglichkeit und Recht, sich für etwas zu entscheiden und entsprechend zu handeln. Bezeichnung für die Wahl- und Handlungsmöglichkeiten einer Person oder eines sozialen Gebildes im Rahmen gesellschaftlicher Werte und → Normen, Notwendigkeiten und Widerstände. Die Optionen vermehren sich mit wachsender Komplexität und Pluralisierung der modernen Gesellschaft. Insbesondere die folgenreiche Bewältigung lebenswichtiger Probleme, z. B. Energieversorgung, erfordert das Offenhalten vieler Optionen.

Panel (engl.). „Fach", „Fläche". Begriff der → Empirischen Sozialforschung für eine Erhebungsmethode, bei der eine in ihrer Zusammensetzung gleich bleibende Anzahl von Personen, Gruppen, sozialen Beziehungen, ökologischen Einheiten oder Sachen mit gleicher Methode zu verschiedenen (meist regelmäßigen) Zeitabständen untersucht wird. Wesentlich ist beim Panel, dass stets die gleichen Variablen in der ausgewählten Untersuchungsgesamtheit analysiert werden. Das Panel dient damit besonders der Feststellung von Einstellungs-, Entscheidungs- und Verhaltensänderungen unter veränderten Umweltbedingungen oder neuen Außeneinflüssen und eignet sich für die → empirische Analyse sozialen Wandels. (H, S. 647)

paranoid. Bezeichnung für Verhaltensweisen, die der Geisteskrankheit der Paranoia (Erfülltsein von Wahnideen, z.B. Verfolgungswahn) nahe kommen

Parsons, Talcott (1902–1979). Bedeutender amerikanischer Soziologe; entwickelte die „Strukturell-funktionale Theorie" (Strukturfunktionalismus). Er entfaltete das Modell eines „sozialen Systems", in dem sich im Zustand des Gleichgewichts die Handelnden im Einklang mit ihren individuellen Bedürfnissen und mit den Erwartungen ihrer Interaktionspartner verhalten. Diese Erwartungen und Bedürfnisse werden durch Internalisierung gemeinsamer Wertmuster und Verhaltensweisen gesteuert und durch Institutionalisierung sozialstrukturell verfestigt. (H, S. 652)

Paternalismus (lat. pater, „Vater"). Bezeichnung für eine Herrschafts- und Führungsform, die mit dem Anspruch väterlicher Autorität gerechtfertigt und in außerfamiliären Bereichen, z.B. in Unternehmungen, ausgeübt wird. Paternalismus behindert die Entfaltung eines demokratisch-kooperativen Führungsstils, beinhaltet aber oftmals ein hohes Maß der Fürsorge gegenüber den Beherrschten. (H, S. 656)

paternalistisch. → Paternalismus

Pauperismus (lat. pauper – arm). Massenarmut; allgemeine Armut breiter Bevölkerungsschichten

Planwirtschaft. Dem marktwirtschaftlichen System gegenüberstehendes System, bei dem der Staat die Weisung gibt, was, wann, wo, wie viel und zu welchem Preis produziert werden soll und wie eine Zuteilung zu erfolgen hat. Die Steuerung des Wirtschaftsablaufs erfolgt im Modell zentral über eine staatliche Planungsbehörde (Zentralverwaltungswirtschaft), die den Betrieben Produktionsanweisungen gibt, die Zuteilung von Rohstoffen regelt usw.

Plausibilität (von lat. plaudere – Beifall klatschen, zustimmen). Aussagen haben den Charakter der Plausibilität, wenn sie unmittelbar einleuchten, ohne weiteres auf Zustimmung stoßen.

postmaterialistisch. Von R. → Inglehart eingebrachter Begriff zur Bezeichnung eines Komplexes von Werten und Einstellungen, die vorrangig nichtmaterielle Ziele beinhalten: mehr Mitbestimmung am Arbeitsplatz und im politischen Bereich; Schutz der Meinungs- und Redefreiheit; Fortschritt zu einer humaneren, weniger unpersönlichen Gesellschaft, in der Ideen mehr zählen als Geld; Verschönerung der Städte und ländlichen Gebiete. (H, S. 682)

Produktionsverhältnisse. Fachausdruck des Marxismus für die hauptsächlich durch die Eigentumsverhältnisse bestimmten Beziehungen zwischen den Menschen im Prozess der Produktion, des Austauschs und der Verteilung materieller und immaterieller Güter.

Produktivität. Verhältnis von Produktionsergebnis zu den eingesetzten Produktionsfaktoren. Die Arbeitsproduktivität wird gemessen als Produktion je Beschäftigten oder als Produktion je Beschäftigtenstunde; sie stellt die wichtigste Kennzahl zur Messung der betrieblichen und volkswirtschaftlichen Leistungsfähigkeit dar. Ihre Steigerung kann bedingt sein durch eine wachsende Leistungsintensität des Produktionsfaktors Arbeit, durch zweckmäßigeren Arbeitseinsatz und durch Rationalisierung. – Die Kapitalproduktivität misst das Verhältnis zwischen Produktionsergebnis und Kapitaleinsatz.

Produktivkräfte. Bezeichnung des → Marxismus für die Gesamtheit der materiellen und personellen Faktoren, die die Produktion gewährleisten. Die zentralen Produktivkräfte sind die Menschen, deren Kenntnisse und Fähigkeiten der Naturbeherrschung die Produktion und die weitere Entwicklung der Produktivkräfte schöpferisch bestimmen. S. auch → Produktionsverhältnisse. (H, S. 693)

Proletariat (von franz. *prolétariat* und lat. *proletarius* = Bürger der untersten Klasse, die besitzlose Klasse, die dem Staat nur durch Nachkommen (*proles*) dienen kann). Bezeichnung für die → Klasse der Besitzlosen, der wirtschaftlich Abhängigen. In der marxistischen Sozial- und Klassenstrukturanalyse des → Kapitalismus Bezeichnung für die Gesellschaftsklasse der Lohnarbeiter, die zwar aller Sklaverei und Leibeigenschaft los und ledig sind, jedoch nicht über eigene Produktionsmittel verfügen und zur Sicherung ihres Lebensunterhaltes auf den Verkauf ihrer Arbeitskraft angewiesen sind. (S, S. 780)

Prototyp (griech. „Ersttyp"). Urbild, Vorbild, Muster; erste Ausführung z. B. eines Autos vor der Serienproduktion

Puritanismus (engl.). Die insbes. von M. → Weber in seiner Analyse des Zusammenhanges von Protestantischer Ethik und dem Geist des Kapitalismus gewürdigte biblisch ausgerichtete Geisteshaltung und sittenstreng- → asketische Lebensführung der Puritaner. Puritaner waren stark kalvinistisch geprägte Anhänger der theologischen Protest- und Reformbewegung innerhalb der Kirche von England, die seit der Mitte des 16. Jh.s katholisierende Tendenzen in der anglikanischen Kirche ablehnten. Unter dem Druck staatlicher und kirchlicher Verfolgung wanderten Puritaner, die sich für das auserwählte Volk Gottes hielten, seit 1620 in die Niederlande und nach Nordamerika aus, wo sie die → soziokulturelle, insbes. wirtschaftliche Entwicklung stark beeinflussten. Nach M. Weber war es für die Entfaltung des modernen Kapitalismus entscheidend, dass die innerweltliche Askese der Puritaner in einer bürgerlich, ökonomisch rationalen Lebensführung zum Ausdruck kam. Die dem Menschen durch Gottes Gnade anvertrauten Güter und Besitztümer sollen nicht für einen triebhaften, unbefangenen Luxuskonsum und Lebensgenuss verwendet, sondern durch rastlose, rational organisierte Berufsarbeit zu Gottes Ruhm vermehrt werden. (H, S. 705)

qualitatives Interview. Bezeichnung für eine Befragungsmethode, die – nicht → standardisierend und nicht quantifizierend – durch offene und „weiche" Fragen möglichst umfassend und tief greifend (intensiv) z.B. die persönlichen Einstellungen, biografischen Hintergründe usw. der Befragten zu erforschen versucht.

reflexiv. Rückbezüglich; zur Erläuterung dieses Begriffs im Wortgebrauch von U. Beck s. M 81b, S. 173 f.

Reparationsleistungen. Seit dem 1. Weltkrieg übliche Bezeichnung für Geld-, Sach- und Arbeitsleistungen besiegter Staaten an die Sieger zur Wiedergutmachung von Kriegsschäden und -kosten

Reproduktionsfunktion. Eine der Funktionen (Aufgaben) der Familie: Als der wichtigste Bereich, in dem Kinder geboren werden und aufwachsen, sorgt die Familie dafür, dass die Gesellschaft nicht ausstirbt, sondern sich immer wieder herstellt (sich „reproduziert").

Residuum (lat. – noch übrig, übrig geblieben). Restgröße, Restkategorie

Ressourcen (franz.). Sammelbezeichnung für die Hilfsquellen, die der Mensch je nach Entwicklungsniveau seiner Gesellschaft in unterschiedlichem Umfang als Mittel zum Leben benötigt.

Restriktionen (lat. restringere – zurückbinden, beschränken). Sammelbezeichnung für wirtschaftliche, politische und rechtliche Beschränkungen von Handlungsspielräumen

Reversibilität (lat., franz.). Umkehrbarkeit, Möglichkeit, getroffene Entscheidungen oder eingeleitete Entwicklungen aufzuheben; Gegensatz: Irreversibilität (Unumkehrbarkeit)

Rezession. Oft unklar gebrauchter Begriff für den Rückgang des Wirtschaftswachstums; z.T. wird der Tiefpunkt des Konjunkturzyklus als Rezession bezeichnet, z.T. nur dann, wenn er mit „Minus-Wachstum" verbunden ist. Eine längere anhaltende Rezession wird auch als Depression bezeichnet.

Reziprozität (lat.). „Wechselseitigkeit"; eine für die Theorie der sozialen Rolle und des sozialen Handelns wichtige anthropologische bzw. logische Grundvoraussetzung. Danach begeben sich Menschen in soziale Beziehungen als gesellschaftliche Wesen, als aufeinander bezogene Handlungspartner mit gegenseitigen Einschätzungen und Erwartungen. (H, S. 738)

säkular (lat. saeculum – Jahrhundert). Von außergewöhnlicher Bedeutung; nur einmal in hundert Jahren vorkommend, Jahrhunderte dauernd

Säkularisierung. (von lat. saecularis = weltlich, heidnisch und von franz. sécularisation = Verweltlichung). Bezeichnung für den die Neuzeit charakterisierenden Prozess der zunehmenden Lösung und Verselbstständigung der Individuen, gesellschaftlicher Organisationen und des Staates gegenüber Religionsgemeinschaften und kirchlichen Einflüssen und der Lösung von Deutungsmustern, Wertvorstellungen und Normen von ihren kirchlichen und theologischen Prägungen (Verweltlichung). Als → Indikatoren der Säkularisierung wertet man vor allem abnehmende Kirchenmitgliedschaft, rückläufige Anzahl der Gottesdienstteilnehmer, schrumpfenden Einfluss der Kirche auf die Meinungsbildung und private Lebensführung der Kirchenmitglieder sowie Bedeutungsminderung der konfessionellen oder religiösen Konfliktlinie im Wählerverhalten. (S, S. 849)

SBZ. Sowjetische Besatzungszone. Nach dem Ende des 2. Weltkrieges teilten die Siegermächte Deutschland in vier Besatzungszonen (mit dem jeweiligen Militärregime) auf: die französische, die britische, die amerikanische und die sowjetische; sie existierten bis zur Gründung der Bundesrepublik und der DDR (1949).

Schicht, soziale. Ein soziologischer Grundbegriff, der allgemein eine Kategorie von Gesellschaftsangehörigen bezeichnet, die hinsichtlich der vertikalen → Sozialstruktur bzw. der sozialen Ungleichheit gemeinsame Merkmale aufweisen: insbes. gleiche oder ähnliche sozioökonomische Lage (Stellung im Berufsleben, Einkommens- und Vermögenssituation), Lebenschancen und soziale Anerkennung (Sozialprestige). Wesentlich für die Lage einer Schicht im Rahmen der vertikalen Sozialstruktur ist das Verhältnis zur gesellschaftlich eingelebten Rangordnung der Berufe, zur Einkommens- und Vermögensverteilung und zur Ungleichheit der Bildungs- und Ausbildungsabschlüsse. Unter dem bestimmenden Einfluss der jeweiligen sozioökonomischen Lage führen eigene und fremde Einschätzungen und Bewertungen dazu, dass die Angehörigen einer sozialen Schicht gegenüber anderen Gesellschaftsangehörigen höher oder niedriger eingestuft werden. (H, S. 758)

sektoral. Auf Sektoren (Ausschnitte, Teile eines Ganzen) bezogen; insbesondere die drei Wirtschaftssektoren betreffend (s. → Tertiärisierung)

Sektoren. Ausschnitte, Teile; insbesondere die drei Wirtschaftssektoren (s. → Tertiärisierung)

Segmentierung (lat.). „Gliederung", „Aufspaltung" einer sozialen Rolle oder eines Handlungsbereichs in Handlungsfelder, etwa nach Maßgabe der Erwartungen von Rollen- bzw. Interaktionspartnern oder nach räumlich und zeitlich abgrenzbaren Handlungseinheiten. (H, S. 768)

Sekundäranalyse (lat.). „Zweitanalyse", das Auswerten von Daten und Materialien, die von anderen Personen und Institutionen oder zu anderen Problembereichen bereits gesammelt wurden, d.h. die Nutzung bereits vorliegender Forschungsergebnisse unter einem neuen Frageansatz und theoretischem Bezugssystem.

Sozialdumping (engl.: dumping – verschleudern). Unterlaufen von sozialen Mindeststandards (Lohnhöhe, Höchstarbeitszeit, Arbeitsschutz) durch Unternehmen, die z.B. billigere Arbeitskräfte aus anderen Ländern (mit niedrigeren Standards) beschäftigen

soziales Milieu. Neuerer soziologischer Begriff für Gruppen von Menschen, die sich in ihrer Lebensauffassung und in ihrem Lebensstil ähneln (Einstellungen zu Arbeit, Freizeit, Familie; politische Grundüberzeugung); s. → Milieu

Sozialisation. Bezeichnung für die Gesamtheit aller Vorgänge, in deren Verlauf der Mensch zum Mitglied einer Gesellschaft und Kultur wird. Durch den Sozialisationsprozess, der wesentlich durch „Sozialisationsinstanzen" (Familie, Schule, Medien, Freundschaftsgruppe usw.) geprägt wird, gewinnt das Individuum seine → Identität als eine gesellschaftlich handlungsfähige Persönlichkeit.

Sozialismus. Im frühen 19. Jahrhundert entstandene Lehre und politische Bewegung, die dem Prinzip der Gleichheit den Vorrang vor dem der Freiheit gibt und die Verfügung über die Produktionsmittel in die Hand der Gesellschaft bzw. des Staates legen will (im Gegensatz zum → Kapitalismus, in dem die Produktionsmittel privaten Eigentümern gehören).

sozialistisch. Bezeichnung für eine Gesellschaft oder eine Theorie, die die Grundprinzipien des → Sozialismus (kein Privatbesitz an Produktionsmitteln, Vorrang des Prinzips der Gleichheit vor dem der Freiheit, Ausübung der Macht durch eine Einheitspartei) verwirklicht bzw. zu verwirklichen sucht.

Soziallage. Nach materiellen und sozialen Aspekten unterschiedliche Lage im Gefüge einer Gesellschaft (der Begriff entspricht etwa dem der → Schicht).

Sozialprodukt. Summe aller in einer Volkswirtschaft innerhalb eines Jahres produzierten Güter und Dienstleistungen, ausgedrückt in einer Währung. Das Bruttosozialprodukt umfasst das von *Inländern* erstellte Sozialprodukt (auch wenn sie im Ausland wohnen), das Bruttoinlandsprodukt das *im Inland* erstellte Sozialprodukt (auch wenn es von Ausländern, die im Inland wohnen, erstellt wurde).

sozialpsychologisch. Die Sozialpsychologie ist ein Teilgebiet der Psychologie, das sich schwerpunktartig mit den Beziehungen des Individuums zu seiner sozialen Umwelt befasst (z. B. im Hinblick auf die Entwicklung der Persönlichkeit, die Entstehung von Wertorientierungen, von Vorurteilen usw.)

Sozialstruktur (von engl. social structure, abgeleitet von lat. structura = Zusammenfügung, Aufbau). Aufbau einer Gesellschaft. Unterschiedlich definierter Fachbegriff der Soziologie für den inneren Aufbau einer Gesellschaft. – Im Besonderen ist Sozialstruktur die Bezeichnung für die Gesamtheit der gesellschaftlichen Beziehungen zwischen sozialen Einheiten, der Positionen innerhalb des gesellschaftlichen Gefüges und der hieraus erwachsenden Gruppierungen. – In konkreten Analysen der Sozialstruktur werden unterschiedliche Merkmale der Gesellschaftsgliederung berücksichtigt. An vorderster Stelle werden meist demographische Aspekte der Sozialstruktur berücksichtigt, wie z. B. der Altersaufbau einer Gesellschaft, ferner die auf die Klassenstruktur (→ Klassen) oder die soziale → Schichtung einer Gesellschaft bezogenen Dimensionen, Muster der gesellschaftlichen Arbeitsteilung, → Indikatoren für die Rationalisierung und Bürokratisierung, sodann die Prägung des Gesellschaftsaufbaus durch Prestige einerseits und durch Macht andererseits, durch die Verteilung von Armut und Reichtum usw. (S, S. 888)

soziokulturell (engl. sociocultural). Eine aus der amerikanischen Soziologie stammende Wortkombination, die begrifflich von vornherein zum Ausdruck bringt, dass die sozialen und kulturellen Elemente der gesellschaftlichen Wirklichkeit einen engen Zusammenhang bilden.

ständisch. Bezeichnung für die insbesondere im europ.-mittelalterlichen Feudalismus vorherrschende Sozialstruktur, die in ihrem vertikalen Aufbau durch eine religiös-rechtlich verfestigte Über- und Unterordnung verschiedener Stände gekennzeichnet ist. Die Grenzen zwischen den einzelnen Ständen (Adel, Klerus, Bürgertum, freie Bauern, Unfreie) sind wenig durchlässig, die Aufstiegschancen entsprechend gering. Die Zugehörigkeit zu einem bestimmten Stand wird durch das Geburts- bzw. Herkunftsprinzip und nur selten durch das Leistungsprinzip reguliert.

standardisieren. Begriff → der Empirischen Sozialforschung für die schematische Festlegung und Formulierung z.B. von Fragen oder Beobachtungskategorien. Bei einem Fragebogen ist der Grad der Standardisierung am höchsten, wenn ausschließlich geschlossene (mit „Ja" oder „Nein" zu beantwortende oder nur anzukreuzende Fragen) eingesetzt werden.

strukturell. Bezeichnung für dauerhaft bestehende (nicht nur vorübergehend vorhandene) Ordnungselemente und Eigenschaften eines Systems, einer Person usw.

superindustriell. Den industriellen Sektor nicht beseitigend, aber über ihn hinausgehend, ihn überlagernd und überformend

Survey. Untersuchung, Erhebung von Daten

System (griech.). „Zusammenstellung", „Gliederung", einheitlich geordnetes Ganzes. System ist ein Grundbegriff der Soziologie zur Analyse der Wechselwirkungen aufeinander bezogenen (interdependenten) Handelns mehrerer Individuen, Gruppen oder Organisationen. Ein System besitzt ein gewisses Maß von Integration und Geschlossenheit im Verhältnis seiner Elemente zueinander (Struktur), eine es von anderen Systemen, d.h. von der Umwelt, abhebende Grenze, eine gewisse Ordnung in den Beziehungen mit anderen Systemen, eine gewisse Kontinuität und Regelmäßigkeit in den Beziehungen zwischen den Elementen des Systems. Systemtheorien beschäftigen sich mit dem Funktionieren und den Funktionsbedingungen von Systemen, mit den Beziehungen zwischen einem System und der Umwelt und den Beziehungen zwischen Systemen. (H, S. 857)

Szenario (lat.). Begriff der Futurologie zur Bezeichnung hypothetisch-systematisch entworfener alternativer Zukunftsbilder hinsichtlich möglicher künftiger Entwicklungen und Ereigniszusammenhänge. Szenarien vertiefen die Einsicht in die netzartigen Wechselwirkungen der mannigfaltigen Einflusskräfte komplexer gesellschaftlicher und natürlicher Systemzusammenhänge. Durch die Antizipation unterschiedlicher positiver und negativer Folgen bzw. Auswirkungen einzelner Alternativen soll möglichst frühzeitig erkennbar gemacht werden, welche Prozesse verhindert, gefördert oder in eine andere Richtung gelenkt werden sollten, welche Planungen, Entscheidungen und Handlungen schon heute notwendig sind (vgl. M 85a, S. 182 o.). Die Szenariotechnik wurde als Methode bedingter Voraussagen um 1960 von dem amerikanischen Zukunftsforscher H. Kahn (1922 – 1983) entwickelt. (H, S. 858)

Tertiärisierung. Entwicklung, die zu einer größeren Bedeutung des tertiären (dritten) Wirtschaftssektors führt, der – neben Landwirtschaft und Rohstoffgewinnung (primärer Sektor) sowie Produktion (sekundärer Sektor) – die Arbeits- und Berufsbereiche des Handels, des Verkehrs und der Dienstleistungen umfasst (→ Fourastié, J.). Aus dem starken Wachstum des tertiären Sektors ist die These von der Ablösung der Industriegesellschaft durch eine nachindustrielle Gesellschaft abgeleitet worden.

Theorem. „Lehrsatz"; aus einem wissenschaftlichen Aussagesystem (Theorie) gewonnener Schlusssatz „Theoriestück"

Tocqueville, Alexis de. *29.7.1805 Verneuil-sur-Seine – 16.4.1859 Cannes, Rechtsstudium und Richter in Versailles, 1831/32 Reise in die USA, 1839 – 48 Mitglied der National-Versammlung, 1841 Mitglied der Académie Française, 1848 Mitglied der Verfassungskommission, 1849 Außenminister. Am Beispiel der USA analysierte T. die demokratische Gesellschaft des Massenstaates. In der durch die Industrialisierung geförderten Staatsmacht sah T. sowohl eine Chance für die soziale Gleichheit als auch eine Gefahr für die individuelle Freiheit. Die zunehmende Zentralisierung der Staatsgewalt erlaubt deren Eindringen in Privatangelegenheiten und in den wirtschaftlichen Bereich. Damit wird sie zur Gefahr für die Freiheit. Zu deren Sicherung wies er gegengewichtige institutionelle Bedingungen auf, die die soziale Gleichheit erhalten und die Machtkonzentration abwehren sollen. (H, S. 873)

totalitär. Kennzeichnung eines Herrschaftssystems, das alle Lebensbereiche der Menschen und der Gesellschaft einem einheitlichen Willen der Staatsmacht unterwirft und diesen Willen mit allen Mitteln durchsetzt; → totalitäre Systeme in diesem Sinn waren der Nationalsozialismus oder der stalinistische Kommunismus.

Transaktionskosten. Kosten, die bei wirtschaftlichen Transaktionen (Geschäften) entstehen (z. B. beim Umtausch von Währungen oder bei Kaufverträgen)

traumatisch (griech. trauma – Wunde). Bezeichnung für ein Erlebnis oder ein Ereignis, das einen Schock, eine schwere seelische Erschütterung bewirkt

Umverteilung. Sammelbegriff für alle steuerlichen und sozialpolitischen Maßnahmen des Staates, die dazu führen, dass die Ergebnisse der wirtschaftlichen Einkommensverteilung (Primärverteilung) im Sinne sozialer Gerechtigkeit verändert werden

Utilitarismus (von engl. utilitarianism und von utility = Nutzen (Nützlichkeit, lat. utilis = nützlich). Allgemein eine sozialphilosophische Nützlichkeitslehre. Zu den grundlegenden Annahmen des Utilitarismus gehört die Auffassung, wonach individuelles Verhalten primär an der Optimierung des Eigennutzens ausgerichtet ist oder ausgerichtet sein sollte und die Orientierung am Eigennutz (unter Berücksichtigung gewisser sittlicher Gebote und gemeinschaftlicher Interessen) zugleich der gesamtgesellschaftlich optimale Koordinationsmechanismus ist und ein gesamtwirtschaftlich optimales Wohlfahrtsniveau hervorbringt.

Verantwortungsethik. Max Webers → idealtypische Unterscheidung zwischen Verantwortungs- und Gesinnungsethik meint, dass der verantwortungsethisch Handelnde die möglicherweise auftretenden Nebenfolgen seines Handelns mitbedenkt und ggf. zu Kompromissen kommt; der „Gesinnungsethiker" setzt seine Zielvorstellungen kompromisslos in die Tat um, ohne auf die Nebenfolgen und nicht vorausbedachten Wirkungen zu achten.

Verteilungskonflikt. Bezeichnung für den Konflikt zwischen Lohnarbeit und → Kapital oder zwischen organisierter Arbeiterschaft (Gewerkschaften) und organisierter Unternehmerschaft (Unternehmerverbände) über die Verteilung erwirtschafteter Leistungen auf das Einkommen aus unselbstständiger Arbeit und das Einkommen aus Unternehmertätigkeit. (S, S. 1019)

vertikale Ungleichheit. Bezeichnung für soziale Ungleichheitsstrukturen, die sich aus der Zugehörigkeit zu sozialen (an Kriterien wie Bildung, Beruf und Einkommen gemessenen) → Schichten oder → Klassen ergibt (vgl. → Differenzierung).

Weber, Max. 21.4.1864 Erfurt – 14.6.1920 München. Ausgehend von vielfältigen intensiven (insbes. rechts-)historischen Forschungsergebnissen entwickelte Weber seine Methode und seine Studien zu einer „verstehenden" Soziologie. Danach gibt es in den Kulturwissenschaften, zu denen Weber die Soziologie zählte, kein unmittelbares Objekterfassen und keine Möglichkeit, eindeutige Kausalfaktorenzusammenhänge zu bestimmen. Die (insbes. marxistische) Vorstellung, geschichtlich-soziale Entwicklungsverläufe und gesellschaftliche Regelmäßigkeiten auf „letzte", determinierende Faktoren (z. B. ökonomische) zurückführen zu können, wird verworfen. Weber sah die „Welt" als ein heterogenes Kontinuum, das sich in Gänze dem wissenschaftlichen Verstehen entzieht, das sich aber aus bestimmten (wechselnden) Perspektiven des jeweiligen kulturellen Interesses in seinen wissenschaftlich konstruierten Teilbereichen „deutend" erschließen lässt: z. B. Wirtschaft, Religion, Staat, Herrschaft, Recht. Mit der Konstruktion von → „Idealtypen" sollen in „bewusst einseitiger Weise" aus der „Fülle von diffus vorhandenen Erscheinungen" „widerspruchslose Gedankengebilde" zusammengefasst werden, an denen die Wirklichkeit gemessen und beurteilt werden kann. Webers wissenschaftstheoretische Arbeiten sind insbesondere dem Problem der Werturteilsfreiheit der Wissenschaft gewidmet. Er suchte nach einer klaren Trennung von Aussagen über Sein und Sollen, von Existenzurteil und Werturteil, schließlich von Wissenschaft und Moral bzw. Wissenschaft und Politik. Alle Versuche, individuell-subjektive Wertauffassungen und praktisch-politisches Handeln mit soziologischen Erkenntnissen fundamental zu begründen, wies er zurück. Die Unmöglichkeit, wissenschaftliche Werturteile zu fällen, hängt mit den Grenzen wissenschaftlicher Erkenntnismöglichkeiten zusammen (s. o.). Wissenschaft kann lediglich angeben, mit welchen Mitteln (und welchen Neben-Folgen) bestimmte Ziele erreicht werden können. Überdies kann sie das Bewusstsein über das Gewollte erhellen, jedoch niemals verbindlich entscheiden, was gewollt werden sollte. (H. S. 922 f.)

Zivilgesellschaft (von engl. civil society und von lat. civilis = öffentlich, den Staatsbürger betreffend). Unterschiedlich definierter Begriff der Politischen Philosophie für Soll- oder Ist-Zustände politischer Herrschaftsordnungen. Ihr gemeinsamer Nenner ist: 1) eine gesellschaftliche und politische Ordnung, in der zwischen Bürger und Regierung Institutionen treten, die zugleich Rechte schützen und Interessen authentisch vermitteln, 2) ein durch gesicherte Mitsprache- und Mitwirkungsrechte der Bürger festgelegter öffentlicher Bereich, in dem gesellschaftliche Interessen sich staatsunabhängig frei organisieren und artikulieren können, und 3) eine Politik, deren Funktion und Reichweite im Unterschied zur tendenziellen Totalpolitisierung → autoritärer oder → totalitärer Regime auf einen abgegrenzten öffentlichen Bereich unter Wahrung weitgehender Autonomie des Gesellschaftlichen und des Privaten beschränkt ist. – Das Konzept der Zivilgesellschaft ist ein Eckpfeiler der politischen Praxis und der politischen Ideengeschichte des demokratischen Verfassungsstaates. Es hat auch in intellektuellen Oppositionsbewegungen in den sozialistischen Staaten Mittel- und Osteuropas vor allem in den 80er-Jahren eine erhebliche Attraktivität als Gegenbegriff und Gegenmodell zur Totalpolitisierung gehabt, die den zur Staatsmacht gewordenen → Sozialismus kennzeichnete. (S, S. 1096)

Register